21世纪法学系列教材

中国商法总论

General Provisions of China Commercial Law

| 第三版 |

樊涛 著

法律出版社
始创于1954年

www.lawpress.com.cn
好书，同好老师和好学生分享

出 版 说 明

法律出版社作为中国历史最悠久、品牌积淀最深厚的法律专业出版社，素来重视法学教育图书之出版。

原"21世纪法学规划教材"系列作为本社法学教育出版的重心，延续至今已有十余年。该系列一直以打造新世纪新经典教材为己任，遍揽名家新秀，因其卓越品质而颇受瞩目并广受肯定。当前，根据法学教育发展变化的客观需要，本社将原有教材系列调整重组，形成新编"21世纪法学系列教材"，以便更好地为法学师生服务。

中国的法学教育正面临深刻变革，未来的法学教育势必以培养高素质法律人才为目标，以知识教育与应用教育相结合、职业教育与素质教育相结合、精英教育与大众教育相结合为导向，法学教育图书的编写与出版也将由此进入变革与创新的时代。

为顺应未来法学教育的改革方向和发展趋势，本社将应时而动，为不同学科、不同层次、不同阶段、不同需求的法学师生量身打造法学教材及教学辅助用书。在教材方面，将推出课堂教学系列、实训课程系列、通识课程系列、简明本系列、双语教学系列等；在教学辅助用书方面，将推出案例教程系列、法规教程系列、练习与测验系列、法学讲座系列、专业培训系列等。或革新，或全新，以厚基础、宽口径、多元化、开放性为基调，力求从品种、内容和形式上呈现崭新风采，为法学师生提供更好教本与读本，同享规划教材之盛。

"好书，同好老师和好学生分享。"本社在法学教育图书出版上必将继往开来，以精益求精的专业态度，打造全新"21世纪法学系列教材"，传播法学知识，传承法学理念，辅拂法律教育事业，积累法律教育财富，服务于万千法学师生和明日法治英才。

法律出版社

作者简介

樊　涛

男,1974 年生,河南兰考人。中国人民大学民商法博士,河南大学法学院副教授、河南大学民商法学科带头人、河南大学民商法专业硕士研究生导师组组长、河南大学公司法研究中心副主任、河南大学破产法研究中心副主任,台湾中正大学法学院高级访问学者。主要社会兼职包括中国民法学研究会理事、中国商法学研究会理事、河南省民法学研究会副会长、河南省商法学研究会副会长、河南省破产法学研究会秘书长、河南省人大常委会立法咨询专家、河南省"七五"普法讲师团成员、河南省委法律专家库成员、开封市人民政府法律顾问、兼职律师等。主要研究方向为民商法基础理论、公司法、合同法。

主持并完成省及校级项目四项;撰写出版《中国商法总论》《中国商法渊源的识别与适用》《商法总论》《公司法》《商法学》《合同法》等著作与教材六部;先后在《法商研究》《法律适用》《法学杂志》等法学核心期刊发表有关商法学的论文三十余篇;获得省、厅级科研成果奖十余项。

前　　言

当今,全国各大法学院的商法总论课程和研究大多仍以西方的传统商法为主,坊间的商法总论教材或著作也均以西方的传统商法为主,而忽视我国商法的立法与现实。本书跳出“法律是普适的,可以完全独立于经验和时空”的“唯西方商法是从”的桎梏,是为一种新型的、紧贴我国商法实践的即“接地气”的中国商法总论。

本书目的在于探寻以“习近平法治思想”为指引,适应我国商事法治实践,正确实施我国《民法典》,助推中国特色社会主义法治体系,具有中国特色、实践特色、时代特色的商法体系和商法制度。

在研究方法上,本书运用案例分析的方法,从理论与实践的结合上把握中国的商法总论制度。通过分析真实、典型的商事案例,从中探究我国现行商法规范在我国商事司法中的适用情况以及存在的问题,并总结出解决问题的方法。

在研究内容上,本书引用我国最新的民商事立法与司法研究成果,内容上涵盖了我国商法渊源、商事主体、商行为、企业名称、商业登记、商事责任与商事诉讼、商事立法等内容,以期建立适合我国国情的、全景式的中国商法总论。

著者自2000年7月在河南大学法学院工作伊始,一直从事商法总论的教育与科研工作。总结多年来商法总论教学与研究的心得,写作本书。囿于著者能力有限,书中一定还有很多方面的不足,恳请学界与读者批评赐教。

樊　涛

2021年1月16日于河南大学

前言

目　录

第一章 商法概说

第一节 商法的概念、特征及分类

一、商法的概念

民法自罗马法以来,一直具有相对的稳定性,因此,学理上对民法的界定没有多大分歧,具有极强的统一性。比较而言,商事生活则变动不居,而各个国家和地区商事立法采用的标准不尽相同,同时学者的立足点又各异,对商法的理解不尽相同,表现出来的结果是商法概念的非统一性。

在英美法系国家,“商法”(business law 或 commercial law)一词很早就得以使用,但一直限定于学说理论层面。在英国,权威商法学家认为,所谓商法是指“通过用商业贸易的形式提供货物及服务,从中产生的权利、义务的一系列法律的总和”。[1] 也有学者认为, business law“是一个内涵很不确定的术语;它只是一种简单扼要地表述,并不代表一个国家中独立的法律部门或法律分支。主要用于学校学习商业或从事商业的人开设和课程名称或教科书名称”。[2] 而另一个商法词汇 commercial law 也不被看好,commercial law 在英美法中也是“一个相当含混的一般性术语,用来指与商业有关的各种法律……主要用来指合同法和财产法中与企业和商业惯例有关的那些内容”。[3] 在一般情况下它与 business law 同义。

欧陆学者主要从商法立法的标准出发来为商法下定义:法国属于客观主义或商行为主义法系,因此,法国学者一般认为商法是关于商行为的特别法;德国属于主观主义或商人主义法系,因此,德国学者普遍认为商法是适

---

〔1〕 Peter De Cruz, *A Modern Approach to Comparative Law*, Deventer Boston Kluwer law and Taxation Publishers, 1993, p. 43.

〔2〕 [英]戴维·M. 沃克编:《牛津法律大辞典》,邓正来等译,光明日报出版社 1988 年版,第 120 页。

〔3〕 [英]戴维·M. 沃克编:《牛津法律大辞典》,邓正来等译,光明日报出版社 1988 年版,第 180 页。

用于商人的特别私法。[4] 由于两国的立法标准并非绝对的和唯一的,因此,这种简单化的概念其实并不准确。

日本学者主要从商法渊源的角度出发来给商法下定义:日本学者认为,从形式意义来看,商法是以商法典为中心的有关法律部门的总称。[5] 或者干脆称为商法典。[6] 从实质意义上来看,商法是有关商的特别私法。从这个意义上来讲,不仅是商法典,而且商习惯法、特别单行法、国际条约、民法甚至行政法和诉讼法及刑法中有关的商事法规都被纳入商法的范围之中。这种概念的好处是成就了两个概念,即形式意义的商法与实质意义的商法。形式意义的商法固然可以从直观上彰显商法的独立性,实质意义的商法也不能否认商法的部门法性。日本也有人认为基于商的企业关系的性质,商法被认为是调整企业关系的特有的法律的总称。[7] 这主要是因为日本的立法标准虽然兼顾主观主义与客观主义,但是日本商法在本质上仍然更靠近主观主义,而主观主义标准的基础是以企业为基础的条件主义。

中国台湾地区学界一般称商法为商事法,是指关于商事之法律。[8] 由于没有独立的商法典,因此,商事通常被认为是民事的一部分。只因为商事偏重于经济生活方面,所以对于民事而言其具有特殊性,基于民事与商事之间的一般与特殊的关系,也就认为商法是民法的特殊法。[9] 我国商法学界持此种观点的学者很多。“民法是对私人法律关系做出规定的一般法,商事法是对其商事法律关系做出规定的特别法,两者是一般法和特别法的关系。”[10]

二、商法的特征

(一)特殊性

关于民法和商法的关系,无论民商分立抑或民商合一,大陆法系通说认为:“民法是一般法,商法是特别法。”为了维护私法体系的统一性,避免不必要的重复,商法中仅对商事领域中的特殊问题或者有特殊要求的规则加以

---

〔4〕 范健:《德国商法:传统框架与新规则》,法律出版社2003年版,第15页。
〔5〕 [日]尤田节等编著:《商法略说》,谢次昌译,甘肃人民出版社1983年版,第1页。
〔6〕 [日]我妻荣等编:《新法律学大辞典》,董璠舆等译,中国政法大学出版社1991年版,第500页。
〔7〕 [日]我妻荣等编:《新法律学大辞典》,董璠舆等译,中国政法大学出版社1991年版,第500页。
〔8〕 林咏荣:《商事法新诠》,五南图书出版股份有限公司1985年再版,第3页。
〔9〕 林咏荣:《商事法新诠》,五南图书出版股份有限公司1985年再版,第15页。
〔10〕 王保树主编:《中国商事法》,人民法院出版社1996年版,第11~12页。

规定，与民法共通的规则规定于民法。所以，商法并非商事活动完整的、自成一体的规则，事实上是民法的特别法，商法仅具有补充或者修正民法上一般规定的功能，须与民法相结合才能够适用。商事司法中，商法规范在法官审理商事案件时，大多须借助于民法规范。例如，在买卖标的物瑕疵的场合，德国的商事法官首先要根据《德国民法典》判断各构成要件是否成立，而后才能依据《德国商法典》第377条提出损失赔偿请求。〔11〕可以说，几乎任何一起商事案件都可能涉及民法规定的适用。"……我国立法秉持民商合一的传统，通过编纂民法典，完善我国民商事领域的基本规则，为民商事活动提供基本遵循……"〔12〕我国《民法典》第11条规定："其他法律对民事关系有特别规定的，依照其规定。"因此，我国《民法典》也视商法为私法的特别法，强调其特殊性。

（二）普遍性

在当前世界各国均奉行改革开放，特别是我国提出"一带一路"倡议的背景下，当下的商法更体现出"普遍性""全球性"等特征。在当下全球化的世界中，商人就跨国情形所制定的规则经常取代国家立法，因为国家法无法调整全球维度下的商事交易，因而只得由各国商人的私人"立法"来满足现实中社会对于商事规范的需求。〔13〕

1. 商法的普遍性是商人营利超出国界的表现，是营利性扩张的必然结果。西方谚语有云："哪里有市场，哪里就有商人的足迹。"西方社会人们普遍认为："交易中不存在任何国界，正如个人主义只承认世界公民和世界市场一样。"〔14〕哈耶克所提出的自发扩展秩序就是建立在该种基础之上的。这里我们可以看到：至少在营利活动方面，商人都是"国际人"而少有民族性，因此，商法较之于民法而言，不受各国风俗习惯之影响，有世界统一法性。

早在古罗马以及后来的中世纪，商法就被称为"万民法"与"自然法"。它们是在世界各地通用的法律，可以适用于一切人。威廉·米歇尔在论述

〔11〕［德］C. W. 卡纳里斯：《德国商法》，杨继译，法律出版社2006年版，第7页。

〔12〕李建国：《关于〈中华人民共和国民法总则〉（草案）的说明》，2017年3月8日第十二届全国人民代表大会第五次会议。

〔13〕［德］弗里茨·里特纳、［德］迈因哈德·德雷埃尔：《欧洲与德国经济法》，张学哲译，法律出版社2016年版，第280页。

〔14〕［德］拉德布鲁赫：《法学导论》，米健等译，中国大百科全书出版社1997年版，第73页。

商法的普遍性时指出:“每一个国家,甚至还可以说每一个城镇,都有它自己的一种商法,但所有这些商法都不过是同一种类的各个分支而已。在每个地方,商法的主要原则和最重要的规则都是一样的,或者说是趋于同一的。”〔15〕现代商法更是显出它的趋同性的一面,例如,德国商法历经百年而未变动,但是在欧盟的驱动下,为了实现更为广泛的世界接轨,为了本国商人的利益,才出台了1998年的《商法改革法》,对商法进行了前所未有的改动,该种改革就是商法国际化的一个体现。

2. 商法普遍性源于商事领域对政府的拒绝,是国际商人互动的结果。早在古罗马时代,由于贸易需要,罗马帝国允许并鼓励各国商人之间进行交易。在此基础上,万民法得以产生,这是商法之国际性的较早体现。中世纪商人法由于缺少国家管制的因素,更是彻头彻尾的国际法。近代民族国家成文法运动从形式上中止了商法的国际性,但近代的各国立法莫不从既有的商人法中汲取大量规则。1560年与1563年法国的弗朗索瓦二世和查理九世颁布敕令禁止商人法庭的活动,并将其整合进国家司法机构之中,原商人法庭的成员被吸收进国家法庭担任陪审法官;而颁布的商事法令从先前的商人法中吸收了许多内容。〔16〕 基于各国的吸收与传承,各国之商法无不具有共通性,现代各国的商法与国际商法更趋于统一。曼斯菲尔德爵士在审理皮里诉皇家外汇保险公司一案时指出:“商法在全世界都是相同的,因为从同样的前提出发,从推理与正义所得出的结论也应是相同的。”〔17〕我国在编纂《民法典》时,同样借鉴了许多西方国家法律以及国际交易规则,使传统商法的精神被吸收进来,也使我国的商事交易规则具有了一定的国际法色彩。

3. 商法普遍性还在于其以人性为基础,反映了交易者在交易中的底线规则意识。商法的国际性在历史上固然有殖民传播与大国强迫的因素,但不可否认的是更有各国商人基于互通有无而对别国商事规则的自愿继受。不管是由何种原因所引起,只要这种规则能够得以保持,就有其存在的基础,这个基础在很大程度上源于人性的共同点。商法一直被认为具有自然法之特点。而从法学理论的历史发展来看,自然法一直被认为是源于人性,是人们之间合意与共识的必然结果。

---

〔15〕 [美]伯尔曼:《法律与革命——西方法律传统的形成》,贺卫方等译,中国大百科全书出版社1993年版,第417页。

〔16〕 [美]贾恩弗兰科·波齐:《近代国家的发展》,沈汉译,商务印书馆1997年版,第78页。

〔17〕 [英]施米托夫:《国际贸易法文选》,赵秀文译,中国大百科全书出版社1993年版,第11页。

4. 商法的普遍性只是相对而言，并非绝对统一。比较而言，商行为法较商主体法更能实现规则的统一性。主体法中的公司法由于受各国社会经济状况的影响而难趋于统一化。例如，各国公司法中规定的可设定的公司形态各异，但是我国《公司法》规定可设立的公司仅限定于有限责任公司与股份有限公司两种，而其他国家除了上述两种公司以外，还会有无限责任公司以及两合公司等。同时，各个国家对于每种公司的具体规定也并未能达成一致。虽然商行为法较为容易实现统一，但各国政府与民间组织的努力也并未达成商行为法的绝对统一。以票据法为例，各国目前关于票据种类的规定不同，英美法认为票据分为汇票和本票，支票包含在汇票之中，是汇票的一种特殊形式；大陆法认为票据包括汇票和本票两种，支票为另一种证券；我国票据法规定，票据包括汇票、本票和支票。为了世界各国商业的互通有无，商法的国际性还需要各个国家的大力推动。但也有学者对这种商法的国际性提出质疑，认为任何法律制度都有其民族性蕴含其中，正如美国法学家霍姆斯所说的那样："事实上，法律总是日趋接近，但永远也不会完全统一。一方面，它总是要采纳现实生活中出现的新的原则；另一方面，也总是要保留那些历史上尚未被同化或抛弃的旧原则。"〔18〕尤其是发展中国家，认为商法的国际性是一种变相的"文化侵略"。

（三）公法性

在商事领域，为追求交易快捷与交易秩序的稳定，各国的商事立法均在运用民法基本调整方法的基础上，辅以公法规范贯彻国家干预原则，此乃商法的公法性。商法的公法性从一种宏观的角度，保障着社会公共利益的兼容性。〔19〕另外，商法中的公法性规范存在的理由还有经济学的解释，即对商事活动负外部性的规制。商人从事商行为的目的是追求利益，通过契约安排彼此的权利义务。但是，在当事人的行为过程中，可能产生一些由第三人承担的后果，这些后果可能使第三人获利，也可能使第三人利益受到损害。所谓的第三人利益受到的侵害，就是负外部性。为了调整负外部性，需要规则约束，〔20〕而约束的规则大都体现为公法规范。从立法技术上，目前法典编

---

〔18〕［英］施米托夫：《国际贸易法文选》，赵秀文译，中国大百科全书出版社1993年版，第63页。

〔19〕［德］弗里茨·里特纳、［德］迈因哈德·德雷埃尔：《欧洲与德国经济法》，张学哲译，法律出版社2016年版，第241页。

〔20〕王艳华：《非商法思维的入侵以及商法的回应》，载王保树主编：《中国商法年刊》（2013），法律出版社2013年版，第123页。

撰以便宜性为根本原则，因此商事立法往往结合公法性规范，以充分发挥集合优势进行商事关系的综合调整。因此，从商法是企业的外部私法角度观察，还应将商法扩张至消费者权益保护法以及反不正当竞争法。

国家任务的扩大不仅改变了公法的内涵，同时也促使私法与公法的功能发生了变化。就私法而言，特别是本应由商法主体自行承担的制度成本及交易成本，往往因商事交易的规模过大，商法制度捉襟见肘而必须借助于公法规范。例如，借助于行政处罚乃至刑事处罚的方式来降低公司制度、票据交易制度、证券交易制度等商事交易的防范成本。公法从而成为商法的工具。但是，值得注意的是，对于商法借助公法进行综合调整的深度、尺度、方法等诸多方面立法要谨慎为之。换言之，两者的关系假若处理得当，对于公私法无疑可以发挥巨大的调和作用。反之，如果操作不当，则将使公法介入商法不是超出立法规划，就是过于保守而抵销了应有的政策效果。[21]

值得注意的是，在当下的分享经济时代，融合性新业态大量出现，突破了传统的监管模式，致使许多分享经济模式均有“违法”嫌疑，都面临着随时被叫停的风险。因此，面对分享经济模式下新型的商业模式、经营模式等与传统商事交易的不同，我国的商事监管部门不能削足适履，强迫新的商事交易符合旧的商事监管模式框架，我国应当因地制宜地调整商事监管模式，及时清理阻碍新的商事交易发展的不合理商事规章制度，促进分享经济模式下的商事新业态。[22] 但是，在鼓励创新的同时，也应当对分享经济的负面性进行规制，以保护消费者、公共利益和交易秩序。[23]

因此，我国需要构建以信用为核心的新型的商事监管制度，体现为政府部门应当对利用自身权力监管分享经济市场秩序保持一定的克制性，同时，政府应当积极推动市场声誉机制的建立，应当充分利用市场自律对分享经济市场秩序进行更为及时和有效的监管。

三、商法的分类

商法的分类，既关涉对商法结构体系的了解，又关涉对商法形式渊源分布的认识，更关涉对商法规范效力差异的把握。关于商法的分类，为立法与理论甚为看重的，大体可作如下几个方面的罗列：

---

〔21〕 苏永钦：《寻找新民法》，北京大学出版社 2012 年版，第 258 页。

〔22〕 马化腾等：《分享经济》，中信出版集团 2016 年版，前言。

〔23〕 蒋大兴、王首杰：《共享经济的法律规制》，载《中国社会科学》2017 年第 9 期。

1. 形式商法与实质商法。形式商法指已成形之商法典;实质商法指无统一的商法典,但有诸如公司法、海商法、保险法、票据法等。我国奉行民商合一,有实质商法,无形式商法。商法学者自然关注商法问题,而多数民法学者却回避对商法问题的讨论。此分类的意义,既涉及民商两法之间关系的立法体制,又涉及商法系统的边界和范围。

2. 商组织法与商行为法。商组织法又称商事主体制度,指以规定商事主体人格创制、变更以及消灭为目的的立法制度体系,如公司法、合伙企业法、个人独资企业法,都属于商组织法的范畴。商组织法是商法中最为特殊的部分,企业维持即为商组织法的原则,却未必适用于商行为法部分。我国《民法典》规定了营利法人、合伙企业与个人独资企业等商事主体。

商行为法又称商事行为制度,指以商事经营行为为规范对象的立法制度体系。在近代以来的立法上,这种制度又可区分为一般商事行为制度和特殊商事行为制度。前者如商事代理、商事物权及商事债权制度,后者如票据、证券、保险等制度。商行为法在形式上与民事法律行为牵涉最大,甚至被视为对民事法律行为的重述,或者对民法关于民事法律行为的规定提出的除外规定。然而,商行为法部分不同于民事法律行为者,在于它将数量众多的非表意行为纳入其中,亦将各种自主行为纳入其中,目的在于体现商业活动的特殊性。另外,民事法律行为抽象于合同、遗嘱等,不涉及所有权的自主行使,商法则规定了营业以及营业转让、企业经营方式等制度,以补充民法之不足。

3. 商事特别法、商事普通法与商事习惯法。商事特别法,指对于生活意义重大,同时又极具个性特征的商事问题而形成的立法;商事普通法,指围绕一般商事问题而形成的立法;商事习惯法,指既不违反现行法律的禁止性规定,又于交易实践中难以排除其适用的交易习惯。我国《民法典》第 10 条规定了:"处理民事纠纷,应当依照法律;法律没有规定的,可以适用习惯,但是不得违背公序良俗。"

此一分类的意义,重在解决法律适用的先后顺序,即优先适用商事特别法,其次适用商事普通法,最后适用商事习惯法。受制于"民商合一"的立法体制,我国目前缺乏商事普通法,即商事一般条款。

第二节 商法的对象

商法的对象,即商法的调整对象或规范对象之简称。商法分为两个部分,即商组织法与商行为法,两者贯彻的原则和体现的精神不太一样,这不仅说明无法从中总结出适合整个商法领域的原则,也无法用过度抽象的方法研究商法。从法理逻辑的角度来说,商法之所以能够成为商法以及无从与民法合为一体,其最为关键的缘由既在于商法拥有自己的调整对象,又在于民法欠缺规范商法对象的能力。基于对商法体系的理解,商法应当包括以下组成部分:

一、商法的总论

商法的总论包含商人、营业、营业资产及其转让、账簿等,此部分与商行为有关,却不限于商行为。商人、商行为、营业、营业资产、商业登记等构成的独特概念群,有助于捍卫商法学科的独特性和法律体系的完整性。

习近平总书记指出:“要坚持以中国特色社会主义法治理论为指导,立足我国国情和实际,加强对民事法律制度的理论研究,尽快构建体现我国社会主义性质,具有鲜明中国特色、实践特色、时代特色的民法理论体系和话语体系,为有效实施民法典、发展我国民事法律制度提供理论支撑。”〔24〕“商法作为独立的学科,有独立的研究对象和知识体系,不赞成将商法作为民法的特别法,商法应独立发展;在社会主义市场经济法律体系中,民法典与商法典是“鸟之两翼、车之双轮”的关系。今后的商法学研究要集中于构建商法学独立的知识体系、理论体系与话语体系。”〔25〕

二、商人人格创制关系

通过商法的适用而调整商人人格创制关系,其目的在于使商人人格的创制达到立法所设定的规范化的要求与标准。而商人人格创制的规范化,客观上既有其必要性又有其可行性,故对该两性只需稍事整理,便可获得以

---

〔24〕 2020 年 5 月 29 日习近平总书记在中央政治局第二十次集体学习上的讲话。

〔25〕 我国著名的法学家张文显教授在中国商法学研究会 2015 年年会的发言。

下几项结论：

1. 商人因其职业之故的身份，既使商人断无天生之理和先例，又使商人的产生只能仰仗于创制的途径和方法。这既是商人需要创制的根本缘由所在，也是商人的产生不同于民事主体的地方。易言之，商人是依据商法的创制才得以产生的法律上的主体。

2. 商人创制的法律技术要义，在于创制商人的人格，即企业主。这便使商人人格的创制在理论层面上需要"营业"一词客观含义的帮助，在实践层面上务必以企业的设立为核心性依托。将商人的人格创制与企业的设立直接挂钩，不仅会使其人格创制极富可操作性，而且会使创制的人格极具实在性。易言之，这是商人人格创制可行性的缘由所在。

3. 以企业作为商人人格的核心性依托，从积极角度讲，根因于企业是商人能够从事经营并可获利的工具；而从消极角度讲，企业无疑又是商人拥有财产支付能力的物质保证。商场如同战场，经商与博弈更是同一机理，为了促使所有的经商之人既能够"赢得起"更能够"输得起"，仍有必要以企业作为商人人格的核心性依托。

三、商事营业关系

"营业"一词产生的历史久远，它在近代商法中的地位至关重要。在历史上，商法带有交易法和习惯法的色彩，加之早期商人多以个人独资和合伙企业为主，不存在公司及类似企业，也就不存在组织法意义上的营业。在近代商法中，公司企业的作用日渐提升，组织法在商法中的地位提升，营业已不限于交易行为，而是涵盖了组织法上的营业。

（一）主要作用

在商人法和商行为法体系下，营业的作用不尽相同。在总体上，商法在抽象意义上规定"营业"，主要是确定商人身份的工具，而不是为了全面调整各种营业。如果能够找到确定商法适用范围的其他方法，商法中未必要采用营业的一般范畴。然而，多数国家都是采用营业来界定商人身份的，我国在确认企业身份时，主要采用登记标准，而不是营业标准。

1. 在商人法（主观主义商法）中，营业是定义商人的直接和核心要素，进而间接成为确定商法适用的主要标准。德国商法采用"商人法主义"或称"主观主义体系"，商人资格是确定商法应否适用的主要标准。在《德国商法典》中，营业成为"商人"的定义要素。《德国商法典》第1条规定："（1）本法典所称的商人,指经营商事营利事业的人;(2)商事营利事业指任何营业事业经营,但企业依照性质或者规模不需要以商人方式所设置的营业经营的,不在此限。”只有了解了营业,才能了解商人的含义。

2. 在采用“商行为法”(或称客观主义商法)体系中,营业不再是商人资格的认定标准,却依然是确定商法应否适用的主要标准。换言之,营业成为商法适用的直接标准,而无须借助商人的认定再确定商法的适用。其实,由于单纯采用客观主义商法的国家极少,多数国家采用主观主义和折中主义商法,商人身份总是重要的,营业也成为重要的商法术语。

(二)次要作用

1. 营业引申出商人的最基本义务。以无照经营为例,因为存在抽象的营业以及行为人登记义务,无照经营者也是营业,因而要办理执照,而未办理执照者,即构成无照经营,一要承担行政违法责任,二要承担商人的注意义务和加重责任。

2. 营业常常具有明显的公法意义。现行法律对此有所反映,但称谓有别。除有营业之称谓外,亦有经营、生产、制造等称谓;税法上,有营业税等;登记法上,有所谓的营业执照等。

(三)营业的分类

实质商法大体包括了行为法和组织法,无论在行为法还是组织法中,都存在营业。依照法律规范的性质,可将营业分类如下:

1. 行为法上的营业,即传统商法上的“商行为”。它主要是从各种交易活动中抽象出来,在性质上属于民事法律行为的范畴。我国实行民商合一的立法传统,民事法律行为作为民法中的一项重要法律制度,不仅可以适用于合同行为、婚姻、遗嘱、收养等身份关系、物权领域,还可以适用于商事领域,商事领域的大量行为应当适用民事法律行为的规则。[26]

2. 组织法上的营业,通常没有交易的内容,也不是传统的民事法律行为,常为商法学者忽视。它主要包括:个人独资企业或其投资者,支配和运用营业资产的行为;合伙企业或其合伙人,协调合伙人关系的行为以及合伙企业支配和运用营业资产的行为;在公司企业中,则包括公司的合并与分立、增资与减资、公司重大资产处分、解散与清算等。

---

〔26〕 黄薇主编:《中华人民共和国民法典总则编释义》,法律出版社2020年版,第351~354页。

3. 特别商法上的营业，如保险法、银行法、信托法和证券法等规定的营业。这些金融法律有些是从传统商法中逐渐分离出来的，有些是自己独立形成的，但无论如何，都是以特别法形式存在的，故而营业的含义比较特殊。

4. 商业管制法上的营业。商业管制法包含大量管制营业的法规，如税法上的营业、登记法上的营业、海关法上的营业、反垄断法上的营业等称谓。[27]

第三节　商法的渊源

一、商法渊源的特质

商法渊源是指具有法的效力作用和意义的商法规范借以表现的形式，商法渊源是对商主体和商行为具有约束力的法律规范，是商事交易活动和商事司法的重要法律依据。商法渊源具有以下特点：

1. 自治性。商法的本质就是要便利而不是阻碍商业的发展。为此，商法不仅需要作为法律调整手段上的自治，更重要的是需要规范创制（法律渊源）上的自治。商业活动是以实践为基础的经验主义行为，在商法里，真正的商法规范很少来自立法者，而更多的情况是来自商人们自行发明并得到长期合同实践改进的种种规则。

2. 多元性。商事生活的复杂性与商业活动的动态更新决定了商法渊源的多元性。承认商法渊源的多元性是对商事交易秩序需要多种调整方式的尊重以及对商事成文法自身存在调整方式弊病应予以克服的深刻认识的结果。对于商法渊源制度的构建，应尽量从宽，以免错失提供调整商事法律关系之依据。

3. 民法补充性。民法是一般法，商法是特别法。为了维护私法体系的统一性，避免不必要的重复，商法中仅对商事领域中的特殊问题或者有特殊要求的规则加以规定，与民法共通的规则则规定于民法。商事司法中，商法规范在法官审理商事案件时，很少被单独适用，几乎任何一起商事案件都可

---

〔27〕 叶林:《商法学本科教案》，中国人民大学法学院（2011 ~ 2012 年学年度）。

能涉及民法规定的适用。

二、我国的商法渊源制度

我国现行商法渊源的体系是多层次的，处于最上的是作为一般私法的民法中关于商事关系的法律规定，之下是作为特别私法的商事单行法，再往下是配合商事单行法实施的行政法规、规章、司法解释、商事习惯法、商事自治法、商事判例、商事政策等。[28]

(一) 商事成文法

在我国，商事成文法是指不同国家立法机关根据法定职权和程序制定的规范性法律文件，包括商事法律、商事行政法规、商事司法解释、商事地方性法规和商事行政规章中的商法规范等。商成文法较之商习惯法、商判例法等法律渊源，具有明确、统一、易于了解和掌握等特点，因而更符合现代商事活动的要求，成为现代商法最主要的表现形式。

我国属于大陆法系，商成文法系我国商法适用中主要的商法渊源。我国现行的商成文法渊源体系是多层次的：处于最上的是作为一般私法的民法中关于商事关系的法律规定，如《民法典》；之下是作为特别私法的商事单行法，如《公司法》《合伙企业法》《保险法》《证券法》等；再往下是配合商事单行法实施的行政法规，如《个体工商户条例》《外商投资法实施条例》，以及部委规章，如《上市公司治理准则》《首次公开发行股票并上市管理办法》等。

(二) 商事政策

商事政策是一个政党和一个政府在一定时期为完成一定的经济贸易任务，规定经济贸易关系的行为准则。在商事立法领域，由于市场上商事活动的复杂性和多变性，导致商事立法即使快速变动也难以全面及时地跟上市场实践活动的发展，进而导致商事案件审理中遇到法无明文规定的情形比较多。相对于法律而言，商事政策灵活多变，因此，适用商事政策是弥补商事法律疏漏的重要手段。我国《民法通则》第 6 条规定："民事活动必须遵守法律，法律没有规定的，应当遵守国家政策。"将国家政策明确规定为我国民商法的渊源之一。关于商事政策的法源地位，本书认为，仅当实在法模棱两

---

〔28〕 国际商事条约和公约、国际商事惯例、国际统一协议与国际标准合同等，一般均得到了当今世界各国的普遍承认，其含义也较为确定，因而本书不再论述。

可或未作规定的情况下,商事政策方有适用的空间,商事政策只是商事法律的辅助工具和商法适用中的补充性渊源。令人遗憾的是,我国《民法典》未再保留商事政策应有的法源地位。

（三）商事习惯法

商事习惯法是国家对商习惯赋予法律效力而形成的行为规范,商事习惯法在中世纪时是调整商事关系的基本规则。由于制定法本身具有不可克服的局限性,再加上商事交易方式不断变化,导致商成文法不足以解决所有的问题,因此商事习惯法仍然有补充适用的余地。我国《民法典》第 10 条“处理民事纠纷,应当依照法律;法律没有规定的,可以适用习惯,但是不得违背公序良俗”的规定明确了商事习惯的法源地位。

交易习惯的效力具有相对性。交易习惯仅仅适用于商人之间,对于普通的民事主体并不具有约束力。关于商事习惯法的法源地位,制定法先于习惯法适用。在商事纠纷的处理中,只要制定法有规定就应适用制定法的规定,仅在制定法没有规定的情形下适用习惯法。[29]

（四）商事判例

商事判例是指法院或仲裁机构在处理商事纠纷活动中形成的判例。商事判例在大陆法系和英美法系国家的地位不同。在英美法系国家,商事判例是商法最重要的渊源;在大陆法系国家,商事判例仅是成文法的补充。客观上讲,由于商业所固有的发展性与变动性,成文商事立法不可能完全满足调整商事交易实践活动的需要,因而需要借助于更为灵活的法律适用方法,这就使商事判例客观上确实对其后发生相同或者类似案件产生了明显的指导作用。从某种意义上讲,商事判例在大陆法系国家越来越发挥其重要作用。具体到我国,要求类案检索、[30]建立案件指导制度是当下我国司法改革一项重要议题。截至 2021 年 1 月 12 日,最高人民法院先后发布了 26 批 147 个指导性案例。最高人民法院《关于案例指导工作的规定》第 7 条规定:“最高人民法院发布的指导性案例,各级人民法院审判类似案例时应当参照。”这一规定表明我国的指导性案例确实对其他案件的审判具有某种程度的约束力。

---

〔29〕 王保树:《商法总论》,清华大学出版社 2007 年版,第 66 页。

〔30〕 2020 年 7 月 27 日最高人民法院发布了《关于统一法律适用加强类案检索的指导意见(试行)》。

(五)商自治法

商自治法是指商人在国家法律体系之外自行制定(约定)的,或者在长期商事活动中自发形成的社会规范的总称。具体形式主要有:公司章程、交易所业务规则、商业行会规约、商事组织预先订立的格式合同条款等。商事自治法是商法作为私法并适用私法自治的必然结果。商主体从事商行为在接受商法规范调整的同时,还需遵守公司章程、交易所的业务规则、商会规约及交易惯例等商自治规则。[31]

当下属于互联网的时代,不仅仅是技术创新的世界,也是法律和规则创新的世界。在电子商务领域,市场参与者自行形成了相对独立于国家法的内部机制,或曰私秩序、私治理。例如,打开淘宝的规则页面,我们发现多达66个淘宝规则及与之配套的100多个解决争议的实施细则等。[32] 在商法的规则中,"无须法律的秩序"之观念应当占有相当的地位,商法的规范应当更多源于对于商事自治规范的认可,而非立法者的主观建构。因此,商事自治法是商法作为私法,适用私法自治的必然结果。

商自治法的效力具有"效力相对性",即商自治法的约束效力仅仅及于其成员,其不能对成员以外的其他主体产生约束力。例如,我国《公司法》第11条规定:"设立公司必须依法制定公司章程。公司章程对公司、股东、董事、监事、高级管理人员具有约束力。"因此,解决公司内部纠纷的时候就可以适用公司章程。而解决公司与债权人的纠纷时,由于公司章程对公司债权人没有约束力,故不能适用公司章程。[33]

第四节 商法的基本原则

一、商法基本原则概述

商法是私法的组成部分,在我国则是在民法的原则、理论和制度的体系

---

〔31〕 俞秋玮、贺幸:《商事裁判理念对审判实践影响之探析》,载《法律适用》2014年第2期。

〔32〕 纪海龙:《现代商法的特征与中国民法典的编纂》,载《中德私法研究》(第15卷),北京大学出版社2017年版,第21~22页。

〔33〕 王保树:《尊重商法的特殊思维》,载《扬州大学学报》2011年第2期。

中逐步成长起来的法律,并没有异于民法的本质,民法的基本原则自然应当成为商法的基本原则。同时,我国的民商事立法已经在事实上改变了西方的商法观所设定的商法范围或边界,原本属于传统商法的许多现象、制度、规范在我国已经被十分恰当地融进了民法的范畴内。离开我国商法发展的环境而提出不同于民法的商法基本原则,显然是不可能的。因此,我国对于商法的基本原则研究,重点应当在于创设或者提出不同于民法基本原则的所谓商法特有的原则,并将之提升为商法的基本原则,以充分发挥这些原则对于商法规范和制度的指导作用。[34]

二、商法的具体原则

与民法的价值比较起来,商法的价值具有二重性,在交易迅捷与交易安全之间进行平衡。为了推动市场交易的运行,首先要给交易者留出充分的自由度,通过交易迅捷,激发其参与交易的积极性。在此基础上,交易双方才能在得到自己需要的物品与利益的同时增加社会利益。与此同时,现代商事交易已呈现为高度网络化的交叉交易关系,任何交易都不过是无数交易者所组成的交易长链中的一环,无论哪一环节出现故障,整个链条都会发生震荡。这种交易关系使所有交易者的利益息息相关,表现在商法中,就是要注重交易安全的价值。因此,商法特有的原则主要有交易迅捷原则与交易安全原则。

(一)交易迅捷原则

商法中的保障交易迅捷原则主要体现为交易简便性原则、短期时效主义和定型化交易规则三个方面。

1. 交易简便

商法规则不同于民法规则的一项重要特征,在于强调商事行为的简便性。考察世界各国商事法的规定,相当一部分商事法律行为均采取要式行为和文义行为方式,这就使此类商事法律行为中的大部分内容通过强行法或推定法预先加以确定,仅将少部分特殊内容留待交易当事人约定,由此形成商事法律行为文件的证券化和标准化。[35] 这对简便交易手续、保障交易迅捷所起的作用是显而易见的。例如,现代各国商法实践中广泛采用的票

---

〔34〕 邹海林主编:《中国商法的发展研究》,中国社会科学出版社 2008 年版,第 14 ~16 页。

〔35〕 董安生等:《中国商法总论》,吉林人民出版社 1994 年版,第 61 页。

据、提单、保险单、流通证券等。对于许多非证券化的商事契约而言,其大部分内容也已由商法中的推定条款和交易习惯所预先确定,由此形成商事契约的简便性特征。例如,各国商法中对于商事买卖、交互计算、商业租赁、商业借贷、商业承揽、商事居间等契约内容往往设有大量的强行法推定条款和任意法推定条款,并且认许商事习惯的推定效力;这与民法中对于买卖、租赁、借贷、承揽、居间等契约内容所采取的充分意思自治原则形成鲜明的对比,由此体现了商法重交易迅捷而忽略个别约定的立法宗旨。

2. 短期时效

现代商法通常采取短期时效主义。按照这一立法主义,商法对于各类商事请求权普遍采取不同于民法上时效期间的短期时效,例如,各国商法对于商事契约的违约求偿权多适用2年以内的短期消灭时效;对于票据请求权多适用6个月、4个月,甚至60日的短期消灭时效;海商法上对于船舶债权人的先取特权多适用1年以内的短期消灭时效;保险法上对于保险补偿请求权通常也适用短于民事时效期限的短期时效。商法上的短期时效主义旨在推动商业交易纠纷的迅速解决,它以牺牲债权人的时效利益为代价换取了交易迅捷的社会效益,由此体现了现代商事法的价值取向。〔36〕 我国《民法典》第188条第1款"向人民法院请求保护民事权利的诉讼时效期间为三年。法律另有规定的,依照其规定"的规定明确了商法中的短期时效制度。

3. 定型化交易

商法保障交易迅捷的另一法律体现是定型化交易规则,包括交易形态的定型化与交易客体的定型化两方面内容。交易形态定型化,是指商法通过强行法规则预先规定若干类型的典型交易方式,使商事交易的方式定型化。它使任何个人或组织,无论何时从事此类交易行为,均可获得同样的法律效果。例如,销售商依法先行陈列各种定型货物并标明其价格,使买受人得以迅速决定承诺与否,由此促进了交易的便捷。所谓交易客体的定型化则是指交易对象的商品化与证券化。当交易的客体为有形财产时,赋予其统一的规格或特定的标识使其商品化,达到易于识别的效果。例如,各国商标法通过强行法或任意法令使制造商对其产品负有使用特定标识的义务,使消费者易于识别不同类型的商品,从而促进了交易之迅捷。〔37〕 当交易客

〔36〕 我国《民法典》对时效予以统一的"法定强制"安排,未能完全考虑商事交易对效率的特别要求。例如,未规定应当允许商人对商事争议的短期时效进行约定甚至放弃诉讼时效利益,以确保商人之间的纠纷能迅速解决,损害了商事纠纷解决的自治性。

〔37〕 董安生等:《中国商法总论》,吉林人民出版社1994年版,第62页。

体为无形财产或权利财产时，商法则通过权利证券化规则，极大简化了权利转让程序，形成证券的流通。例如，公司法上的股票及公司债券、票据法上的各种票据、保险法上的保险单、海商法上的载货证券均为权利证券化之典型。

（二）交易安全原则

商法为了保障交易安全，避免交易风险，确立了其独特的规范方法。

1. 条件主义方法

条件主义方法指的是对于商事人格的取得、变化与消灭等情事，出于维护交易安全和公平的宗旨考虑，而由立法统一设定其条件，并责成商事主体严格遵守的方法的总和。但由于该种方法在于为商主体之产生、变更与消灭寻找外在的合理性，其根基还是商主体内部成员的意思自治。例如，公司的成立、合并、分立以及解散等变化都要经过股东会的决议，只有经过股东会的决议方能发生变化的效果。

2. 公示主义方法

公示主义方法又称为要式主义方法，是指为使商主体的变化与其商事营业的实施具有普遍的社会公信力，立法明确规定其条件，必须依法进行公示才能发生法律上效力的法律方法的总和。该种方法主要是针对商主体而言，将商主体内部的变化通过一定的方式表现出来，从而使交易对方可以获取自己需要的信息，进而作出理性的判断，避免遭受不测之风险。公示的方法主要有登记、公告和通知。公示主义方法的主要功能是公示商主体的有关信息，从而取得社会公信力，以保护交易安全。例如，我国《证券法》将信息披露单独成章，明确要求信息披露义务人应当真实、准确、完整、及时、公平地进行信息披露，否则应当承担相应的法律责任。为保护交易安全，我国《民法典》多处规定体现了公示主义方法。[38]

3. 外观主义方法

该种方法是从行为角度而言的，又称为客观主义方法，是指在民商事交易中，立法要求以行为人的外观表现为基准，来确定其行为所应产生的法律效果的方法。当行为人的意思与表示不一致时，以表示为准；行为人有表示

---

〔38〕《民法典》第64条规定："法人存续期间登记事项发生变化的，应当依法向登记机关申请变更登记。"第416条规定："动产抵押担保的主债权是抵押物的价款，标的物交付后十日内办理抵押登记的，该抵押权人优先于抵押物买受人的其他担保物权人受偿，但是留置权人除外。"

者,应就其表示负担责任。[39] 该主义包括以下两个方面的内容:一是意思与表示不一致时,以表示为准;二是行为人有表示时,应就其表示负担责任。各国家与地区商法理论与实践都承认外观主义的存在,日本和我国台湾地区称之为外观主义,德国称之为外观法理,英美法国家则称之为禁反言。例如,表见代表董事制度就体现了外观主义方法。我国《民法典》第 65 条规定:“法人的实际情况与登记的事项不一致的,不得对抗善意相对人。”《日本商法典》第 262 条规定:“附有社长、副社长、专务董事、常务董事及其他被认为有代表公司权限名称的董事所实施的行为,即使其无代表公司的权限,公司也应对第三人负责任。”商业使用人如经理人也可以类推适用表见代表董事的规定。票据文义性最能体现外观主义法理。票据行为的内容一律以票据上所记载的文义为准。纵使该项记载与当事人真意不符,也不许当事人以票据外的证明方法变更。

4. 严格主义方法

该种方法的出现主要是从商主体的行为以及行为后果的角度而言,又称严格归责方法,指的是基于商事交易所发生的风险及损害后果,立法明确规定须由商事主体严格承担的各种方法的总和。俗话说,“有风险,就有救济”,而救济主要体现为责任的承担,但由于商事生活特有的规律与要求,商事责任在现实中呈现为与民事责任不同的特质。该方法在制度层面体现为:连带责任、无过错责任、惩罚性赔偿、社会责任、行政责任与刑事责任等。

第五节 商法与邻近法律部门的关系

一、商法的邻近部门法界定

讨论商法同其他邻近部门法的关系,是为了进一步发掘商法的个性与特色,从而使商法的固有本质特征及其固有品格能够得到更为清晰地揭示与展现。但是,在中国的商法学理论中,有关商法的邻近部门法之界定,至今未形成一个统一的标准和说法。例如,有人认为商法的邻近部门法包括民法、劳动法、刑法、行政法、宪法与国际法等;[40] 又有人认为商法的邻近部

[39] 刘甲一:《商事法论》,五南图书出版股份有限公司 1980 年修订版,第 12 页。

[40] 张国键:《商事法论》,三民书局 1980 年版,第 26 ~ 32 页。

门法包括民法、刑法、行政法、诉讼法以及商业登记法。[41] 其实，关于商法的邻近部门法界定，原本就是一个理论性较强的问题，能够充当商法邻近部门法的必须是与商法的法哲学价值追求目标最为接近，或者与商法有过一体化的历史而后才得以彼此分离的法律部门。由此角度视之，能够充当商法邻近部门法的，事实上只有民法与劳动法。

二、商法与民法

商法和民法皆为私法，以调整私人关系为己任，共同承担了抵御公权力过度干预的功能。然而，商法和民法的侧重点有所不同。商法是在商人主导下逐渐形成的法律规范，它创造了有别于民法的概念群，从而形成了与民法的差异。商人、商行为、营业、营业资产、商业登记等构成的独特概念群，有助于捍卫商法学科和商法体系的独特性。

1. 民法是一般性私法，而商法则属特别性私法。我国《民法典》第 11 条规定："其他法律对民事关系有特别规定的，依照其规定。"民法系以法律关系作为其调整对象，全面覆盖了各种私人关系，乃至扩张至婚姻家庭关系等。商法无须重复民法规定，而要针对特殊的民事事项加以规定。在此种结构中，出现了一种优先受到商法调整的民事权利义务关系。至于哪些事项需要优先受到商法调整，需要立法者加以酌定，以合理反映商业活动的合理诉求。例如，《民法典》第 147 条是关于重大误解的规定，但若商事特别法、商事单行法对此作出特别规定，则应援引《民法典》第 11 条的规定，即"其他法律对民事关系有特别规定的，依照其规定"，此时不应援引《民法典》第 147 条进行纠纷的处理，而需援引公司法、证券法等商事特别法中的特别规定进行处理。

2. 民法是行为法，商法是商人组织法兼行为法。这一概括重在通过对民商两法制度结构的解析，来展示说明它们两者之间的相互分野情形。具体说来，一方面，充当民事权利义务关系发生、变更以及消灭依据的，始终都是所谓的民法上的事实。而该种事实的本身，尚存在事件事实与行为事实的区别。这种区别的根据，又在于事件事实是不以人的意志为转移的，以及行为事实严格限定于人的意识行为，进而使民法成为行为法。从一定意义上讲，近代以来德国法系民法典的编撰之所以能够以民事法律行为充当轴心，客观上与此存在极为密切的关系。另一方面，作为商法的整体性结构，

---

〔41〕 蔡荫恩：《商事法概要》，三民书局 1980 年版，第 12～15 页。

向来都被传统法学理论解析成两个板块:一个板块被称作商事主体制度,另一个板块被称作商事行为制度。如果说商事行为制度自成体系以及应当独立化的原因,在于所谓的商行为是由商人基于其营业所实施的行为,故事实地已为民法所难以调整,那么,作为商事主体制度的要义无疑在于规范商人人格的创制。而所谓的商人人格的创制,自然可以称作对商人的建构或组织,表明商法是名副其实的商人组织法兼商行为法,并因此而严格区别于民法。

3.逻辑与方法差异:理性主义与功能主义。多数情况下,民法规则的书写和解释遵循演绎法。即从一般概念(理性主义)出发,适用于特定的案件。商法规则的书写和解释,更倾向于归纳法。即在尊重个性(功能主义)的基础上,按照法律规定、交易习惯和民法作出判决。一般调整,可以从伦理和历史中找到正当性的基础;特别调整,主要是从功能主义上确立其正当性。一般调整具有普适性,特别调整却必须清晰地确定法条或规则的适用范围。

4.法律适用的差异:民法与商法在适用中的关系。《韩国商法典》第1条规定:"关于商事,本法无规定时,适用商事习惯法;无商事习惯法时,适用民法。"该等商法典—商事习惯法—民法的适用规则,反映了商业活动尽力排斥民法的直接适用,即"民法的谦抑性",对此我国最高人民法院第67号指导性案例作出了明确的规定,"股权转让分期付款合同,与一般以消费为目的的分期付款买卖合同有较大区别。对案涉《股权转让资金分期付款协议》不宜简单适用《合同法》第一百六十七条规定的合同解除权……从维护交易安全的角度,一项有限责任公司的股权交易,关涉诸多方面,如其他股东对受让人汤长龙的接受和信任(过半数同意股权转让),记载到股东名册和在工商部门登记股权,社会成本和影响已经倾注其中。本案中,汤长龙受让股权后已实际参与公司经营管理、股权也已过户登记到其名下,如果不是汤长龙有根本违约行为,动辄撤销合同可能对公司经营管理的稳定产生不利影响。综上所述,本案中,汤长龙主张的周士海依据《合同法》第一百六十七条之规定要求解除合同依据不足的理由,于法有据,应当予以支持"。[42]

2011年3月10日,时任全国人民代表大会常务委员会委员长吴邦国庄严宣布,一个立足中国国情和实际、适应改革开放和社会主义现代化建设需要、集中体现党和人民意志的,以宪法为统帅,以宪法相关法、民法商法等多个法律部门的法律为主干,由法律、行政法规、地方性法规与自治条例、单行

〔42〕 指导案例67号:汤长龙诉周士海股权转让纠纷案。

条例等三个层次的法律规范构成的中国特色社会主义法律体系已经形成。商法作为市场经济的基本法，必将为依法治国、建设社会主义法治国家、实现国家长治久安提供有力的法治保障。

我国政府从国家层面已经公开承认并使用"商事制度""商事关系"等称谓。我国国务院2011年10月27日发布的《中国特色社会主义法律体系》白皮书，就有关民法和商法的关系特别指出："民法是调整平等主体的公民之间、法人之间、公民和法人之间的财产关系和人身关系的法律规范，遵循民事主体地位平等、意思自治、公平、诚实信用等基本原则。商法调整商事主体之间的商事关系，遵循民法的基本原则，同时秉承保障商事交易自由、等价有偿、便捷安全等原则……""清理废除妨碍统一市场和公平竞争的各种规定和做法，支持民营企业发展，激发各类市场主体活力。深化商事制度改革……"[43]"……我国民事法律制度建设一直秉持'民商合一'的传统，把许多商事法律规范纳入民法之中……"[44]因此，我国《民法典》等均未根据主体或行为的性质来区分民事主体和商主体、民事行为和商行为，并在此基础上规定不同的行为规则。

与此同时，自19世纪提出的私法统一的学说，越来越成为当代各国私法变革的新趋势，传统上私法分立越来越不符合"经济生活基本统一"及"当代社会建设的同质"，而社会经济制度的同质化逐渐在法律层面反映出来：传统上仅仅为商人或者商业及其经营场所制定和使用的商法机制，显然日趋"普及化"和"共通化"，[45]如票据、保险、破产等。另外，伴随"民法的商法化"的私法变革，同时也意味着商法的胜利及商法走向实质性灭亡：一方面，商法的规则被民法吸纳；另一方面，在"商事"行为与"民事"行为受相同制度规范时，商法便不再构成特别私法，即商法也成为普通私法。[46]

三、商法与劳动法

将劳动法作为商法的邻近部门法，根因于劳动工资关系在劳动法独立

〔43〕 党的十九大报告。

〔44〕 王晨：《关于〈中华人民共和国民法典（草案）〉的说明》，2020年5月22日第十三届全国人民代表大会第三次会议上的讲话。

〔45〕 ［葡］乔治·曼努埃尔·高迪纽德·阿布莱乌：《商法教程》（第1卷），王薇译，法律出版社2017年版，第17页。

〔46〕 ［葡］乔治·曼努埃尔·高迪纽德·阿布莱乌：《商法教程》（第1卷），王薇译，法律出版社2017年版，第18页。

之前,向来都被看作相当普通的私人生活关系,一直适用于自由合意的运作规则。

关于劳动法与商法的区别,大体上可以作如下归纳:

1. 两者的法域归属不同。具体指商法属于私法的范畴,而劳动法又属于社会法的门类。需要补充说明的是,社会法之所以能成为一个独立的法域,根固于"社会本位"思想的产生及指导,质言之,关于社会法与是私法的本质差异,就在于社会法具备直接增进社会福利的功能与作用,〔47〕故不可将二者相提并论或者相互等同。

2. 两者的调整对象不同。具体指商事关系乃商法的调整对象,而构成劳动法调整对象的,自然非劳动工资关系莫属。劳动法与商法的这一区别基于劳动工资关系与商事关系之间存在的本质差异,即商事关系极具功利性质,而劳资关系则富含伦理性和人道性。因为,单从劳动者的角度来讲,既知劳动者的受雇并服从安排及从事一定的劳动,往往都是因自身"生计"或者其"家计"的实际需要所致,从而使劳动工资关系不能不拥有极为鲜明的伦理性和人道性。

3. 两者的调整方法不同。一方面,商法方法的本身既以民法的方法为之基础,又以商事关系的特有规律充当依据,并经过扩大和发展才得以最终定格化;另一方面,作为劳动法的方法,无疑是在劳动法的基础之上而据之以劳动工资关系的特别要求才发展起来的。易言之,构成劳动法调整方法的,正是所谓的单方商事法律关系的运作机理和机制:一是劳动者为了生存才参加劳动,故于该种关系中为其所设定的法律负担,只能立足于"过错主义"的立场;二是雇主之雇用他人,足以表明雇主不仅拥有较强的经济实力,甚至还怀有营利的动机和初衷,遂对其加以"严格主义"的法律负担,既属必要又系可行;三是劳动工时、最低工资额、劳动安全及特有的福利待遇,无不涉及基本人权之保障,仍然需要以强制性的规范而予以规定和推行。

有必要提及,在劳动法与商法之间仍然是有一定联系的。例如,作为企业的经理人,客观上既因企业主"委聘"而产生,同时也是该企业通常性经营的签名人、代理人,可见,企业经理事实上在企业运营中处于中心地位,与一般雇员接受企业的指挥、管理和指示有很大不同,在法律上很难认定其"雇员"身份。但是,企业经理与高管通常是由公司董事会聘任或任命,也直接由董事会解聘,向董事会负责,接受董事会的指示和监督,仍受制于公司董

〔47〕［日］我妻荣编:《新法律学辞典》,董璠舆等译,中国政法大学出版社1991年版,第439页。

事会,因此,仍然符合雇员从属性的特征。可见,经理人的雇员身份也是可以成立的。[48] 因此,我国《企业破产法》第113条第3款规定:“破产企业的董事、监事和高级管理人员的工资按照该企业职工的平均工资计算。”但是,当债务人企业在破产重整程序中继续经营时,公司高管的薪酬如果不按经理人市场标准支付的话,必然会导致在挽救债务人企业的过程中重要经营人员人才流失而使重整程序归于失败。[49]

经理负责公司日常事务,享有广泛的权力和影响,在很多时候处于管理或者控制公司一般雇员的地位,因此,劳动法的一些规则难以适用于经理人,不能简单将劳动法的所有规则均适用于公司高管。例如,在美国,董事会可以随时解雇公司高级雇员,高级雇员有权利起诉公司要求赔偿,但不可以要求公司为其复职。[50] 因此,企业经理人在逻辑上需要由商法进行规定。但是,对于经理人的薪金与待遇,显而易见地又应属于劳动法的规范对象,从而表明劳动法与商法仍然是有一定联系的。因此,经理人具有独特的职权属性和工作特点,不宜直接适用劳动法。正确的方法是,制定适合经理人特点的规则,在没有特殊规则时,适用交易习惯,缺乏交易习惯时,适用劳动法的规定。同时,职务上的商业使用人虽然是劳动合同而产生的,却有别于劳动法上的雇员。最为典型者,他们在劳动时间和方式上,未必遵守劳动法关于劳动时间的规定,薪酬有时亦可按照完成业务状况而确定。因而,在处理涉及使用人的劳动争议案件时,不仅要考虑劳动法的适用,还要考虑商法的特质。值得注意的是,最高人民法院《关于适用〈中华人民共和国公司法〉若干问题的规定(五)》对于公司董事、经理作为公司高管的地位作出了明确的规定,“董事任期届满前被股东会或者股东大会有效决议解除职务,其主张解除不发生法律效力的,人民法院不予支持。董事职务被解除后,因补偿与公司发生纠纷提起诉讼的,人民法院应当依据法律、行政法规、公司章程的规定或者合同的约定,综合考虑解除的原因、剩余任期、董事薪酬等因素,确定是否补偿以及补偿的合理数额”。[51]

---

〔48〕 谢增毅:《我国劳动关系法律调整模式的转变》,载《中国社会科学》2017年第2期。

〔49〕 齐明:《中国破产法原理与适用》,法律出版社2017年版,第202页。

〔50〕 谢增毅:《我国劳动关系法律调整模式的转变》,载《中国社会科学》2017年第2期。

〔51〕 最高人民法院《关于适用〈中华人民共和国公司法〉若干问题的规定(五)》第3条。

第六节 商事法律关系的概念与分类

一、商事法律关系的概念

民法是一般性质的私法,商法则是特别性质的私法,一方面,存在于民事法律关系与商事法律关系二者之间的,客观上只能是"种与属"或者"包容与被包容"的关系,易言之,前者是包容者并且系种概念,后者是被包容者同时是属概念;另一方面,因私法的权利本位使商事法律关系与民事法律关系一样,自始就拥有具体和抽象两种意义。

具体意义的商事法律关系,是指存在于现实生活中并且呈现为个案形式的商事关系,由于受到商法的规范而具有商法的效力,同时还系商事生活法治化终极性产物的社会关系类型。理解并把握这一概念,必须充分注意如下两点:一是个案形式的商事关系接受商法的规范,是该类型的商事法律关系得以产生的源泉;二是因商事关系的个案性,使该类型的商事法律关系亦具有个案的性质,进而使其极富社会生活的实证性。

关于抽象意义的商事法律关系,是指为保障个案形式的商事关系在实际运行中可最大限度地合法,亦即不悖于社会生活秩序和正义的要求,故由立法所表现出来的商事关系中最为理想的运作模式。唯应注意的:一是充当该类型商事法律关系之本体的,应严格限定于"善法"意义的成文型商事立法。二是关于该类型的商事法律关系,之所以有必要成为商事关系最为理想的运作模式,其总的根源就在于商法是私法以及私法的权利本位。三是与具体意义的商事法律关系相比较,抽象意义的商事法律关系应居于更为重要的位置。

从历史的角度,早期商事关系相对简单,商法主要局限于商品的制造、加工、贸易等传统商业领域。随着经济的发展,现代商事关系主要体现为金融关系。[52]

二、商事法律关系的特征

准确把握商事法律关系,除了必须掌握商事法律关系的概念之外,还有

〔52〕 施天涛:《商事关系的重新发现与当今商法的使命》,载《清华法学》2017 年第 6 期。

必要了解其特征，即充分了解其不同于民事法律关系之处。

1. 商事法律关系的主体应当是商人，而且至少有一方当事人是商人。所有的商人都是市民之谓的民事主体，而市民之成为商人，又是有一定条件之要求的，表明该二者之间是有严格区别的。

2. 商事法律关系的内容，包括商事权利、商事义务与商事责任。商事权利，就是指为满足商人营业的普遍性需要，而由商人所必须享有的最为一般的权利。在概念的外延上，商事权利有商事人格权与商事请求权之区分。前者属于人身权范畴，并成为主体从事商事营业的终极性根据；后者属于财产性质的权利，且作为营业方面最为常用的手段。从法理上说，传统民法的权利体系无法全部涵盖商法权利的内容，例如，股东权利的内容，既无法归入物权，也无法归入债权，即传统民法的权利体系无法圆满地解释股权，我国《民法典》第125条将股权单列为一项民事权利，凸显了商事权利与民事权利的不同。

通常来说，一般的民事主体不享有商事权利，“反不正当竞争法调整经营者之间的市场竞争行为和竞争关系，保护的客体是经营者的合法权益和社会经济秩序。本案中，方森良作为‘方顺和’创始人的后人，因其未从事或参与市场经营，潜在的交易机会和竞争优势尚未通过使用转化为市场利益，故方森良并不享有反不正当竞争法意义上的合法权益。为此，法院裁定驳回原告方森良的起诉”。〔53〕

商事义务，是指为确保商人的营业至少可达到“适法”，亦即不违反法律禁止的标准，而由商人必须担负的最为一般的义务。此等义务客观上可以分为两种：一是人格充实义务，具体指商人负有保证自己商人人格合法取得，并且真实以及相对透明的义务；二是债须清偿义务，具体指应交易对方之请求，商人负有为履行或者为给付之义务。同民事法律关系的内容相比较，商事法律关系的内容更为简洁。

商事责任作为私法性的救济所能够运用的救济手段，有信用罚、〔54〕惩罚

〔53〕　孟焕良：《老字号后人状告不正当竞争被驳回》，载《人民法院报》2016年12月8日，第3版。

〔54〕　《民事诉讼法》第255条规定：“被执行人不履行法律文书确定的义务的，人民法院可以对其采取或者通知有关单位协助采取限制出境，在征信系统记录、通过媒体公布不履行义务信息以及法律规定的其他措施。”

性赔偿、[55]有限责任、[56]无限责任;商事责任作为商法公法性的干预手段,包括行政责任、社会责任、刑事责任等区分于民法的责任形式,进而使商事责任与民事责任客观上具有显著的区别。

3. 商事法律关系的客体是指商行为。商事法律关系的客体具有唯一性,其在法律技术上的效仿对象及依据便是民事之债法律关系的客体具有唯一性,亦即民事法律之债关系,始终都是以债务人的给付行为为之客体的。而商事法律关系的客体严格限定为商行为,既根因于主体自身之缘故而"能够实施商行为",实乃主体之所以成为商人的根本性依据,又根因于所谓的商事营业总是以商行为的持续性实施为证明,更根因于营业交往关系之了断,还必须以商行为的实施作为唯一的凭借。这些都显著区别于民事法律关系客体之具有多样性的特质,又显著区别于民事之债法律关系的客体乃债务人的给付行为。

三、商事法律关系的分类

商事法律关系的分类,包括以下几个方面:

(一)商事主体法律关系与商事客体法律关系

所谓商事主体法律关系,就是指以关注商人人格的创制、维持、变更与终止而为目标的立法。如商自然人法、商合伙法、商法人法以及破产法等,均属于这一类型的商事法律关系。所谓商事客体法律关系,是指以关注商事营业开展亦即以关注商行为的实施为目标的立法。如商事买卖法、商事运输与仓储法、证券与票据法等,皆属于这一类型的商事法律关系。

这一分类具有如下意义:一是有利于明确商法自身的事实构成,具体指商法是由商人组织法和商事行为法两个板块组成,缺少其中的任何一个都会使商法残缺不全;二是有利于深入认识商事法律关系构成要素的科学性质及魅力,商事法律关系构成要素既体现商事生活便捷安全的要求,又以商法的两大板块结构为依据;三是有利于准确把握商法的本质,具体指与商事行为法相比较,商人组织法无疑具有更为关键的作用及意义。

---

[55] 《民法典》第179条第2款规定:"法律规定惩罚性赔偿的,依照其规定。"

[56] 《公司法》第3条第2款规定:"有限责任公司的股东以其认缴的出资额为限对公司承担责任;股份有限公司的股东以其认购的股份为限对公司承担责任。"

（二）普通商事法律关系与特别商事法律关系

所谓普通商事法律关系，是指旨在反映和体现商事生活规律中共同性内容与成分的立法，如商法典总则。普通商事关系的法律调整，由民法与商法共同完成。我国《民法典》奉行"民商合一"，不仅确立、维护婚姻、家庭等社会秩序，而且调整民事主体之间的财产权关系、交易关系、维护经济秩序，使民事主体享有合法财产权，进而在此基础上与他人展开交易，健全市场秩序、维护交易安全，从而确保整个社会的经济有条不紊地进行。[57] 所谓特别商事法律关系，是指以反映和体现商事生活规律中极富个性的立法，如商法典分则或者商事单行法。特殊商事关系的法律调整属于商法的边际调整。

这一分类具有如下意义：一是既可实现商法典总则与分则，以及某一问题的通则同其特则之相互分野，又可保证分野的各方之间仍然保持联系，进而达到使整个立法体系既层次分明又结构严谨；二是能使商法的适用达到有序化标准，即特别法的适用优先于普通法。

（三）单方商事法律关系与双方商事法律关系

所谓单方商事法律关系，是指仅有一方是商人而其他主体不是商人的法律关系。例如，零售商与消费者之间所发生的消费品供应法律关系；又如，商家与用餐者、住宿者、旅游者等所发生的商事服务法律关系，客观上均属于这一类型的商事法律关系。所谓双方商事法律关系，是指关系的主体双方乃至多方均为商人的法律关系。例如，制造商与销售商之间所发生的销售品供应法律关系、银行与其他各类商人所发生的商事借贷法律关系等，都属于这种类型的商事法律关系。

商事法律关系的这一分类事实上是由法国人最先提出，法国人利用这一分类所解决的问题仅限于单方商事法律关系中的民事主体起诉其商事主体，由商事法院（法庭）受理并据之以商法而了断其讼争。但是，德国人根据这一分类不仅有效确立起对商行为进行特别规范的专项制度，即反不正当竞争法与反垄断法的出台，而且还成功开辟出一个既非私法又非公法的所谓"社会法法域"，如消费者权益保护法与产品质量法，既是依据单方商事法律关系的机理而被制定出来的，同时也是极为典型的"社会法"性质之立法。

---

〔57〕 黄薇主编：《中华人民共和国民法典总则编释义》，法律出版社 2020 年版，第 14 ~ 15 页。

(四)具体意义的商事法律关系与抽象意义的商事法律关系

这一分类在商事法律关系的概念界定中已经有较为深入的涉及,故关于其分类的标准以及此一分类的意义,不再赘述。唯应强调的是,具体意义的商事法律关系,说到底应是一个法律社会学问题,而抽象意义的商事法律关系本质上是一个立法学问题。故后者较之于前者,逻辑上具有更根本的性质及作用。

在我国,抽象意义的商事法律关系体现为"商事一般条款"。我国《民法典》的编纂思路与基本框架与《德国民法典》大致相同,即采用"先总后分"的模式。我国《民法典》奉行"民商合一",这就导致了我国《民法典》立法模式选择上的悖论:采用民商分立模式国家的民法典结构,而又没有(执意而为之)商法典总则的内容。我国《民法典》中商事规范的内容不能完全成为统率商事单行法的"总则",即欠缺"商事一般条款"。

第二章　商事主体

第一节　商事主体的概念及特征

一、商事主体的概念与特征

商事主体即传统商法中所谓的商人，从商事法上讲，是指享有商事经营法律人格，以自己的名义实施商行为为职业，在商事法律关系中享受和承担经营性商事权利和义务的人。

无疑，商法关于商主体的规定具有重要意义，如同其他法律关系的主体一样，非经商法确认不得成为商主体。首先，商主体并非任意人所为之，而需具备法定的条件，即商法所规定的主体条件。如果没有一定的条件，任意人都可以成为商主体，则会使市场出现混乱。其次，商主体立法的意义在于使商主体同其他法律关系主体区别开来。换言之，商主体立法并不回答某一个人可以成为商主体，但它可以揭示商主体的本质特征。毋庸置疑，行政主体仅能实施行政行为，军事主体仅能实施军事行为，司法机构仅能执行司法职能，立法机关仅能实施立法行为，而只有依商法确认的商主体才能实施商行为。这些就是它们之间的本质区别。然而，这些区别只能通过立法实现。否则，就必然会使人们在不知何种人能成为商主体的情况下，任意进入市场从事商行为，甚至会出现政府机关乃至司法机关、军事机关经商的局面，这无疑对发展社会主义市场经济是极为有害的。最后，研究商主体无论是从理论上还是立法上，都有助于构建完整的商法法律体系，有助于商事立法技术的完善及商法的普及。固然我国的商法无法脱离民法而单独存在，但实际上民事主体与商主体所处的生活场景不尽相同，有关商主体的权利能力和行为能力等主体性能的规定，仅仅依靠调整普通私法生活的民法理念是完全不够的。客观地讲，社会生活的确有民事主体与商主体的分野，而且这种分野也将长期存在下去，商主体拥有独立的商事能力是客观实证的，民商合一抹杀不了民事资格与商事资格的区别。所以,我们必须加强商主体立法,并以此来推动商法的发展与完善。

作为商法的主体,商事主体具有不同于民事主体的特征,为保障商事主体的公示性和规范性,概括说来,各国通过一系列具体规则,确定商事主体具有如下几个方面的特征:

1. 营利性:系目的范畴,而非结果范畴(营利),揭示企业旨在获得利润的目的。至于是否向投资者分配利润,不影响企业营利性的认定。分配利润者,兼顾了投资者的营利性;未分配利润者,亦可认定为营利性组织。

2. 营业性(职业性):系行为范畴而非目的范畴,以营业为职业,企业通过生产经营活动(商行为等)实现营利之目的。基于职业性特征,企业应具有必要的技能,必须尽到企业的特殊注意义务;凡不从事营业活动者,不为企业,如非营利法人、特别法人等。

3. 持续性:系职业性的延伸特征,时间可长可短。偶然获利者,不为企业,不具有企业资格的自然人或法人虽非企业,但其偶然实施的行为却可能纳入商法调整范围,以免逃避加重义务和责任。有争议的是,对于偶然从事营利活动的自然人是否为商主体,存在疑义。

4. 独立性:系为自己利益从事营业活动,而不是为了他人利益而从事营业。商业使用人或辅助人(雇员及经理等)不是商主体。这一特征不仅将商主体与没有独立资格的商业组织内部机构或商业辅助人区别开来,而且将商业合伙与不具备商业名称和独立名义的民事合伙区别开来。

5. 公开性:面向公众提供商品或服务,面向特定群体而从事商业者,不视为商人。对于合作社是不是企业或商人,学者看法未必一样。就外部而言,为社员利益而从事经营(如销售),甚至主要是与社员发生交易;就内部而言,事实上存在利益分配。在习惯上,合作社皆由专门法律加以规定,可视为特殊法规定的特殊企业或商人。[1]

6. 适用商事规则:拥有商主体的身份意味着应当适用不同于普通民事主体的商事规则,主要体现为可以享有营利的权利、应当承担严格的注意义务与严格的责任等。例如,假如保管人为商主体,应当承担无过错的保管责任;关于代理人的报酬,约定不明时,民事代理推定为无偿、商事代理推定为有偿;在借贷关系中,关于利息的推定,民事借贷推定为无息,商事借贷则推

〔1〕 我国《民法典》将合作社规定为特别法人,未将其视为商主体。

定为有息等。[2]

二、我国语境下的“商人”概念

我国商业发展缓慢，缺乏商法传统。同时，我国没有经历过自由资本主义阶段。封建社会重农抑商，有士农工商之别，自古不喜欢商人，仅在清末《商律》中承认商和商人。清政府在制定商法时，大量借鉴了境外商法的经验，于光绪二十九年（1903年）十二月颁布了《商人通例》（共9条）和《公司律》（共131条）。通常认为，《商人通例》第1条定义了商人的含义，即“凡经营商务贸易、买卖、贩运货物者均为商”。《商人通例》也因此成为我国旧法中最早确立商人地位的专门法律。此后，民国政府时期的《商人通则》，亦承认商人的概念，直至立法院通过民商合一法案。

中华人民共和国成立后，我国废止了“商人”一词，改称企业，开启了商法词语上的重大变化。政务院（1954年9月，根据第一届全国人大通过的宪法规定，政务院改称国务院）于1950年颁布《私营企业暂行条例》。该暂行条例没有采用商人的术语，而选定“企业”作为该条例的基本术语，从而成为我国采用“企业”术语的最早法律文本。《私营企业暂行条例》第2条规定：“本条例所称私营企业（以下简称企业）为私人投资经营从事营利的各种经济事业。”

因无商法典，我国商法学界关于商主体的称谓比较复杂和混乱，有多种称谓，如商主体、商事主体、商事法律关系主体、商人、企业主等，其中，皆可再分为各种属概念（如个体户、独资企业、合伙企业和公司等），在民法上则有营利法人、经营者等称谓。[3]

商人在历史上带有阶级或阶层的色彩，在境外现代商法中，商人已主要演变为某种职业，而与阶级或阶层无关。在中国法上，长期不用商人的范畴，现代意义上的商人依然在观念上附着了浓厚的阶级或阶层色彩，因而不太为国人接受。在改革而非革命的环境中，当企业可以替代商人时，无须坚持商人的范畴。

依据《民法典》的规定，在我国，营利法人是商主体，营利法人包括有限责任公司、股份有限公司和其他企业法人等。非营利法人和特别法人均不是商主体，非营利法人包括事业单位、社会团体、基金会、社会服务机构等；

---

〔2〕 童列春：《论商事权利能力》，中国商法学研究会2018年年会论文。

〔3〕 叶林：《商法学》本科教案，中国人民大学法学院（2011～2012学年第二学期）。

特别法人包括机关法人、农村集体经济组织法人、城镇农村的合作经济组织法人、基层群众性自治组织法人。此外,我国的商主体还包括合伙企业、个人独资企业、个体工商户等。

第二节　商主体的规制

一、商主体的规制原则

就技术层面而言,有三种不同的界定商关系的标准,分别为:《法国商法典》采取的客观主义标准、《德国商法典》采取的主观主义标准及《日本商法典》采取的折中主义标准。所谓客观主义,又称商行为法主义,即法律先定商行为概念,然后导出商人的概念,依此,商人就是实施商行为的人。而无论实施行为的人是否为商人或是否从事营业,因商事行为所发生的关系均为商事关系。所谓主观主义,又称商人法主义,指法律先定商人概念,然后从中导出商行为概念,依此标准,商行为就是商人所为的行为。由商行为发生的关系都是商事关系,如果行为主体不是商人,其行为就不是商行为,其发生的关系也就不是商事关系。所谓折中主义,即在确定商事关系时,首先规定某种行为为专属商事行为,无论其是否为商人所为,都视为商事行为,而此外的其他行为必须由商人所为才属于商事行为。[4]

客观主义原则的历史功绩在于将法国大革命之后的自由平等思想引入商法,打破了商法在中世纪只适用于商人阶层的传统而采取商行为主义,其目的在于将"从商"作为一种自然权利而普及给所有的法兰西人,《法国商法典》不愧是一部划时代的法典。但是,其客观主义标准的缺陷是十分明显的:首先,依客观主义标准,"商事关系"的确认依据为对"商行为"的认定,而"商行为"的认定又以所谓"商业"的认定为前提,然而关于"商业"的认定又只能仰仗于主体"以营利为目的"的心理揭示,但关于主体一定心理的揭示事实上又需借助于其行为而为判断根据。故在这一问题上,客观主义标准无疑已陷入恶性循环的泥淖之中。以此标准很难说清商行为与民事法律行为有何区别,以及某行为是否适用商法或为何不适用民法,因此,客观主义

〔4〕 赵旭东:《商法的困惑与思考》,载《政法论坛》2002年第1期。

标准无法界定“民事关系”与“商事关系”之间的界限。其次,客观主义标准导致商法沦为单纯意义的“行为法”,再加上民法原本就属“行为法”范畴,从而为民商合一体制之确立提供了立法技术方面可钻的空子。[5] 最后,客观主义无从防止和避免商业中失范现象的产生。关于商事关系的确认仅以实施商行为而为基准,本身即预示着实施商行为,是行为人成为商人的唯一性依据,进而表明该项标准下的商人身份获得是与行为人是否已有投资以及是否拥有企业无关的。同时,不拥有企业还可获得商人身份,缺乏投资还可从事营利性经营,客观上即是对买空卖空以及尔虞我诈的一种变相支持,尤其将这一立法主义完全扩展于公司法或企业组织法领域,必将给社会经济生活带来灾难性的后果。显然,单纯的客观主义标准是不符合实际的,从立法技术上而言,客观主义系政治上的热情与极具理性的立法混为一体,是非常幼稚的。

与客观主义标准相比,主观主义标准可以避免客观主义标准的诸多缺点,从而使其成为一种科学的商事关系确认的标准:首先,就价值层面而言,商法是典型的主体法。商法得以产生,在很大程度上是因为商人身份的独立,这不仅是在社会生活方面可以促成商人法的产生,而且从法律价值与技术的角度可以使商事生活明确化,实现创制出的商主体的真实与确定,从而起到保护交易安全的作用,进而使商行为得以顺畅进行。其次,主观主义标准通过立法可以穷尽商人概念之外延,从而使商法的制度体系范围得以确定。就商事关系法律调整而言,商主体和商行为均可作为类型化的对象,但相较而言,商主体具有更强的恒定性,因为,商主体法定原则限定了商主体的创新,而商行为总是不断随着技术的改进、社会形态的变化而进化。可见,就商事关系的法律调整而言,类型化商主体无疑比类型化商行为的难度要小得多。换句话说,主观主义标准有助于厘清商事关系的实质内涵,理解商法与民法、行政法等在边缘地带的外延关系。[6] 最后,主观主义标准使商法所调整的对象具有确定性,这样才能更好地便利商事司法运作。从技术意义上来看,主观主义与客观主义究竟试图解决什么问题呢?其实就是要解决一个法律适用问题。编纂商法典的德国法学家认为:“一个社会中的不同职业构成了相对独立的身份集团,而每一个集团都有其专门的法律。”[7]

---

〔5〕 高在敏:《商法的理念与理念的商法》,陕西人民出版社2000年版,第140页。

〔6〕 蒋大兴:《商事关系之法律调整》,载《中国法学》2005年第3期。

〔7〕 [德]罗伯特·霍恩等:《德国民商法导论》,楚建等译,中国大百科全书出版社1996年版,第236页。

主观主义标准体现了一套较高超的立法技术。这是因为,使用商人作为判断商事关系的标准具有司法上的可操作性。之所以强调某一社会行为的商事性质主要就是因为它会在司法过程中取得不同于一般民事行为的司法结果。主观主义标准是确定社会关系商事性质的最便捷标准,从而有助于司法裁判的进行。

所有的理论都不能单独解释社会的整个事实,因此,理论不能被绝对化。主观主义标准也有不尽如人意之处,依主观主义之推理,将商人等同于商主体,只有商人才能从事商行为。无疑,该表述是不准确的。凡是依法参加商事法律关系者,都是商事法律关系主体,也可称为商主体,但商人不能等同于商主体,它只是商主体的一部分。商人是依法登记并取得营业资格者。但是,参加商事法律关系者不只是商人,还有非商人依法从事商行为者和非从事商行为但参加商事法律关系者。前者如自然人依法买卖股票者,后者如参加商事法律关系的消费者。因此,必须指出的是,并非只有商人才能从事商行为。换言之,并非商行为归商人垄断。〔8〕 票据、保险、证券等绝对商行为并不以商人身份为前提。另外,主观主义还会涉及所谓的"单方商行为"问题,即对于一方为商事而对于另一方则不是商事交易时,会产生适用法律的困难。

针对"客观主义"与"主观主义",国内外商法学界均提出了批评,"两者都不比对方具有一般意义上的优势",〔9〕"这两种方法原则上都不令人满意,它们都属于学究式的方法,过于咬文嚼字,且晦涩难解"。〔10〕 "这两种观念中,任何一种观念都没有完全占据主导地位。商法并非纯粹的'主观法',因为普通个人在完成商事行为时,即使是孤立的一次性商事行为,也要服从商法的规则。反过来,商法也并非完全的'客观法'。因为,人们仍然将那些很近似的活动区分开来处理,例如,卖出一件'有体动产物品',既可以是民事行为,也可以是商事行为,这主要是考虑当事人的身份而做出的认定。"〔11〕"客观主义和主观主义的两种方式,但二者也都有先天的缺陷"〔12〕等。

鉴于客观主义与主观主义均存在缺陷,很自然地导致国内学界的通说

---

〔8〕 王保树、朱慈蕴:《寻找商法学发展的足迹——关于2007年商法学研究的研究》,载《中国法学》2008年第2期。

〔9〕 [德]C. W. 卡纳里斯:《德国商法》,杨继译,法律出版社2006年版,第3页。

〔10〕 [英]施米托夫:《国际贸易法文选》,赵秀文等译,中国大百科全书出版社1993年版,第114页。

〔11〕 [法]伊夫·居荣:《法国商法》,罗结珍等译,法律出版社2004年版,第85页。

〔12〕 赵旭东:《商法的困惑与思考》,载《政法论坛》2002年第1期。

认为，折中主义模式是最好的选择，而且似乎成了放之四海而皆准的“公理”，理由是“折中主义结合了客观主义与主观主义两者的优点”。[13] 但如果深入研究一下，就不难发现，对商事关系采折中原则并不会想当然地实现所谓的“因折中而将优点集中”，反而会使商事关系的界定出现立法技术上的循环定义，即用商人来界定商行为（《日本商法典》第503条），同时又用商行为来界定商人（《日本商法典》第4条），很显然，这种循环式的界定并不能提供一个确定性的标准，反而导致很难在立法上实现对商事关系的界定。同时，折中主义模式中的绝对商行为规范显然没有把握商人和市民这两者的区别，也没有注意到在现实生活中对于两类主体适用不同规则的需要，而是对于某一类行为的出现一律适用商法典。在这个意义上讲，在民商合一模式下的我国民商法律体系中，也同样存在这个问题。商人和市民在处理某个事项时适用同样的法律，这看似公平的规则，实际上是没有区分不同的主体，而导致实质上的不公平，或者至少是效率的降低。

值得我们反思的是，商事规范的主要意义是调整一般商行为，而非特殊商行为。一般商行为适用商法中的一般规范，而特殊商行为则更多地适用特别法加以具体规定。具体来说，商人与商人之间以营利为目的的社会关系（一般商行为）属于商事关系中的核心地带，无论是主观主义、客观主义，还是折中主义，都不会放弃对该种社会关系（一般商行为）的调整。与此相反，无须商人身份的票据、保险、海商等特殊商行为属于辅助性或边缘性的商事关系，这种边缘化甚至使其几乎进入了普通民事关系领域而被商法忽略或遗忘。[14]

同时，传统商法均未能超越传统民法的个人本位主义，仍然将商个人、商自然人作为最基本的商主体类型。但是，现代各国的商主体均系以企业为主。因此，以商个人为主的传统商法显然已经不能适应当下各国均已发展为以企业为商主体的现实需要。[15]

回顾商法的发展历史，早期的商法体现为中世纪的商人法，类似于“主观主义”。随着19世纪各国商法的法典化进程，商法放弃了所谓的“主观体系”，即商法仅仅适用于那些登记为商人的人，转而采取了“客观体系”，即商法适用于任何人（包括非商人）所从事的“商行为”。这一转变反映了法典化

---

〔13〕 王保树：《商法总论》，清华大学出版社2007年版，第41页。

〔14〕 在德国法中，汇票法、海商法和保险法等不属于狭义的商法。

〔15〕 范健、王建文：《商法总论》（第2版），法律出版社2019年版，第171页。

中一项更为普遍的特征,即不承认个体间的阶层差异以及与之相伴的阶层特别法,要求国家与法律平等地对待所有市场主体,不考虑市场主体之间的区分,其目标是实现"法律主体的统一",制定一部可以适用于任何关系和主体的统一私法典取代分立的民商法典。[16]

具体到我国,受制于"民商合一"的立法模式,我国的立法上不存在"商人、商行为、商事关系"等概念,因此,我国不存在商主体规制的问题。特别是在当下"商事社会""共享经济"的背景下,"人人皆商",营业行为的民事化和民事行为泛商化,商事行为的规则与民事行为的规则已无根本的不同,商人与非商人都在同一的行为规则和市场规则下进行活动,使民事主体与商主体、民事行为与商行为的区分已无实质意义,传统商人与民事人、商事行为与民事行为等之间的界限已经或者正在消失。与此相伴的,传统的商法已不复存在。

关于商主体的内涵界定、商主体的基本范围等问题的研究,对于商主体体系的构建,以及我国民商立法与司法,都起着至关重要的作用。因此,检讨国外商法有关商主体的立法,加强商主体的研究,对于我国法学界尤其是民商法学界而言,可谓迫切而重大的课题,值得大家共同关注。

二、商主体的立法原则:商主体严格法定原则

商主体是构成各种不同商事法律关系的基本要素,商法对于商主体的法律控制往往关系到一定社会中各种商事法律关系的稳定和统一,关系到社会交易安全和第三人利益。因此,各国商法通常以大量的强行法规则对于商主体的设立和内容加以严格的控制。商主体严格法定规则主要包括商主体类型法定、商主体内容法定和商主体公示等方面的要求。

1. 商主体类型法定是指商法对于商主体的类别与形式加以强行法意义的规定,意在禁止当事人任意创设非典型性商主体的法律要求。类型法定的目的不在于以法律手段限制营业自由,而是在尊重营业自由的前提下,斟酌保护交易相对人的客观需求,从而对权利人的营业自由进行合理限制。换言之,这是为了保护社会公众和交易相对人之利益而施加的适度限制。

按照我国和世界各国的商法规定,对于商主体的创设或变更须严格依照法律预定的主体类型和标准进行,法律禁止在法定类型之外形成非典型的或"过渡型"的商主体。因此,当事人关于商主体之创设或变更,本质上仅

〔16〕 [意]F. 卡尔卡诺:《商法史》,贾婉婷译,商务印书馆 2017 年版,第 109 页。

具有法定范围内自由选择的法律可能性。从法理上说，商主体类型如果不加以法定化，则会各行其是。在促进经济发展与企业创新的同时，则会使商主体的法律地位和内外部法律关系处于不确定状态，将给商主体相对人对商主体法律属性的认知带来困难，大大增加交易成本，从而引发社会经济活动紊乱，不利于经济活动的高效率追求，导致不公正交易现象。[17]

按照多数大陆法系国家的商法规定，商主体通常包括商事公司、商合伙及商个人三类，其中，商事公司又可进一步分为股份有限公司、有限公司、无限公司和两合公司等几种。从理论上说，商主体类型法定原则意味着商法已经对主体类型作了合理、准确而严格的类型划分，意味着立法已经对商事实践中各种行之有效的经营性形式作了全面概括，从而为商事法治实践提供了充分可供选择的主体种类。离开了统一、协调而合理的商主体制度，就无法保障有法必依的法治原则之实现。

2. 商主体内容法定是指商法对于各种类型商主体的财产关系和组织关系加以强行法规制，任何商主体欲改变其主体的内部关系及性质，非经变更登记不生效力，从而维护了相同类型的商主体具有大体相同的法律性质，主体要素稳定。现代商法本质上是支配经营性主体（企业主）的经营活动的专门法，因而经营性主体的结构及其经营性活动应当构成商法中不可分割的核心内容，商法本质上是所谓的企业活动法。因此，我们认为在我国要建立现代商主体立法体系、确立现代企业制度，就不能因循守旧，照搬传统商法理论中对商主体范围限定的原则，而应以商事人格的事实构成原则对商主体的范围加以限定，即以经营者是否具备商事人格的事实构成要素决定商主体的范围这一基本标准，作为我国现代商主体的立法原则之一。关于商事人格在客观上的判断依据，必须以一定的事实作为依据，立法偏重于商事人格在社会实践生活中的作用，理论上偏重于商事人格的一般特征。商事人格由以下几个要素构成：是否拥有商事企业；商业登记的办理；商业名称的拥有及其效能的发挥；商业账簿的设立及依法透明。

3. 商主体公示。各国商法除对商主体的类型和内容等坚持严格法定主义立场外，还对商主体的登记内容设有强制性公示要求。从理论上讲，商主体内容法定要求必然与商业登记制度相联系。无论是依据中世纪商人习惯法中的“主体拟制规则”，还是依据近代以后各国商法中逐步形成的商主体设定条件规则，或是依据现代公司法中普遍适用的“准则主义”，成立特定类

---

〔17〕 张世明：《企业法律形态理论研究管见》，载《法治研究》2015 年第 3 期。

型的商主体必须履行符合其设立条件的商业登记程序。离开了商业登记这一法律手段,不仅使具体商主体资格的发生时间及其商事能力范围无法确定,而且使特定商主体的财产范围和财产责任性质也将处于不确定的状态。

商主体公示原则源于“资产分割”。所谓资产分割,系指市场上交易之主体为达成经济上特定目的,而在法律认可之前提下,将其特定资产划分出来,而使该特定资产之权利义务关系与该主体本身之权利义务关系分离。简言之,该特定资产因分割而具有独立性。[18] 如何将资产分割之状态公之于世,则必须借助公示方法之确定。此举对于潜在之交易相对人而言,是决定交易与否之重要讯息,能借此正确评估对方之资力与可能发生之风险,此即登记制度。但是,在一个信息化、数字化社会中,登记制度仅是诸多公示方法中的一种。考量商主体的登记成本及第三人的资讯搜录成本,只要相对人有获得资讯的可能性,即已达公示的作用,不可仅单纯地指望于“登记”,否则资本市场将难以运作。

在“商主体严格法定”的传统理念支配下,认为商法的组织法是对商品交易基础条件的规定,着眼于交易安全、确实、固定,多为强制性规范,强调其法定性,从而体现它是“最为严格的法律”。近代商法的“商主体严格法定原则”确实有利于保障交易对方及第三人的安全,但它必然限制市场交易主体的投资自由,必然会压制经济发展的活力,付出立法与执法的成本。[19] 也就是说,商主体严格法定原则表现出偏重和强化对债权人保护和对社会秩序的维护,而忽略和弱化对商主体尤其是对投资人利益的保护。实践证明,限制“营利”的“安全”,这种规范、制度再“完善”,迟早会被修改、废弃,只有保障“营利”的“安全”的规范才可能存活,才是有价值的。理论的变革促进市场交易组织制度的创新,市场交易组织制度的创新要求人们进一步更新观念。换句话说,相沿成习之理论其背后所隐含之道理,可能已不合时宜或未臻完善。法律人毕竟不应仅仅是路径依赖,不经思考地全盘接受既成之制度,而应探寻该制度之利弊得失,是否尚有改善之余地,以增进效能。所以我国有关商主体之立法应摒弃固有之成见,以较开放宏观之思维去检视现行制度之种种,才能精益求精,提升商主体法治之品质。

从法理上讲,商主体本以保护商主体、投资者和债权人的合法权益为己任,但如何协调三者之间的关系,在不同时期、基于不同的情况和背景给予

---

〔18〕 王文宇:《公司法论》,中国政法大学出版社2004年版,第7页。

〔19〕 张世明:《企业法律形态理论研究管见》,载《法治研究》2015年第3期。

法律规则上的合理配置，却是一个不断积累立法经验和逐步完善的过程。具体到我国，尽管对债权人保护十分重视，但保护机制和规则的设计都不甚合理，远未达到预期的效果，在付出巨大成本、牺牲投资者和商主体利益的同时，却未能充分实现债权人保护的目的。客观上从两个侧面给交易实践带来了危险：从微观上说影响交易的效率；从宏观上说妨碍社会生产力，影响社会的发展和进步。现代商法市场主体与市场行为价值趋向的统一，从微观要求能实现市场交易的资本增值，从宏观上要求能促进社会生产力的提高，促进社会的发展和进步。因此，正确认识和协调商主体各方当事人的相互关系，给予各方利益以均衡的保护，强化投资者和商主体利益的实现机制，取消对其经营行为的过度限制和束缚，改革债权人保护的消极和僵化制度，创新卓有成效的债权保护机制和规则，以实现效益，无疑是我国商主体法修订的重要指导思想。值得注意的是，最高人民法院 2019 年 11 月 8 日颁布的《全国法院民商事审判工作会议纪要》（以下简称《九民纪要》）奉行"优化营商环境""方便企业融资""弱化债权人利益保护"等，创设了"与目标公司对赌有效""非典型担保有效""免除中小股东清算义务"等有利于企业和投资人的制度。

商主体类型法定，已不合时宜。因此，商主体类型应丰富多样，足够满足人们不同的要求。综观各国关于商主体立法，可谓种类多样、类型繁多，且随社会经济发展需要而日益丰富，如美国法规定有合伙、有限合伙、有限责任合伙、封闭公司、有限责任公司、公开公司等多种商主体，人们可以根据各自需求选择适用。反观我国现行法规定，一方面类型贫乏，主要有个人独资企业、合伙、有限责任公司、股份有限公司等；另一方面划分标准又不尽科学，其不合理性和不适用性可见一斑。我国现行商主体立法在立法指导思想上表现出的明显倾向是强调规范、限制和管理，而忽视支持、鼓励和引导，法律规定则呈现出过度的刚性和原则性，而缺少应有的弹性和任意性。尤其是在发掘民间投资资源、开拓民间投资渠道方面，现行商主体法从抽象原则到具体制度和规则没有表现出任何积极的倾向和努力。[20] 为此，商主体法完善的首要前提是立法理念的调整和转变，应从限制投资转向对各种投资主体投资行为的鼓励、对各种投资资源的充分利用、对各种投资形式和投资源渠道的开拓，从片面、过度的控制和管理转向对商主体经营自治的尊重、对运营效率的追求和对市场机制的有效运用。《优化营商环境条例》与

〔20〕 赵旭东：《公司法修订的基本目标与价值取向》，载《法学论坛》2004 年第 6 期。

正在进行的《公司法》的修改均体现了"充分尊重市场主体自主经营决策、放宽市场准入",彰显了我国对商主体立法的弹性化改革。

商主体内容法定原则亦有修订的必要。商主体内容法定的功能是对商主体内外法律关系的全面调整。商主体的内部关系是投资者之间、投资者与商主体之间的关系;商主体的外部关系是商主体与第三人、商主体与社会的关系。由此决定商主体内容的规则应是强制性规范和任意性规范的结合。调整商主体内部关系的规范应主要是任意性规范,而调整商主体外部关系的规范应主要是强制性规范。任意性规范设定的出发点是在尊重当事人意愿的基础上,提供示范性的商主体运行规则,在此意义上,甚至可以对商主体作合同的解释;强制性规范设定的出发点是通过对商主体行为的硬性约束,保护第三人和社会的利益。因此,商主体内容应科学合理,即关于商主体的财产关系和组织结构关系的制度设计,既应具备灵活性与多样性,以满足人们的各种特殊需求;又能关注他人交易安全,以维持整个社会正常的交易程序。以此理论审视我国现行《公司法》就会发现,"这部公司法最大的弊端是它给公司的设定及其活动较小的自由空间,国家干预公司的广度和力度过大,当前公司法修改中一条主旋律应该是给公司的设立及其活动以更大的自由空间"。[21] 建议在我国《公司法》修改过程中增设有限公司和封闭的股份公司等有权自行设置其内部组织机构。随着经济的发展及时代的变迁,对于"商主体严格法定原则",我们必须认真研究并合理设计商主体制度。

第三节 商事能力

一、我国商事能力制度的研究现状

当前,我国民商法学界关于商事能力理论的研究,主要观点有:

(一)否定说

自近代以来所确定的商业自由原则,业已成为现代商事主体法的基础,

---

〔21〕 江平:《给公司更大的自由空间》,载《法制日报》2004年9月9日,第9版。

而民事主体固有的民事权利能力与行为能力，正是其在商事领域承担这种自由的法律技术载体。这意味着，民事主体从事商业经营活动的法律上的正当性，根源于由其民事能力所承载的伦理属性和自由，而无须依赖于外部法律的法律“拟制”或者公共权力享有者的“确认”。因此，并无超越于固有的民事能力之上的“商事能力”。〔22〕本书认为，该种观点过于夸大民事规则的普适性的调整功能，漠视商事关系和商事活动的特性，漠视既存商事活动对商事能力制度的诉求，最终必将损害对商事关系的有效调整。

（二）特殊的民事能力说

商事能力是一种附加于民事能力之上的能力，即具备商事能力者应以具备民事能力为前提，但具备民事能力并不必然具备商事能力，从这个意义上说，商事能力是一种特殊的民事能力。〔23〕本书认为，该种观点的问题在于：其一，商事能力意味着新的法律人格或新的主体被创设，这一法律主体与其他法律主体既相区别又相独立。民事主体成为商事主体是一种法律人格向另一种法律人格的转变，这是一种质的变化，而不是同一法律人格获得或附加了先前不具有的特殊身份或资格。其二，对于公司、合伙企业等商主体成立而言，其并不是先取得民法上的主体资格再去取得商主体资格，而是一经登记直接取得商主体资格，所以说具备商事能力并不以具备民事能力为前提。〔24〕其三，民事主体的范围和商事主体的范围并不一致，如果认为民事能力是商事能力的基础，就会人为地缩小商主体的范围，否认已经由立法所承认的合伙企业和个人独资企业的商主体的法律地位，这在理论和立法上都是无法自圆其说的。〔25〕

（三）仿民说

商事能力是指商主体依法承受商事权利和商事义务的资格和能力，包

〔22〕张翔：《伦理、理性与自由——论自然人的民事能力在商业经营中的基础地位》，载《河北法学》2009年第5期。

〔23〕范健、王建文：《商法论》，高等教育出版社2003年版，第282页；董安生、王文钦、王艳萍：《中国商法总论》，吉林人民出版社1994年版，第94页；施天涛：《商法学》，法律出版社2003年版，第56页。

〔24〕李江敏：《商事权利能力问题研究》，载《山西大学学报》2006年第4期。

〔25〕秦俊、沙迪、邵燕：《商事能力初探》，载《中国商法年刊》（2004年卷），黑龙江人民出版社2005年版，第322页。

括商事权利能力和商事行为能力。[26] 此种观点系目前我国商法学界的主流观点。但是,该种观点对商事能力的阐释完全是依照民法对民事能力的界定展开的,是对民事能力的规定简单地照搬照抄。商法作为一个学科独立存在,在我国系不争的事实,但是,关于商法基础理论的研究却较为薄弱。同时,我国现行的商法基础理论研究在研究方法上几乎是民法原理、术语的简单套用,仅仅是在民法术语之前加上"商"或"商事",如商事主体、商行为、商合伙、商事买卖等。本书认为,商法作为民法的特别法,其价值取向和制度设计上确有不同于民法之处,简单地以传统民法的思维考虑商事领域的一些问题,或者有违商事立法精神,或者无法找到适当的解决方案。[27] 因此,今后对商法的研究,必须摒弃"大民法"的思维,力求研究方法上的创新及研究成果的科学性。

综合上述不同的观点,商事能力的概念和范围有无必要界定,并不取决于在立法体例上采取民商分立还是民商合一。作为法律要素,法律概念是指在法律上对各种事实进行概括,抽象出它们的共同特征而形成的权威性范畴,法律概念是适用法律规则和原则的前提。[28] 因此,有无必要在立法上明确商事能力的概念并界定其范围,取决于以下两个因素:一是能否通过商事能力这一概念,对各类具有某种共同属性的商主体加以涵盖;二是在现实社会生活中,是否需要仅适用于商主体的一些法律规则。本书认为,随着社会的发展,每一时代都要涌现出一些新的财产关系和人身关系,即新的法律关系,试图继续用传统民法的原理、制度加以解释是不理智的,也是不现实的。每一特定的身份群体均有特定的群体利益诉求,私法必须作出回应。不同的人应当区别对待,不同结构的主体制度可以提供不同的制度功能,人类的多元化利益追求需要不同的主体制度框架予以满足,需要性质迥异的主体制度为不同类别的人划定利益份额,为不同的角色制定行为规则。[29] 因为,不同类型的法律主体有其特殊的法学构造和表达方式。显然,以一种主体制度的特征来检验另一主体制度,不会得出具有说服力的结论。因此,为更好地调整商事关系,重构商事能力理论成为必然。本书认为,商事能

〔26〕 赵万一主编:《商法学》,中国法制出版社 2002 年版,第 45 页;赵中孚主编:《商法总论》(第 4 版),中国人民大学出版社 2009 年版,第 119 页;叶林、黎建飞主编:《商法学原理与案例教程》,中国人民大学出版社 2006 年版,第 58 页。

〔27〕 李后龙:《商法思维与商事审判》,载《南京社会科学》2004 年第 11 期。

〔28〕 张文显主编:《法理学》,法律出版社 1997 年版,第 75 页。

〔29〕 马俊驹、童列春:《私法中身份的再发现》,载《法学研究》2008 年第 5 期。

力，是指商主体在从事商事营业中所应具备的资格，商事能力包括商事权利能力、商事营业能力与商事责任能力。

二、商事能力制度的特质

（一）商事能力的目的系维护“团体利益”

民事主体与商事主体追求有异，则于法律技术上自然亦应区别对待。民法中一个占主导地位的原则是对行为能力欠缺者的保护，即对未成年人与老年人的保护。这些人受到保护，不能单独实施其行为。因为有些寡廉鲜耻的人在与这些行为能力欠缺者订立合同时，有可能利用他们的弱势地位。因此，民法规定，行为能力欠缺者要由“有能力人”协助或者代理，才能进行民事活动。[30] 无民事能力人实施之民事法律行为，属无效民事行为。[31]

商法的观念则很不相同，有时，商法完全排除行为能力欠缺者从事商行为，例如，票据行为人要求具备完全行为能力、[32] 商主体之管理人员亦须为完全行为人，[33] 此种设计特性由商法保障交易安全之功能和任务决定。有时，情况又完全相反，商法拒绝考虑当事人的无能力。[34] 例如，有限责任公司或者股份制公司，不会因为某一股东无能力而无效。[35] 因此，商法与民法的规则并不一致，商法对第三人的保护优先于对无能力人的保护。

因此，商法对交易之关注远胜于对人之关注。若认可民法之能力重在保护能力欠缺者之利益与自由，则商法对能力制度之处理完全可谓之对交易之保护。于是，“当逢及对第三人保护与对无能力人保护冲突时，民法规则优先选择后者而商法规则优先选择前者”。[36]

---

〔30〕《民法典》第 21 条规定：“不能辨认自己行为的成年人为无民事行为能力人，由其法定代理人代理实施民事法律行为。”

〔31〕《民法典》第 144 条规定：“无民事行为能力人实施的民事法律行为无效。”

〔32〕《票据法》第 6 条规定：“无民事行为能力人或者限制民事行为能力人在票据上签章的，其签章无效，但是不影响其他签章的效力。”

〔33〕《公司法》第 146 条；《个人独资企业法》第 19 条。

〔34〕［法］伊夫·居荣：《法国商法》，罗结珍、赵海峰等译，法律出版社 2004 年版，第 6 页。

〔35〕《法国商事公司法》第 360 条。

〔36〕李绍章：《能力制度之商法处理特性》，载新浪网：blog. sina. com. cn/s/blog－55f7ae72010oggau. html，2009 年 8 月 10 日最后访问。

(二)商事能力的载体系“经济人”

如果我们用非抽象的生活世界的视角看待民事主体与商主体，会觉得二者差异很大：为什么民事主体负担债务时，承担无限责任(甚至是连带责任)，但是，作为公司的股东对公司债务仅承担有限责任？股东的风险有限而利润无限是否合理？[37]

上述问题的答案在于民事主体与商主体的构造机理不同。民事主体的逻辑元点是伦理人。“伦理人”概念的内涵是：“人依其本质属性，有能力在给定的各种可能性的范围内，自主地和负责任地决定他的存在和关系，为自己设定目标并对自己的行为加以限制。”[38] 从哲学的角度，民事能力构造的意义在于，通过设定一个人格体的世界来达到控制个体的目的，并为个体提供其需要的保护。因此，民事能力制度的宗旨在于个体的保护。

与之相对应的是，商主体的逻辑元点是经济人。商人被视为为了达到其营利目的而“进行最合理的行为的人”，因而是不需要法律来“监护”的“我行我素的人”。[39] 从商法规定商事能力的立法目的来看，主要有两种最基本的功能诉求：一是保护商主体及其出资人的利益，以满足人们追求效率的需要。商法的绝大部分规则目的都是为商主体实现营利提供方便，如缄默视为承诺、商法中的证据自由、短期时效以及外观主义原则等。二是通过身份规制满足保护弱者、抑制强者以实现公平的需要，[40] 即商人须承担社会责任。[41] 商人具有专业的商事能力，成为强势群体，他们是商业游戏规则的制定者、掌握者，处于主动地位。商法需要对商人这种强势身份进行抑制，以保护信息匮乏、易受欺诈的消费者、劳动者等被广泛卷入商事关系中的弱势群体，这在客观上也促成了消费者权益保护法、劳动法、产品质量法、食品安全法等社会法的制定。

具体到我国，历史上受“重农抑商”“贱商”“重义轻利”等多种不利因素的制约，我国的商事立法更多地强调对弱势群体等相关利益者的保护(商人的社会责任)，而忽略了对商人自身利益的保护，从而在相当程度上阻碍了

---

[37] 李永军：《民法上的人及其理性基础》，载《法学研究》2005 年第 5 期。

[38] [德]卡尔·拉伦茨：《德国民法通论》，王晓晔等译，法律出版社 2003 年版，第 46 页。

[39] [日]星野英一：《私法中的人》，王闯译，中国法制出版社 2004 年版，第 44 页。

[40] 马俊驹、童列春：《私法中身份的再发现》，载《法学研究》2008 年第 5 期。

[41] 《民法典》第 86 条规定：“营利法人从事经营活动，应当遵守商业道德，维护交易安全，接受政府和社会的监督，承担社会责任。”

我国经济的发展。当下我国强调优化营商环境，强化企业利益保护，弱化债权人利益保护，助推我国经济的发展。

（三）商事能力必须依法获得

在民法中，“能力是规则”，[42]其意义是达到意思能力的任何人都自动地有资格享有自己的一切权利，并且有资格实施一切民事生活之行为。原因在于，既然一般民事主体进入市场进行交易的目的主要是满足自己生活的需要，并且这种分散的交易一般不会影响市场安全，故法律对民事主体不加以准入限制，因为生存乃是第一要义。与此相反，商人的存在关乎社会整体之稳定与交易之安全。为了保障交易安全，商人不同于民事主体，它不能自然而然地产生，必须具备特别的条件，即商事能力，商事能力的核心为营业能力，营业能力的必备要素是具有营业财产、有自己的企业名称、依法设置商业账簿、必须进行登记等。因此，基于对商事能力之促成以及变化进行规范的必要，有必要使商人人格法定原则成为整个商事实践以及商法制度的重要内容，以避免营业失范现象的衍生。

三、商事权利能力

商事权利能力，是指商主体依照商法的规定，成为商主体的资格。商事权利能力存在的意义在于，法律应该赋予哪些人经商的资格，取得商事权利能力的自然人或社会组织将成为商事法律关系的主体。反之，没有商事权利能力的人，将不得成为商主体，不得进入商事领域，参与商事交易，其实施的行为所引发的法律关系，只能作为民事法律关系看待。[43]

商法以“工商自由”原则为主导，“经商自由”具有宪法价值。原则上，“进入商界”并不需要经过任何行政批准手续，既不存在“挑选”，也不存在数额的限制。但是，鉴于营业行为具有较高的风险性，从维护交易安全和商人自身利益的角度出发，商法对商事主体资格的规定严于民法对民事主体资格的规定。因此，认为“商法几乎全盘接受民法关于权利能力的规则和理论，而无特别规定”[44]的观点是值得商榷的。商主体的权利能力涉及两方面的问题，即积极资格和消极资格。所谓积极资格是指可以成为商主体，从事

---

〔42〕［法］伊夫·居荣：《法国商法》，罗结珍、赵海峰等译，法律出版社2004年版，第34页。

〔43〕陈本寒主编：《商法新论》，武汉大学出版社2009年版，第67页。

〔44〕王保树：《商法总论》，清华大学出版社2007年版，第94页。

商事经营的资格条件,因为现实中存在各种形式的商主体,对商主体的积极资格可以在各种商主体单行法中加以规定。所谓消极资格指禁止成为商主体或设立商主体的条件。通常包括农林畜牧业与养殖业、[45]手工业者、自由职业者等。

一般来说,各国关于商事权利能力的取得途径主要有以下两种:一是通过商事登记,取得商事权利能力;二是通过商行为的实施,取得商事权利能力,这主要是对法定商人和小商人而言的。关于商事权利能力的消灭,各国商法一般规定,商事权利能力因注销登记而消灭。在实证意义上,根据平等原则,商主体的法律地位是平等的,不同的商主体应具有平等的商事权利能力。

四、商事营业能力

(一)商事行为能力制度之批判

我国《民法典》第57条规定:"法人是具有民事权利能力和民事行为能力,依法独立享有民事权利和承担民事义务的组织。"本书认为,我国民商事立法奉行法人享有行为能力的根源在于我国目前的商法学研究仍处在传统民法的"阴影"中。因此,将法人、商人与自然人作简单类比,将自然人的一切制度简单照搬于法人与商人。众所周知,行为能力概念和制度本身就是为了自然人而准备的,它是为了"保护意志薄弱之人"。[46] 实际上,法人、商人没有自然人先出生而后获得行使自己权利的心智条件的过程,因而,其没有必要既有权利能力,又有行为能力。妄谈法人、商人的行为能力是比附自然人能力制度进行的,实无必要,[47]法律追求的应该是社会价值的实现,而不是机械的类比技术。

现代各国的商法对商人的假设均是"强有力的智者",商人被推定为在商务方面是有能力、有经验的。商法乃是强者之法,[48]因此,关于行为能力、意思表示瑕疵、对"意思表示自由"等传统民法的制度,均不能适用于商人。既然商人与普通的个人所追求的目的不同,所以用以达到不同目的的立法

---

〔45〕 伴随我国"乡村振兴""精准扶贫"等战略的实施,在营利和创业等各国具体举措的指引下,传统上属于民法范畴的农林畜牧业完全可以借助商法的手段达到我国发展乡村经济的目的。

〔46〕 王伯琦:《民法通则》,台湾中正书局1979年版,第56页。

〔47〕 徐国栋:《民法总论》,高等教育出版社2007年版,第276页。

〔48〕 [法]伊夫·居荣:《法国商法》,罗结珍、赵海峰等译,法律出版社2004年版,第36页。

技术自然也就各不相同。鉴于民法中的行为能力制度系为了保护那些心智不全的弱势群体的利益，与此相反，商法的各项制度均系围绕着交易安全及第三人利益的保护展开。同时，就立法技术上而言，同法人一样，商人也是立法者的拟制，且拟制的目的在于使其能够独立地、自在地从事充满风险的市场交易行为。因此，同样决定了立法者所拟制出来的商人这一组织在客观上必须当然地具有行为能力，行为能力对于商人来说是先在的，无须法律的拟制。因此，本书认为，商事能力制度中不应该有所谓的商事行为能力制度，否则，必然会牺牲交易安全和第三人的利益，也必然会违背商法奉行的效率优先兼顾安全的立法宗旨。

（二）交易安全的保护吁求商事营业能力制度

所谓营业能力是指“为了一定的营业目的，运用组织财产进行反复不间断有计划营业活动的能力”。〔49〕 具有营业能力必须具备如下要素：一是必须具有营业财产。营业财产系为实现营业目的而为商主体所管领并支配的人力、物力的综合性财产，通过商业账簿的记载确定。营业财产系商主体对外负债清偿的担保，因此，又称为责任财产。二是有自己的企业名称。企业名称具有简化法律关系、提高交易效率的功能。三是必须进行商事登记。商事登记的目的在于公示商主体的信息、保障交易安全。在现代商业社会，个人经营退居次位，法人和企业经营占据主导，商法开始转向关心法人和企业的经营能力。值得注意的是，我国《个体工商户条例》第 2 条“有经营能力的公民，依照本条例规定经工商行政管理部门登记，从事工商业经营的，为个体工商户”的规定创设出了“经营能力”的概念。

商事营业能力与民事行为能力具有如下差异：(1)理念不同。民事行为能力制度旨在保护意思不健全的本人的利益，而商事营业能力制度的宗旨则系谋求交易安全，即对第三人利益的保护。(2)载体不同。民事行为能力针对的系民事主体中的自然人，而商事营业能力则以企业为核心，商事组织体为载体。(3)取得方式不同。在民法中，达到意思能力的任何人都自动取得民事行为能力。与此相反，为了保障交易安全，商事营业能力不能自然而然地产生，必须具备商法规定的特别条件才能依法取得。(4)能力受限制的法定事由不同。自然人民事行为能力受限制的法定事由主要是年龄和智力

---

〔49〕 张诗伟：《论商法的相对独立性——以商事主体（商人）为中心》，中国政法大学民商经济法学院 2003 年硕士学位论文，第 23 页。

因素。商事营业能力受限制的法定事由主要包括设定目的、营业种类和公共政策方面。[50]

对于商事营业能力的登记,我国奉行"统一主义"的立法体例,即商主体在设立登记时,登记机关对商主体的商事权利能力与商事营业能力一并进行登记。我国《民法典》第78条规定:"依法设立的营利法人,由登记机关发给营利法人营业执照。营业执照签发日期为营利法人的成立日期。"表现在形式上,营业执照本身具有双重的证明意义:一方面,证明商主体的商事权利能力,即商主体资格;另一方面,证明商主体具有商事营业能力。实践表明,"统一主义"立法模型存在严重弊端,如商主体在被吊销营业执照后,能否以其法定主体资格继续承担法律责任,登记机关与法院经常处于两难境地。因此,我国未来的商事登记制度应当抛弃"统一主义"立法模型而改采"分离主义"立法模型,[51]从而可以将商事登记和营业执照分别与商事权利能力和商事营业能力对应起来。商事登记表明商主体具有商事权利能力,商事权利能力从设立登记时始,到注销登记止。而营业执照则标志商主体的商事营业能力,商事营业能力的存续期间应是从商主体领取营业执照开始到商主体由于法定或者约定的事由向登记机关交还营业执照或者营业执照被吊销为止。商主体如被吊销营业执照,则其营业能力即被取消,但只要未被注销登记,则其作为商主体的权利能力仍然存在,仍可以商主体的名义从事一般活动(通常限于清算活动),只是不能正常实施经营行为。对此,我国《民法典》第72条"清算期间法人存续,但是不得从事与清算无关的活动"作出了明确的规定。

商主体本质是一种"虚拟体",它本身并不能行使其权利、履行其义务。商主体的对外活动必须由其代表机关(抑或代表人)来付诸执行。为保护第三人利益,以避免因"代表制"技术产生的风险。各国的商法均规定,通过内部协议来限制商主体代表人的权利,对第三人不具有对抗效力,从而确保商事交易的迅速与安全。[52] 我国的民商事立法也作了同样的规定。例如,《民法典》第61条规定:"法人章程或者法人权力机构对法定代表人代表权的限制,不得对抗善意相对人。"第170条规定:"法人或者非法人组织对执行其工作任务的人员职权范围的限制,不得对抗善意相对人。"《合伙企业法》第

〔50〕 陈本寒主编:《商法新论》,武汉大学出版社2009年版,第71~72页。

〔51〕 蒋大兴:《公司法的展开与评判》,法律出版社2001年版,第365页。

〔52〕 [法]伊夫·居荣:《法国商法》,罗结珍、赵海峰等译,法律出版社2004年版,第202页。

37 条规定:"合伙企业对合伙人执行合伙事务以及对外代表合伙企业权利的限制,不得对抗善意第三人。"《个人独资企业法》第 19 条规定:"投资人对受托人或者被聘用的人员职权的限制,不得对抗善意第三人。"

由于商主体存在形式的不同以及所从事的商业活动的种类繁多,所以每个商主体的商事营业能力是不同的,有大小之分,例如,股份有限公司可以公开发行股票和公司债券,而有限公司则不可以。立法者之所以要从营业种类的角度,对不同的商主体赋予不同的营业能力,是因为商主体的营业能力的大小是建立在商主体营业财产数额多寡基础上的。营业财产的多寡是核定不同营业种类的主要依据,同时也是判断商主体责任能力的主要依据。以营业种类的标准赋予不同商主体以不同的营业能力,说到底是出于维护交易安全的需要。[53]

五、商事责任能力

所谓商事责任能力,是指"商人对外负债时的清偿能力以及担负行政责任与刑事责任的能力"。[54] 设置商事责任能力的目的,一方面在于对商主体违法行为追究法律责任、填补受害人的损害;另一方面在于通过相关商事责任的追究,实现国家对商事经营活动的监督、管理,保证商事交易的安全和有序运转,以促进社会经济的发展。

大陆法系各国及地区的民事立法均规定民事责任能力制度。[55] 民事责任能力制度体现了民法的伦理性,与过错有密切联系,规定行为人以行为时有识别能力为限承担责任。责任能力的认定,必须具体地考察行为人有无识别能力,行为人是否具备一定的能够预见行为后果的最低限的智能和判断力,[56]不像未成年人行为能力的认定抽象地依据年龄标准。

与此相对应的是,商事责任能力体现了商法的技术性,与伦理性无关。商事责任能力的认定,以商主体是否具有独立的财产为判断标准。商主体

---

〔53〕 陈本寒主编:《商法新论》,武汉大学出版社 2009 年版,第 72 页。

〔54〕 高在敏、王延川、程淑娟编著:《商法》,法律出版社 2006 年版,第 68 页。

〔55〕 《民法典》第 1188 条规定:"无民事行为能力人、限制民事行为能力人造成他人损害的,由监护人承担侵权责任。监护人尽到监护职责的,可以减轻其侵权责任。"很明显,我国现行立法未规定"民事责任能力",我国现行立法错误地用"民事行为能力"涵盖了"民事责任能力"。

〔56〕 《日本民法典》第 712 条规定:"未成年人给他人造成损害,如果是因为不具备足以辨识自己行为责任的智能则不对其行为负赔偿责任。"第 713 条规定:"因精神上的障碍,在出于对自己的行为欠缺辨识能力的状态下给他人造成了损害的人,不负其赔偿的责任。"《德国民法典》第 827 条及第 828 条也作了同样的规定。

得以作为市场主体而被法律认可并赋予独立的法律人格,主要原因是它具有独立承担法律后果的责任能力,而这种责任能力又源于其拥有的独立的财产。我国《民法典》第83条规定:"营利法人的出资人不得滥用出资人权利损害法人或者其他出资人的利益;滥用出资人权利造成法人或者其他出资人损失的,应当依法承担民事责任。营利法人的出资人不得滥用法人独立地位和出资人有限责任损害法人债权人的利益;滥用法人独立地位和出资人有限责任,逃避债务,严重损害法人债权人的利益的,应当对法人债务承担连带责任。"我国《公司法》第20条规定:"公司股东应当遵守法律、行政法规和公司章程,依法行使股东权利,不得滥用股东权利损害公司或者其他股东的利益;不得滥用公司法人独立地位和股东有限责任损害公司债权人的利益。公司股东滥用股东权利给公司或者其他股东造成损失的,应当依法承担赔偿责任。公司股东滥用公司法人独立地位和股东有限责任,逃避债务,严重损害公司债权人利益的,应当对公司债务承担连带责任。"第63条规定:"一人有限责任公司的股东不能证明公司财产独立于股东自己的财产的,应当对公司债务承担连带责任。"财产的多寡和优劣反映了一个商主体能承担法律责任的整体能力的强弱,也是判断商主体信用能力高低的重要指标和依据,它对商主体已有的或潜在的债权起着一般担保或总担保的作用。为了保护商主体债权人的利益,有必要建立具体的制度来保障商主体债权人能方便快捷地获取有关商主体责任财产的信息。[57] 于是,商主体负有将其拥有的责任财产的信息进行披露和公开的责任,从而实现对商主体责任财产的动态监控。

商主体自身所有的财产属性不同又决定了各种商主体责任能力的不同。在我国,对于公司及合伙企业的商事责任能力不存在争议。但是,长期以来,理论界及实务界均否认个人独资企业的商事责任能力,认为商个人的法律人格依附于其自然人人格,即独资企业的主体资格就是企业主的个人人格。[58] 在法律上,无论实体法还是程序法均将独资企业与企业主个人等同看待,企业主个人就是独资企业,独资企业就是企业主个人。[59] 因此,要求商个人投资人对独资企业的债务直接承担无限责任。但是,《个人独资企业法》第21条规定:"个人独资企业应当依法设置会计账簿,进行会计核

〔57〕 于定勇:《公司责任财产的法律考察与制度构建》,载《广西政法管理干部学院学报》2007年第6期。

〔58〕 于新循:《对独资企业及我国统一立法之探析》,载《重庆商学院学报》1999年第6期。

〔59〕 徐燕:《公司法原理》,法律出版社1997年版,第51页。

算。”第31条规定：“个人独资企业财产不足以清偿债务的，投资人应当以其个人的其他财产予以清偿。”这表明，个人独资企业还是有一定的责任能力的。否则，就不可能先考虑个人独资企业的财产是否足以清偿债务的问题。[60] 与此相对应的是，从法律地位上讲，我国的个体户并非商主体，个体户不能独立承担责任，而是由作为业主的自然人承担责任，我国《民法典》第56条规定：“个体工商户的债务，个人经营的，以个人财产承担；家庭经营的，以家庭财产承担；无法区分的，以家庭财产承担。”我国《个体工商户条例》第10条规定：“个体工商户登记事项变更的，应当向登记机关申请办理变更登记。个体工商户变更经营者的，应当在办理注销登记后，由新的经营者重新申请办理注册登记。家庭经营的个体工商户在家庭成员间变更经营者的，依照前款规定办理变更手续。”因此，个体户的转让只能通过“注销再新设”的方式实现，而不能通过资产转让的方式进行。

同时，基于商事经营活动的特殊性与商事义务的多样性，商事责任不像民事责任那样仅仅是以补偿性为主要目的的一种私法上的责任，而是一种以私法上的责任为主，既包括民事责任，也包括行政责任、社会责任及刑事责任的综合性法律责任，兼具补偿性和惩罚性双重目的。[61] 这种多层次的责任形式，既可以有效地保护商人的商事权利，也可有效地保护市场交易顺利、可靠、安全地进行。换句话说，商事秩序不是仅由商法规范所维护，而是由公法和商法规范共同维护。因此，商事责任能力系能够承担多种责任的资格和能力。

第四节　传统商主体的分类

大陆法系国家的商法理论与实践，通常依据不同的分类标准对商主体加以类型划分，这些分类体现了各国商法对不同类型商主体的特别控制要求。概括地讲，大陆法系国家的商法实践对商主体的分类，主要包括如下类别：

---

〔60〕 王保树：《商法总论》，清华大学出版社2007年版，第160页。

〔61〕 吕来明、刘丹：《商事法律责任》，人民法院出版社1999年版，第3页。

一、商个人、商法人与商合伙

这是按照商主体的组织机构特征进行的分类。

商个人又称“商个体”“商自然人”“个体商人”,是指符合法定构成要件,享有法律上的权利和承担义务的个体。商个人是一个法律拟制的主体,按照现代商法的观念,它可以表现为一个自然人,也可以表现为一个户,还可以表现为自然人投资设立的独资企业。商个人作为法律拟制的主体,享有商事权利和商事营业能力,但不具有完全的责任能力。

商法人,是指按照法定构成要件和程序设立的,拥有法人资格,参与商事法律关系,依法独立享有权利和承担义务的组织。各国民商法中普遍存在的股份有限公司、有限责任公司和其他从事营利性营业的有限责任企业或组织,均属于商法人之列。可以说,商法人是现代商事活动中最基本的商主体类型,商法人最突出的特点是财产的独立性和责任的独立性。

商合伙又称“商业合伙”,它是指数个合伙人为实现营利性营业目的而共同出资、共同经营、共享利润、共担责任所形成的集合体。在大陆法系民商法理论中,合伙曾长期被视为一种合同关系,而非法律上的主体。这一状况随着各国法相继赋予合伙(特别是商业合伙)以独立的诉讼能力、权利能力和企业名称权,已经发生了重要的变化,因此,客观上“商合伙”已被视为独立于自然人和法人之外的“第三类主体”。

具体到我国,《民法典》第76、102条规定了我国的商主体制度,包括商法人,即营利法人;商合伙,即合伙企业;商个人,即个体工商户与个人独资企业等。

二、法定商人、注册商人与任意商人

这是依据商主体是否需要商事登记以及有关强制登记的义务为标准来进行区分。

法定商人,是指无论是否进行商业登记,只要从事了商法规定的典型商行为,即被视为商人的商主体。法定商人概念主要存在于德国、日本、韩国等国家。在其具体立法上又表现为不同名称,但多规定以实施法律明确规定的绝对商行为为其营业内容。法定商人因其实施的特定商行为性质无须登记即可自动取得商人资格,但并不排除其有进行非商事登记意义上的注册登记义务。

注册商人,是指不以法律规定的绝对商行为为营业内容,而经一般商业登记程序设立,并以核准的营业范围为其商行为的商主体。这种商人有注册登记的法定义务,只有在注册登记后才能成为商人。因此,商事注册登记对于注册商人而言具有创设效力。这类商人就其行为性质而言,本可不成为商人,但由于其行为属于营利行为且选择了商事登记程序,即可推定其自愿接受商法调整,因而法律将其作为商人看待。从各国的商法实践来看,注册商人实际上是商事领域中最普遍的主体。

任意商人,是指法律赋予其是否注册登记的选择权,即不登记不能作为商人存在。特定国家的商法实践允许此种商主体的存在,实质上反映了某种灵活而富于弹性的立法政策。

三、大商人与小商人

依据商事主体的营业规模和内容,某些大陆法系国家将商主体分为大商人和小商人。

大商人,又称“完全商人”,是指以法律规定的商行为为其营业范围,符合法定商业登记的营业条件而设立的商主体。其通常为企业或社团组织,规模多为大中型企业,是一种典型的商主体。

小商人,又称“不完全商人”,是指从事商法规定的某些商行为的当事人,依商事登记法特别规定而设立的商人。其营业规模一般较小,主要从事农牧业、修理业、服务业、手工业等。小商人的营业规模通常较小,因而适用特殊的灵活的登记规定。例如,《韩国商法典》第 9 条规定:“本法中有关经理、企业名称、商业账簿及商业登记的规定,不适用于小商人。”具体到我国,自 2020 年 5 月 27 日开始不再将马路市场、流动商贩列为文明城市测评考核内容,此举明确了小商人应有的法律地位。

需要指出的是,德国在 1998 年修改商法典时,认为过去对商人的区分过于复杂(传统商法典将商人分为四种:法定商人、注册商人、任意商人和小商人)。例如,原《德国商法典》第 1 条第 2 款所列举的基本商营业在种类上并不周延,尤其是未完全覆盖服务行业,历史已证明,这种封闭式的列举,无论在立法时多么完美,却总会滞后于经济生活的发展,而法律要求保持相对稳定性的特点又使法律朝立夕改以适应经济生活的需要是非常不现实的。因此,改革后的《德国商法典》完全摒弃了这种封闭式列举的方法,仅保留了经营的方式与规模作为区分商人与非商人的唯一标准。今后,从事经营活动的人即为商人,除非他根据种类和规模无须以商人方式设立经营(新《德国商法典》第 1 条),另外,小商人与法定商人的实质区分也不是经营规模不同。但是,客观上,企业的资产总额处于不断的变化之中,要甄别小商人难度很大,故其界定并不科学;而且,立法对小商人设有许多不合理的限制。因此,修订后的商法典取消了小商人的规定,将其纳入任意商人之中,每个小规模经营者都有可能通过自愿登记取得商人资格。即对小规模经营者原则上适用民法,但他们也可以通过在商事登记簿上登记而取得商人资格。

商人概念的统一和小商人的取消不仅使商法的核心——商人概念——大大得以简化,而且使改革后的《德国商法典》更好地遵循了商事立法的原则,即为商事交易提供简单明了的规则,从而更进一步地适应经济生活的要求。

第五节 我国的商个人制度

商个人,又称商自然人、个人营业,是指具有商事权利能力和商事营业能力,独立从事商行为,依法享有商法上的权利和承担义务的自然人。在我国,商个人主要表现为个体工商户、个人独资企业和农村承包经营户。

一、个体工商户

个体工商户是在法律允许的范围内,依法经核准登记,从事工商业经营的公民。个体工商户可以是一个自然人,也可以是一个家庭。无论是一个自然人还是一个家庭,都称为一户。我国《民法典》及《个体工商户条例》对个体工商户作了专门规定。

客观地讲,“个体工商户”系计划经济的产物。必须承认,大多数个体户与小商贩的营业生存状态没有实质差异,在法律性质上都类似于“小商人”,都是纯粹通过个体劳动维持的生存型创业。相关调查显示,生存型创业在目前我国创业总量中占了九成。这些创业者多为城市下岗失业者、农村转移劳动力、未落实就业的大学毕业生等。在国外法上,小商人营业的种类、范围、营业可以不执行商法对一般商人的严格规定,如日本、韩国商法规定的“小商人”不需要企业名称、不必在商事登记簿上登记注册、不必制作商事账簿。

出于制度惯性，我国《民法典》仍然保留了"个体工商户"，[62]"经研究认为，个体工商户是具有中国特色的民事主体。从改革开放40多年的实践看，规定个体工商户符合中国国情，个体工商户在解放生产力、促进我国经济发展及扩大就业方面发挥了重要作用。截至2019年底，我国已有市场主体1.23亿户，其中企业3858万户，个体工商户8261万户，其在经济生活中扮演着重要角色"。[63]

值得注意的是，我国《民法典》与《个体工商户条例》在理念上仍要求个体工商户办理登记，从性质上讲，个体户与个人独资企业没有区别，但该条例仍然对同性质的个人营业设置不同的法律制度，仍对个体户强加不应有的负担，仍强令个体户设置会计账簿等。但是《商事主体登记管理条例（草案）》第5条规定："在县级以上地方人民政府指定的场所和时间，销售农副产品、日常生活用品，或者个人利用自己的技能从事依法无须取得许可的便民劳务活动以及其他依照法律、行政法规不需要进行登记的，免于商事主体登记。"豁免了小商人的登记义务。

二、个人独资企业（私营独资企业）

个人独资企业是指依照法律在中国境内设立，由一个自然人出资，财产为投资者个人所有，投资人以其个人财产对企业债务承担无限责任的经营实体（《个人独资企业法》第2条）。

个人独资企业是我国法定的企业组织形态之一，其虽不具有独立承担有限责任的能力但却并不妨碍其享有独立的商事主体资格。必须将商事主体地位的独立性与其责任形式的独立性区别开来，因为投资人所承担的无限连带责任是一种最终责任机制，其制度价值更多地体现在企业清算程序中，而在正常的商事活动中并不是每一宗商业行为均要跳过个人独资企业而直接要求投资人承担责任，或是要求投资人与企业一并承担连带责任。[64]故个人独资企业完全享有自己相对独立的商事权利能力。这些权利能力包括：企业组织权（包括设立分支机构权等）、签约权、履约权、投资权、贷款权、取得土地使用权等置业权、用工权、社会保险权、相对独立的企业财产权、索赔权、应诉权、控告权及其他可以自身名义而独立行使的权利。目前，公司

---

〔62〕《民法典》第54条规定："自然人从事工商业经营，经依法登记，为个体工商户。个体工商户可以起字号。"

〔63〕黄薇：《中华人民共和国民法典总则编释义》，法律出版社2020年版，第130页。

〔64〕师安宁：《个人独资"管家"不忠如何究责》，载《人民法院报》2009年6月21日，第7版。

法、合伙企业法和个人独资企业法等已共同构成了我国相对完整的商事主体法立法体系。

关于个人独资企业的企业名称及投资人变更后的责任如何承担,我国《个人独资企业法》并未规定。我国《个人独资企业法》第17条规定:“个人独资企业投资人对本企业的财产依法享有所有权,其有关权利可以依法进行转让或继承。”第31条规定:“个人独资企业财产不足以清偿债务的,投资人应当以其个人的其他财产予以清偿。”依据上述法律,个人独资企业业主可以转让“个人独资企业”,但是并未规定在个人独资企业投资人变更的情况下,对于变更前产生的债务应当由谁承担。同时,对于该问题还涉及诉讼主体问题:应当以个人独资企业还是以投资人为被告,抑或是将个人独资企业和投资人列为共同被告;原投资人和新投资人对于转让前的债务如何承担责任,是连带责任还是补充责任,抑或是不真正连带责任?

本书认为,首先,关于“个人独资企业”的诉讼主体地位,最高人民法院《关于适用〈中华人民共和国民事诉讼法〉的解释》第52条规定:“民事诉讼法第四十八条规定的其他组织是指合法成立、有一定的组织机构和财产,但又不具备法人资格的组织,包括:(一)依法登记领取营业执照的个人独资企业……”因此,个人独资企业完全具备诉讼主体资格。其次,对于个人独资企业变更前的债权人来说,与其发生法律关系的相对人是独资企业,而非投资人个人。投资人的变更并不影响独资企业本身的商主体资格,债务人仍是独资企业本身,故对于变更前的债务,应当由变更后的独资企业承担。根据我国《个人独资企业法》第31条“个人独资企业财产不足以清偿债务的,投资人应当以其个人的其他财产予以清偿”的规定,原投资人应当对个人独资企业转让前的债务承担补充的连带责任;同时,依据商法的“外观主义”理论,个人独资企业的新投资人也应当对于变更前个人独资企业的债务承担连带责任;原投资人与新投资人对个人独资企业变更前产生的债务,承担补充意义的不真正连带责任,连带责任的范围仅限于个人独资企业财产不足清偿的部分,即首先应当以个人独资企业的财产先行清偿债务。当然,原投资人系不真正连带责任中的“终局责任人”,假若新投资人先行承担责任后,其可以依据其与原投资人之间的约定或者法律的规定,向原投资人进行追偿。[65]

---

〔65〕 俞水娟、柏宏忠:《个人独资企业名称及投资人变更后的责任承担》,载《人民司法》2013年第16期。

值得注意的是,投资人与独资企业一并承担连带责任或由投资人独立承担法律责任的前置条件是,有证据表明独资企业之企业财产已经不足清偿债务或该独资企业已经进入清算程序。因此,根据《个人独资企业法》第31条"个人独资企业财产不足以清偿债务的,投资人应当以其个人的其他财产予以清偿"的规定,投资人对个人独资企业的债务仅承担带有法定的担保责任的性质的补充责任,要求投资人承担无限连带责任是没有法律依据的。

实际上,个人独资企业制度多年来处境尴尬。与下位的个体户制度相比,后者具有设立门槛低、程序简便、运营成本较低、管制更宽松、经营更灵活的优势,1980年12月11日,中华人民共和国第一张个体工商户营业执照颁发至今已有四十多年发展历史。在实质内容设计上,独资企业与个体户并无根本区别,但由于后者的非企业性质,决定二者在组织性、规范性上差异显著,那些从事客货运输、贩运以及摊点摆设、流动服务的个体户甚至无须固定经营场所。相比较而言,在法定的设立、运营成本的负担上,独资企业比个体户要高,包括较高门槛的设立条件,此外还有不菲的工商登记费、税务登记费及网上申报的开票系统和论证软件费等,在经营中还要缴付增值税、营业税(部分行业)、城市维护建设税、教育费附加、水利建设专项基金、印花税、社会养老保险金以及所得税等,许多行业还附加了更多的税费义务。

与上位的自然人一人公司制度相比,后者虽有双重税负等劣势,但有限责任的利益对很多投资人而言诱惑极大。自然人一人公司也有唯一投资人、单一资本来源、简易组织机构设置、投资人集所有与经营于一身等类似独资企业之特征。理论上分析独资企业缘何受"冷落",大体原因包括:无限责任令投资者望而生畏;营业执照上没有注册登记栏使其缺乏足够的声誉和可信度。这样一来,独资企业与一人公司相比的优势不明显,劣势倒显见。独资企业是否能在个体户和一人公司的夹缝中生存发展,尚待立法对其更明确的制度定位,令其特性更鲜明、优势更凸显。否则,尴尬处境恐还将继续。再则,设置几种区分不明显的主体制度,某种意义上也是法律资源的浪费。[66]

---

〔66〕 李建伟:《对我国商个人立法的分析与反思》,载《政法论坛》2009年第5期。

三、农村承包经营户

农村承包经营户是在法律允许的范围内,按照承包合同规定从事商品经营的农村集体经济组织的成员。农村承包经营户这个概念反映了我国经济发展历史中的阶段性特征。

关于农村承包经营户是否为商主体,学界仍存在争议,在商法理论中,有不少学者认为农村承包经营户是商自然人的一种。这其实是一种误解,无论从现行法律规定还是从应然角度,农村承包经营户都不是商事主体。众所周知,农村承包经营户是我国农村集体经济组织实行家庭承包为基础、统分结合的双层经营体制的一种表现形式。[67] 在内容上,所谓的承包经营,是以户为单位的农民在农村集体通过承包合同分配给自己的土地上,从事种植业、林业、畜牧业等农业生产,享有土地承包经营权,对承包的土地享有占有、使用、收益的权利,有权出售处分自己生产的家产品,是一种典型农业生产活动,与商业活动迥然有别。在权利形成根据上,农民享有承包土地的权利是法定的权利,而不是发包人基于自由意志可以决定是否设定的权利,农村集体必须通过承包形式向农民分配承包土地。在权利主体上,同一农村集体经济组织范围内,土地承包按人均分配,人人有份,全国所有的农民都是农村承包经营权的承包方。这表明,农村承包经营户是我国农村集体土地使用制度和农民以户为单位从事农业生产的法律表现形式,正是因为这样,我国现行法律制度也没有要求农村承包经营户进行商事登记,没有把农村承包经营户作为商事主体对待。[68] 但是,有学者认为农村承包经营户属商主体,农村承包经营户是否为商主体,判断的核心要素在营业性,营业性是商主体区别于民事主体的实质特征,起字号、登记等外观特征不过是法律规定的形式要件。另外,农村承包经营户在商事能力、权利义务、责任承担等方面均与个体户无异。实际上,理论界通说长期将农村承包经营户归为商个人,正是基于该制度的设计初衷考虑的。农村承包经营户的生产经营主要用于商品交换,将收获的农林牧渔产品作为商品投入市场交易,而非为满足家庭消费的需要,显然具有营业之性质。[69] 本书认为,应区别对待,对于以满足自我生活需要为目的,即不以营利为目的的自给型农户,不应视

---

〔67〕《民法典》第330条第1款规定:"农村集体经济组织实行家庭承包经营为基础、统分结合的双层经营体制。"

〔68〕吕来明:《论我国商事主体范围的界定》,载《北方法学》2008年第4期。

〔69〕李建伟:《对我国商个人立法的分析与反思》,载《政法论坛》2009年第5期。

为商主体,关于其偶然的出售农产品的行为,应定性为民事行为,由民法规范调整;对于以营利为目的的农林牧渔产品的持续交易行为,则视为商主体、商行为,属商法规范的范畴。

不过,从长远来看,我国农业将逐渐走向集约化经营,单个农户以维持其家庭基本生活需要为主要目的的分散经营模式将逐渐减少。基于此,对于那些正日益壮大的,具有明显营业性属性的集约化经营模式下的"土地经营权人",〔70〕可以考虑借鉴国外的"自由登记商人"制度,由其自愿选择办理工商登记,从而得以农业企业或林业企业的名义而作为商主体存在。

"保持农村土地承包关系稳定并长久不变,赋予农民更加充分而有保障的土地权利,关系到我国广大农民生存和发展的权利,关系到我国农业的持续发展、农村经济的繁荣和农村社会的和谐稳定。对于这样一个重大问题,无疑需要由法律制度来保障。"〔71〕因此,出于"制度惯性"及"尊重现实"的考虑,我国《民法典》第55~56条仍保留了"农村承包经营户",第339~342条增设了"土地经营权"。此外,在实现乡村振兴的战略背景与农地"三权分置"政策下,农地入股、农地流转成为农民增收脱贫的有利工具,通过农地权利入股公司,农地资源资本化,并使农民投资者获得资本性收入。从该角度而言,更加凸显了土地经营权人的商业化身份。

四、我国商个人立法之完善

我国现行调整商个人的立法仍然处于不完善状态。《民法典》《个人独资企业法》《个体工商户条例》等,都是重要的法律渊源;但是,这些法律法规彼此之间还存在极大的不协调,商个人的法定组织形态在法律上并未完全统一,小商人如何纳入商法调整的范围,以及不同形式的商个人在财产责任方式上如何更加协调、明确,这些都有待于立法的不断完善。

需要指出的是,我国现行法律和行政法规对商个人的管理过于严格,制度设计也不甚合理,随着优化营商环境、保护民营企业等观念的逐步深入,商个人立法的方向应是本着营业自由的理念,放宽对商个人过多的不合理限制。

---

〔70〕《民法典》第340条规定:"土地经营权人有权在合同约定的期限内占有农村土地,自主开展农业生产经营并取得收益。"

〔71〕黄薇主编:《中华人民共和国民法典总则编释义》,法律出版社2020年版,第134页。

第六节 商 合 伙

一、商合伙的概念与特征

商合伙是指为实现共同的营利目的,而由两个以上的主体基于共同投资、共负盈亏之约定,并经商事登记组成的合伙型营业实体。通过这一概念,可以看出商合伙的法律特征,即其与民事合伙的区分主要有以下几个方面:

1. 在本体意义上,商合伙是一种营业性实体,而民事合伙仅仅是一种民事合伙合同关系。商合伙作为一种营业性实体与民事合伙仅属于一种合伙合同关系不同,是由合伙人的客观分化所直接决定的。因为,对于商合伙来说,营利目的的实现有赖于营业之开展,而营业实体之存在乃是开展营业的先决条件。相反,就民事合伙而言,由于非具营利目的,从而使民事合伙仅表现为合伙人之间的相互关系,即民事合伙合同关系。

2. 商合伙具有内容甚多的人格标志,而民事合伙无须拥有这类标志。合伙拥有内容甚多的人格标志是由商合伙作为营业性实体所绝对需要的。概括而言,商合伙的人格标志主要有以下几个方面:首先,作为商合伙需要有属于自己的营业名称,并通过商业登记而公示;[72] 其次,需依法设置自己的商业账簿;最后,营业需要用企业、商行的具体形式。对于民事合伙来说这些都属于多余。

3. 商合伙的成立根据是多元化的,而民事合伙的成立根据则是一元化的。关于商合伙的成立根据,无论是大陆法系或是英美法系都是多元化的。也就是说,商合伙的成立除需合伙人缔结合伙合同外,还需订立合伙章程以及办理合伙营业的商事登记。这是由商合伙具有营利目的、法律应严格其成立程序的事实所决定的。但对民事合伙的成立而言,仅需要合伙合同的缔结。

4. 商合伙的业务有内外之分,并以对外营业作为商合伙业务之重心,而民事合伙仅有内部业务,原则上不具有对外业务。这仍然是由两种合伙的

---

〔72〕《民法典》第1013条规定:“法人、非法人组织享有名称权,有权依法决定、使用、变更、转让或者许可他人使用自己的名称。”

目的不同所决定的。商合伙以开展营业为手段,以获取营利为目的,从而使商合伙充满了鲜明的功利色彩,最终导致调整这种合伙的法律属于商法。但作为民事合伙,其多有合伙人之间的提携和帮助,从而具有深刻的道德性、伦理性,并使这种合伙只能作为民法的规范与调整对象。

5. 商合伙的合伙人都是商人,即都是商主体,而民事合伙的合伙人皆为民事主体。商合伙的合伙人在合伙之前有可能是商人,也有可能是民事主体,但是,一经商合伙便无一例外都成为商人。然而作为民事合伙人在合伙之前同样有可能是商人,也有可能不是商人,但一经民事合伙事实上又都成为民事主体。

基于合伙的合同与组织功能的区分,在民商分立的国家,立法上确认了民事合伙与商合伙二者之间的区别,将商合伙纳入商法典,另将民事合伙归于民法典的契约篇。在民商合一的立法体制下,合伙的合同与组织功能同样得以明确地区分与确定。《瑞士民法典》中的债务法在第二分编"各种契约"中规定了"单纯合伙",而在其第三分编"商事组织与合伙社"中则从组织层面规定了各种商事合伙类型。

我国《民法典》中的合同编第二十七章专章规定了民事类的合伙合同,第 967 条规定:"合伙合同是两个以上合伙人为了共同的事业目的,订立的共享利益、共担风险的协议。"从性质上来说,为实现共同目的而缔结的合伙合同,在合同履行、效力瑕疵、合同解除等诸多方面明显不同于买卖合同等传统交易合同。

二、合伙的法律地位

在大陆法系民商法理论中,合伙曾长期被视为一种合同关系,而非法律上的主体,这和近代民法肇始的社会政治背景以及法律制度的历史继承性密切相关。英美法系也视合伙为"关系",合伙本身并不具备法人地位。随着社会的发展,崇尚个人本位抑制团体观念的近代私法理念为个人自由与团体人格并重的现代私法理念所取代,再加上合伙作为一种企业形态出现时,越来越具备了许多组织体的因素与特征,于是自 20 世纪后半叶,一些国家的法律从组织体的角度赋予了合伙的某些权利能力与行为能力,《法国民法典》第 1842 条规定:"隐名合伙以外的合伙,自登记之日起具有法人资格。"美国统一合伙法和各州立法则基本使合伙具有类似于法人的权利能力和行为能力。商合伙的组织化不是偶然的而是必然的,它是合伙者在当时条件下最方便地完成持久的商业活动的明智选择,商合伙的整体性和组织结构取决于持久经营、规模庞大、行动灵活的陆上贸易、海上贸易的要求。现在,世界上许多国家已不再将合伙仅作为单纯的契约关系来处理,而是更多地着眼于其所从事的经营活动,使其具有相对独立的法律人格。反对合伙独立地位的一个重要理由,就是认为民商事主体应该具有独立承担责任的能力。然而,从本质上来说,某种社会组织是否能够独立承担责任,是立法者从促成交易和保护交易安全两个方面考虑而由法律规定的结果,法人的责任也不限于有限责任。而且,近现代立法使合伙责任制呈现多元发展趋势,既有单一的无限责任制,又有有限责任与无限责任并存的混合责任制。仍然将合伙视为合伙人之间的契约的观点已经不能适应社会发展的需要。鉴于合伙需要独立地为民事法律行为,可享有独立的财产,并可独立地承担责任,已经具备了成为独立的法律主体的充分根据,我们认为,当原有的民商事主体制度已不能适应现实经济生活的需要时,必须对它加以改造。

三、商合伙的类型

(一)显名合伙

我国《民法典》和《合伙企业法》所规定的合伙,属于显名合伙,全体合伙人均应对合伙企业的债务承担无限责任。合伙人显名制是普通合伙的基本特征。我国《民法典》第 967 条规定:"合伙合同是两个以上合伙人为了共同的事业目的,订立的共享利益、共担风险的协议。"第 973 条规定:"合伙人对合伙债务承担连带责任。清偿合伙债务超过自己应当承担份额的合伙人,有权向其他合伙人追偿。"《合伙企业法》第 2 条规定:"普通合伙企业由普通合伙人组成,合伙人对合伙企业债务承担无限连带责任。本法对普通合伙人承担责任的形式有特别规定的,从其规定。有限合伙企业由普通合伙人和有限合伙人组成,普通合伙人对合伙企业债务承担无限连带责任,有限合伙人以其认缴的出资额为限对合伙企业债务承担责任。"第 18 条规定:"合伙协议应当载明下列事项:(一)合伙企业的名称和主要经营场所的地点;(二)合伙目的和合伙经营范围;(三)合伙人的姓名或者名称、住所;(四)合伙人的出资方式、数额和缴付期限;(五)利润分配、亏损分担方式;(六)合伙事务的执行;(七)入伙与退伙;(八)争议解决办法;(九)合伙企业的解散与清算;(十)违约责任。"根据以上规定,很明显我国《民法典》和《合伙企业法》规定的合伙为显名合伙。

（二）隐名合伙

隐名合伙是一种特殊的合伙形式，指双方当事人约定，一方对他方所经营之营业出资，而分享其营业所生利益和分担所生损失的契约。其中，出资的一方称为隐名合伙人，从事营业的一方称为出名营业人。隐名合伙人仅出资，而不参与合伙事务，隐名合伙人出资后，其财产属于出名营业人，隐名合伙人对于出名营业人的营业所得按照约定分享利益，并以所出资额为限承担责任，即隐名合伙人承担的是有限责任。出名营业人管理合伙事务，对合伙企业的债务承担无限责任。

隐名合伙作为一种契约式合伙形式，在许多国家普遍存在。大陆法系的德国、法国、日本以及英美等国的商事法上均承认这种形式。我国《民法典》和《合伙企业法》均未规定隐名合伙，但我国有必要建立隐名合伙制度，理由是：(1)确立隐名合伙有利于在提高公民的投资积极性的同时，切实地保护合伙人与债权人的合法权益；(2)确立隐名合伙制度有利于解决现实经济生活与司法实践中遇到的难题；(3)确立隐名合伙制度符合合同自由原则，有利于充分利用社会闲置资金进行生产。

（三）有限合伙

现代西方国家，特别是英美法系各国，有限合伙是一种重要的合伙形式。所谓有限合伙，是由一人以上对外负无限责任之合伙人，与一人以上以出资额为限负有限责任之合伙人共同组织而成的合伙。其中，有限责任合伙人仅对合伙出资，不参与合伙的经营管理，对合伙的债务以其出资额为限承担责任；无限责任合伙人实际从事合伙的经营管理，对合伙的债务承担无限责任。2006 年修订后的《合伙企业法》增加了有限合伙制度。

（四）表见合伙

表见合伙是指某人虽然不是某合伙企业的合伙人，但他以言辞或行为表明他是该合伙企业的合伙人，或使他人误认为他是某合伙企业的合伙人。第三人基于该误认而与合伙企业进行了交易，则在法律上将该人视为合伙人，与真正的合伙人一起对合伙企业的债务承担责任。在这种情况下，该人与合伙企业之间就形成了表见合伙，又称为“不可撤销的合伙”。

从世界两大法系的立法来看，大陆法系各国并未规定表见合伙，该制度实际上是由英美法系确立的。英国的《1890 年合伙法》和美国的《统一合伙法》都对表见合伙作出了规定。我国现行法律未规定表见合伙制度,但出于实际的需要,我国将来的合伙立法有必要借鉴表见合伙制度。

四、我国的合伙立法

在我国,适用于合伙的主要法律规范是《民法典》《合伙企业法》。需要指出的是,《合伙企业法》对合伙企业法律要件的规定较严格,该法调整的范围较窄,仅调整个人合伙中的一种形式。

为方便外国企业或者个人以设立合伙企业的方式在中国境内投资,2010 年 3 月 1 日开始实施的《外国企业或者个人在中国境内设立合伙企业管理办法》规定,外国企业或个人在中国境内设立合伙企业直接向企业登记部门登记,不需要再经商务主管部门批准。该办法为外国企业或者个人在我国境内设立合伙企业营造了宽松环境。

我国《民法典》第 102 条中"非法人组织包括合伙企业等"的立法表明,我国关于合伙的立法采取了民事合伙与商事合伙分别立法的形式,商事合伙由《合伙企业法》调整,民事合伙则由《民法典》调整。

第七节　商　法　人

一、商法人的概念

商法人,是指按照法定构成要件和程序设定的,拥有法人资格,参与商事法律关系,依法独立享有权利和承担义务的组织。商法人是现代商事活动中最基本的商主体。

商法人制度的出现,纯粹是经济发展的需求促使法律技术进步的结果,是一种经济生活的客观现实与法律技术运用相结合的产物。从立法技术来说,商法人制度是人类智慧的结晶。作为一种处理社会关系的法律技术手段,商法人制度一方面将团体中多个主体财产的法律关系单纯化,从而节约交易成本,提高交易速度;另一方面通过将法人与其成员的财产彼此分离,使法人财产获得独立成员的有限责任和法人独立责任相统一,从而实现了法人与其成员在财产权和经营权上的双重分离,达到了以法人为中心的法人出资者群体和法人债权人群体的两极利益的平衡,充分体现法律的公平与正义。商法人制度的产生,为推动社会生产力的发展提供简便易行的方式和途径，在社会经济生活中发挥着其他商主体难以替代的作用。西方国家能够在短时间内，创造出比以往任何社会生产力的总和大得多的生产力，商法人制度之价值显而易见。

商法人在不同的国家有不同的类型，在同一国家中，根据不同的标准也可以进行分类，在大陆法系和英美法系国家，商法人在组织形态上主要分为有限责任公司、股份有限公司、合作社等。

二、我国的商法人制度

我国一般将从事营利性活动的主体称为"企业"，所以，在我国可以说商法人同营利法人是相同的用语。我国商法人的法律渊源主要有《民法典》《公司法》《全民所有制工业企业法》《企业法人登记管理条例》《城镇集体所有制企业条例》《乡村集体所有制企业条例》《外商投资法》等。客观地讲，我国既存在符合市场经济的要求，以企业的财产组织形式和出资者承担法律责任为标准的商法人立法，同时又保留了大量的计划经济体制下制定的商法人立法，导致我国商法人体制极其不科学。以这些法律法规为基础，我国的商法人分为公司营利法人与非公司营利法人。公司营利法人主要受《公司法》规范，而非公司营利法人主要受《全民所有制工业企业法》及其他法规的调整。即使在公司营利法人中，情况也不尽相同。

2015 年 8 月 24 日，我国颁布了《中共中央、国务院关于深化国有企业改革的指导意见》，将对国有企业进行分类管理，"划分国有企业不同类别。根据国有资本的战略定位和发展目标，结合不同国有企业在经济社会发展中的作用、现状和发展需要，将国有企业分为商业类和公益类……商业类国有企业按照市场化要求实行商业化运作，以增强国有经济活力、放大国有资本功能、实现国有资产保值增值为主要目标，依法独立自主开展生产经营活动，实现优胜劣汰、有序进退……公益类国有企业以保障民生、服务社会、提供公共产品和服务为主要目标，引入市场机制，提高公共服务效率和能力"。[73]

有争议的是，国有独资公司是否应当纳入《公司法》的调整范围。在国外，许多国家对于国有公司进行特别立法，独立于普通公司法。意识形态使然，我国《公司法》仍然将国有公司纳入调整的范围。

市场经济对市场主体的基本要求是主体地位平等和规则的统一。规则统一意味着同一经济活动适用同一种法律规则，所有的市场主体适用统一的

---

〔73〕《中共中央、国务院关于深化国有企业改革的指导意见》。

法律规范,按照统一规则建立的市场主体必然是平等的。市场经济需要创制统一的法律规则,营造平等的市场主体。因此,我国现行的因所有制和出资人的不同而适用不同法律法规的商法人制度,已经不适应市场经济的要求。

外资企业立法与公司立法并轨。习近平总书记强调,"要加快统一内外资法律法规,制定新的外资基础性法律。要清理涉及外资的法律、法规、规章和政策文件,凡是同国家对外开放大方向和大原则不符的法律法规或条款,要限期废止或修订。外资企业准入后按照公司法依法经营,要做到法律上平等、政策上一致,实行国民待遇"。〔74〕

随着《外商投资法》的颁布,废除了《中外合资经营企业法》《中外合作经营企业法》《外资企业法》,《外商投资法》不再涉及企业组织方面的规定。我国《外商投资法》共六章 39 条,包括总则、投资促进、投资保护、投资管理、法律责任与附则等内容,其定位为"统一的管理和促进外国投资的基础性法律,不再将企业的组织形式作为规范对象",其性质为具有公法属性的经济法,而非商法中的组织法,不是公司法的特别法。在企业组织方面,《公司法》将适用于包括外商投资企业在内的所有公司。外商投资企业的组织形式和经营活动按照内外资一致的原则,统一适用《公司法》《合伙企业法》《个人投资企业法》等法律。

第八节　商事辅助人

一、商事辅助人概述

商事辅助人是指辅助商事主体从事商事经营的人,从与辅助对象的关系上,可以分为独立的辅助商与非独立的辅助商。

独立的辅助商是指独立于商事主体而独立经营辅助商主体从事的商业经营的人,从法律主体层面上看,独立辅助商本身就是商主体,只不过其从事的商事活动具有辅助商行为的作用,主要包括代理商、居间商、仓储商、承揽商、商业银行、保险公司等。

非独立商事辅助人,也称为商业使用人,是指基于委托或者雇佣合同关

〔74〕 2017 年 7 月 17 日,习近平总书记主持召开中央财经领导小组第十六次会议上的讲话。

系而从属于商主体以辅助其营业的人。在传统商法上，商业使用人主要包括：经理（包括类似称谓的岗位以及共同经理等）、店长（企业分支机构负责人、代表处和联络处之代表，有时称为公司代表）、店员（店内销售人员、仓库管理员、签约代表等）。在商法特别法中，这些商业使用人还可能有更为复杂的称谓，如总裁、执行长、负责人、CEO、CFO、销售人员、业务员等。商业使用人可根据其在商事经营中是否能够代理商主体实施商行为，分为有代理权的商业使用人与无代理权的商业使用人。传统商法上的商业使用人有辅助营业的功能，因而要受到商法的规范。例如，在商业实践中，仓库管理员收受货物、发出货物；工程进展中，项目人员签订施工记录；会计人员对账往来；企业运输人员交接货物记录等。唯有承认其商业使用人地位，才能进一步确认相关业务中人员签字的效力。

商业使用人具有独特的职权属性和工作特点，不宜直接适用劳动法，正确的方法是，制定适合于商业使用人特点的规则，在没有特殊规则时，适用交易习惯；缺乏交易习惯时，适用劳动法的规定。职务上，商业使用人虽然是因雇佣合同而产生的，却有别于劳动法上的雇员。最为典型者，他们在劳动时间和方式上，未必遵守劳动法关于劳动时间的规定，薪酬有时亦可按照完成业务状况而确定。因而，在处理涉及商业使用人的劳动争议案件时，不仅要考虑劳动法的适用，还要考虑商法的特质。商业使用人之解约，基于使用人之特殊地位，而有特殊的解约理由。[75] 如诚实、诋毁企业名誉、自营或为他人经营、放弃或懈怠其正常职务、长期多病、威胁主人等。与企业签订劳动合同，但不属于上述类别的人员，属于劳动法上单纯意义的劳动者，仅受劳动法调整，而不受商法规范。公司雇佣的有些人员级别很高，却不是商业使用人，最为典型的是工程师、会计师等。

二、独立的辅助商："代理商"

（一）代理商代理的含义和特征

代理商的代理是指由代理商作为代理人的代理。现代商业社会代理商

---

〔75〕 最高人民法院《关于适用〈中华人民共和国公司法〉若干问题的规定（五）》第3条规定："董事任期届满前被股东会或者股东大会有效议解除职务，其主张解除不发生法律效力的，人民法院不予支持。董事职务被解除后，因补偿与公司发生纠纷提起诉讼的，人民法院应当依据法律、行政法规、公司章程的规定或者合同的约定，综合考虑解除的原因、剩余任期、董事薪酬等因素，确定是否补偿以及补偿的合理数额。"

的代理应用非常广泛,诸如货物买卖代理、保险代理、运输代理、广告代理等。代理商的代理是最典型的商事代理,各国商法都对其进行了详细规定。《德国商法典》第七章专门规定了"代理商";法国1958年专门颁布了《关于商业代理人的法令》,1991年颁布了《关于商业代理人与其委托人之间关系的法律》;《日本商法典》在总则第七章也专门规定了"代理商"。各种商业超市和连锁店发展模式也在相当程度上冲击了商业代理的发展,尤其是影响以消费者为对象的商业代理模式的发展。代理商的代理具有以下特征:

1.代理商是独立的营业经营者。构成代理商的代理并不要求本人必须是商主体,但要求代理商必须是独立的商主体。即使代理商的企业依种类或范围不要求以商人方式进行经营的,也适用代理商的特殊法律规则。所谓"独立"指代理商与本人不存在隶属关系,可以自由形成其活动和决定其工作时间。这样就使代理商的代理与前述经理人、代办人的代理有显著的区别。

2.代理活动的内容是为企业主媒介交易或者以其名义(本人名义)成立交易。《德国商法典》第84条规定:"代理商是指作为独立的经营人受托为另一企业主媒介交易或以其名义成立交易的人。"代理商所为的媒介行为是指通过对其用户的影响来推进交易的成立。"以其名义成立交易"则说明德国商法还是坚持代理人应当以本人的名义进行代理,即代理商的代理依然是直接代理。在大陆法系一些民商合一国家的民法典中,对商事代理也明确要求以本人的名义。例如,《俄罗斯联邦民法典》第182条第2款规定:"虽然为他人的利益,但以自己的名义从事活动的人(商业居间人、破产时的清算代理人、继承中的遗嘱执行人等),以及受权(授权)出席关于未来可能的民事法律行为的谈判的人,均不是代理人。"如果以自己的名义与另一方当事人签订合同,则可能是合同经销商、行纪人或者就是简单的买受人和继续出卖人。将商事代理限于直接代理是大陆法系代理制度的特征,这样做有利于将代理与行纪、居间等行为相区别。

3.代理商与本人的合作具有长期性。德国学者指出,代理商是通过长期的委托来完成本人赋予他的任务的。这种委托关系的存在,使代理商存在为本人利益而服务的义务,并以此区别于居间商;而这种委托关系的长期性则是因为代理商的代理行为所指向的是不特定的大量交易,使代理行为具有连续性和反复性。这种委托关系的长期性也使本人与代理人之间的合同属于《德国民法典》中的"带有劳务性质的事务处理合同",并具有长期债权关系的特征,还使德国商法侧重保护代理商利益,甚至使代理商接近雇员的法律地位都具有了正当性的基础。[76]

(二)代理商代理权的产生和消灭

代理商代理权的产生与民法中意定代理权的产生原因相同。代理商与本人通常通过代理商合同约定有关代理权的具体事项。这种代理商合同在性质上属于委托或委任契约。但是按照大陆法系代理的区别论,代理权的产生并不是基于该委托或委任契约,而是来自作出单方民事法律行为的本人对代理权的授予行为。不过,委托是代理权授予行为的基础,是调整本人和代理商关系的基本法律依据;民法关于委托的规定,对代理商合同都是适用的。

代理商代理权的消灭原因与民法中意定代理的消灭原因也基本相同,具体包括因代理商合同期限届满而正常终止、本人解除委任合同或代理人辞去委托以及代理商死亡、本人破产程序开始等。例如,《日本商法典》第50条规定:"当事人未定契约期间时,各当事人可以在2个月前发出预告而解除契约。不问当事人是否定契约期间,有不得已事由时,各当事人可以随时解除契约。"我国《民法典》第173条也作了类似的规定:"有下列情形之一的,委托代理终止:(一)代理期限届满或者代理事务完成;(二)被代理人取消委托或者代理人辞去委托;(三)代理人丧失民事行为能力;(四)代理人或者被代理人死亡;(五)作为代理人或者被代理人的法人、非法人组织终止。"

(三)代理商在商法上的特别权利

作为商事代理人的代理商依商法享有一些特别的权利,主要有:

1. 佣金请求权。商事代理均为有偿代理,代理商的佣金请求权是其最重要的权利,商事代理的制度设计也围绕着对代理商佣金请求权的实现。但是本人支付佣金的前提是本人和第三人缔结合同可以归因于代理商的媒介或代理行为,即两者存在因果关系。例如,代理商对在代理商合同关系期间成立的、应归因于其从事的活动的或者其作为客户为同一种类的交易争取到的第三人成立的一切交易,都享有佣金请求权。对于在代理商合同关系终止后才成立的交易,如果代理商已经媒介此项交易,或已经开始此项交易并已经做好准备,致使交易的成立原因主要归因于其从事的活动,并且交易是在合同关系终止后适当期间内成立的,代理人也享有佣金请求权。

2. 费用偿还请求权。代理人与本人的内部关系适用委托。民法关于委

---

〔76〕[德]卡纳里斯:《德国商法》,杨继译,法律出版社2006年版,第415~416页。

托的规定要求对受托人为处理事务而支出的、根据情况认为有必要支出的费用,委托人有偿还义务。因此,代理商可以请求本人偿还其在通常的营业中产生的费用,但这些费用应当以在营业上的通常为限。

3. 补偿请求权。这种权利在《德国商法典》第89b2条中有非常清晰的规定,并体现了商事代理对商事交易连续性的适应性和对商法诚实信用以及公平原则的追求。按照该规定,在符合公平原则的前提下,代理商在合同关系终止后,可以向企业主(本人)请求适当的补偿,但以下列情形为限:企业主即使在合同关系终止后,仍因与代理商争取到的新客户的业务联系而获得重大利益;代理商由于合同关系的终止而丧失了佣金请求权,而该请求权如果在合同关系继续的情况下本来有可能由于已经成立的,或者将要成立的与其争取到的客户的交易而获得。德国商法学者认为,尽管对代理商补偿请求权的法理依据究竟是不当得利还是公平原则存在学理争论,但是这种权利是合理的,因为上述情形存在代理商代理行为与代理成果的相关性:代理商一方面有义务对企业主进行宣传活动,另一方面只有在活动有了成果后才能获得偿付,因此,代理商要自己承担努力和投资无成果的风险。所以,代理商相应地也应当参与对他在履行其行为义务时开创的成果的分享,如果这种分享因合同终止而无法实现,就是不公平的。[77]

4. 代理商的留置权。有些国家的商法典明确规定了代理商的留置权,但具体规定也有差异。例如,《德国商法典》第88a条规定:“代理商不得预先抛弃法定留置权。在合同关系终止后,代理商只因其到期的佣金请求权和费用偿还请求权而对其提供的文件享有依一般规定存在的留置权。”而《日本商法典》第51条规定:“代理商于其因充任交易的代理或媒介而产生的债权已届清偿期时,在其未受清偿前,可以留置为本人占有的物或有价证券。但另有意思表示者,不在此限。”可见,日本商法规定的代理商的留置权允许由当事人通过约定排除。

5. 受领通知的权利。受委托出卖物品或者充任媒介的代理商,有权对买卖标的物的瑕疵、数量不足及其他有关履行买卖事项接受通知。《日本商法典》第49条、《德国商法典》第91条对代理商的这种权利进行了规定。

(四)代理商在商法上承担的特别义务

1. 依据民法委托关系而产生的义务在商法中得以强化。代理商首先应

---

〔77〕 [德]卡纳里斯:《德国商法》,杨继译,法律出版社2006年版,第450~451页。

当依据民法委托关系的要求承担相关义务，例如，《德国民法典》第666～670条规定的受托人的义务包括：受托人有义务将必要情况报告给委托人，并在处理完代理事务后，向委托人作出详细报告；受托人有义务将因处理委托事务而收取的以及从事事务管理中取得的一切归还于委托人；受托人为自己的利益，如果动用应归还于委托人的金钱，或者动用应为委托人的利益而动用的金钱，有义务自动用之日起支付利息等。当然，商法中还存在对上述义务进行强化的规定，如在代理商向本人进行必要通知时，强调应当“毫不迟延”或“从速”。《德国商法典》第86条第2项规定：“代理商应向企业主进行必要的通知，特别是不迟延地向其通知任何交易的媒介和任何交易的成立。”《日本商法典》第47条规定：“代理商充任交易的代理或媒介时，应从速通知本人。”

2. 勤勉和注意义务。即代理商应当努力地为本人媒介或成立交易，维护本人的利益；并以通常商人之注意履行其义务。对此，《德国商法典》第86条有明确的规定。

3. 忠实义务和竞业禁止义务。《日本商法典》第48条规定：“代理商非经本人许诺，不得为自己或第三人进行属于本人营业部类的交易，不得成为以经营同种营业为目的的公司的无限责任股东或董事。”《德国商法典》第90a条也允许代理商与本人约定有关竞业禁止。代理商承担竞业禁止义务也可以延至代理商合同终止后的一定期限（如2年），但是本人有义务向承担竞业禁止义务的代理商支付适当的补偿。

4. 保密义务。由于代理商承担着为本人利益服务的义务，因此，就应当保守有关业务和营业秘密。《德国商法典》第90条还规定，这种保密义务不仅可以作为代理商合同有效期间的合同义务，而且在代理商合同关系终止后，只要不违反通常商人的职业观，代理商也应当承担。《俄罗斯联邦民法典》第184条第3款也规定：“商业代理人即使在完成委托之后仍有义务对他知悉的关于商业民事法律行为的信息保守秘密。”

（五）代理商的立法

关于代理商的立法有三种模式：一是规定在民法典中，如我国台湾地区“民法典”的债编中就有代理商的规定；二是规定在商法中，主要是一些民商分立的国家，如日本、韩国、德国等国家的商法中均有代理商的规定；三是规定在单行法规中，如英国的《1889年代理商法》。值得注意的是，在中国大陆企业界，多数企业更愿意采用超市以及经销商模式开展营业，而不愿意采用代理商模式。

我国《民法典》对代理人几乎未涉及。例如,未规定代理商的资格要件,对代理商的报酬请求权及商事留置权等未作规定。

三、我国商法上的“商业使用人”

我国没有商法典,没有商业使用人的称谓,也没有对应的立法。然而,既然存在商业活动,在本质上也就存在商业使用人。唯因缺乏立法上的明确规定,上述人员的法律地位不很明确,易生争端;加之,我国立法上更有法定代表人、企业公章的广泛运用,从而极大地区别于境外商业实践。

(一)立法上的混杂称谓

我国存在商业使用人现象,在商业实践以及立法中,有关称谓混乱,常常以“职务行为”替代商业使用人。此如“合伙人”“负责人”“法定代表人”“承办人”“用人单位的工作人员”“被派遣的工作人员”“其他具有民事行为能力的人”“受托人”“不执行合伙事务的合伙人”“经理”“高级管理人员”“公司副经理”“财务负责人”“董事长”“执行董事”“监事”“保险销售人员”“个人保险代理人”“保险代理机构的代理从业人员”“保险经纪人的经纪从业人员”等术语。

(二)法定代表人

1982 年我国《民事诉讼法(试行)》首先推出了“法定代表人”的术语,我国《民法典》沿用了这一术语,“依照法律或法人章程的规定,代表法人从事民事活动的负责人,为法人的法定代表人。依据这一规定,法人的法定代表人由谁担任,是依据法律的规定或者法人章程的规定确定的”。[78] 除《民法典》外,关于“法定代表人”的条款遍布法律、行政法规、地方法规、行政规章和最高人民法院司法解释,围绕“法定代表人”形成了一个不断扩大的规范群体。

1. 行政权威的再现。法定代表人的术语来自苏联的法律,后被植入我国民事诉讼法以及国营企业立法,由此发展而来的法定代表人在现实中均被权威化和唯一化。由此,可定义如下:法定代表人是无须企业特别授权,却有权对外代表企业的唯一的人。其他任何人若要对外代表企业,必须获

---

〔78〕 黄薇主编:《中华人民共和国民法典总则编释义》,法律出版社 2020 年版,第 152 页。

得法定代表人的授权。

2. 法定代表人与权限。交易安全和交易效率乃是商业活动的生命，单一法定代表人的做法妨碍企业安全，降低交易效率。因此，我国著名的商法学者叶林教授建议"或许是在商言商，应该尊重商业的规律，而不是将权威或权力纳入交易，这就要求尊重商业规律，改革以往的法定代表人和公章制度"。[79] 我国于2005年修订《公司法》时，关于公司的法定代表人是否应为一人的问题存在争议。有代表建议我国采取国际上通行的做法，允许多人为法定代表人，我国立法机关认为，"结合我国的实际情况，考虑到我国公司实践中，一人为法定代表人已成习惯，目前在交易诚信机制尚未建立的情况下，不易立即改变这一制度"。[80] 我国最终仍然保留了"单一代表制"。

关于"法定代表人"的权限，我国《公司法》第47条规定："董事会会议由董事长召集和主持；董事长不能履行职务或者不履行职务的，由副董事长召集和主持；副董事长不能履行职务或者不履行职务的，由半数以上董事共同推举一名董事召集和主持。"第109条规定："董事长召集和主持董事会会议，检查董事会决议的实施情况。副董事长协助董事长工作，董事长不能履行职务或者不履行职务的，由副董事长履行职务；副董事长不能履行职务或者不履行职务的，由半数以上董事共同推举一名董事履行职务。"可以看出，我国《公司法》仅仅规定了董事长对内的管理权，并未明确董事长对外代表公司的代表权。

关于董事长对外代表公司的代表权，我国台湾地区"公司法"第57条规定："代表公司之股东，关于公司营业上一切事务，有办理之权。"第58条规定："公司对于股东代表权所加之限制，不得对抗善意第三人。"第208条规定："董事长对内为股东会、董事会及常务董事会主席，对外代表公司。第五十七条及五十八条对于代表公司之董事准用之。"同时，依据我国台湾地区1998年度台上字第801号民事判决书："有权代表公司之人与第三人订立契约时，只须表明公司之意旨而为，即生效力，并不以加盖公司之印鉴为必要。"我国台湾地区"最高法院"1995年台上字第2370号判决书亦言："代表公司之董事，仅关于公司营业上事务有办理之权，若其代表者非公司营业上之事务，本不在代表权范围之内，此项无权限之行为，非经公司承认，不能对

---

〔79〕 叶林：《商法学本科教案》，中国人民大学法学院（2011～2012年学年度）。

〔80〕 全国人民代表大会常务委员会法制工作委员会：《中华人民共和国公司法释义》，法律出版社2013年版，第36页。

于公司发生效力。”

对此,我国《公司法》第 37 条规定:“股东会行使下列职权:(一)决定公司的经营方针和投资计划;(二)选举和更换非由职工代表担任的董事、监事,决定有关董事、监事的报酬事项;(三)审议批准董事会的报告;(四)审议批准监事会或者监事的报告;(五)审议批准公司的年度财务预算方案、决算方案;(六)审议批准公司的利润分配方案和弥补亏损方案;(七)对公司增加或者减少注册资本作出决议;(八)对发行公司债券作出决议;(九)对公司合并、分立、解散、清算或者变更公司形式作出决议;(十)修改公司章程;(十一)公司章程规定的其他职权。对前款所列事项股东以书面形式一致表示同意的,可以不召开股东会会议,直接作出决定,并由全体股东在决定文件上签名、盖章。”第 43 条第 2 款规定:“股东会会议作出修改公司章程、增加或者减少注册资本的决议,以及公司合并、分立、解散或者变更公司形式的决议,必须经代表三分之二以上表决权的股东通过。”第 103 条第 2 款规定:“……股东大会作出修改公司章程、增加或者减少注册资本的决议,以及公司合并、分立、解散或者变更公司形式的决议,必须经出席会议的股东所持表决权的三分之二以上通过。”第 104 条规定:“本法和公司章程规定公司转让、受让重大资产或者对外提供担保等事项必须经股东大会作出决议的,董事会应当及时召集股东大会会议,由股东大会就上述事项进行表决。”这些规定的目的是,强调公司“法定代表人”“董事长”等的职权仅限于“交易事项”,关于公司重大资产的处置、公司解散与变更、公司章程的修改等事项均不在“法定代表人”“董事长”等职权范围内。由此,基于法律本身的周知性与普遍约束力,法律规定可以使公司的内部决议具有外部约束力。基于公司法的规定,股东会有权决定公司重大资产抑或全部资产处分合同是否甚至何时对公司生效。这就意味着,公司法定代表人等代表/代理公司对外签订处分公司重大资产合同时,其代表/代理权是不完整的——因法律的上述规定,隐含着该合同/代表/代理行为必须经过公司内部决议(股东会)确认,公司的意思才算最终形成。[81] 令人遗憾的是,在我国的商事实践中,对于公司“法定代表人”“董事长”等越权签订的“非交易合同”,我国的商事法官大多“不假思索”“毫不犹豫”地适用保护“交易安全”“第三人”,实属“法律适用错误”。

---

〔81〕 蒋大兴:《公司组织意思表示之特殊构造——不完全代表/代理与公司内部决议之外部效力》,载《公司决议效力之诉专题研讨会论文集》,2017 年 12 月 23 日于海南大学。

典型判决

“本院认为，当事人订立合同，应当具有相应的民事权利能力和民事行为能力，依法成立的合同，自成立时生效。本案中，原告与被告的法定代表人均具有完全民事行为能力，对自己的行为及其所产生的法律后果能够认知。2012 年 4 月 5 日双方公司法定代表人签字认可协议时，双方均没有实施法律禁止的行为，该协议内容也未违反法律的禁止性规定，该协议自双方当事人签字之日即 2012 年 4 月 5 日依法成立生效，对双方当事人具有法律约束力，原告要求确认协议有效，本院予以支持。依照《中华人民共和国合同法》第 52 条、《中华人民共和国民事诉讼法》第 64 条第 1 款之规定，判决如下：确认原告河南友谊旅业股份有限公司法定代表人与被告郑州天河服务有限公司法定代表人于 2012 年 4 月 5 日签订的协议有效。……”[82]

本案中，原告法定代表人与被告法定代表人所签订的拆迁补偿协议，实为买卖公司全部资产的协议，从性质上说属于“组织合同”，而非“交易合同”。关于组织合同的效力判断，应当以《公司法》为判断标准，而非简单地适用性质上为交易法意义的《民法典》。依据公司法的法理，董事长仅对于公司营业上之事务有办理之权，若其所代表者，非公司营业上之事务，而为对外投资、对外担保、处分或让与公司全部财产或营业，本不在董事长代表权范围之内，自无所谓代表权之限制，此项无权限之行为，不问第三人是否善意，非经公司承认或追认，不能对公司发生效力。因此，依据我国《公司法》第 37、43 条及我国《民法典》第 153 条等的规定，原告河南友谊旅业股份有限公司法定代表人与被告郑州天河服务有限公司法定代表人于 2012 年 4 月 5 日签订的协议应属于无效。

（三）企业印章

基于长期的民商事交易习惯，印章在我国的民商事活动乃至诉讼活动中得以使用。实践中，企业印章被视为企业作出真实意思表示的最可靠、最有效的表征。犹如自然人可以通过语言或者签名表达内心意思，企业则可以通过加盖印章将自己的意思表示出来。可以说，使用企业印章是代表权或者代理权的行使方式，即法定代表人或者代理人可以印章形式对外为意思表示，行使

---

〔82〕　河南省郑州市金水区（2013）金民二初字第 4342 号民事判决书。

代表权或者代理权。[83]

企业印章既可以证明法定代表人的正当性,也可以弥补单一代表人制度的缺陷,它原本就存在于社会生活之中,现在逐渐显现更为独特的作用。只要印章存放于企业中,即使法定代表人不在场,某些人也可以随时加盖企业印章,以示企业的承认,从而省去了交易相对方在对企业人员权限上存在的顾虑。与此同时,在民事诉讼中,人民法院接受加盖企业印章的《法定代表人身份证明》,以证明某人担任法定代表人,从而强化了企业印章的作用。

企业印章的地位不断提升,法律界通常认为,只要没有证据证明伪造企业印章,或者即使伪造但却未能及时报案,加盖印章就被推定为企业的意思。[84]因此,即便该印章并非基于企业意愿而被不正当使用,基于我国《民法典》第172条"表见代理"的规定,该代理行为也应当认定为有效。

印章真的那么值得信任吗?伪造印章者数量很多,私用印章者数量也很多,企业持有多枚印章的情况也不在少数,诉讼或仲裁中要求鉴定印章者,也为数不少。无论是签字或是盖章,无外乎是为了表达当事人的信用,而真正表达信用的,应该是签字人的真名实姓,而不是企业印章;签字不仅表达了权限和信用,还间接地表达了签字者将承受行为错误的不利后果。然而,在没有签字只有印章的情况下,法律文件引起的不利后果充其量是由印章管理人负责,企业内其他人无须为此付出代价。其实,在逐渐重视信用的现代环境下,更应该强调的恰恰是个人签字,而不是印章。[85]

印章虽是企业对外意思表示的表征,也是法定代表人行使代表权的形式,但企业的意思表示并非只能通过企业印章表征出来,法定代表人也不是只有凭印章才能行使代表权,并不能认为欠缺了印章企业就无法作出意思表示。其实,法定代表人本身即代表企业,在无特别约定时,法定代表人以企业名义所作出的意思表示(如签名),即可视为企业的意思表示。当然,依据我国的民商事交易习惯,在民商事活动中尤其是签订合同过程中,一般需要有法定代表人签名并加盖印章,但从法律上分析,并非两者结合才能使合同生效。除非

---

〔83〕《民法典》第490条规定:"当事人采用合同书形式订立合同的,自当事人均签名、盖章或者按指印时合同成立。在签名、盖章或者按指印之前,当事人一方已经履行主要义务,对方接受时,该合同成立。"

〔84〕《九民纪要》第41条规定:"法定代表人或者其授权之人在合同上加盖法人公章的行为,表明其是以法人名义签订合同,除《公司法》第16条等法律对其职权有特别规定的情形外,应当由法人承担相应的法律后果。法人以法定代表人事后已无代表权、加盖的是假章、所盖之章与备案公章不一致等为由否定合同效力的,人民法院不予支持。"

〔85〕叶林:《商法学本科教案》,中国人民大学法学院(2011~2012年学年度)。

当事人另有规定,法定代表人之签名也完全可以产生法律效力。如果出现对于同一行为两者意思表示不一致的情况,除非已构成表见代理,否则,应当以法定代表人的意思为准。

(四)伪造印章的法律责任

为保护"交易安全",即使企业印章是被伪造的,只要相对人是善意的,其民事责任仍应当由被伪造的企业承担。其中的原因也是出于对善意相对人的保护,商主体处于强势地位而应当承担更多的社会责任。

典型判决

"根据2019年9月11日通过的《全国法院民商事审判工作会议纪要》第41条之精神,盖章之人于盖章之时有无代表权或者代理权,是确定合同效力的关键。法定代表人或者其授权之人在合同上加盖法人公章的行为,表明其是以法人名义签订合同,除《公司法》第16条等法律对其职权有特别规定的情形外,应当由法人承担相应的法律后果。代理人取得合法授权后,以被代理人名义签订的合同,应由被代理人承担责任。被代理人以代理人事后已无代理权、加盖的是假章、所盖之章与备案公章不一致等为由否定合同效力的,人民法院不予支持。本案中,中州公司现任法人宋喜增于2016年3月16日签收后鲁山县劳动监察大队的函件后,于2016年3月20日向鲁山县劳动监察大队出具的《情况说明》明确回复:'河南中州建筑有限公司在平顶山设有分支机构,分公司经理为辛海周。'可见,至2016年3月时,中州公司尚认可辛海周的平顶山分公司经理身份,这也与辛海周以中州公司委托代理人身份与河南洁利康医疗用品有限公司签订案涉建设工程施工合同的行为相互印证,也进一步说明,李现军在签订案涉《劳务承包合同》及与辛海周进行结算时,其有理由认为辛海周系中州公司的项目经理并能够代表中州公司。至于李现军是否知晓辛海周系挂靠中州公司,并不能改变中州公司在案涉鲁山县公租房工程中的法律地位,也不能免除中州公司应承担的责任。"[86]

(五)"职务行为"用语的广泛使用

建立了法定代表人制度和广泛地使用印章作为代表权载体,依然没有办

---

〔86〕 河南省平顶山市中级人民法院(2020)豫04民终1623号民事判决书。

法解决交易效率和安全性问题,也无法满足交易的需求。许多交涉文件都要由经手人签字,但是,如果企业对于最终结果不满意,不加盖印章,就成为否认双方交涉有结果的证据。于是,人民法院在审理商业纠纷案件时,不得不经常面临既无法定代表人签字,又无印章的经手人签字的文件,究竟应否承认它的效力?不承认显然是不行的,承认了又不足以说明依据何在,因此,在有关立法、司法解释,尤其是在具体案例处理中,法院不断地采用"职务行为"的说法,以解决立法与实践的冲突。

然而,究竟何为职务行为?现行法律规定得又不明确,是否企业中的任何人都有职务,抑或是将其视同表见代理?其实,表见代理不同于职务行为。表见代理说明的是没有代理权,却按照有权代理为同样处理;职务行为则说明它是有代理权或代表权的,从而常常出现有权代理和无权代理之争,最终有权与无权、合法与非法之间的界限就变得更为模糊。这种混乱不清的状况最终伤害的仍然是市场的稳定性和信任的基础。在我国的商事司法实践中,为保护交易安全,我国的商事法官通常适用《民法典》中规定的"职务行为"以保护第三人的利益。

典型判决

"本院认为:原、被告先后签订的《安装合同》、《协议书》、《增补合同》均系双方当事人真实意思表示,合法有效。根据双方的上述合同及协议,项目总价款为211.76(196.41+15.35=211.76)万元。原告完成施工后,该项目已正式投产。原告申请被告对该工程组织验收,被告至今未组织验收,根据双方签订的《安装合同》,被告7日内未组织验收或验收后7日内未予批准且未提出修改意见,即视为此'竣工验收报告'经被告代表批准,应据以办理结算手续。河南省三源粮油食品有限企业正式投产至原告起诉之日已超过一年时间,被告应全额支付原告工程款。被告已支付原告工程款131.35万元,尚余80.41万元。且原告交纳的5万元履约保证金,根据双方合同约定,被告应在安装项目全部完毕后随同工程款一并给付原告,被告未予退还。因此,原告请求被告支付剩余工程款80.41万元及退还履约保证金5万元,本院予以支持。被告辩称其与业主将应由原告施工的部分工程交由第三方施工,但原、被告签订的《安装合同》中并未列明具体的明细项目,被告提交的证据不能证明与本案有关联性,且被告提交的证据大部分形成于被告与原告于2012年7月16日签订的《增补合同》之前,因此被告辩称与本院查明事实不符,本院不予采纳。关于被告辩称的2012年7月签订的所谓补充协议书是无效合同,项目部工作人员侯国斌无权代表被告对外签署协议,因双方2011年3月25日,签订《河南省三源粮油食品有限企业热电站生物质锅炉1*35T/H+3000KW背压机组热电建设项目安装合同》时,侯国斌即作为被告的授权代表,2012年7月16日,侯国斌又代表被告与原告签订的《增补合同》,应认定侯国斌系职务行为,其民事责任,依法应由被告承担,对于被告的该项辩称,本院不予采纳。依照《中华人民共和国民法通则》第四十三条和《中华人民共和国合同法》第一百零七条之规定,判决如下:一、被告郑州烜川节能工程技术有限企业于本判决生效后十日内支付原告南昌市锅炉设备安装公司工程款80.41万元;二、被告郑州烜川节能工程技术有限企业于本判决生效后十日内退还原告南昌市锅炉设备安装公司履约保证金5万元。"〔87〕

令人欣慰的是,《民法典》第170条规定:"执行法人或者非法人组织工作任务的人员,就其职权范围内的事项,以法人或者非法人组织的名义实施的民事法律行为,对法人或者非法人组织发生效力。法人或者非法人组织对执行其工作任务的人员职权范围的限制,不得对抗善意相对人。"该条规定弥补了商事交易中法定代表人制度的不足,满足法人对外交易的需求,也能够增强商事交易结果的确定性和可预见性,使商事交易相对人能够迅速、准确地判断商事代理人是否具有代理权,达到维护正常的交易秩序、降低交易成本、促使交易迅捷的目的。〔88〕

(六)企业经理

经理人是指受商人聘用,为商人管理营业事务,并可对外以商人名义从事与营业有关的一切行为的人。经埋代理权的特点在于它的概括性和定型性,这与民法上的就各个事项而成立的具体的、个别的代理权有显著的差异。在各国和地区公司法中,经理都是公司必设机构,甚至承认经理具有概括的代理权,即享有诉讼内和诉讼外的各项事务的权利,尤其强调经理有签名和管理实务的权利。对此,我国台湾地区"公司法"第31条规定:"经理人在公司章程或契约规定授权范围内,有为公司管理事务及签名之权。"第36条规定:"公司不得以其所加于经理人职权之限制,对抗善意第三人。"交易的对方根据此

〔87〕 河南省郑州市金水区人民法院(2013)金民二初字第3208号民事判决书。

〔88〕 黄薇:《中华人民共和国民法典总则编释义》,法律出版社2020年版,第446页。

代理权,无须调查代理权的有无和范围,只要确认行为人是某一商人的经理就可以安心地与其进行交易。[89]

经理是依照雇佣合同,在营业范围内享有诉讼内和诉讼外之各项事务的概括代理权的自然人。各国商业登记法皆将经理纳入登记事项。然而,鉴于公众难以查询经理的信息,基于实务的考虑,境外商法多规定,企业允许某人以经理相称的,按照禁止反言规则和权利外观法则,应认定该人为经理。即使发生登记错误,获得经理头衔的人也属于事实上的经理或称表见经理。由此而来,经理分为"任命经理"和"表见经理";在极端意义上,甚至因此出现了数名经理的情形。

我国立法未规定经理人制度,从我国《公司法》规定的经理职权来看,其内容主要体现的是对内的经营管理权,我国《公司法》只是立足于公司内部机关,并未赋予经理对外代表公司的权利。但是,我国现行立法存在与经理人制度相似的规定,例如,法定代表人制度、[90]《合伙企业法》第37条及《个人独资企业法》第19条第4款规定的合伙企业及个人独资企业对代理人的职权限制不得对抗善意的第三人。关于经理人制度的立法,德国、日本和韩国等规定于商法典,奉行民商合一的国家和地区如意大利、瑞士及我国台湾地区则规定在"民法典"中的债编。完善我国经理人制度的立法,宜在《公司法》总则中增设经理对外代表权。

(七)店员

《德国商法典》第56条规定:"在店铺或者仓库被任用的人,视为有权进行在此店铺或者仓库通常所发生的买卖和受领。"对于店铺或者仓库的使用人,即使现实中营业主商人并未授予其代理权,为了交易安全,各国商法均认定其拥有该店铺或者仓库内商品或物品的对外销售等代理权,但是,相对人若是恶意的,即相对人明知该店员没有代理权时不适用。例如,即便是店铺或者是仓库内的使用人,假若相对人知道其仅仅是店铺或者仓库里从事清洁工作的保洁人员,则不受本条保护。

具体到我国,《民法典》第170条规定:"执行法人或者非法人组织工作任务的人员,就其职权范围内的事项,以法人或者非法人组织的名义实施的民事

---

〔89〕 张民安:《商法总则制度研究》,法律出版社2007年版,第126页。

〔90〕 法定代表人的主要功能是对外代表企业进行民事活动,对内管理企业经营,这恰恰是经理权制度的功能所在。

法律行为，对法人或者非法人组织发生效力。法人或者非法人组织对执行其工作任务的人员职权范围的限制，不得对抗善意相对人。”为了保护相对人的利益，同样规定了店员的代理权。

综上所述，我国现行民法关于代理的规定，几乎没有规定代理人的佣金请求权，这在很大程度上体现了民事代理的内涵，从而也影响到关于本人和代理人的权利义务的再构造。进一步说，无论商业代理人是不是民事代理人，仅凭目前民事代理的简约规定，几乎无法适应商业代理人的实际需求。可能存在的立法技术问题是，简约的民法无法容纳商业代理人的复杂内容，内容丰富的理想民法自能涵盖商业代理人，但应当将适合于商业代理人的规则纳入其中，以实现商法民法化。

第九节　我国商主体法律制度的评判与重构

一、商主体独立立法的制度价值

基于交易民法与生活民法的分野，以及民事主体与商主体各自所追求的目标不同（民事主体从事交易活动是为了维持个人或家庭生活的需要，而商事主体从事交易活动是为了营利，为了谋求资本的价值增值），商主体与民事主体存在差异，商主体有其独有的价值。商主体具有独立性的主要原因在于其所实施的营业行为的特殊性，要求其以特殊的组织形式、行为规范以及责任承担方式等区别于一般民事主体而存在与运作，故需要特别的法律规则予以规范。

从法理上讲，民事主体制度的概念是外在的，它主要从外部赋予民事主体以独立的人格，使民事主体能以独立的名义方便地从事民事活动，而民事主体资格并不能解决民事主体（特别是法人）内部的财产关系及组织关系。因此，商主体制度已经不能为传统民事主体制度所完整包容。构建现代商法体系，必须设置独立于民事主体之外的抽象的商主体法律制度。

二、传统商主体立法原则之缺陷

大陆法系的现代各国一般都制定大量的强制性规范对商主体的资格予以严格控制，形成商主体严格法定的原则，主要包括商主体类型法定、商主体内容法定和商主体公示法定三方面的要求。商主体类型法定是指商法对于商主体的类型作出明文规定，商主体的创设或变更只能严格依照法律预定的主体类型和标准进行，法律禁止在法定类型之外任意创设非典型的商主体。商主体内容法定是指商主体的财产关系与组织关系由法律予以明确规定，当事人不得创设或变更形式具有非规范性财产关系与组织关系的商主体。商主体公示法定是指商主体之成立必须按照法定程序予以公示，以便交易第三人及时知晓，未经法定公示者，不得以其对抗善意第三人。[91]

客观地讲，“商主体严格法定原则”确实有利于保障交易对方及第三人的安全。然而，任何法律制度都有其两面性，当交易相对人的安全得到完全保障时，商人的投资自由势必受到限制。也就是说，商主体严格法定原则偏重和强化对债权人保护与对交易秩序的维护，而忽略和弱化对商主体尤其是对投资人利益的保护，最终导致交易效率低下。理论的变革促进市场交易组织制度的创新，也要求人们进一步更新观念。换句话说，相沿成习的理论背后所隐含之道理，可能已不合时宜或未臻完善。实践已充分证明，传统的“商主体严格法定原则”已不合时宜。

三、我国现行商主体法律制度的缺陷与完善

（一）立法价值层面

从立法价值来看，我国现行商主体立法偏重于交易安全，而忽视了交易效率。综观我国商事法律，其主体规范的价值主要在于保护商事交易安全，更确切地说，是保护交易相对人的安全。在法律规范性质的设定上，商主体法律规范均体现为强制性规范。强制性规范的缺陷显而易见，它们会阻止满足各方需要的、增加共同福利的安排。商主体之间是各不相同的，并且投资者的偏好也是在变化的。但是，强制性规范不允许各方调整他们运营的环境以满足不同的私人需要，这项措施因此阻止了有效率结果的取得。[92] 值得注意的是，我国《优化营商环境条例》与《九民纪要》从理念上强化债务人企业保护，弱化债权人利益保护，为企业发展拓展了空间。

我国将来修订与完善现行商主体法律制度时，应当以市场的规则代替强加给市场的规则；让交易的当事人自己为自己做主，而不是由立法者为他们做主；让交易的当事人通过诉讼得到救济，而不是出于防弊心态而不计成本地推动“规范化”。用更多的富有弹性的推定性适用规范和任意性规范，来代替僵

---

〔91〕 范健、王建文：《商法基础理论专题研究》，高等教育出版社2005年版，第71～73页。

〔92〕 ［加］柴芬斯·林华伟：《公司法：理论、结构和运作》，魏旻译，法律出版社2001年版，第246页。

硬的强制性规范，还商主体法以私法的本来面目。[93]

（二）法律制度层面

我国现行的商主体法律制度存在严重的制度供给不足。例如，我国现行有关合伙企业的立法确认的合伙制企业的种类有限，远不如美国合伙制企业灵活多样；另外，我国《公司法》不可避免地存在许多制度上的空白与不足。例如，未区分大小规模的公司形态；严格的一人公司制度，可能导致实践中没有太多人敢用；未区分立法的普通公司与国有公司；关于关联企业、公司集团的立法近乎空白等。因此，我国的商主体立法应以开放的姿态，顺应时代的潮流与需要，确认多样化的、灵活的企业组织形式的合法地位，调动一切释放生产力的积极因素，推动我国经济快速发展。[94]

（三）立法技术层面

在立法技术上，现行商主体立法存在商主体组织法与商主体发展法混为一体的缺陷。综观各国对商主体进行立法所形成的法律制度，大致包括两方面的内容：一方面是针对商主体组织的立法，主要涉及商主体的组织体系，商主体的设立、组织形式、管理与运行等；另一方面是有关商主体发展方面的法律，主要体现国家的经济政策、产业政策等。商主体组织法是商法的重要组成部分，商主体发展法应是体现国家干预的经济法的内容，而不能进行商事立法，这是由民商法与经济法各自不同的法益目标所决定的。

我国现行有关商主体的立法存在两种模式，既存在以出资者的责任形式为标准的商主体立法，包括《公司法》《合伙企业法》《个人独资企业法》，又存在以所有制、投资来源等多标准进行的企业法。导致上述不合理现象的原因在于，我国现行商主体立法存在融商主体组织法与商主体发展法于一体的立法技术上的混淆。因此，从立法技术上而言，我国将来的商主体立法必须区别商法与经济法，才能构建科学而合理的商主体立法。

（四）法律责任层面

我国现行商法沿袭大陆法系的立法，加之现行信用制度的薄弱，导致我国

[93]　赵旭东：《新公司法制度设计》，法律出版社 2006 年版，第 362 页。

[94]　沈四宝、郭丹：《美国合伙制企业法比较评析及对中国法的借鉴》，载《甘肃政法学院学报》2006 年第 3 期。

采取了比各国商法均更严格的商事责任。这不仅表现在商主体立法方面,也表现在商行为立法方面。在商主体的立法中,个人独资企业承担无限责任、合伙企业承担严格的无限连带责任,《公司法》通过公司人格否认制度对公司有限责任加以限制,实际上使之也承担无限责任;在商行为的立法中,诸如票据、海商、保险,以及商品贸易、服务贸易、证券贸易中,责任严格化的原则也多被我国立法加以体现。

从事高风险的商主体在获取高额利润的同时,也使国民从中受益,促进整个社会的进步。因此,为践行"企业维持"的商法法理,商法作为专为规范商主体的"身份法",必须以法律的形式为商主体分散风险,即商法的风险分配机制。商法风险分配机制的目的在于提高效率,"一个有效率的制度的最根本特征在于它能够提供一组有关权利、责任和义务的规则,能够为一切创造性和生产性活动提供最广大的空间"。[95] 因此,不能让投资者承担一切赔偿责任,而应对其责任加以适当限制,由社会进行合理分担。鉴于中国目前仍是一个发展中国家,为发展经济并促进社会财富的整体增长,我国将来的商事责任应从以下几个方面加以完善。

1. 慎用"连带责任"制度。我国的商事实践告诉我们,完全没有必要强制规定商人之间的连带关系是一种"完全的连带关系",共同债务人之间互相代表可能引起种种妨碍与不完全。我国《民法典》第 178 条第 3 款"连带责任,由法律规定或者当事人约定"规定限缩了连带责任的适用范围。

2. 倡导"过错责任""过错推定责任"。[96] 法律作为制度化的规则体系,它不应当是结果,而应当是理性的规则。法律责任的分配在考虑"惩罚"的同时,也要适当激励,强调两者的协调和权衡。为了避免投资者(经营者)出于对责任的畏惧而无所作为,应采用"过错原则",同时还应规定责任的免除。实践证明,过错责任具有刺激经济增长的作用。

3. 限定损害赔偿的范围和最高赔偿数额。商事责任的范围及额度原则上须实行限制。实行责任限制原则主要是从经济上为责任义务人——商主体营运人——考虑以及促进经济的发展。我国现行《民法典》《保险法》《海商法》

〔95〕 樊纲:《渐进之路》,中国社会科学出版社 1993 年版,第 21 页。

〔96〕 《证券法》第 85 条规定:"信息披露义务人未按照规定披露信息,或者公告的证券发行文件、定期报告、临时报告及其他信息披露资料存在虚假记载、误导性陈述或者重大遗漏,致使投资者在证券交易中遭受损失的,信息披露义务人应当承担赔偿责任;发行人的控股股东、实际控制人、董事、监事、高级管理人员和其他直接责任人员以及保荐人、承销的证券公司及其直接责任人员,应当与发行人承担连带赔偿责任,但是能够证明自己没有过错的除外。"

等均对商事责任的范围及数额进行了限制。同时,法律上应认可由商会及行会或商主体单方面制定的限额赔偿的有效性,而不能随意地依据《消费者权益保护法》第55条及《民法典》第496、497条的规定否认该类限额赔偿的合法性。另外,对格式条款进行解释时,也不能无条件地作出不利于提供格式条款一方的解释。[97]

4. 短期时效制度。[98] 各国家与地区民商法的发展告诉人们:商事债权时效短于民事债权时效,已成为一种不可改变的趋势。商法上的短期时效制度旨在推动商事交易的迅速解决,它以牺牲债权人的时效利益为代价换取迅捷的社会效益,由此体现现代商法的价值取向。

5. 责任保险制度。责任保险以收取廉价的保险费而不过分加重商主体财务负担的形式,使受害人获得补偿,将损失分散于社会,消化于无形,对双方当事人及整个社会都是非常有利的。可见,责任保险制度的目的是同时保护责任义务人的经济生存、促进经济的发展以及保护受害人的利益,从而求得三者之间的平衡。

6. 商主体的破产救济制度。现代破产立法的重心已更多地侧重于对债务人的救济。事实上,债权保护主义不能达到效益最优化的目标,因为从经济学的观点看,将债务全部由债务人独自承受,与一部分债务由全体债权人分担从而拯救债务人走出困境相比,后者显然更有效率。因此,需要强调债权的相对保护。

(五)立法模式层面

关于商主体立法的模式,大陆法系多倾向于将商事组织统一立法,而把各项单行立法作为统一立法的特别法,对商事组织进行双重调整;而英美法系仅有单行立法,直接对各种商事组织进行调整。[99] 具体到我国,宜采取大陆法系的立法例。我国目前关于商主体的单行立法已基本齐全,但是,这些单行的商主体法律是分别制定的,而且仅仅考虑了它所调整的具体个别领域的要求,

---

〔97〕 黄薇主编:《中华人民共和国民法典合同编释义》,法律出版社2020年版,第83页:“我国当前采用的是民商合一的立法体制,合同编就交易制度所作的基本规定,是民商事领域共同的基础性法律制度。本条以及本法第497条、第498条这三个条文对格式条款的基本规则作了规定,这些规定不仅适用于普遍的民事活动,也适用于商事交易。但商事交易与普通的民事活动毕竟存在一定差异,因此对这三个条文关于格式条款的规定应当根据交易具体情况作合理的理解。”

〔98〕 《民法典》第188条第1款规定:“向人民法院请求保护民事权利的诉讼时效期间为三年。法律另有规定的,依照其规定。”

〔99〕 任先行、周林彬:《比较商法导论》,北京大学出版社2000年版,第285页。

没有考虑具有营利性特征的商主体的共性和一般性需求,因而缺少着眼于商主体制度共性的一般性规则,例如,商人的条件、经理权、营业转让、商业账簿、商事辅助人、表见商人等关于商主体的一般性规则,立法均未涉及。

我国将来的商主体立法模式采取《民法典》与商主体单行法相结合的立法例,《民法典》仅对民商主体的一般性问题进行总纲性规定,而对不同法律形式的商主体制度,宜进行单独立法。《民法典》统一规定了民事主体与商事主体,分别规定了个体工商户、农村承包经营户、营利法人、非法人组织等商事主体的规范。《公司法》《合伙企业法》《个人独资企业法》《外商投资法》等,分别具体规定不同法律形式的商主体制度。

第三章　商事企业与营业权

第一节　商事企业概述

一、商事企业财产构成

(一)商事企业的概念

商事企业又称为企业,是现代市场经济的产物。企业这一概念是由会计人员发现的,后来逐渐成为法学的研究对象。企业有经济学与法学两种含义:在经济学上,企业是指一定的物力与人力相结合,有生产、经营的计划性和风险性的财产组织体。在商法学上,企业是指为实现营业目的而为商人所管领并支配的人力、物力的综合性财产组织体。[1]

企业作为法律概念首先出现在德国,但企业这个字眼在德国商法中出现的并不多,计有:《股份公司法》第15条以下;《德国商法典》第84条以下;《支付不能法》第156条以下;《保险契约法》第151条第2款。称为商事营业的见《德国商法典》第22、23、25、27条。企业有时也被称为营利事业,如《德国民法典》第1822条第3项。从立法中可以看出,德国人在使用企业概念时,还是抱着一种较为审慎的态度,"对'企业'概念采取如此审慎的态度,其原因非常显然,亦即对这个概念,人们到今天,还未能获得准确的内容界定"。[2]

(二)企业的性质

企业具有主体(从事经济活动的法律主体)与客体(构成权利及交易的客

---

〔1〕［德］鲍尔·施蒂尔纳:《德国物权法》(上册),张双根译,法律出版社2004年版,第619页。
〔2〕［德］鲍尔·施蒂尔纳:《德国物权法》(上册),张双根译,法律出版社2004年版,第620页。

体)的双重意涵。[3]

首先,企业作为客体范畴,系一个财产组织体,受商事主体的管领和支配,不具有人格意蕴。在商法上企业被认为是法律的客体,也就是说,企业是一个财产概念。在德国法中,企业常常被看作物权所指向的标的物——一种特殊形态,但这里并非仅指企业所有人直接支配的财产,有时还表现为企业主的经营权、收益权。恩内克莱鲁斯在《德国民法教程》一书中的定义是比较典型的,"企业是通过权利主体(企业主)的中介结成组织实体的物质,权利和实际关系的总和"。企业是商事主体经营和权利赖以存在的根基,是商事主体资格的依托;同时,企业也可以被视为权利的对象和商事经营的标的,因此,可以被作为整体出售和租赁。

各国与地区的法律也承认企业的客体属性,如《意大利民法典》第2555条规定:"企业是企业主为企业的经营而组织的全部财产。"我国《澳门商法典》第2条第1款规定:"企业系指以持续及营利交易为生产目的而从事经济活动之生产要素的组织。"值得注意的是,1994年12月8日颁布并于1995年1月1日起开始施行的《俄罗斯联邦民法典》对企业的性质进行了科学的界定,该法典第132条第1款明确规定:企业作为权利客体,是用以从事经营活动的财产综合体。

其次,企业是一种抽象的综合体,如《俄罗斯联邦民法典》规定,作为财产综合体的企业在整体上是不动产。企业作为整体与其构成部分的具体财产不同,因此,不能成为民法中的物权客体,但在企业担保场合例外。有学者指出:企业作为整体也可以作为民法中物权的客体。[4] 该种观点得到我国《民法典》的认可。《民法典》第269条规定:"营利法人对其不动产和动产依照法律、行政法规以及章程享有占有、使用、收益和处分的权利。营利法人以外的法人,对其不动产和动产的权利,适用有关法律、行政法规以及章程的规定。"

随着"民法的商法化",企业也可以用传统的民法理论来把握,企业的整体转让也可以适用权利概括继受的规则。学者们用许多词汇来表达企业的特殊性:吉尔克将其称为"特殊的特别财产";克劳泽将其称为"扩大的所有权";戈丁将其称为"类于所有权的权利";赖施与施密特将其称为"组织化的经济单位"。[5]

---

〔3〕 [葡]乔治·曼努埃尔·高迪纽德·阿布莱乌:《商法教程》(第1卷),王薇译,法律出版社2017年版,第175页。

〔4〕 范健:《德国商法·传统框架与新规则》,法律出版社2003年版,第124页。

〔5〕 [德]鲍尔·施蒂尔纳:《德国物权法》(上册),张双根译,法律出版社2004年版,第622页。

最后,企业并非为商事主体所全部拥有的所有权,企业中还含有债务的因素。《俄罗斯联邦民法典》第 132 条第 2 款规定:"作为财产综合体的企业包括所有各种用于其活动的财产,其中包括土地、建筑物、构筑物、设备、器材、原料、产品、请求权、债务,以及对使企业、企业产品、工程和服务个别化的标志(商业名称、商标服务标志)的权利和其他专属权,但法律或合同有不同规定的除外。"例如,公司通过发行公司债而获得的融资与公司的负债,公司对于该财产具有占有、使用、收益的权能,但该财产却不属于公司所有。

我国《民法典》奉行"民商合一",同时规定了以自然人为主的民事主体制度和以营利法人为主的商主体制度。我国《民法典》第 268 条规定:"国家、集体和私人依法可以出资设立有限责任公司、股份有限公司或者其他企业。国家、集体和私人所有的不动产或者动产投到企业的,由出资人按照约定或者出资比例享有资产收益、重大决策以及选择经营管理者等权利并履行义务。"第 269 条第 1 款规定:"营利法人对其不动产和动产依照法律、行政法规以及章程享有占有、使用、收益和处分的权利。"这规定了营利法人对商事企业的所有权。

(三)商事企业财产构成

1. 商事企业财产的分类

(1)根据构成企业的财产之性质不同,可将企业的财产分为动态意义的企业财产与静态意义的企业财产两种形态。所谓动态意义的企业财产,是指企业财产构成中的人力及无形资产部分,如成员信用、商誉、商业名称价值、商业秘密等。商事企业作为企业主经营活动的手段和权利的客体,是一种财产综合体,指商事主体为达到营业的目的有机地组织的财产整体。其构成部分除动产、不动产、担保物权、债权等物或权利(积极财产)及有关营业所产生的一切债务(消极财产)以外,在广义上也包含客户关系与营业秘密等事实关系。所谓静态意义的企业财产,是指企业财产构成中的有形资产部分,如动产与不动产。

(2)根据资产负债表上记载位置的不同,可将商事企业财产分为积极意义上的企业财产与消极意义上的企业财产,前者称为所有者权益,后者被称为负债。所谓积极意义上的企业财产,是指商事主体营业上的各种有形物与无形物的综合体,表现为资产负债表上的"资产"部分。所谓消极意义上的企业财产,是指商事主体营业上所负的债务,表现为资产负债表上的"负债"部分,但为商事主体所使用,如基于发行公司债券而负的债务。

2. 企业财产范围的确定

首先,不同种类的商事主体的企业财产范围的认定存在差异。商法人的全部财产都属于营业范围,因此,企业财产的范围容易确定。但是,商个人的财产可分为营业财产和私用财产,且两者之间往往没有明确的界限。商合伙企业财产确定的难度介于商法人与商个人之间。实践中,主要依据商业账簿来界定商事企业财产范围。在商事主体的资产负债上,列入资产部分的为积极财产;列入负债部分的为消极财产。不过,由于商个人并非如公司那样实行投资人的有限责任,因此其营业财产与其私人的其他财产之间的分离是内部的,对债权人没有意义。所以,商个人营业上的债权人可以请求执行其私人的其他财产。

其次,从性质上讲,商事企业财产构成或具有集合性与可变动性。商事企业财产的集合性是指将企业财产视为一个物,虽然此物不同于传统物权意义上的物,因为传统物权意义上的物表现为单个的、个别存在的,换句话说,以商事企业为标的的各种民事法律行为包括它的各种因素在内,所适用的法律规则不同于适用每一组成部分的法律规则;商事企业财产的可变动性是指商事企业的财产范围时常处于变化之中,商人可以增加其商事营业资产,可以减少其商事营业资产,但是此种增加或减少不影响商事企业财产的独立性与集合性。可见,商事企业财产始终处于不断的变动之中,此种恒久的变动并不影响商事企业财产的性质。

究竟应当如何判断哪些财产构成特定的营业财产,是个较为复杂的问题。当然,企业的全部财产都属于营业范围。但是,个体商人的财产可分为营业财产和私用财产,且两者之间往往没有明确的界限。实践中,主要依据商业账簿来界定商事企业。在企业的资产负债上,列入资产部分的为积极财产;列入负债部分的为消极财产。不过,由于个体商人并非如企业那样实行有限责任,因此,其营业财产与其私人的其他财产之间的分离是内部的,对债权人没有意义。所以,个体商人营业上的债权人可以请求执行其私人的其他财产。值得注意的是,在法国,商事营业资产不包括商人的不动产、商业账簿及商人的债权和债务。

在境外法中,企业主要是客体范畴,它常常是“企业主”的对应概念,进而表达企业主运用、经营企业,达到营利之目的。在我国立法中,企业侧重于主体性,因而应与企业资产或营业资产相对应,以表达企业运用资产而开展营业活动。我国《全民所有制工业企业法》实现了“客体性企业”的“主体化转变”,确立了“企业人格化”。该法第 2 条第 1 款规定:“全民所有制工业企业

(以下简称企业)是依法自主经营、自负盈亏、独立核算的社会主义商品生产的经营单位。”第3款规定:“企业依法取得法人资格,以国家授予其经营管理的财产承担民事责任。”第16条第1款重申:“设立企业,必须依照法律和国务院规定,报请政府或者政府主管部门审核批准。经工商行政管理部门核准登记、发给营业执照,企业取得法人资格。”

目前,在我国的商事实践中,商事营业资产及其转让、租赁等商事行为大量存在。但是,我国现行的法律、法规并未设置相应的营业资产及营业转让、营业租赁等规则。

二、商事企业转让(营业转让)

商事企业的转让,是指商主体将客观意义的营业作为一体,出卖、赠与、租赁,或抵押于他人的商事交易民事法律行为。商事企业转让的意义和作用在于:商事企业是一个总体,营业财产与营业活动结合起来具有比构成营业财产的各个财产价值总和更大的价值,营业一旦解体就会失去这种价值。因此,不使已有的营业解体,保持其组织的整体性,在经济上是有好处的。所以,商事企业转让不仅对营业转让人和受让人有利,而且对各个利益相关者以及整个国民经济均有莫大的好处。[6] 商事企业转让是自由的,但特别法上有对营业转让禁止或限制规定的除外,如反垄断法。

商事企业的转让有两类:一是将企业所有权移转给他人的终极转让,如企业买卖合同、交换合同、赠与合同发生的转让;二是企业所有权未终权移转,将企业所有权能暂时移转于他人的暂时转让,如因企业的租赁合同、抵押合同发生的转让。

目前,受“民商合一”的制约,我国目前商事审判实务中还是将营业转让作为一种单纯的买卖行为,未考虑其特殊性。本书认为,基于商事营业资产的特殊性、营业转让交易关系的复杂性,我国的商事立法与司法应当将其与一般的民事买卖予以区分,应当考虑其商法的特性。

(一)营业转让的内部决策程序与法律适用

基于营业转让的标的比较重大,往往会引起转让方经营方向、经营规模的变化,甚至会影响到转让方主体资格的存续,所以营业转让决策权在一个公司

---

〔6〕《法国司法重整与司法清算法》第81条规定:“转让企业的宗旨在于给持可以独立进行的经营活动,维持与之相关的全部或部分联住,并清算债务。”

内部的配置显得非常重要。在个人独资企业与合伙企业中,营业转让由个人独资企业的出资人或者全体合伙人决定;在公司中,则必须由股东会的“特别决议”决定。我国《公司法》第37条规定:“股东会行使下列职权:……(九)对公司合并、分立、解散、清算或者变更公司形式作出决议……”《公司法》第99条规定:“本法第三十七条第一款关于有限责任公司股东会职权的规定,适用于股份有限公司股东大会。”

未经股东会或者股东大会决议的公司营业转让的效力如何?有学者认为是有效的,理由是“如果一味要求公司召开股东(大)会进行决议,势必会影响公司决策的效率”。[7] 在我国的司法实践中,法院大多简单地以“维护交易安全”为由,判决未经股东会或者股东大会决议的公司营业转让合同有效。

典型判决

“对于合同中有关世晋公司财、权、物及印鉴、公章及所有各种证照系数移交,债权债务清偿及负担的约定……该合同内容属于当事人真实意思表示,不违反法律及行政法规的强制性规定,并且从鼓励交易的痛诉讼原则予以考量,应认定为合法、有效……本院确认,案涉《股权变更、房屋转让交易合同》在股权转让及企业整体出售实质性法律关系范围内合法有效。”[8]

本案中,《股权变更、房屋转让交易合同》,从性质上说属于“营业转让”协议,关于营业转让的效力判断,关于公司合并分立、增减资本、形式变更、重大资产处置、解散清算等涉及公司结构性变更的重大交易,系组织合同。组织合同不同于一般的交易合同,此时公司法定代表人的代表权限是有限的、不完整的,必须以公司权力机构的同意为前提。即使规定法定代表人对外签订了合同,也非民法意义上的普通合同,而是组织法意义上的组织合同。各国的公司法均要求股东会或者股东大会的多数决,以确保公司股东对于公司结构变更具有最终的决定权。此时,对于股东决定权的保护显著高于普通的交易合同的交易安全保护。同时,公司交易相对方基于对法律的推定公知,知晓公司法对于法定代表人/代理人某些特定行为存在法定限制;或者公司交易相对方对于组织合同内容的了解,知晓公司对外的组织合同尚需公司内部决议程序,此

〔7〕 张如海:《试论我国营业转让法律制度之构建》,载《法学杂志》2010年第10期。

〔8〕 辽宁省大连市中级人民法院(2017)辽02民终9483号民事判决书。

种情形，交易相对方不构成"善意相对人"，[9]自无保护的必要。因此，对于公司组织合同效力的判断，应当以《公司法》为判断标准，而非简单地适用性质上为交易法意义的《民法典》。依据公司法的法理，董事长仅对于公司营业上之事务有办理之权，若其所代表者，非公司营业上之事务，而为对外投资、对外担保、处分或让与公司全部财产或营业，本不在董事长代表权范围之内，自无所谓代表权之限制，此项无权限之行为，不问第三人是否善意，非经公司承认或追认，不能对公司发生效力。对此，我国台湾地区"最高法院"2012 年台上字第 280 号民事判决："公司为让与全部或主要部分营业或财产之行为，因涉及公司重要营业政策之变更，基于保护公司股东之立场，须先经董事会以特别决议向股东会提出议案，再经股东会以特别决议通过后始得实行。是以公司未经股东会上开特别决议通过即为主要财产之处分，系属无效之行为。"因此，依据我国《公司法》第 37、43 条及《民法典》第 153 条等的规定，案涉《股权变更、房屋转让交易合同》有效。

（二）商事企业买卖的一般效力

商事企业买卖的商事性将产生以下后果，优先适用商行为的特别规则（商事法院管辖、时效、连带债务等），补充适用民法与商法的原则不相抵触的一般规则。

为保护商事企业转让人的利益，企业出卖合同应采取书面形式，并制作一份由双方签字的文件，该文件由双方签字并审查："清单文件、会计资产负债表、独立审计人员关于企业财产及价值的结论以及企业所欠的指明债权人、债权性质、数量以及清算期限的全部债务的清单。"[10]遗漏的制裁将是法院凭购买者在本年提出的申请宣告买卖无效。可见这是相对的无效，无效所保护的只是购买者，另外，无效并非强制性的，法官作出无效判决必须证实遗漏造成购买者的同意有瑕疵，并使他遭受损失。法律把行使无效之诉限制在一个极短期限之内，其理由是购买商事企业者经过经营就能发现自己受骗。一年的期限自买卖之日起算，不能中断或中止。[11]

在企业买卖中也可能出现货物买卖中经常出现的权利瑕疵和物之瑕疵问题。如果企业转让时不具有契约中所约定或保证的质量，买卖人可以鉴于对

---

〔9〕 蒋大兴：《公司组织意思表示之特殊构造——不完全代表／代理与公司内部决议之外部效力》，载《公司决议效力之诉专题研讨会论文集》，2017 年 12 月 23 日于海南大学。

〔10〕 《俄罗斯联邦民法典》第 560、561 条。

〔11〕 沈达明：《法国商法引论》，对外经济贸易大学出版社 2001 年版，第 62 页。

方负给付义务行为而提出物之瑕疵请求权,要求解除买卖契约或减少价金。[12]

(三)出卖人的义务

1. 财产转移的义务

出卖人的主要义务是依据合同将属于营业的财产移转于买受人。商事企业的各个组成部分必须根据各自的财产状况和权利属性特点,通过单个的处分行为,分别适用不同的法律规定来转让给受让人。不动产物权移转应办理登记,动产应交付,无体财产权应办理登记,债权应通知债务人。对于企业人员,经其同意的可以办理雇佣合同的移转,不同意的终止其雇佣合同。另外,转让内容除约定的营业和财产外,还包括相关事实关系的转移。例如,我国《澳门商法典》第106条规定,转让人的交付还应包括:客户名单;供货商;融资人名单;合作人名单;5年内与企业有关的账簿及信件;商业秘密;将营业受让人介绍给企业的顾客、供货商和融资人。

2. 竞业禁止的义务

商事企业的出卖人除了承担普通法上的义务之外,还应承担一般买卖合同中出卖人所不承担的义务,即当商事企业的出卖人转让营业后,应对商事企业的买受人承担竞业禁止的义务,不得在一定的期限内和一定的区域范围内从事与商事企业买受人相同或者类似的商事经营活动,否则,应当对商事企业的买受人承担法律责任。因此,各国商法都规定卖方(原企业主)在一定时期内,不得在买方经营之地区及邻近地区从事与出卖企业性质相同的营业以保护企业买方的利益,防止不法的竞争。

但是,这种竞业禁止,不得超过为保证买方利益所必需的合理范围。合理范围要由营业的性质及其他具体情况来决定。首先,应该限制于所出售的商业的种类,禁止只能涉及相同的或相似的活动;其次,应该包括在时间上或空间上的适用限制,不能无期限地在任何地点禁止出卖人从事同一活动。关于时间的限制,《韩国商法典》规定为10年、我国《澳门商法典》规定为5年等。之所以将禁止竞争的义务限制在一定的期限内,是为了防止法律恒久禁止出卖人从事某一特定的商事营业活动,从而不利于保护出卖人从商的自由,同时也妨碍商事经济的发展和繁荣。关于地域上的限制,一般以出卖人的营业所延伸的空间为限。因此,从法理上讲,营业限制的地域要小、时间要短,否则不

---

[12] 最高人民法院《关于审理与企业改制相关的民事纠纷案件若干问题的规定》第20条。

会被视为有效。

另外，判断限制营业的合理性时，不仅要保证营业受让人的利益，同时还要考虑保证公共利益。例如，在药店很少的地区转让药店时，要求增加同种营业的公共利益优先于受让人的利益。因此，可以认定限制出卖人营业的特约无效。

（四）买受人的义务

1. 支付价金的义务

商事企业购买者和一切买方相同，应受领商事企业和支付约定的价金。除有相反的规定外，亦承担出售的费用。关于支付价金，法国法规定旨于保护卖方的债权人和保护赊买卖方的规则，法律授予卖方的债权人提出异议的权利。此项权利还使购买者在异议期满之前推迟向卖方付款，如果他们在此期限届满前支付，他们应当对出卖人的债权人承担再次支付价款的责任，因为其支付价款的行为不得对抗出卖人的债权人。

2. 继续执行出卖人所签合同的义务[13]

当商事企业被转让时，出卖人与买受人也必然会遇到被转让企业的合同问题。根据合同必须履行原则，在企业转让中，企业买受人原则上应继受原企业与员工之间订立的劳动合同，而不能因企业转让就终止与员工之间的劳动合同。另外，对于被转让企业为经营而订立的合同，买受人原则上应当继受该合同中的权利义务。但是，有两种例外情况下买受人可以不继续履行合同，而仍由出卖人自行履行。一是该合同所产生的权利义务对出卖人具有人身性；二是出卖人与买受人对合同的履行有特别约定。

3. 公示商事企业买卖合同的义务

按照法国法的要求，商事企业的买受人在支付价金前有公示其买卖的义务，借以保护出卖人的债权人的利益，否则，即应承担支付两次价金的责任。

（五）企业转让后原企业债权债务的承担规则

商人在转让自己的商事企业时，其对第三人享有的债权、对第三人承担的债务是否也随着商事企业的转让而转让？对此，有三种不同的立法例：

其一，肯定说。其认为商人的债权和债务也属于商事营业的构成要素，当商人转让自己的商事企业时，商人对第三人享有的契约债权和契约债务同时

〔13〕《意大利民法典》第2558条。

转让给受让人,但应以企业账簿上记载的数额为限。采用此种立法例的国家与地区为意大利、英国及我国澳门特别行政区等。

其二,附条件的转让说。对于债务,商事企业买受人继受了被转让企业的企业名称时,对于企业在转让前因经营而发生之债,买受人原则上要承担偿还的责任,并且不以营业的积极财产为限,买受人所负的是无限责任。但是,商事企业出卖人此时同样负有清偿义务,企业买受人和出卖人之间构成"不真正连带债务人"的关系。如果商事企业转让后,买受人及时进行了不承担转让人债务责任的登记或买受人和出卖人及时向债权人作出了买受人不承担出卖人债务的通知,那么,买受人就可以不承担偿还出卖人的债务的责任。但此项负责条款的效力仅及于被通知的第三人。如果企业买受人没有继受被转让企业的企业名称时,对出卖人的企业债务不承担清偿责任。另外,依据《韩国商法典》第45条及《日本商法典》第29条的规定,商事企业出卖人的责任经过2年的除斥期间而消灭。对于债权,买受人继受了被转让企业的企业名称,如果营业出卖人的原债务人基于善意,而向买受人偿还了债务的,则该偿还有效;买受人没有继受被转让企业的企业名称时,营业买受人原则上虽不受让债权,但若其已作了继受债权的声明或表示的,买受人所作的清偿应为有效。采用此种立法例的国家为德国、日本、韩国等。

其三,否定说,认为除非有相反的约定,否则,企业出卖人不包括应由出卖人负责的债务和债权的转让,买方不应成为卖方业务上的债权人和债务人。采用此种立法例的国家为法国、美国等。

值得注意的是,自2003年2月1日开始施行的最高人民法院《关于审理与企业改制相关的民事纠纷案件若干问题的规定》(法释〔2003〕1号)第6条规定:"企业以其部分财产和相应债务与他人组建新公司,对所转移的债务债权人认可的,由新组建的公司承担民事责任;对所转移的债务未通知债权人或者虽通知债权人,而债权人不予认可的,由原企业承担民事责任。原企业无力偿还债务,债权人就此向新设公司主张债权的,新设公司在所接收的财产范围内与原企业承担连带民事责任。"第7条规定:"企业以其优质财产与他人组建新公司,而将债务留在原企业,债权人以新设公司和原企业作为共同被告提起诉讼主张债权的,新设公司应当在所接收的财产范围内与原企业承担连带责任。"第26条规定:"企业售出后,买受人将所购企业重新注册为新的企业法人,所购企业法人被注销的,所购企业出售前的债务,应由新注册的企业法人承担。但买卖双方另有约定,并经债权人认可的除外。"虽然这一规定的宗旨是更好地保护债权人的利益,但从立法体例的选择上来看,我国立法采取了

“肯定说”。

可以肯定,“企业债务随企业财产变动原则”实际上导致一般债权人获得了某种“特别担保”。如此“特别担保”与我国担保物权制度严重冲突。《民法典》规定担保(如抵押或质押)皆须对担保物进行登记或占有后才能生效或具有对抗第三人的效力,担保权人仅对特定担保物有优先受偿权。但“企业债务随企业财产变动原则”创造的“特别担保”无须履行任何公示程序而自然具有对抗其他债权人的效力,“特别担保”的优先受偿权非以特定担保物而是以企业全部财产为标的。“特别担保”甚至没有特定的权利人,众债权人谁先援用“企业债务随企业财产变动原则”谁就有机会行使优先受偿权。“企业债务随企业财产变动原则”及法释〔2003〕1号司法解释试图遏止债务人转移财产的“逃债”行为,但其识别“逃债”只是以债务人行为外观判断而不考察是否害及债权,故导致正常的企业经营或投资行为也可能因此被阻断。“原则”和司法解释保全债权的方式不是撤销债务人的行为,而是责令相对人(新设企业)在接受财产范围内承担连带责任。实行这种规则的结果是,特定债权人获得了一种无须事先公示但效力比抵押和质押更强的“担保”。“原则”和司法解释的实施势必对我国《民法典》《民事诉讼法》《企业破产法》已经构建的债权平等保护、交易安全保护秩序造成严重冲击。〔14〕

典型判决

“《中华人民共和国公司法》第一百七十五条规定:‘公司分立,其财产作相应的分割。公司分立,应当编制资产负债表及财产清单。公司应当自作出分立决议之日起十日内通知债权人,并于三十日内在报纸上公告。’第一百七十六条规定:‘公司分立前的债务由分立后的公司承担连带责任。但是,公司在分立前与债权人就债务清偿达成的书面协议另有约定的除外。’从上述规定可以看出,无论是企业改制,亦或是公司分立,其规则设计的内在原理机制是一致的,即当分割公司财产时,涉及到对公司资产进行剥离,对资产剥离的数量无论多与少,一个直接的后果就是减少了被分立公司的责任财产,此时即可能会使债权人赖以实现其债权的责任财产的安全无法得到保障。在此情况下,为平衡保护公司运营及债权人的合法权益,根据前述法律规定,公司在剥离优质资产时,应当通知债权人,除公司在分立前与债权人就债务清偿达成的

〔14〕 王军:《评“企业债务随企业财产变动原则”》,载《法学》2007年第12期。

书面协议另有约定的之外,公司债务由分立后的公司承担连带责任。而《最高人民法院关于审理与企业改制相关的民事纠纷案件若干问题的规定》中则对承担债务的范围予以了限制,即明确了在接受企业资产的范围内承担责任。从本案查明事实来看,日升轴承公司与新机公司在进行相关资产转让时,部分股东相同,日升轴承公司承接了新机公司剥离出来的相关优质资产,承接了相关技术人员和专利技术。上述资产转让和行为,使得新机公司的经营性优质资产被剥离出去,势必降低其财产责任能力,而且,新机公司、日升轴承公司均未提供证据证明该项资产转让交易已通知债权人黑石公司或经黑石公司同意。因此,无论是从公司分立的原理看,还是从企业改制的规则分析,日升轴承公司在承接了新机公司优质营业资产后,应当对新机公司的相关债务承担连带责任。"[15]

值得注意的是,受"欠债还钱,天经地义"传统文化与道德的影响,我国《企业破产法》奉行"破产不免责",即没有规定破产程序终结后未清偿债务可以不再清偿。在不免责的立法政策下,破产重整制度的实施面临较高的风险。对于破产清算企业来说,由于破产清算程序终结后债务人企业的主体资格被注销,经过破产程序未获得清偿的债务由于债务人主体资格的丧失而自然消灭;但是对于破产重整后的企业来说,由于债务人企业并未注销,重整后的企业仍然需要对重整前债务负责,即重整后的企业仍然要对公司的旧债负责。同时,我国《企业破产法》又规定了债权的逾期申报制度,"破产不免责"与"债权的逾期申报"两项制度的结合给破产重整企业的投资人造成了极大的风险。[16]

三、商事企业的担保

企业担保是指在营业上设置抵押权,企业担保(营业担保)为整体的抵押,即财团抵押,其特点是将不同的财产相互结合为一个财产的形式设立一个抵押权。在各国立法上,以企业财产整体设定担保的,有两种不同制度:一为英美法上的浮动抵押制度;二为财团抵押制度。

浮动抵押制度系由英国衡平法所确认,为英美法系国家广泛采用,在国际商业信贷中也得到运用。它是以当事人约定的抵押人的全部财产或某一类现

---

〔15〕 最高人民法院(2019)最高法民申2330号民事裁定书。

〔16〕 齐明:《中国破产法原理与适用》,法律出版社2017年版,第39页。

在或将来所有的财产作为担保的制度。我国《民法典》第396条规定了浮动抵押制度。

一方面，浮动抵押具有不同于固定抵押的两个特征：第一，浮动抵押设定后，抵押的财产不断发生变化，直到约定或者法定的事由发生，抵押财产才确定。第二，浮动抵押期间，抵押人处分抵押财产的，抵押权人对抵押财产无追及的权利，只能就约定或者法定事由发生后确定的财产优先受偿。[17] 这是浮动抵押与固定抵押的根本差异，并决定了与浮动抵押相关的制度群衍生和设计。与固定抵押相比，此所谓"抵押的财产不断发生变化"，一是指浮动抵押的集合性。浮动抵押的财产既可以是同种类的数个物，也可以是数种物的混合。在英国，浮动抵押是企业现有的以及将有的某一类或者全部财产。此所谓"财产"，在英国是指能够带来收益的物、权利和利益。我国《民法典》以列举方式规定了可以设定浮动抵押的财产——现有的以及将有的生产设备、原材料、半成品、产品。这样一来，未被列入的其他财产如不动产、船舶、车辆、航空器以及权利等，就不能在其上设定浮动抵押。相比之下，尽管我国可以设定浮动抵押的物的种类有限，但没有改变浮动抵押物的集合性。二是浮动抵押物的可变性（未来性）。浮动抵押的集合性是其可变性的基础。浮动抵押以现有的和将有的财产作为抵押物，浮动抵押人在正常经营活动中可以自由处分浮动抵押财产，因而存在现有的财产将来不一定仍然有（"流出"）和现无的财产将来拥有（"流入"）的可能。这就有了浮动抵押物的"流入"与"流出"以及浮动抵押物的"变现"等问题。也正是浮动抵押物的可变性，使其与集合抵押的区分清晰可见。另一方面，浮动抵押的主体受到限制。早在浮动抵押创设初期，英国就对可以设定浮动抵押的主体有严格限制，即只有企业才可以设定浮动抵押，自然人和合伙则无权设定。日本法规定只有股份有限企业有资格设定浮动抵押。北欧国家的法律、美国《统一商法典》第九编和加拿大《魁北克民法典》也规定只有企业才可以设定浮动抵押。我国《民法典》第396条规定："企业、个体工商户、农业生产经营者可以将现有的以及将有的生产设备、原材料、半成品、产品抵押，债务人不履行到期债务或者发生当事人约定的实现抵押权的情形，债权人有权就抵押财产确定时的动产优先受偿。"其主体范围较之国外立法过于宽泛。

"在立法过程中，有人认为，设立浮动抵押的主体应当限定为股份有限公司，理由是，浮动抵押最大的风险是抵押人恶意处分抵押财产，而抵押权人无

---

〔17〕 黄薇主编：《中华人民共和国民法典物权编释义》，法律出版社2020年版，第396页。

法进行有效监控。股份有限公司的规模比较大,信誉比较好,而且有强制信息披露制度,将浮动抵押的主体限于股份有限公司可以减少风险,保护交易安全。还有人认为,在市场经济条件下,哪些主体能够设立浮动抵押,应当由当事人自己选择,不宜由法律作出限制。考虑到我国设立浮动抵押,主要是为了解决中小企业和农民贷款难的问题,促进中小企业以及农村经济发展,因此,本法将设定浮动抵押的主体规定为企业、个体工商户和农业生产经营者。"[18]

从理论上说,浮动抵押制度在追求效率的同时,对于交易安全的维护不够。原因在于,小微企业、个体工商户和农业生产经营者有价值的财产很少,设立浮动抵押必然为债权的实现带来风险。同时,上述浮动抵押人缺乏完善的企业治理结构和严谨的资本制度、公示制度致使正常经营中的处分行为缺乏制度上的约束。另外,上述经营者的经营管理经验的不足、经营能力的欠缺等也让债权的实现险象环生,作为商事主体的债权人,出于趋利避害的考虑必然会拒绝浮动抵押人的信贷需求。[19] 因此,在我国的商事实践中,出于防范风险的考虑,金融机构大多慎用浮动抵押制度。

财团抵押制度最初表现为德国法上的铁路财团抵押,现为多数大陆法系国家采用,特点是:其一,列入抵押财团范围的财产一般仅限于企业现有的固定资产,随企业经营变化的流动资产不属于抵押财团的范围;其二,财团抵押的设定需要把作为抵押标的物的财产作目录,依抵押标的物的范围特定;其三,财团抵押一旦设定,企业对财产的处分权便受到限制。

浮动抵押和财团抵押两种制度孰优孰劣,不能一概而论。就保护企业发展的角度看,浮动抵押较财团抵押为优;但从保护担保权人的角度看,则正好相反。可见,浮动抵押与财团抵押乃是各有利弊的制度。

四、商事企业的继承

(一)商人资格的继承

商事企业的继承,是指原商个人(自然人)、企业主死亡后,按照法定继承或遗嘱继承,由继承人对该商事企业财产构成继承继受经营。商法根据商事企业继承的特点,规定了不同于民法上继承的原则。继承人在沿用原企业名称继续经营的情况下,继承人将用他的全部财产,而不仅仅局限于遗产来对被

---

〔18〕 黄薇主编:《中华人民共和国民法典物权编释义》,法律出版社2020年版,第482页。

〔19〕 马新彦:《浮动抵押制度的价值冲突与解决》,载《山东社会科学》2015年第6期。

继承人的商事债务承担无限责任。如果继承人不使用原企业名称经营，则应通知债权人和有关的第三人，或者进行商事登记并予以公告，依法办理有关事务后，方可以不负无限责任。

我国《个人独资企业法》第17条规定："个人独资企业投资人对本企业的财产依法享有所有权，其有关权利可以依法进行转让或继承。"但是，《个人独资企业法》并未规定个人独资企业在继承时的债权债务承担问题。我国《合伙企业法》第50条规定："合伙人死亡或者被依法宣告死亡的，对该合伙人在合伙企业中的财产份额享有合法继承权的继承人，按照合伙协议的约定或者经全体合伙人一致同意，从继承开始之日起，取得该合伙企业的合伙人资格。有下列情形之一的，合伙企业应当向合伙人的继承人退还被继承合伙人的财产份额：(一)继承人不愿意成为合伙人；(二)法律规定或者合伙协议约定合伙人必须具有相关资格，而该继承人未取得该资格；(三)合伙协议约定不能成为合伙人的其他情形。合伙人的继承人为无民事行为能力人或者限制民事行为能力人的，经全体合伙人一致同意，可以依法成为有限合伙人，普通合伙企业依法转为有限合伙企业。全体合伙人未能一致同意的，合伙企业应当将被继承合伙人的财产份额退还该继承人。"《合伙企业法》第80条规定："作为有限合伙人的自然人死亡、被依法宣告死亡或者作为有限合伙人的法人及其他组织终止时，其继承人或者权利承受人可以依法取得该有限合伙人在有限合伙企业中的资格。"这些分别对合伙人资格的继承作出了规定。《公司法》第75条规定："自然人股东死亡后，其合法继承人可以继承股东资格；但是，公司章程另有规定的除外。"其规定了股东资格的继承问题。

(二)继承制度对企业发展的不利影响

财产的继承，对于一个家庭共同体的保护是非常必要的。借助继承法的规定，各个家庭成员对于遗产的最低份额的请求权得以承认，遗产使家庭能够胜任对于家庭成员的物质和人身责任。但是，随着由继承法赋予各个家庭成员对于遗产的最低份额请求权所产生的积极影响，也产生了很大的负面影响：对遗产的最低限度的请求权将导致经济上不被希望的后果。统一的财产价值被分割并由此在经济上基本失去其"整体效用"，尤其是家族企业过渡到下一代时，继承法规定产生的碎片效应极其明显，遗产的份额请求权严重威胁到家族企业的存续。对于一个社会、一个国家的繁荣而言，家族企业的延续相比于企业主的死亡带来的继承效果具有更大的意义。因此，我们需要考虑限制或者降低家庭成员对于遗产的份额请求权以保证企业经营的连续性。[20]

目前,各个国家对于家庭的保护远大于对于企业经营的保护。为了企业(特别是中小企业)的发展、国家的经济发展,我们需要认真反思现行继承制度对于企业连续经营的弊端,并设计出更有利于企业发展的继承制度。

第二节　我国的营业权制度

一、营业权的本质

营业权是德国最高法院通过判例于19世纪末确定的一种权利,德国最高法院判例认为:"一个已经建立的营业或者企业构成一种权利,这一种权利本身可能受到侵犯……因为已经建立的独立的企业并不意味着商人们可以随心所欲地实现其自由意思,但是其自由意思确实已经在实际上得以体现,所以可以安全地推定(商人)对企业有一种权利。"[21] 同时,德国学说还认为,营业权属于《德国民法典》第823条第1项所称的"其他权利"的一种,具有绝对权的性质。从学理的角度,营业与企业两词区别不大,"企业"一词相当于客观意义上的营业,指营业财产,即供进行营业活动之用的有组织的一切财产以及在营业活动中形成的各种有价值的事实的总体。从性质上讲,商事营业财产具有集合性与可变动性。德国司法判例将营业权视为《德国民法典》第823条规定的"其他权利",并运用物权请求权的保护方法来保护营业权。这不仅包括对企业存续上的侵害与妨害,还包括对企业影响力、企业"经营活动"的侵害与妨害;再者,这一保护不仅针对企业已发生的损害,而且还通过所谓预防性不作为之诉,针对将来有威胁之妨害进行保护,并排除已发生且其作用仍持续存在的侵害。另外,针对具有征收性质的干预,亦对企业施予保护。

值得注意的是,将营业权界定为民法上的绝对权的观点,即使在德国国内也是存在争议的。在这个问题上,德国联邦最高法院认为当前审判实践中通行的基本态度是,过分扩展对已设立且运作的营业权的保护,与德国预先确定

〔20〕［德］克里斯蒂安·温克勒:《继承法对家庭、财产和企业保障的意义》,樊丽君译,载梁慧星主编:《民商法论丛》(第59卷),法律出版社2015年版,第453页。

〔21〕［德］克雷斯蒂安·冯·巴尔:《欧洲比较侵权法》(上卷),张新宝译,法律出版社2001年版,第67页。

侵权行为事实要件的法律制度是矛盾的。这意味着极大地扩展了可以考虑的负损害赔偿义务的行为的范围,最终会损害行为自由。例如,如果在一家报纸上对某种商品作了不利的评价,并使其销售额下降,但是从国民经济及消费者利益的角度来看是完全有益的,那么这种会给营业造成损失的批评,原则上也是允许的。[22] 另外,如若把对企业主活动的损害均视为对营业权的侵犯,那么整个经济活动就将处于持续不断的权利侵害之中。例如,A 开一家饭店,这家饭店吸引了此前已经存在的 B 饭店的客人,从而对 B 不利,那么 A 原则上就是侵害了 B 的营业权,这个结论在市场经济中将是十分荒唐的。[23]

根据大陆法系民法的法理,受侵权法保护的权利必须具有排他性,即必须为绝对权。排他性主要表现在公开性和具有对抗第三人的能力上。所谓公开性,是指这种权利不限于特定当事人之间,而能够为第三人所知道和了解。只有通过公开的方法向社会公开并使第三人知道,才能够使该权利产生对抗第三人的效力。由于绝对权是公开的,所以它才能使权利人之外的一切人负有不得侵害该权利的义务,从而起到行为规则的作用。因为私人间追究责任必须从期待可能性着眼,只有对加害于人的结果有预见者要求其防免,而对未防免者课以责任,才有意义。所谓对抗第三人,就是说这种权利可以排除任何第三人的侵害,在其遭受侵害的时候,权利人可以针对任何第三人提出主张和提起诉讼。[24] 很显然,营业权并不具有绝对权“排除一切他人对行使权利的干涉”的排他性和对世性,换句话说,营业权所规定的利益范围尚不具有权利的归属密度。如果从权利角度把营业权视为绝对权,那么顾客、营业额和利润都会成为企业主的财产,他就可以像所有权人保护其物的使用权那样,要求法律保护这些财产免受第三人的侵害,这太不合理,如果那样的话,任何竞争都会被扼杀。

从性质上讲,营业财产作为企业主经营活动的手段和权利的客体,是一种财产综合体,是指商业体(企业主)营业上的各种有形物与无形物的综合体,总体上体现为无形财产权,且始终处于不断的变动之中。与此相对应,民法上“权利”的概念过于具有静态性,以至于不能涵盖营业。这是因为,营业的实质性不在于存在,而在于动态运行,即在于取得流转额和利益。在与其他人的

---

〔22〕《民法典》第 1025 条规定:“行为人为公共利益实施新闻报道、舆论监督等行为,影响他人名誉的,不承担民事责任,但是有下列情形之一的除外:(一)捏造、歪曲事实;(二)对他人提供的严重失实内容未尽到合理核实义务;(三)使用侮辱性言辞等贬损他人名誉。”

〔23〕[德]迪特尔·施瓦布:《民法导论》,郑冲译,法律出版社 2006 年版,第 248 页。

〔24〕王利明:《侵权行为法研究》(上卷),中国人民大学出版社 2004 年版,第 67 页。

竞争中,企业主始终重新去完成此二者:于其而言,流转额和利益并不是在法律上被保障的。民法上的财产是从"物"的角度来理解和拓展的,带有深刻的农业社会财产的残余。换言之,民法规则仅能调整直接当事人间以实体物从事交易之农业社会生活,一个明显的结论是,欲通过传统民法典财产概念的适当扩展去统领商法财产权和其他无形财产权的努力是徒劳的。[25] 民法上的物属于生活用品,商法上的物属于生产资料,两者的损害后果不同:侵害民法上的物仅需返还原物即可;侵害商法上的物,基于营利性的考量,除了返还原物之外还应当赔偿可得利润。

二、我国营业权制度的发展进程与现实选择

在西方各国宪法中,有些国家明定营业自由,有些国家虽未明定营业自由,在解释上皆认定营业自由的宪法地位。可以毫不夸张地说,西方近代文明就是在以工商阶层为主导的力量推动下产生并发展的。

我国以自然经济为基础,"崇本抑末"及"重农抑商"的文化氛围排斥营利性的工商活动,私利的合法性和正当性在制度和文化上均没有生存的空间,所谓营业权及营业自由的制度设计更是无从谈起。中华人民共和国成立后,特别是1956年社会主义改造以后,营业长期被视为资产阶级或剥削阶级的一种剥削手段,因此"营业"本身的合法性和正当性长期受到质疑,更何谈"营业自由"。尽管我国法律未规定营业权,由于受到公有制经济的主导地位和对私有制经济的现实地位与未来发展的看法的影响,历部宪法均未规定营业自由,而强调劳动或工作自由。然而,当代宪法学者通常将营业自由视为经济自由的内容之一。从四次宪法修正案的精神看,应当理解为我国宪法鼓励个体实现营业自由,那么包括宪法在内的现行法律、法规和政策中,是否还有对个体营业自由的限制或者还存在由于历史的惯性导致的事实上的对个体营业自由的限制呢?答案是肯定的。我国现行《个人独资企业法》规定,投资人以其个人财产对企业债务承担无限责任。这使投资者的投资风险与其个人的身家性命捆绑在一起,显然也与宪法修正案鼓励、促进非公有制经济发展的精神和初衷有所不符。国外的立法表明,一人独资公司是国际通行做法,[26] 我国《个人独资企业法》在保护、促进非公有制经济发展的同时,也传递着对它的限制、制约和不能充分信任的信息。特别是《个人独资企业法》的出台,并未使《私

[25] 马俊驹:《民法典探索与展望》,中国民主法制出版社2005年版,第323页。

[26] 施晓琳:《私营企业制度法律问题研究》,载《河北法学》2004年第2期。

营企业暂行条例》自动退出对非公有制经济的诸多限制和制约的法律规范阵营，致使《个人独资企业法》比《私营企业暂行条例》更多地体现宪法修正案精神，促进非公有制经济发展的诸多进展与举措也大打折扣。另外，1979 年刑法专门针对私营经济规定的投机倒把罪在修订后的刑法中被作为“新类型”犯罪，如妨害对企业的管理秩序犯罪、扰乱市场秩序犯罪、破坏金融管理秩序犯罪等。这些所谓的“新类型”犯罪，就像一把“达摩克利斯”利剑，悬于活跃的“民营企业”的头上。与此相反，相对于刑法总则和分则中专对“公共财产”予以保护的规定，专对“国有企业、企业、事业单位”利益加以保护的条款，以及运用较重刑罚甚至死刑体现与对非公有制经济保护力度的巨大差异，刑法对不同所有制经济“一体保护”的法意还没有形成，并没有充分体现宪法修正案对非公有制经济地位、作用加以重新定位后的基本精神和要求。[27]

在我国的私法领域，民事法律对于“营业自由”未作出规定。民法学者多论及财产权，却未将其落实到营业自由上。与民法学者的冷漠相比，多数商法学者主张商法应当贯彻营业自由的思想，但因商法体系存在缺陷，究竟应将其规定在民法典还是企业法中，目前还是困难的选择。在行政法领域，我国商事实践中的各种营业活动都要受到不同形式的限制，客观上业已架空了营业自由的固有含义。[28] 2020 年 7 月 21 日习近平总书记在企业家座谈会上的讲话提出：“要实施好民法典和相关法律法规，依法平等保护国有、民营、外资等各种所有制企业产权和自主经营权，完善各类市场主体公平竞争的法治环境。要依法保护企业家合法权益，加强产权和知识产权保护，形成长期稳定发展预期，鼓励创新、宽容失败，营造激励企业家干事创业的浓厚氛围。要推进简政放权，全面实施市场准入负面清单制度，支持企业更好参与市场合作和竞争。”

三、我国营业权制度体系的重构

重构我国的营业权制度必须采取一种综合的方法，而不能仅仅局限于某一部门法。

（一）“营业权”入宪

综观各国宪法，营业权的独立性和基础性在大多数国家宪法中已得到普

---

〔27〕 张军：《非公有制经济法律地位的变迁及其启示》，载《中国法学》2007 年第 4 期。

〔28〕 叶林：《商法学本科教案》，中国人民大学法学院（2011～2012 学年第二学期）。

遍的承认,营业权的法定化已使营业权成为一项不容置疑的基本权利。宪法作为根本法,在营业权法定化的过程中体现出更加深刻的意义,其对营业权的确立与保障更具有基本性、权威性和指导性。反观我国,中华人民共和国成立以来的宪法性文件对“营业权”则未作规定,诚然,如1982年《宪法》的2004年修正案有关于“国家保护个体经济、私营经济等非公有制经济的合法的权利和利益。国家鼓励、支持和引导非公有制经济的发展,并对非公有制经济依法实行监督和管理”“公民的合法的私有财产不受侵犯”等规定,对个体经济、私营经济投资者的营业活动和营业成果的保护可以说比较充分,但这仅仅是对个体经济、私营经济或公民个人既得的财产与权利的维护,对产生和获取这些财产与权利的原权利与基础性权利——“营业权”或“营业自由”则没予以足够的重视。[29]

《优化营商环境条例》第10条明确指出,“国家坚持权利平等、机会平等、规则平等,保障各种所有制经济平等受到法律保护”,以持续深化商事制度改革,促进多层级资本市场的规范发展,加强对市场主体经营自主权的保护和经营主体的人身及财产安全保护。并通过允许涉及优化营商环境而制定的法律、行政法规等文件先行先试,为优化我国商事环境提供法治保障。相关文件及条例的出台,除了顺应国家“放管服”改革外,更从不同角度为保障营业自由,“营业权”入宪提供了制度支持与保障。

2020年5月11日,中共中央、国务院《关于新时代加快完善社会主义市场经济体制的意见》指出:“健全支持民营经济、外商投资企业发展的市场、政策、法治和社会环境,进一步激发活力和创造力……健全归属清晰、权责明确、保护严格、流转顺畅的现代产权制度,加强产权激励……健全以公平为原则的产权保护制度,全面依法平等保护民营经济产权,依法严肃查处各类侵害民营企业合法权益的行为……”

(二)构建商事营业权规则

“营业”一词有两种含义:一为主观意义,指营业活动,即以营利为目的而进行的连续的、有计划的、同种类的活动;二为客观意义,指营业财产,即供进行营业活动之用的组织一切财产以及在营业活动中形成的各种有价值的事实关系的总体。[30] 换句话说,一切以营利为目的而使用的物及权利的总体,均

---

〔29〕 肖海军:《论营业权入宪》,载《法律科学》2005年第2期。

〔30〕 谢怀栻:《外国民商法精要》,法律出版社2002年版,第237页。

视为营业财产。商法所保障的，并非营业活动本身，而是商人营业活动之既存具体的价值。因此，除营业现状及商人拥有的具有营业价值之权利外，对于其他纯粹的获利期望、机会及反射利益，非属营业财产之保障范围。

营业权作为一种民事利益，受到我国《民法典》的保护。与一般人格权类似，营业权也只不过是框架权，法律对它只是"消极承认"，一方面法律肯定其合法性，另一方面却相对于权利而言提供比较薄弱的保护，[31]否则会限制民商主体的行为自由。同时，商人的营业权要和消费者的知情权加以平衡，商人必须要将自己的经营行为置于消费者的批评之下，即使批评会给经营造成损失，原则上也是允许的。

（三）经济法：兼顾竞争秩序规制与营业权利救济

从目的上讲，反垄断法与反不正当竞争法侧重维护社会整体利益，旨在建立公平的竞争秩序，为所有商主体创造平等进入市场和公平竞争的条件。同时，垄断行为与不正当竞争行为实际上也是一种商业侵权行为，侵犯的客体为商人的营业权。所以，反不正当竞争法与反垄断法既是竞争秩序规制法，又是营业权利救济法。

在竞争秩序的规制上，究竟是行政监管还是诉讼维权（司法介入）能够带来更高的执法效率和实际的执法效果，将是学术争论的长久课题。事实证明，以索赔为目的的私人诉讼所产生的作用不仅体现在对受害者营业权的救济，还可以成为对执法机关行政活动的补充与支援。在此背景下，一项清醒的立法政策应当作出判断，即为了制裁垄断行为及不正当竞争行为、恢复与保障公平的竞争程序、保护经营者（商主体）的营业权、维护消费者的合法权益，在强化行政执法和刑事责任机制之外，应当鼓励（而不是限制）民事诉讼机制，要求法院积极介入商主体（竞争者）之间关于营业权的诉讼纠纷。

〔31〕 白飞鹏、李红：《私法原则、规则的二元结构与法益的侵权法保护》，载《现代法学》2002 年第 2 期。

第四章　企业名称

第一节　企业名称概述

一、企业名称的概念和特征

企业名称，是商主体在其营业活动中所使用的名称，它是商主体在从事商事行为时用以表彰自己营业的名称。由此可见，企业名称具有以下三个特征。

1. 使用企业名称的主体是商人。如果不是商人，就不会使用企业名称。作为民事主体的自然人使用自己的姓名，作为行政主体的行政机关使用的是行政机关的名称。在国外，由于小商人不适用商法关于企业名称的规定，因此，小商人在营业活动中使用的名称不是企业名称。

2. 企业名称是商主体从事商事行为时使用的名称，企业名称是商主体进行商事登记和在营业上为民事法律行为，用以署名、标示其商主体本身的名称，商主体在营业外的行为不应使用其企业名称。但上述规则也有例外，根据我国新修订的《刑法》规定，法人（单位）可以作为犯罪主体，因此，企业名称也可以作为受刑主体参加刑事诉讼，即企业名称可以成为刑事诉讼的主体。另外，如果商主体出借企业名称，如"挂靠""连锁经营""特许经营"等，或者明知他人使用而不加以制止或提出异议时，根据诚实信用原则，商主体应当承担相应的法律责任。

3. 企业名称是商事主体用以表彰自己营业的名称。商人在营业活动中需要使自己区别于其他商人，尤其是当一个商人在经营活动中已经树立了良好的商誉时就更是如此，只有这样才能增强社会公众的识别力，维持自己的商誉。

二、企业名称与相似概念的区别

(一)企业名称与商店招牌

商店招牌,包括厂牌,是指商主体挂在营业场所门前作为标志的牌子。它只是商主体住所告示,起一个营业场所的广告作用。多数情况下,商店招牌与企业名称相一致,但有时,商主体不用企业名称作为招牌,而使用其他的文字、图案、符号作招牌。

(二)企业名称与商号

广义上的商号又称“商业名称”或者“字号”,是指企业等商事主体在从事生产、销售、服务等商业经营活动时所使用的名称,是区别于不同商事主体的符号和标识。商号实际上属于《民法典》所规定的营利法人或者非法人组织的名称。企业名称的范围大于商号,其既包括商号,又包括非商事主体的名称,例如,《民法典》总则编所规定的非营利法人、特别法人和非营利的非法人组织的名称。〔1〕

(三)企业名称与注册商标

注册商标是指属于一定的经营企业的特种商品或产品的标记,它适用于商标法,而不适用关于企业名称的法律规定,两者在形式构成、实际作用、法律调整等方面都存在差异,因此,企业名称与注册商标两者性质迥然不同。〔2〕

(四)企业名称与姓名

姓名是自然人所具有的表明自己身份的符号,由文字组成。受法律保护的姓名,不仅仅是指身份证上所记载的姓名,还应包括曾用名、笔名、艺名以及所谓的“字”“号”等。姓名与企业名称的最大区别在于,姓名作为表示人的身份的符号,法律在保护它时,是将其作为一种人格来看待的,因此,自然人的姓名权不得转让。而企业名称作为表示商事主体的符号,法律在保护它时,不仅是作为一种人格权加以保护,更多的是将其作为一种财产加以保护。企业名称总是与一定的商誉紧密联系在一起,是商事主体的一种无

---

〔1〕 黄薇主编:《中华人民共和国民法典人格权编释义》,法律出版社2020年版,第104页。

〔2〕 范健主编:《商法》(第3版),北京大学出版社、高等教育出版社2007年版,第75页。

形财产,可以为商事主体带来巨大的经济利益,所以企业名称可以转让。[3]

第二节 企业名称的构成和使用

一、企业名称的构成

(一)企业名称构成的原则

关于企业名称的选用,立法上存在三种主义:一是真实主义原则;二是自由主义原则;三是折中主义原则。

按照真实主义原则,法律对于企业名称的选定加以严格限制,企业名称与商事主体的姓名及其经营内容和业务范围必须彼此名实相符,否则不予承认。例如,商自然人如选用其个人姓名为企业名称,若其附加字样与其营业的种类和范围足以引起第三人误会的,应一律予以禁止。

按照自由主义原则,商业主体如何选用企业名称、其所选用的企业名称与商事主体的姓名及其营业种类是否有关,原则上法律不加以限制。

大多数国家则采取有限制的自由主义原则,即折中主义原则。按照折中主义原则,最初选定企业名称时要符合真实主义,但在企业名称转让、继承时也可以不变更营业主人的姓名。

目前占支配地位的是企业名称自由主义原则,这是经济上的自决原则的体现,并且符合私法自治的精神。从我国目前的法律法规规定看,我国对企业名称的选用原则上实行的是真实主义。[4]

(二)企业名称构成的标识性

企业名称是商事主体用以代表其营业的名称。自然人用姓名相互区别,而作为商事主体,为了使自己的营业与他人的营业区别开来,各国法律都要求商人必须有自己的企业名称。而作为商事主体间营业相互区别的最重要标志,各国立法均规定,企业名称应当具有可识别性的特征,如《德国商法典》第30条就规定:“任何一个新的企业名称均须与在同一地点或在同一

---

〔3〕 李新天主编:《商法总论》,东北财经大学出版社2007年版,第117~118页。
〔4〕 黄薇主编:《中华人民共和国民法典人格权编释义》,法律出版社2020年版,第105页。

乡镇已经存在的和已经登人商业登记簿或登人合作社登记簿的一切企业名称明显区别。一名商人与另一名已经登记的商人具有同一之名和同一之姓,并且其欲将该姓名用作其企业名称的,必须在企业名称上附加能够使该企业名称与已经登记的企业名称明显区别的内容。"《日本商法典》第 19 条也规定:"在同一市镇村内,不得因经营同一营业,而登记他人已登记的企业名称。"我国《企业名称登记管理条例(送审稿)》第 16 条规定了企业名称不得相同,即"企业名称不得与同一企业登记机关登记的同行业或者不使用行业、经营特点表述的下列企业名称、分号相同,有投资关系的除外。(一)被撤销设立登记、名称变更登记未满 1 年的;(二)已注销登记或者变更登记未满 1 年的企业名称,但受让企业名称的除外;(三)其他已登记或在企业名称保留期内的"。上述规定表明,可识别性是各国立法一致认可的企业名称的最重要特征之一。正是基于这一特征,商品经济活动中,成千上万商事主体的营业才得以特定化。

(三)企业名称构成的区分力

这一要求产生于企业名称具有个性化作用,即必须使对企业名称的区别成为可能。商主体选用企业名称时,应当选用明显区别于他人已经存在或者已使用的企业名称。《德国商法典》第 21、30 条,我国《澳门商法典》第 16 条均体现了区别原则。我国《企业名称登记管理条例(送审稿)》第 17 条规定了企业名称不得近似,即"企业名称中不得含有另一个企业名称,不得含有其他法人和非法人组织的名称,经过授权等情形的除外"。

二、企业名称的使用

(一)企业名称使用的自由原则

企业名称的自由原则,是指商人企业名称的使用可以根据使用人的需要进行确定,法律原则上不加限制。依自由主义原则,商人可自由选择企业名称,至于其企业名称是否与商人的姓名、营业种类或经营范围相符,法律原则上不加过问。这种立法例重视商人的便利。在现代社会,基于从商自由的需要,各国商法原则上允许商人自由确定企业名称,只要所选用的企业名称符合法律的强行性规定并且不违反禁止性规定,不违反社会的公共利益即可。

(二)企业名称的真实原则

企业名称的真实原则,是指商人所使用的企业名称必须能够真实反映商人的基本性质、基本营业状况和权属状况。企业名称的真实主义是对企业名称自由主义的限制,为了防止商人的自由选用权被滥用。在现代社会,各国商法通常都规定:(1)非企业商人不得使用表示企业的名称。(2)企业名称中必须标明企业的种类,而不允许使用单纯的"企业"字样。例如,在英国,企业必须在其企业名称上标明企业的种类,封闭企业须以"Limited"作为名称的结尾,开放式企业则须在其名称中注明"Public Limited Company"。这是因为企业种类不同,其组织和股东的责任也不同,注明企业的种类是为了保护与企业交易的一般公众。在企业中,经营银行业、保险业、证券业、信托业等公共事业的企业,在其企业名称中要使用表示银行、保险、证券、信托事业目的的文字;相反,不是这些事业经营者,在企业名称中不得使用表示这些事业目的的文字,否则将会受到罚款。(3)如果是一般合伙组织,其企业名称应当使用"一般合伙"字样;如果是有限合伙,其企业名称应当使用"有限合伙"字样。(4)不允许使用国名、帝国、联邦、国际等字样和可能造成公众误解、有欺骗性,以及法律明文禁止使用的其他字样。我国《企业名称登记管理实施办法》第16条第2款明确说明:"企业名称中行业用语表述的内容应当与企业经营范围一致。"第20条规定:"企业名称不应当明示或者暗示有超越其经营范围的业务。"此外,《企业名称登记管理条例(送审稿)》第10~12条及第15条等条文,反映了我国对于企业名称使用上奉行真实主义。

(三)企业名称的稳定性原则

企业名称的稳定性原则,也称为企业名称的连续主义,是指当商人的商事营业资产因为某种原因而转让给他人所有时,新的商事营业资产的所有权人有权在自己的生产或经营活动中继续使用他人的企业名称。例如,商事营业资产的所有权人将自己的商事营业资产出卖给买受人,或将自己的商业营业资产赠与受赠人,买受人或者受赠人即可以继续使用出卖人或者赠与人的企业名称。同样,当商事营业资产的所有权人死亡时,其继承人也可以继续使用被继承人的企业名称。《德国商法典》第22条规定,从他人或死者处继受他人现存商事事业者,可以继续使用其企业名称。

（四）企业名称的公示原则

企业名称的公示原则，是指商人的企业名称应当予以公开，让社会公众知悉。我国《商事主体登记管理条例（草案）》第9条和第10条规定，公司企业法人和非公司企业法人均应对其名称进行登记，第25条规定："登记机关应当将商事主体登记、备案信息通过国家企业信用信息公示系统向社会公示。"在一般国家，企业名称的公示主要通过在商事登记簿上登记商人企业名称的方式进行。但是，某些国家的法律还要求商人采取其他的方式，诸如在有关报刊上公开，在商人的有关信纸上标明商人的企业名称。[5]

（五）企业名称的单一原则

为了防止对交易第三人形成商业欺诈，多数国家立法规定商事主体只准使用一个名称，禁止其采用复数名称。但也有少数国家和地区考虑到交易的便利和某些商事主体（如企业）社会功能的复杂化，允许企业在从事商业经营活动时采用其他企业名称，从而使该商事主体拥有两个以上的名称。例如，《英国企业法》规定，一个企业在经营业务时，所使用的名称不是由法人组织的名称组成时，必须在开始营业后14天内以书面的形式登记。中国香港特别行政区《企业法》也规定，企业的企业名称与企业的立案法团名称不同，它是企业在商业上使用的名称。我国台湾地区学者也认为，表现企业法人人格的企业名称与企业作为商事主体在经营商业时用以表现自己营业之名称有所不同。我国《商事主体登记管理条例（草案）》第16条规定："商事主体只能登记一个名称，商事主体名称受法律保护。"《企业名称登记管理规定》也贯彻单一性原则，该法第6条第1款规定："企业只准使用一个名称，在登记主管机关辖区内不得与已登记注册的同行业企业名称相同或者近似。"

第三节　我国法律关于企业名称选用的规定

一、我国企业名称的组成

根据我国《企业名称登记管理条例（送审稿）》和《企业名称登记管理实

[5] 张民安：《商法总则制度研究》，法律出版社2007年版，第406～408页。

施办法》,我国的企业名称应由以下四部分组成,其构成顺序如下:(1)企业所在地省(包括自治区、直辖市)或市(包括州)或县(包括市辖区)行政区划名称。但是经国家工商行政管理局核准的下列企业的企业名称中可以不冠以企业所在地行政区划名称:经申请并获同意,在企业名称中使用“中国”、“中华”或者冠以“国际”字样的企业;历史悠久,字号驰名的企业;外商投资企业。(2)可以区别于其他企业的特有文字,即通常所说的字号(或称狭义的企业名称)。(3)行业或经营的特点。(4)企业的组织方式。例如,“沈阳市金杯汽车股份有限企业”这一企业名称中,“沈阳市”为地域标志;“金杯”为字号;“汽车”为行业标志;“股份有限企业”为组织形式。在企业名称中,只有“字号”一项是自由选择的,其他部分均为强制性组成部分,商主体无选择权。

我国法律关于企业名称选用的规定,带有计划经济管制过度的痕迹:企业名称中的行政区划,可能构成企业跨越行政区域从事经营活动的羁绊;对行业或经营特点的要求显然是与计划经济时代行政机关对企业经营范围的严格管制互相表里的。目前,有关经营范围及对超范围经营的管制均已大大放松。[6] 因此,有必要对现行的企业名称规则进行改革。

二、我国对选用企业名称的限制或禁止

我国原则上采用企业名称真实主义:

1. 单一企业名称原则,即同一个商主体只允许拥有一个企业名称。因为一个商主体使用不同的企业名称,容易导致社会公众的误认,同时也限制他人选定企业名称的余地。《商事主体登记管理条例(草案)》第16条规定:“商事主体只能登记一个名称,商事主体名称受法律保护。”

2. 企业名称中不得含有的内容和文字。(1)有损于国家、社会公共利益的;(2)外国国家(地区)名称、国际组织名称及其通用简称、特定称谓;(3)政党名称、党政军机关名称、群团组织名称及其简称、特定称谓和部队番号;(4)违背公序良俗或者有其他不良影响的;(5)可能对公众造成欺骗或误解的;(6)法律、行政法规和国务院决定等规定禁止的。

3. 相同或近似企业名称的禁用。在登记主管机关辖区内不得登记注册与已登记注册的同行业企业名称相同或者近似的名称。这是企业名称的

---

〔6〕《民法典》第505条规定:“当事人超越经营范围订立的合同的效力……不得仅以超越经营范围确认合同无效。”

“新颖原则”。企业名称的新颖原则既为了避免混淆，如发送税务通知、传真等，又为了防止不正当竞争行为的发生。关于企业名称的新颖原则的要求，我国法律采取的是“相同或者近似”标准，这与大多数国家所采取的标准是基本相同的。

4. 不得使用与企业性质相悖的名称。个人独资企业的名称应当符合企业名称登记管理的有关规定，并与其责任形式及从事的营业相符合。个人独资企业的名称中不得使用“有限”“有限责任”“企业”字样。合伙企业在其名称中不得使用“有限”或者“有限责任”字样。公司名称必须标明公司的种类，如有限责任公司或股份有限公司。《公司登记管理条例》第10条规定：“公司的登记事项应当符合法律、行政法规的规定。不符合法律、行政法规规定的，公司登记机关不予登记。”

5. 商事主体设立分支机构的，商主体及其分支机构的名称应当符合下列规定：(1)企业分支机构的名称应当冠以其所从属企业的名称，并后缀“分公司”“分厂”“分店”以及其他组织形式等字词；(2)企业分支机构名称中可以标明该分支机构的行业和所在地行政区划或者地名；(3)企业分支机构名称中可以使用字号，且应当符合企业字号的有关规定；(4)外国公司的分支机构应当在其名称中标明该外国公司的国籍及责任形式。

6. 集团母公司及成员名称。设立3家以上全资或者绝对控股企业的企业法人，可以在企业名称的组织形式前使用“集团”字样，在章程中记载企业集团名称，并将企业集团名称及集团成员在国家企业信用信息公示系统向社会公示。经该企业授权，集团成员企业可以在名称中冠以企业集团名称或者简称，并将授权情况通过国家企业信用信息公示系统向社会公示。以企业集团名称或者简称作为字号使用的，经省级以上人民政府批准，企业法人名称可以不含字号。

第四节 企业名称权

一、企业名称权的概念和特征

(一)企业名称权的概念

企业名称权，是指商人对其企业名称所拥有的权利。包括企业名称使用权以及企业名称专有权。企业名称使用权也称积极的企业名称权,为商人不受他人妨碍地使用其企业名称的权利。企业名称使用权与是否登记没有关系,并未登记的企业名称使用权人,即使遇到他人先于其登记的情况,只要没有不正当竞争的目的,仍然可以照样使用其企业名称。而且,对于违法妨碍其使用企业名称的人,可以根据民法的规定,以违法行为为由请求损害赔偿。企业名称专用权也称消极的企业名称权,为商人排除他人为不正当竞争的目的而使用其相同企业名称或者类似企业名称的权利。

(二)企业名称权的特征

企业名称权具有以下法律特征:

1. 企业名称权是绝对权、专有权。依法核准登记的企业名称,即具有排除其他同行业者使用的效力,只能由商主体专有。赋予商主体对其企业名称的专有权,目的在于明确生产经营者的身份,防止发生混淆,以维护正常的社会经济秩序。

需要强调的是,企业名称权的法律效力与保护范围是绝对排他的,不受地域范围的限制。就企业名称而言,由于其组成包括了行政区划、字号、行业或经营特点、组织形式,例如,"上海华联商厦股份有限企业"在全国范围内是独一无二的,即具有唯一性,任何其他地区的商厦若擅自使用这一名称,均属于侵害该企业的名称权,法律对于该企业名称权的保护并不受上海区域的限制。[7]

2. 企业名称权兼具人身权和财产权性质。作为商主体用以表彰自己的标志,企业名称与商主体不可分离,具有人身性质。企业名称权同时又具有财产性质,企业名称是商主体的无形财产,具有经济价值,尤其是知名企业的名称更具有很高的经济价值。与《民法典》所规定的人格权不得放弃、转让或者继承不同,商主体同样享有部分人格权,但更重视其中的经济价值,《民法典》第993条表明人格权可商品化利用,进一步强调了企业名称权所具有的财产属性。

3. 企业字号权有范围的限制。我国《企业名称登记管理规定》第6条第1款规定:"企业只准使用一个名称,在登记主管机关辖区内不得与已登记注册的同行业企业名称相同或者近似。"由于企业名称中行政区划、行业或经

---

〔7〕 李友根:《论企业名称的竞争法保护——最高人民法院第29号指导案例研究》,载《中国法学》2015年第4期。

营特点、组织形式具有公共性与非排他性,因此该条规定的“不得相同或者近似”实际上只能针对企业名称中的“字号”部分,于是,该规范的意义在于:在登记主管机关辖区内同行业的字号不得相同或近似,也即享有了在特定区域与行业范围内排他性使用该字号的权利。这种在特定区域内的排他性权利,可以称为“字号权”。而学者们普遍所理解的具有地域限制的企业名称权,实质上就是字号权。[8]

二、企业名称权的性质

企业名称权在法律上如何定性,学说存在分歧。就公权与私权而言,则企业名称权为私权,而非公权;自绝对权与相对权而言,则企业名称权为绝对权,而非相对权。[9] 但是,企业名称权究竟为人格权,或为财产权,抑或为人格权兼财产权,在学说上有下列不同的主张:

(一)人格权说

人格权说认为企业名称权属于人格权。原因在于:首先,名称权具有人格权的固有性、专属性、必备性等特征,尽管我国《民法典》第1013条规定名称权可以转让,但也并未改变其专属性的基本特征;其次,法人、非法人组织的人格权体现在其名称上,法人、非法人组织只有具有名称才能与其他民事主体相区别;最后,名称权虽然具有一定的财产属性,但其只是名称权的派生性质,并非本质属性。我国《民法通则》已将名称权作为人身权的一种加以明确规定,[10]《民法典》延续《民法通则》的规定,将法人、非法人组织的名称权作为一种具体人格权纳入人格权编进行规定。[11]

(二)财产权说

财产权说认为企业名称权是一种主要以财产权为内容的民事权利,权利人取得企业名称权后,不但可以给其带来丰厚的经济利益,而且可以基于对企业名称的所有权对其转让、继承,享有转让利益,属于无形财产的一种。

---

〔8〕 李友根:《论企业名称的竞争法保护——最高人民法院第29号指导案例研究》,载《中国法学》2015年第4期。

〔9〕 张国健:《商事法论》,台北,三民书局1980年版,第101页。

〔10〕 《民法通则》第99条第2款规定:“法人、个体工商户、个人合伙享有名称权。企业法人、个体工商户、个人合伙有权使用、依法转让自己的名称。”

〔11〕 黄薇主编:《中华人民共和国民法典人格权编释义》,法律出版社2020年版,第104页。

企业在市场和经营活动中的不断磨炼与发展,逐渐扩大企业名称的知名度,使企业名称权于无形之中带来财产。

(三)折中说(目前的通说)

折中说认为,企业名称权兼具人格权和财产权的双重性质,既不能单纯列入人格权,也不能单纯列入财产权范畴。[12] 其主要理由有两个方面:一方面,企业名称是商人用以表示自己之权利,和自然人的姓名权有同样的性质,它是商人具有独立人格的标志,是商人存在的基础。从这个角度讲,企业名称权具有人格权的特征。另一方面,企业名称权是商人在营业中区别于其他商人营业的一个重要标志,与商人的商誉结合在一起。商誉是具有财产价值的,即使在商人破产时,仍可以作为破产财产的一部分。商事的财产价值主要附加在企业名称上。所以企业名称权可以成为转让和继承的对象,具有财产性质。

(四)知识产权说

企业名称是一种无形财产,企业名称权作为无形财产权,应属于知识产权的范畴。[13] 《保护工业产权巴黎公约》将企业名称权归入知识产权范畴。

(五)商事人格权

认为企业名称权作为商事主体的人格权,是商事主体所特有的、经法律确认而以商事人格利益为客体的、商事主体之商事法律人格所必备的基本权利。[14]

以上几种学说因观点上的不同,其主张的结果互异。依据商法的法理,上述几种观点均有失偏颇。将企业名称权视为人格权是违反法律自身体系的,作为一种法技术拟制的产物,企业名称权与人道主义、人性无关,其表现的价值元素与人的尊严、自由、安全以及伦理道德无关。因此,企业名称权没有人格权的特征。将企业名称权视为财产权,客观上无法阐释企业名称具有识别经营主体的功能。折中说将企业名称权视为工业产权的一种,即将企业名称权列入知识产权殊为不当。因为企业名称权与知识产权存在明

---

〔12〕 王保树:《商法总论》,清华大学出版社 2007 年版,第 172 页。

〔13〕 徐学鹿:《商法总论》,人民法院出版社 1999 年版,第 236 页。

〔14〕 苗延波:《中国商法体系研究》,法律出版社 2007 年版,第 324 页。

显的区别：其一，企业名称权无时间性。企业名称权与商主体共存亡，而商主体的存续在各国立法及实践中多无时间限制，所以企业名称权依附于商主体无限期地受法律保护。知识产权具有严格的时间性，各国法律基于社会公共利益的考虑，断然将其限定只在一定时间内有效。[15] 其二，企业名称权具有更加严格的地域性。各国法律普遍规定，企业名称登记的效力受一定区域范围内使用之限制。除全国驰名的大企业的企业名称可以在全国范围内享有专用权外，其他商主体的企业名称只能在其登记的某一地区范围内享有专用权。对于知识产权来说，尽管也只能在其依法产生的地域内有效，但其地域范围则以国家或者法域为限，参加知识产权保护国际条约（公约）的企业名称权的地域范围更是扩大到所有成员国内。值得注意的是，有人认为，企业名称权之性质因登记之前后，其效力颇有差异。盖未经登记之企业名称，不过为广义姓名权之一种，无排斥他人使用之效力；但一经登记，即取得其专用之权利，而为无体财产权之一种，既可为转让或继承，亦得排斥他人之使用。因此，在登记前之企业名称权应为人格权，在登记后之企业名称权则应为无体财产权之一种。[16] 但是，从法理上来讲，企业名称是否登记，并不影响企业名称的法律属性，都同样受到保护，都具有专属的排他性效力。因此，本书认为，企业名称是否登记，与其主体的产生制度相联系，无论是否登记，只要是因其商事主体资格的产生而自然地、固有地获得，其属性便都是一样的，并不因是否登记而有不同的效力和属性。如果认为商事人格权是商法中商事主体特有的人格权，那么依此类推，商法中是不是还应该有商事物权、商事债权、商事侵权行为？显然，这种思维方式违背了现代民商法律趋同的走势，也给商法体系化的建构带来困扰。

现代社会的泛商业化给了每个人利用自己人格经济价值利益的机会，如果仅仅将商事人格权限定为商事主体，并不利于利益保护。事实上，商事人格权并没有提出独立于传统人格之外的严格意义上的民事或商事权利理论。进一步来说，商事人格权是对人格权商事化的一种特定描述，它不指代一种具体的独立权利。既然人格是所有民事主体都具有的，那么商事人格针对的也是所有的民事主体。商事人格权实质上只是反映了一种人格权商事化的趋势，因此本书认为商事人格权不是一种独立的具有严格法律意义的民事或商事权利，在谈及商事人格权时，强调的是人格权的商事化，是指

〔15〕 郑成思：《知识产权》，法律出版社1997年版，第22页。

〔16〕 张国健：《商事法论》，台北，三民书局1980年版，第101～102页。

强调自然人和法人在现代社会的人格权已经带有了商业性质。传统的人格权专属性非常强,具有不可转让性、不可继承性,而商事人格权作为一种能够给权利人带来经济利益的、具有财产价值的权利,具有可转让性和可继承性。

一种新的社会现象出现涉及民事法律权利规定的空白,一般有两种解决思路:一是创制一种民事权利制度,二是扩大现有的民事权利内涵。大陆法系的特点是强调概念和逻辑,在对待一项新的权利利益时,不可能像英美法系的法官造法一样可以随时随地"创造"出一项新的权利。每一项民事权利都有极其深厚的历史沉淀,在民事法律体系中都有自己特有的地位,"泛权利化"的立法观念将会给现有的民法体系带来困扰。当然大陆法系民法的稳定性并不代表一种僵化的、反对现实的法典化情结,事实上,大陆法系传统民法的许多概念和原理,如物权、债权、契约、权利主体、权利能力等尽管十分古老,但却能不断适应每一历史时期的经济关系,并通过法律规范的形式表现出来发挥作用。尽管随着时代的变迁,各种具有新内容的财产关系、人身关系不断涌现,但民法的许多基本概念、基本原理仍然适用,并不断将这些新的关系纳入自己的调整范围。从这种意义上来讲,民法自身本就具有一定的扩张性和包容性。

认为商事人格权是一种民事和商事权利就是采取第一种方式,即通过创设新权利来应对社会的发展,该理论的价值在于提供了在现代商业社会进一步解放个人、充实个人民事权利的思路,但其缺点前已叙述。我们认为可以通过第二种方式,即扩张传统人格权的含义来解决这一问题。首先,扩大对人格利益的考虑,承认部分的人格利益有经济价值。其次,实现人格权的有限让渡,如某些人格权可以转让、继承等。[17] 最后,完善人格权请求权理论,实现对人格权的完善保护。通过对传统人格权的商事化解释和立法,既可以保障现有人格权权利体系对新的社会现象的关注,也真正体现了大陆法系权利体系和法律规制的优点。法律的主要功能也许并不在于变革,而在于建立和保持一种可以大致确定的预期。[18]

三、企业名称权的取得、变更与废止

企业名称的登记,乃以防止他人使用其企业名称为不正当竞争,而影响

---

〔17〕《民法典》第993条规定:"民事主体可以将自己的姓名、名称、肖像等许可他人使用,但是依照法律规定或者根据其性质不得许可的除外。"承认了民事主体对其自身人格权的商品化利用。

〔18〕刘昕杰:《商事人格权独立理论反拨》,载《重庆社会科学》2006年第4期。

其信誉所为之行为也。企业名称之登记,应于商事创设登记同时为之,从而企业名称登记问题就是商事登记的问题,并非在商事登记之外另有所谓企业名称登记的问题。企业名称登记依其原因和目的不同,可以分为各种类型。

(一)企业名称的取得

企业名称的取得是指商主体创立企业名称的登记。它是商主体创立之必经程序。只有经过创立登记的企业名称才能成为商主体的名称,才能对外产生效力,才能用以对抗善意第三人。《商事主体登记管理条例(草案)》第3条第2款明确规定:"未经商事主体登记,任何个人或组织不得以商事主体名义开展经营活动。"表明了企业名称的登记奉行创设效力。

(二)企业名称权的变更

商主体在使用名称的过程中,有权按照自己的意愿变更自己的名称,任何组织或者个人不得非法干预。[19] 营业过程中,变更原登记企业名称的全部或一部分,应当及时向登记机关办理变更登记,否则不得对抗善意第三人。[20] 变更登记后,原名称就被依法撤销,法人、非法人组织应当在从事各项民事活动中使用新的名称,不得再继续适用原名称从事民事活动。[21]

(三)企业名称权的废止

企业名称权的废止是指商主体终止经营时为禁止企业名称继续被使用而履行的登记。未经登记,企业名称之废止同样不得对抗善意第三人。企业名称的废止是个事实问题,法律上往往并不明确,如已经登记的企业名称长期搁置不用即属于这种情况。尽管它对企业名称申请人并无多大的不利,有时甚至故意为之,但通常会对第三人选择企业名称造成限制,法律有必要予以一定的制约。因此,《日本商法典》第30条规定:"已登记企业名称

---

〔19〕 黄薇主编:《中华人民共和国民法典人格权编释义》,法律出版社2020年版,第106页。

〔20〕 《商事主体登记管理条例(草案)》第36条规定:"商事主体变更登记事项,应当自作出变更决议或者法定变更事项发生之日起30日内向登记机关申请变更登记。商事主体登记事项涉及分支机构登记事项变更的,应当自商事主体变更登记之日起30日内申请分公司变更登记。变更登记涉及营业执照载明事项的,登记机关应当换发营业执照。未经变更的登记,商事主体不得擅自改变登记事项。"

〔21〕 黄薇主编:《中华人民共和国民法典人格权编释义》,法律出版社2020年版,第107页。

的人,在2年内无正当事由不使用该企业名称时,视为已废止该企业名称。”第31条规定:“在已废止或变更企业名称的情形下,已登记该企业名称的人不进行废止或者变更登记的,利害关系人可向登记所请求进行该企业名称的注销登记。”《韩国商法典》第26条及第27条、《德国商法典》第31条也作了类似的规定。令人遗憾的是,对于我国有关企业名称废止的制度,现行立法未作规定。

四、企业名称权的转让

企业名称权具有财产权的性质,可以转让和继承,这是名称权和姓名权的重要区别。需要指出的是,并非所有企业名称均可转让,原则上只有营利法人或者非法人组织的名称权可以转让。就营利法人和非法人组织而言,名称权具有较强的财产性,其可以通过转让名称权获得转让费。[22] 各国立法对企业名称的转让均有一定的限制,主要是为了保障企业名称的公开性,避免企业名称的混同或致人误解,以致影响交易安全及当事人的合法权益。各国商法对企业名称权转让有两种立法模式,即绝对转让主义和相对转让主义。

(一)绝对转让主义

此种立法模式认为,企业名称权只能与商业营业资产一并转让,不得单独转让;或者在其终止营业时转让名称,转让名称后,受让人独占该名称,原名称权人不再享有该名称。[23] 一般来说,大陆法系国家采取此种立法模式。例如,《德国商法典》第23条规定:“企业名称不得与使用此企业名称的营业分离而让与。”《瑞士债务法》第953条及《日本商法典》第24条都有类似的规定。此种立法模式体现的是对交易安全的重视,有利于保护善意第三人的合法权益。

(二)相对转让主义

此种立法模式认为,企业名称属于商事营业资产的一部分,企业名称可以与其营业相分离而单独自由转让,并可以由多个民事主体使用同一名称,

---

〔22〕 黄薇主编:《中华人民共和国民法典人格权编释义》,法律出版社2020年版,第107页。
〔23〕 黄薇主编:《中华人民共和国民法典人格权编释义》,法律出版社2020年版,第107页。

转让人可以继续享有原名称的名称权。[24] 此种立法例为法国法所采用，体现了营业自由的基本原则，有利于对企业名称权人利益的保护。

“目前，主流观点认为，绝对转让主义更符合名称权转让的本质特征，也有利于更好地维护正常的社会经济秩序，更好地保护交易安全，更好地保护当事人的合法权益。”[25]

我国《企业名称登记管理条例（送审稿）》第 28 条规定：“企业名称可以随企业一并转让。企业名称只能转让给一户企业。企业名称的转让方与受让方应当签订书面合同，并将企业名称转让信息通过国家企业信用信息公示系统向社会公示。企业名称转让后，转让方不得继续使用已转让的企业名称。”从法律的规定来看，我国采用的是绝对转让主义，即企业名称的转让必须与商事营业一起转让。

五、企业名称的出借

企业名称的出借在日文中表示为“名板贷”，指允许他人使用自己的姓名、企业名称进行营业活动。其中，允许他人使用自己的姓名、企业名称的人称为名义出借人；使用他人的姓名、企业名称进行营业的人称为名义借用人。必须说明的是，这不仅是指同意他人使用，也包括明知他人使用而不加以制止或提出异议。至于企业名称的转让，以及不知他人非法使用，前者为权利的让渡，后者为合法权利受侵害，显然不在讨论之列。

企业名称出借现象在现实生活中普遍存在，如“挂靠”“连锁经营”“特许经营”等。名义出借在我国现实经济生活中，尤其是在建筑工程承包事务及医疗服务中比较普遍，而且又往往是单位允诺个人（个人资历显然有限）借单位的名义作为承包方进行承包，单位谋取一定的利益。企业名称借用的原因既有出于借助他人较好商誉的考虑，也有税收减免和突破经营范围的动因。多数国家法律承认企业名称出借的合法性，并在法律上明确规定了企业名称出借的法律效力和法律责任。例如，《日本商法典》第 23 条规定：“允许他人使用自己的姓、姓名或者企业名称从事营业的人，对于误认其为营业主而进行交易的人，因该交易产生的债务，与该他人负连带清偿责任。”《韩国商法典》第 24 条也作了类似的规定。上述有关名义出借人的责任的法律规定贯彻了权利外观法理、表见责任或者禁反言原则，满足了以迅

---

〔24〕 黄薇主编：《中华人民共和国民法典人格权编释义》，法律出版社 2020 年版，第 107 页。

〔25〕 黄薇主编：《中华人民共和国民法典人格权编释义》，法律出版社 2020 年版，第 107 页。

速、便捷为原则的商事交易的客观要求。

具体到我国,名义出借广泛地存在于一些经营形式中,如联营、挂靠经营、专营(专卖)店、连锁店、柜台租赁和特约经销、特约维修等,我国现有立法也规定了名义出借的法律效力及相关的民事责任。例如,《民法典》第110条第2款规定:"法人、非法人组织享有名称权、名誉权和荣誉权。"《民法典》第1013条规定:"法人、非法人组织享有名称权,有权依法决定、使用、变更、转让或者许可他人使用自己的名称。"第1211条规定:"以挂靠形式从事道路运输经营活动的机动车,发生交通事故造成损害,属于该机动车一方责任的,由挂靠人和被挂靠人承担连带责任。"《企业名称登记管理条例(送审稿)》第29条规定:"企业可以授权其他企业使用本企业字号,但不得损害其他企业的在先合法权益。授权企业与被授权企业应当签订书面合同,在办理登记时一并报被授权企业所在登记机关,并分别将企业名称授权使用信息通过国家企业信用信息公示系统向社会公示。"《消费者权益保护法》第42条规定:"使用他人营业执照的违法经营者提供商品或者服务,损害消费者合法权益的,消费者可以向其要求赔偿,也可以向营业执照的持有人要求赔偿。"第43条规定:"消费者在展销会、租赁柜台购买商品或者接受服务,其合法权益受到损害的,可以向销售者或者服务者要求赔偿。展销会结束或者柜台租赁期满后,也可以向展销会的举办者、柜台的出租者要求赔偿。展销会的举办者、柜台的出租者赔偿后,有权向销售者或者服务者追偿。"

六、特许经营的商号许可使用

商业特许经营,是指拥有注册商标、企业标志、专利、专有技术等经营资源的企业,以合同形式将其拥有的经营资源许可其他经营者使用,被特许人按照合同约定在统一的经营模式下开展经营,并向特许人支付特许经营费用的经营活动。[26] 特许经营作为一种低成本、高速度、智慧型的扩张方式,在很短的时间内风靡全球,从最初的餐饮业和制造业迅速扩张到几乎可以覆盖一切产业领域。

(一)特许经营与相关制度

1. 特许经营与挂靠

挂靠方式兴于20世纪80年代末90年代初,挂靠者向往被挂靠者"国

---

〔26〕《商业特许经营管理条例》第3条。

有”或者“集体”这一特殊身份所享有的各种优惠政策，而被挂靠者乐于收取一定的挂靠费用，因而双方对外结成所属关系，内部实际上完全各自独立。严格地讲，挂靠实际上是一种典型的规避法律和政策、双方牟利的行为。相比较而言，特许经营固然也是双方获利的经营模式，但其既不属于脱法行为，也未损害国家、集体或者第三人的合法权益，特许者与被特许者之间的特许经营合同是依法签订的合法合同。据此合同，意味着双方长期交易的开始：特许者提供商号、经营模式、产品，被特许者缴纳费用。因此特许经营与挂靠关系无论是在产生原因、存在形式、合同关系、法律性质、发展前景等各个方面皆不相同，对其纠纷的处理结果自然不能机械类比套用。

2. 特许经营与民事代理

特许人与被特许人是两个独立的民事主体，两者之间没有所有权属关系，它们之间是以合同为基础、以特许权转让为中心而形成的权利义务关系。同时，被特许人与第三人所为的民事法律行为不仅仅是为了特许人的利益，更主要的是为了其自身的利益，故而这种关系超越了民法中代理的含义和性质。在特许经营方式下产生的法律后果不能简单地等同于一般民事代理所产生的法律后果，不能理所当然地导出被特许人的经营后果应归于特许人的结论。[27]

（二）特许经营的对外责任

关于特许经营的对外责任问题，目前我国的法律法规还没有明确的规定，[28]也没有相关的司法解释，只是在一些行政规章中有关于特许经营模式的规定，所以无法通过现有的规定直接解决实践中有关民事责任承担的问题。同时，由于目前民法理论对特许经营中民事责任如何承担这一部分尚

---

〔27〕 王闯：《表见代理：考量特许经营合同特许人对使用人对外债务是否承担责任的一个法律视角——关于特许使用企业名称的特许人应否对使用人债务承担责任适用法律问题的请示答复之解说》，载最高人民法院民事审判第二庭编：《民商事审判指导》2004年第1辑，人民法院出版社2004年版，第25~36页。

〔28〕 全国人大法工委民法室2017年8月起草的《中华人民共和国民典合同编（草案）》将商业特许经营合同作为该编第十八章加以专门规定；全国人大法工委2018年3月发布的《中华人民共和国民法典合同编（草案）》“征求意见稿”将商业特许经营合同调整为第十六章。2018年8月提请全国人大常委会审议的《民法典》合同编（草案）出人意料地将商业特许经营合同整章删除，对此并未明确说明原因，但从法工委主任沈春耀所作的《关于〈民法典各分编（草案）〉的说明》中可窥一斑，即在确定哪些内容纳入民法典各分编时应当遵循以下原则：内容应当具有基础性、普遍性、稳定性和平等自愿性；对涉及特定群体、领域的内容，原则上由民事特别法规定；对还处于发展变化中、经验还不成熟、拿不准的内容，暂不纳入。

无定论,加之特许经营这一商业模式在实践中形式多样,因此在个案中通过民法理论来解说特许经营法律关系中特许人是否应当对被特许人的债务承担民事责任问题,明显具有局限性。

特许经营中,以被特许人自己承担责任为原则。被特许人虽然因为特许人对商号的使用许可而与特许人拥有相同的商号,但是由于特许经营的特殊性,即特许人仅仅是允许被特许人使用其商号或商标或经营模式,双方在法律和财务上是相互分离、各自独立的,被特许人对特许经营企业拥有独立的产权,日常经营也由被特许人负责实施,其行为的实施、行为的后果并不隶属于特许人。被特许人所从事的经营活动是为了自身的经济利益,并非为了特许人的利益,作为被特许人的交易对象,其也应明知被特许人的这一特殊身份并与之交易。因此,在特许经营这一模式中,被特许人应当独立地对外承担法律责任。

很多学者从保护第三人的角度出发,主张特许人和被特许人对外承担连带责任。还有学者主张特许人承担补充责任,即消费者受到损害后,首先应当向被特许人请求赔偿,若被特许人的财产无法满足消费者的全部损失,消费者可以向特许人要求赔偿。有些国家采取此种立法模式,例如,《俄罗斯民法典》第 1034 条规定:"对于向使用人(受许人)提出的关于使用人依照商业特许经营合同所出售的商品(完成的工作,给予的服务)不符合质量的请求,权利人(特许人)负补充责任。"

我国《企业名称登记管理规定(送审稿)》第 29 条规定:"企业可以授权其他企业使用本企业字号,但不得损害其他企业的在先合法权益。授权企业与被授权企业应当签订书面合同,在办理登记时一并报被授权企业所在登记机关,并分别将企业名称授权使用信息通过国家企业信用信息公示系统向社会公示。"本书认为,特许经营体系中被特许人数目众多,如果让特许人对被特许人的所有活动都承担连带责任,必将加重其负担,从而使特许经营失去其优势,并最终导致阻碍其发展的不利后果。同时,本书也不同意特许人承担补充责任,原因在于补充责任也加重了特许人的负担,且要求特许人承担补充责任并非世界各国特许经营立法的通常做法。[29]

一定条件下,特许人应当承担一定的"过错责任"。虽然说,在特许经营与第三人的纠纷中,以被特许人自己承担责任为原则,但是,不可否认在一

〔29〕 王跃龙:《特许经营合同中的商号使用许可问题研究》,载刘宪权主编:《华政法律评论》(第 4 卷),上海人民出版社 2011 年版,第 101 ~ 103 页。

定条件下,特许人也要对第三人承担一定的责任。必须说明的是,特许人承担责任的理论依据并非“表见代理”,而是“过错责任”,即因为特许人的过错造成的责任,则特许人要对于第三人负责。

典型判决

“经审理查明,开封市郊宋都副食批发部系郭百全经营的个体工商户,经营时间从2004年3月4日至2008年3月3日。开封市郊宋都副食批发部自2008年11月13日至2012年11月12日经营者为丁颖。郭百全以开封市郊宋都副食批发部名义(为乙方)与可口可乐公司开封营业所(为甲方)于2007年签订101合作伙伴合约,此合约有效期从2007年1月1日开始生效,直至2007年12月31日终止。此后郭百全又以开封市郊宋都副食批发部名义(为乙方)与可口可乐公司开封营业所(为甲方)签订2008年101合作伙伴合约,此合约有效期从2008年1月1日开始生效,直至2008年12月31日终止。上述合约约定,101合作伙伴是甲方实施的一项营销体系的名称。每个101合作伙伴分别是独立于甲方的一个合约方,除本合约规定的关系外,与甲方并无任何其他关系。101合作伙伴不是可口可乐公司或甲方的一个部门、分支机构、附属机构、代理人或授权专营者。所以101合作伙伴应自行负责支付所有税款及本合约有关债务,独立承担其他法律责任。101合作伙伴是甲方推出的一款营销体系的名称。101合作伙伴和101合作双方在本合约中使用时并非中华人民共和国规定的‘合伙’或‘合法经营’关系,同时本合约绝无成立合伙经营关系的意图,亦并不构成合约各方的‘合伙’或‘合伙经营’关系。甲方总公司授权其各地分支机构有权签署并履行本合约,因此产生的债权债务以及法律责任由总公司享有和承担。甲方在非独家的基础上同意乙方在开封的地域内销售配送甲方产品。乙方同意遵守本合约中所有条款,提供销售、配送服务。甲方委派销售业务代表并视需要不定期提供其他员工协助‘101合作伙伴’在指定销售配送区域内定期按路线拜访客户,并进行客户开发、执行生动化、获取订单及甲方的协调工作。按照本合约及附件约定的各种折扣,甲方有权根据甲方核准的每月销售及配送产品的数量,同时依据考核项目的……检查结果及综合考虑乙方对本合约各个条款义务的执行情况,决定是否给予及给予的数量。乙方竭尽全力在销售区域内开发甲方产品销售潜力,并自行承担履行本合约所需费用。业务运作的检查:甲方的‘101合作伙伴’运作督导人员、‘101合作伙伴’协调员、销售人员将不定期检查101合作伙伴运作情况,乙方必须提供配合与便利。如果101合作伙伴未能达到甲方的操作标准,由本合约执行分公司向101合作伙伴发出书面改善通知,如果101合作伙伴未能在甲方设定的期限内完成改善工作,甲方有权终止合约。上述合约签订后,在合约期间丁颖、郭百全所经营的开封市郊宋都副食批发部为开拓开封市场,采取高进低出等方法进行销售可口可乐公司的产品。可口可乐公司开封营业所业务人员段明忠、何永、金鹏等人也先后代开封市郊宋都副食批发部收取开封市郊宋都副食批发部业务客户货款。其中石巧来分别于2008年9月20日、2008年9月22日、2008年11月10日、2008年12月10日、2008年12月23日、2009年1月7日、2009年1月12日、2009年1月13日向丁颖、丁婷婷(开封市郊宋都副食批发部工作人员)支付货款共1315000元。石巧来拉走商品831585.4元,尚有484338.6元没有供货。此后丁颖、郭百全、丁婷婷因犯集资诈骗罪被追究刑事责任。石巧来诉至法院请求判决立即赔偿损失782000元。另查明在丁颖、郭百全、丁婷婷涉嫌犯罪后,可口可乐公司尚有丁颖、郭百全的货款31607.06元,该款在刑事案件办理中已经转交公安机关。石巧来于2013年元月29日通过中级人民法院执行局执行刑事案件,领取丁颖诈骗一案退赔款36410元。

"关于责任划分问题,在合约期间丁颖、郭百全所经营的开封市郊宋都副食批发部采取高进低出等非正常方法销售可口可乐公司的产品,可口可乐公司开封营业所工作人员应当明知,但却不制止,并且还直接收取商户货款,工作人员的行为在一定程度上促使石巧来等商户相信丁颖、郭百全虚构的'08奥运年可口可乐促销活动',也在一定程度上促使石巧来等商户相信丁颖、郭百全与可口可乐公司存在关联或共同利益。尽管可口可乐公司开封营业所与郭百全在101合约条款中约定'每个101合作伙伴分别是独立于甲方的一个合约方,除本合约规定的关系外,与甲方并无任何其他关系。101合作伙伴不是可口可乐公司或甲方的一个部门、分支机构、附属机构、代理人或授权专营者'的内容,但是石巧来作为一个商户(合约双方的第三者)并没有理由知道上述约定。因此,在石巧来遭受丁颖、郭百全欺骗的过程中,可口可乐公司开封营业所存在过错,可口可乐公司开封营业所应当承担相应的赔偿责任。因可口可乐公司开封营业所不具有法人资格,其民事责任应有可口可乐公司承担。石巧来在受骗过程中也没有尽到注意义务,没有核实丁颖、郭百全所述的内容,对自己的损失应当承担主要责任。石巧来因丁颖、郭百全诈骗损失484338.6元,扣除在刑事案件处理中已经退赔的36410元,尚有损失447928.6元,法院酌定可口可乐公司赔偿石巧来损失134378.58元。石巧来过高请求部分,不予支持。依据《中华人民共和国民法通则》第一百零六条第二款、《中华人民共和国民事诉讼法》第六十四条之规定判决:一、可口可乐公司于本判决书生效后十日内赔偿石巧来损失134378.58元。二、驳回石巧来的其他诉讼请求。"[30]

七、企业名称权的法律保护

我国目前尚无完整的保护企业名称的法律体系,关于企业名称的保护主要反映在对企业名称权的保护之中,对于企业名称权的保护,有两种形式:

1. 适用"权利"化保护。《民法典》在总则编与人格权编中均将企业名称权视为整体性、根本性的权利,予以无条件地保护,[31]即赋予企业以企业名称权,以绝对权的方式加以保护;《企业名称登记管理规定》和《企业名称登记管理实施办法》对企业名称中的字号则赋予字号权,在特定地域范围内加以保护。

2. "行为规制"保护。适用反不正当竞争法保护,即把侵犯企业名称权作为一种不正当竞争行为予以制裁。我国《反不正当竞争法》第6条规定:"经营者不得实施下列混淆行为,引人误认为是他人商品或者与他人存在特定联系:……(二)擅自使用他人有一定影响的企业名称(包括简称、字号等)、社会组织名称(包括简称等)、姓名(包括笔名、艺名、译名等)……"换句话说,对企业名称领域存在的各种无法被名称权、字号权所包容的利益,以禁止或限制他人行为的方式加以保护,竞争法对于超越特定地域范围内的企业字号、企业名称简称的保护,就属于"行为规制"的保护。"行为规制"保护的目的系竞争秩序的维护与消费者权益的保护。[32]

《商事主体登记管理条例(草案)》第61条规定:"人民法院或者登记机关依法认定商事主体名称应当停止使用的,商事主体应当自收到人民法院生效的法律文书或者登记机关的处理决定之日起30日内办理名称变更登记。名称变更前,由登记机关以统一社会信用代码代替其名称。逾期未办理变更登记的,登记机关将其列入经营异常名录;完成变更登记后,登记机关将其移出

---

〔30〕 河南省开封市中级人民法院(2014)汴民终字第1829号民事判决书。

〔31〕 《民法典》第110条第2款规定:"法人、非法人组织享有名称权、名誉权和荣誉权。"第990条规定:"人格权是民事主体享有的生命权、身体权、健康权、姓名权、名称权、肖像权、名誉权、荣誉权、隐私权等权利。"

〔32〕 李友根:《论企业名称的竞争法保护——最高人民法院第29号指导案例研究》,载《中国法学》2015年第4期。

经营异常名录。”《企业名称登记管理条例(送审稿)》第31条规定:“企业认为其他企业违反本条例第十六条,或与第十六条所列情况的企业名称近似,侵害本企业名称权的,可以向人民法院提起诉讼,或者自知道或应当知道权利被侵害之日起三年内,请求侵权企业的登记机关作出行政裁决。企业登记机关收到申请后,可以对名称争议进行调解。调解达成协议的,当事人应当履行;调解未达成协议的,由企业登记机关作出决定,并书面通知当事人。企业登记机关认定构成侵权的,应当责令侵权人停止使用企业名称并办理名称变更登记。企业名称争议行政裁决具体办法由国家市场监督管理部门另行制定。”当事人对企业名称冲突的救济途径具有选择权,即选择行政或司法的途径解决冲突。2008年最高人民法院《关于审理注册商标、企业名称与在先权利冲突的民事纠纷案件若干问题的规定》第2条规定:“原告以他人的企业名称与其在先的企业名称相同或者近似,足以使相关公众对商品的来源产生混淆,违反反不正当竞争法第五条第(三)项的规定为由提起诉讼,符合民事诉讼第一百零八条规定的,人民法院应当受理。”可见,对于因不正当竞争行为导致的企业名称冲突,当事人除采用行政救济的方式,也可以反不正当竞争为由提起民事诉讼,要求损害赔偿。但在适用该条规定时应注意:(1)企业名称包括字号;(2)企业名称的反不正当竞争保护与知名度直接相关,即当知名度超出登记机关辖区的,在其知名地域内受《反不正当竞争法》的保护;(3)人民法院对此类案件的审理,在实体法上应适用《反不正当竞争法》第6条第3项的规定,从而为两个企业名称之间冲突纠纷提供了适用的法律依据;(4)此类纠纷应统一为知识产权纠纷案件审理,企业名称是市场主体的营业标识,可以起到识别商品或服务来源的作用,具有企业名称权的意义。在国际上,企业名称权是一种重要的知识产权,国外也将企业名称权冲突的纠纷纳入知识产权纠纷案件的范围。鉴于此,最高人民法院2020年12月14日修改后的《民事案件案由规定》将“侵害企业名称(商号)权纠纷”“擅自使用他人有一定影响的企业名称、社会组织名称、姓名纠纷”纳入“知识产权与竞争纠纷”当中,为将此类案件统一作为知识产权案件受理提供了依据。

企业名称在我国受到保护的情况分三种:第一,依法登记的国内企业名称应当受到保护,并且只在登记机关所属地域范围内享有专用权。这与我国长期以来实行注册登记行政体制密切相关。作为知识产权,企业名称的人身权性质很弱,财产权性质很强。企业名称依附于一定的营业及其商誉,如欲取得对抗第三人的效力,必须经过登记公示以取得公信的效力,基于这种对世的公信力方能得到法律的保障。第二,具有一定的市场知名度、为相关公众所知悉的企业名称中的字号,可以受到保护。之所以这样规定,主要是因为企业名称中具有知名度的字号本身即具有一定的公信力,这种公信力应受到保护。第三,外国企业名称以实际使用为前提,而无论其是否已在中国登记,也无论其知名度如何,这与国内企业名称的保护不同,这种区别对待的做法是否合理值得商榷。即只要企业名称符合上述三种情形之一,就应该受到我国法律的保护。[33]

商事人格权特殊的法律属性使其受到侵害的方式更为特殊,其保护方式具有许多财产权保护的方式和特点,体现出综合性、多种类并以财产权保护方式为主的特色:(1)对商事人格权受到侵害时的救济,以财产损害赔偿为主要形式。而且,这种财产损害赔偿除了使用侵权法上的基本原则外,在许多具体问题上还要适用反不正当竞争法以及商标法等特别法。(2)对商事人格权的救济通常以财产损失为限,并不包括精神损害赔偿。[34] 这一点主要针对除商自然人以外的其他商主体的商事人格权而言。(3)对商事人格权的保护可以适用于一些传统的人格权受侵害时的责任方式。因为商事人格利益是包括人格因素和财产权因素的复合利益,其人格因素决定了当商事人格权受到侵害时,可以适用一些人格权的救济方式,例如停止侵害、赔礼道歉、消除影响等。[35] (4)商事主体的容忍义务。相关主体的关于商事主体的言论若非故意诋毁,未超出对于商品的质量进行批评、评论的合理范围,不构成侵害商事主体的人格权。因此,我国《民法典》第 1025 条规定:"行为人为公共利益实施新闻报道、舆论监督等行为,影响他人名誉的,不承担民事责任,但是有下列情形之一的除外:(一)捏造、歪曲事实;(二)对他人提供的严重失实内容未尽到合理核实义务;(三)使用侮辱性言辞等贬损他人名誉。"对于商人的容忍义务作出了明确的规定。

由于现行多部法律法规对侵犯名称权等人格权的民事责任作了详细规定,基于立法技术的考虑,《民法典》第 995 条规定:"人格权受到侵害的,受害人有权依照本法和其他法律的规定请求行为人承担民事责任……"[36]

---

[33] 孙海龙、姚建军:《企业名称权的法律保护》,载《电子知识产权》2010 年第 1 期。

[34] 《民法典》第 1183 条第 1 款规定:"侵害自然人人身权益造成严重精神损害的,被侵权人有权请求精神损害赔偿。"

[35] 《民法典》第 995 条规定:"人格权受到侵害的,受害人有权依照本法和其他法律的规定请求行为人承担民事责任。受害人的停止侵害、排除妨碍、消除危险、消除影响、恢复名誉、赔礼道歉请求权,不适用诉讼时效的规定。"

[36] 黄薇主编:《中华人民共和国民法典人格权编释义》,法律出版社 2020 年版,第 112 页。

典型判决

根据最高人民法院《关于审理不正当竞争民事案件应用法律若干问题的解释》第6条第1款的规定:“企业登记主管机关依法登记注册的企业名称,以及在中国境内进行商业使用的外国(地区)企业名称,应当认定为反不正当竞争法第五条第(三)项规定的‘企业名称’。具有一定的市场知名度、为相关公众所知悉的企业名称中的字号,可以认定为反不正当竞争法第五条第(三)项规定的‘企业名称’。”因此,对于企业长期、广泛对外使用,具有一定市场知名度、为相关公众所知悉,已实际具有商号作用的企业名称简称,也应当视为企业名称予以保护。“天津中×青年旅行社”是原告1986年成立以来一直使用的企业名称,原告享有企业名称专用权。“天津×旅”作为其企业名称简称,于2007年就已被其在经营活动中广泛使用,相关宣传报道和客户也以“天津×旅”指代天津中×青年旅行社,经过多年在经营活动中使用和宣传,已享有一定市场知名度,为相关公众所知悉,已与天津中×青年旅行社之间建立起稳定的关联关系,具有可以识别经营主体的商业标识意义。所以,可以将“天津×旅”视为企业名称与“天津中×青年旅行社”共同加以保护。

《反不正当竞争法》第5条第3项规定,经营者不得采用擅自使用他人的企业名称,引人误认为是他人的商品等不正当手段从事市场交易,损害竞争对手。因此,经营者擅自将他人的企业名称或简称作为互联网竞价排名关键词,使公众产生混淆误认,利用他人的知名度和商誉,达到宣传推广自己的目的的,属于不正当竞争行为,应当予以禁止。天津×青旅作为从事旅游服务的经营者,未经天津×旅许可,通过在相关搜索引擎中设置与天津×旅企业名称有关的关键词并在网站源代码中使用等手段,使相关公众在搜索“天津中×青年旅行社”和“天津×旅”关键词时,直接显示天津×青旅的网站链接,从而进入天津×青旅的网站联系旅游业务,达到利用网络用户的初始混淆争夺潜在客户的效果,主观上具有使相关公众在网络搜索、查询中产生误认的故意,客观上擅自使用“天津中×青年旅行社”及“天津×旅”,利用了天津×旅的企业信誉,损害了天津×旅的合法权益,其行为属于不正当竞争行为,依法应予制止。天津×青旅作为与天津×旅同业的竞争者,在明知天津×旅企业名称及简称享有较高知名度的情况下,仍擅自使用,有借他人之名为自己谋取不当利益的意图,主观恶意明显。依照《民法通则》第120条规定,天津×青旅应当承担停止侵害、消除影响、赔偿损失的法律责任。[37]

最高人民法院的裁判要点:(1)对于企业长期、广泛对外使用,具有一定市场知名度、为相关公众所知悉,已实际具有商号作用的企业名称简称,可以视为企业名称予以保护;(2)擅自将他人已实际具有商号作用的企业名称简称作为商业活动中互联网竞价排名关键词,使相关公众产生混淆误认的,属于不正当竞争行为。

〔37〕 最高人民法院审判委员会讨论通过2014年6月26日发布的第29号指导性案例。

第五章　商事登记制度

第一节　商事登记概述

一、商事登记的概念及特征

商事登记是指申请人为依法开展商事活动，就设立、注销商事主体及变更相关事项，向商事主体登记机关提出申请，由登记机关依法通过登记确认商事主体资格和一般经营资格，签发营业执照，并予以公示的行为。[1]

商事登记具有以下特征：

1. 商事登记的目的在于“公示信息”。如果没有表明商事经营者的状态的方式，不仅不能使公众清晰地了解经营者的情况，并更加明智地选择和决定自己的交易行为，从而保护社会公众的利益；而且也无法保护商事经营者自身的权利，不能很好地确立商人的经营信誉。商事登记法律制度的形式使商事经营者的商人身份能够在法律文件中记载下来，使其经营状况和法律关系可以得到具有法律效力的公示，从而使公众周知其经营的内容，在与其交易中有所取舍，保证交易之安全。同时，这样一种法律制度也可以使经营者获得信誉。

2. 商事登记是要式民事法律行为。商事登记注册的内容与事项往往为商事特别法以强制性条款的形式规定并具体列明。由于商事活动涉及社会生产的各个领域，必须对其严格监控，因此需要一定的登记程序以维持国家的监管。所以，商事登记必须严格按照法律规定的有关条件与程序办理，否则不能产生相应法律效力。

3. 商事登记在本质上是一种“私法行为”。学界关于商事登记性质的认识虽有分歧，但比较集中在其私法性与公法性的甄别上。本书认为，纠缠于

---

〔1〕《商事主体登记管理条例（草案）》第3条。

公法与私法的两元划分来讨论商事登记的性质有其局限性,历史地来看,商事登记的性质主要由其活动内容和制度功能所决定,完全依赖登记主体确定其活动的性质有失偏颇。

从前述商事登记的概念可知,商事登记是由作为私法主体的申请人之申请登记行为和登记主管机关的审核登记注册与公告行为复合构成民事法律行为。基于对商事登记所包容的两种行为认识的侧重点不同,我国法学界关于商事登记制度的性质存在三种不同的主张:其一,认为商事登记的本质是一种公法行为,是登记主管机关代表国家意志,以公权力对商事私法行为及其营业状态、主体地位的法律确认,主要体现的是一种国家意志,在性质上属于以公法为主要内容的行政民事法律行为。其二,认为商法理论所要阐述的乃是商事民事法律行为意义上的商事登记,对商事民事法律行为意义上的商事登记与国家管理监督意义上的商事登记必须明确区分,商事民事法律行为当然是私法行为。其三,认为商事登记制度既具有明显的私法意义上的功能,又具有强烈的公法意义上的功能。

《行政许可法》第2条规定:"本法所称行政许可,是指行政机关根据公民、法人或者其他组织的申请,经依法审查,准予其从事特定活动的行为。"第12条第5项进一步规定,企业或者其他组织的设立等,需要确定主体资格的事项,可以设定行政许可。所以,只有企业或者其他组织的设立、登记才属于《行政许可法》所规范的行政许可。具体地说,工商设立登记、注销登记的目的正是创设或消灭法律人格,赋予或剥夺企业和其他组织的独立主体资格,即确立或消灭企业和组织的市场主体资格或从事社会活动的资格,因而工商行政机关作出的设立登记和注销登记属于行政许可行为。在我国,登记机关实质上发挥了一个市场准入控制者的角色,即处于一个行政权力行使者的位置,控制监督私法主体——商事主体的产生。非经登记,商事主体不得成立。我国《商事主体登记管理条例(草案)》第3条第2款规定:"未经商事主体登记,任何个人或组织不得以商事主体名义开展经营活动。"就法律效果而言,登记仅在于一个商事主体的创设,而没有其他法律意义。因此,登记行为具有很强的公法色彩。

各国法律向来主张营业自由或工商自由,认为营业自由乃是人民的基本权利乃至宪法权利。对于该等基本权利,不存在剥夺该等权利的法律,也不存在授予人民开展营业的权利,无论是解禁说抑或是赋权说,都与现代社会及商业社会的本质背道而驰。在我国,私人地位曾经处于公权力的约束中,私人权利一定程度上受制于公权力。在国家本位的背景下,私法带有义务本位或社会本位的色彩,公权力决定了私人权利的有无,也决定了私人权利的广度和深度。[2]

由此可见,在我国商事组织法中居于支配地位的,乃是商事登记之行政监管观念。由此导致的结果就是,在理论上,商事登记的公示意义被“未经登记,不得经营”的强制主义观念所取代,营业自由的理念被消于无形,商事经营者固有的“民事主体”地位、商事行为固有的“民事法律行为”性质、商事交易实施上的“意思自治”原则及其商事交易后果上的“自己责任”原则,因而也被湮没。在实践中,商业公示的统一性要求让位于行政体系下的“行业归口管理”,民事主体的营业自由让位于公权力享有的意志等诸多弊端也就随之而来。因此,如果说真正确立准则主义,强调商事登记的公示意义,逐步摒除源自计划经济时期的商事登记制度的行政监管色彩,应当成为我国商事登记制度改革的方向的话,那么观念上的变革,即确立营业自由的理念,并通过科学的商事登记之公示技术对这一理念予以弘扬,无疑应构成我国商事登记之制度改革的起点。[3]

当前处于全球分享经济的时代,市场准入障碍是一个核心障碍。目前世界上的主要国家和地区都已经意识到传统的市场准入(商事登记)制度对于分享经济的障碍,[4]在市场准入方面均不断地调整商事登记制度,以适应分享经济带来的社会变革。值得注意的是,我国《商事主体登记管理条例(草案)》通过规定电子化登记、电子营业执照、压缩企业开办时间、多证合一、证照分离、一照多证、名称登记改革、豁免登记、放宽住所登记、网络经营场所登记等制度,致力于构建宽松便捷的市场准入制度,可谓是我国商事登记制度的改革的一大进步。

二、商事登记的作用

商事登记作为国家管理商事主体活动的重要手段,对于保障商事交易的安全具有重要意义,具体来说,表现在以下几个方面:

1.公示交易信息,保障交易之安全,促使交易之迅捷。经济学界很早就注意到市场信息及公示对市场交易的影响,以此为基础形成经济学的一个

---

〔2〕 叶林:《我国外商投资审批制度的评价》,载《外商投资企业法高端论坛论文集》,中国人民大学法学院2010年6月19日。

〔3〕 张翔:《商业登记与营业自由——商业登记的功能、技术及其价值基础分析》,载《政治与法律》2008年第2期。

〔4〕 马化腾等:《分享经济》,中信出版集团2016年版,第247页。

独立分支即信息经济学。信息经济学认为市场具有不确定性,减少市场不确定性的途径是及时获取完全、充分、真实的市场信息,以避免交易的盲目性、降低交易的风险性。但由于现实中存在的市场信息具有不完全、不对称的缺陷——市场信息数量不充足,质量则真假难辨;市场交易双方占有的信息数量或质量不均衡,占有信息较多的一方可以利用其信息优势剥削、损害占有信息较少的一方;且信息作为一种公共物品,生产成本高,消费不具排他性,一般而言私人对信息无力投资或不愿投资,以致信息缺陷问题不能通过市场本身来解决,从而出现了因信息缺陷而导致的市场失灵,极大影响了市场效率。政府对市场的干预原因在于信息不对称、外部性和消费者保护等。因此,国家的主动介入和适度干预就成为必要,即国家应作为信息这种公共物品的积极投资者,建立市场的基础信息源,及时提供统一、完全、真实的市场信息,矫正信息缺陷而出现的市场失灵。具体而言,首先,国家以法律的形式对信息的原始拥有者科以信息公示的义务,违反信息公示与报告义务需承担相应的法律责任;其次,由专门国家机关对各种信息进行收集、整理、公开,并建立统一、权威的基础信息源;最后,国家以法律的形式赋予信息的使用者以自由获取信息的权利,即均可随时向基础信息源搜寻、查找相关信息。

商事登记法在申报事项上的明确而强制的要求,有助于提高当事人对相关交易主体资源和能力的了解,以便预测待定交易的风险,从而减少交易中意外风险发生的频率,提高交易安全;同时商事登记要求商事主体将其商事人格的变动、商事经营状况和法律关系进行登记和公告,显然有助于相关交易主体便利地获取这些信息,从而大大降低相关主体为调查这些信息而支付的成本,客观上有助于交易之迅捷。

值得注意的是,在当前"共享经济"的背景下,网络交易平台提供了海量的商品和服务信息,信息供给数量大幅增加,一定程度上弥补了传统交易的信息披露不足、解决了传统交易上的"信息不对称"问题。基于两种交易模式中造成信息不对称的原因不同,信息不对称的矫正机制也应当有所区别,传统经济下应当重点规制信息供给,共享经济背景下应重点规制信息的真实性和有效性。[5]

2. 维护商事主体的信誉,昭示其营业信用。凡是已登记事项,除有虚假陈述以外,均属确定事项,商事主体可以通过自己的经营获取商事信用,不

---

〔5〕 蒋大兴、王首杰:《共享经济的法律规制》,载《中国社会科学》2017年第9期。

断提高自己的知名度,以期获得更好的发展。商事主体拥有良好的信用,可以降低交易费用,同时还可强化企业品牌的竞争能力。

3. 便于国家取得统计核算资料,以便实现经济宏观调控措施。通过商事登记制度,可以帮助国家或政府机构更准确地了解全社会商事经济的组织、机构及其经营状况,更便于国家借助公法手段对商事经营活动予以必要的、一定程度的管理和调整。

商事登记制度具有复合性的功能,但在现代社会,信息公示并通过其实现确保交易安全则是其最为根本的目的和最为核心的功能。我们完全认同"随着准则主义在世界各国的普遍采用,商事登记制度的目的也随之实现了由经济监管向信息公示的转移"的观点。因为商法公示注意原则和企业设立原则的变迁,毕竟充分说明了这一点。如果说在特许和核准主义阶段,实施商事登记制度异化为国家实施严格市场准入控制和市场行为监管工具及手段的话,则在无须前置审批、登记与设立许可彻底脱钩的准则主义阶段,信息公示目的则无疑应该成为其最为核心的目的。明确这一点,对于推行市场化改革中的我国商事登记立法而言,具有更为重要的意义。

长期以来,由于受计划经济以及传统观念的影响,商事登记立法管理法或经济统制法色彩十分浓厚,其私法属性之一面被完全掩盖,私法功能被严重忽略。因此,弱化其管理法的色彩,纯化其目的,彰显其信息披露与公示的功能,应是我们在制定统一商事登记立法时应该采取的基本态度。这既是政府角色变迁的客观需要,也是公法服务于私法、公法价值皈依私法价值的必然逻辑。

随着服务行政概念的提出,政府的社会角色及政府与公民关系方面所进行的改革表现为政府的角色更加多元,将从单一的统治者角色以及管理者角色固化中求变,展现出合作伙伴的姿态。这意味着,政府在进行市场监管的时候,将从以往管制的单向行为转为与被管制者的双向互动,此时,政府将由过去的管制者转为在市场中扮演市场主体的服务者,以服务的精神和理念去引领行为选择。例如,"负面清单"式的市场准入,只有出现了特殊营业诉求,才会触动政府关于市场准入的规制程序,而在其余时间,政府仅仅为企业提供高效的登记服务,并且主动将这些信息整理并归入促进交易主体信息公开以及减少市场主体信息不对称的市场治理过程中。[6] 另外,

---

〔6〕 王兰:《公司法变迁的现代化进路:公司治理框架下的反思》,中国商法学研究会2018年年会论文。

《商事主体登记管理条例(草案)》第21条规定:"政府有关部门应当简化企业从申请设立到具备经营条件所需办理的手续……"要求政府为商事主体登记提供便利化服务。此举顺应了优化营商环境的背景下,强化政府为市场主体服务的新要求。

三、商事登记制度的历史沿革

任何一项法律制度的出现都是适应社会需要而产生的,法律制度的价值也正是在于满足这种需要。在商事主体登记的起源中,不难发现商事登记制度的以下特点:第一,在早期,商事登记制度为了商人自身的需要而自发产生,是商人为了区别于非商人而在商人组织内产生的自发性制度,而不是某个公共团体或在公权力的干涉下产生的。这种自发性说明了商事登记制度本身存在的合理性,而这种合理性也是这一制度直到现在仍然存在的最为根本的原因。第二,早期对商人资格的认定是完全通过商人组合名簿这一形式来确定的,因为没有判断是否具备商人的资格的实质要件。如果说有,那就是该行业的饱和程度及竞争状态。这与中世纪商习惯法表现为商人身份法是一致的。第三,商事登记的目的最早主要是区分商人与非商人,即通过商事登记赋予从事商业经营的商人资格。从这一角度看,当时的商事登记纯粹是为了保护商人——商人组合名簿中的登记人整体利益而存在的。随着商事交易的发展与商事交易的增加,交易安全的问题开始出现,为解决这一问题,商事登记逐渐具有了公示作用,从此时起,商事登记不再仅限于保护登记人本身,保护与之为交易行为的第三人利益成为商事登记的目的之一。可以认为也正是从此时开始,商事登记才有必要纳入国家控制之中,因而被逐步纳入成文法,形成了现在的商事登记制度。[7]

现代法律意义的商事登记制度始于1861年《德国商法典》。该法典在第一编中对于商人资格和能力之取得、商事登记机关、商事登记事项、商事登记程序、商事登记簿、企业名称等均设有详细的规定,这些规定不仅适用于一般的商事主体,而且也适用于企业登记。《德国商法典》于1897年又经系统地修改,形成了所谓"新商人法主义"之立法体制,这一立法例所创制的商事登记制度成为后世各国商事登记法的典范。我国清代以前之登记制度只是作为国家管理、抑制工商业发展的手段,不同于西欧保护商人利益的商事法律制度,故将其作为商事登记制度的一部分过于牵强。

---

〔7〕　李惠阳:《商事主体登记法律制度研究》,对外经济贸易大学出版社2009年版,第50~51页。

第二节　商事登记的机关、对象和登记事项

一、商业登记的法源形式与主管机关

(一)法源形式

现今各国与地区商业登记法的立法体例共有以下四种:(1)商法典与单行法两立,德国、日本与韩国采此种体例;(2)包含于民法典之中,意大利与瑞士采此种体例;(3)单行法方式,法国、我国台湾地区与香港特别行政区采此种体例;(4)企业法及其附属法令中,英国、美国及我国内地采此种体例。

依立法体例的不同,商业登记法可分为两种:形式意义的商业登记法与实质意义的商业登记法。所谓形式意义的商业登记法,是指以商业登记法命名的统一成文法;所谓实质意义的商业登记法,是指规范商业登记行为的法律规范的总和。

我国《商事主体登记管理条例(草案)》顺应优化营商环境,解决商事登记立法分散,不同市场主体登记规则、标准、程序不统一,效力不明确等问题,规定了不同类型商事主体的登记管理规范,统一了登记规则。

(二)不同国家和地区的设置

商事登记的主管机关是指按照商事登记法的规定,接受商事登记申请,并具体办理商事登记的国家主管机构。各国关于商事登记主管机关的规定很不一样,商事登记主管模式的选择要受商事登记目的的影响,主要有以下四种模式:

1. 法院为商事登记的主管机关。如德国、韩国等国商法规定,商事登记由地方法院办理。

2. 法院和行政机关均为商事登记机关。如法国商法规定,法院办理一般商事登记,行政机关办理企业商事登记。

3. 行政机关或专门设立的附属行政机构为商事登记机关。如英国、美国、日本等国的商事登记。

4. 专门注册中心和商会为商事登记机关。如《荷兰商事注册法》规定地方商会负责保管当地商事注册文件。他们认为商人不具有特殊的地位,商

事登记仅为公众提供信息来源，所以由商会负责登记，从而具有非官方性。

通常而言，商事登记机关的权威性越高，商事登记的公信力越强；反之则弱。德国以法院为登记机关，进而赋予商事登记以极强的公信力。荷兰采用商会登记制度，其证明力则相对较弱。[8]

（三）我国的商事登记机关

我国采取行政监督主义，《商事主体登记管理条例（草案）》第7条规定："国务院市场监督管理部门主管全国商事主体的登记管理工作。县级以上市场监督管理部门是商事主体的登记机关，负责本辖区内的商事主体登记。县级市场监督管理部门可以依法委托其下属市场监督管理所办理个体工商户登记。"

二、商事登记的对象

（一）商事登记的对象概述

商事登记的对象为商事主体，但哪些商事主体必须履行商事登记以及履行何种商事登记，各国法律规定并不完全一样，这主要取决于一国的立法观念及产业政策。例如，在澳大利亚、新西兰等国，商人从事营业不要求进行商事登记。但是，随着市场经济的发展和国家对商事领域干预的加强，为维护市场经济的正常秩序，防止虚设的商事主体实施诈骗行为，现代国家立法逐渐趋向于采取强制登记主义。即使仍然采取任意登记主义的国家，也作了一些补充性的规定予以制约，从而促使商事主体主动履行商事登记程序。例如，《瑞士债务法》第933条规定："登记所需事实未能进行登记的，不得以之对抗第三人，但有明确的公告证据的除外。"就立法技术上而言，现代各国法律均明确列举出哪些商事种类无须登记，即从反面来规则商事登记的范围。例如，《韩国商法典》第9条规定："本法中有关经理、企业名称、商事账簿及商事登记的规定，不适用于小商人。"

（二）我国商事登记的对象

在立法技术上，各国法律一般不对商事登记的范围进行具体列举，往往以排除法加以明示，任何单位和个人不得违反法律、法规的规定从事无照经

---

〔8〕 叶林：《公司法原理与案例教程》，中国人民大学出版社2010年版，第81页。

营。我国实行的是强制登记制度,在我国从事任何商事活动必须事先进行商事登记,严禁无照经营。强制登记主义无谓地增加了经营活动的事前成本,对主体的生存和发展造成不必要的束缚,成为我国市场主体体系发育的掣肘。本书建议商事登记法借鉴德、日等国的立法模式,改采任意登记主义模式。在统一商事登记法的总则部分作原则性规定,在分则部分以及其他法律法规中对各种类型商事主体设立登记作具体的规定。对不同类型的商事主体应区别对待:企业法人必须履行登记注册程序;商个人与商合伙,应进行税收登记,登记注册则可以是任意、自愿登记的,可以取得商事主体资格。

《商事主体登记管理条例(草案)》第5条规定:“在县级以上地方人民政府指定的场所和时间,销售农副产品、日常生活用品,或者个人利用自己的技能从事依法无须取得许可的便民劳务活动以及其他依照法律、行政法规不需要进行登记的,免于商事主体登记。”很显然,相较以前,我国放宽了要求登记的范围,体现了商法应具有的灵活性。

三、商事登记事项

(一)商事登记事项的可登记性及分类

在现代社会,商事登记制度的首要目标是保护商人以外的第三人,让他们通过商事登记制度提供的信息了解商人的基本情况,以确保第三人的利益得到有效保护。但是商事登记制度对商人存在不利,它公开了商人的重要信息,使商人的众多商业秘密暴露无遗。为了平衡商人和第三人的利益,各国商事法并没有要求商人对自己所有的信息都公开,只要求商人公开某些重大信息,对于法律没有要求的信息,商人可以不公开。对重大信息的公开是为了保护第三人的利益,对非重大信息的不公开则是为了保护商人的利益。至于哪些信息应当公开,哪些信息不应当公开,取决于一个国家法律的规定。对于应当公开的信息,商人应当予以登记;对于法律没有要求公开的信息,商人可以基于自愿进行登记。商法学说将商事登记的事项分为两种,即必须登记的事项和可以登记的事项。

(二)我国商事登记的事项

在我国,《商事主体登记管理条例(草案)》对不同类型的商人必须登记的事项分别作出了明确规定。《商事主体登记管理条例(草案)》第9条规定:“公司的登记事项包括名称、住所、法定代表人、注册资本、公司类型、经营范围、有限责任公司股东或者股份有限公司发起人姓名或者名称。"第10条规定："非公司企业法人的登记事项包括名称、住所、法定代表人、注册资金、企业类型、经营范围。"第11条规定："农民专业合作社、农民专业合作社联合社的登记事项包括名称、住所、法定代表人、成员出资总额、业务范围。"第12条第1款规定："合伙企业的登记事项包括名称、经营场所、执行事务合伙人、合伙企业类型、经营范围、合伙人姓名或者名称及住所、承担责任方式、认缴或者实际缴付的出资数额、缴付期限、出资方式和评估方式。"第13条规定："个人独资企业的登记事项包括名称、住所、经营范围、投资人姓名及居所、出资额和出资方式。"第14条规定："分支机构的登记事项包括名称、经营场所、负责人、经营范围。"第15条规定："个体工商户的登记事项包括经营者姓名及其住所、组成形式、经营范围、经营场所。个体工商户可以起字号，字号作为登记事项。"

（三）"认缴登记"与"实缴公示"脱钩

我国《公司法》第7条第2款规定："公司营业执照应当载明……注册资本……事项。"《商事主体登记管理条例（草案）》第9条规定："公司的登记事项包括……注册资本……"《商事主体登记管理条例（草案）》第19条第1款规定："商事主体的注册资本（注册资金、出资额、出资总额）实行认缴登记制。法律、行政法规及国务院决定对其实缴和最低限额另有规定的，从其规定。"

依据上述规定，我国仅要求公司对于注册资本与认缴资本的总额予以公示，而对于攸关公司实际资历之实收资本，仅要求公司在向公司信用信息公示系统递送公司年度报告时予以载明。换句话说，我国采取的认缴资本制仅强制公司登记注册资本，而不再要求登记实收资本。另外，《企业信息公示暂行条例》第8条第2款规定："当年设立登记的企业，自下一年起报送并公示年度报告。"新设立的公司的年度报告，于公司成立之隔年始要求公示，故在公司初期资本状况混沌不明时，公司的交易相对人仅能查知其认缴的资本额度，而无法了解其资本的实收情况。资本制度在市场上的主要功能之一在于揭示公司基础财务状况，使公司交易相对人足以判断公司之资力，故此应当以昭示公司实际资本收受情形为准，而不能仅仅要求公司公示其认缴的资本或者注册资本，如此堪称舍本逐末，导致认缴资本与实收资本之公示的失衡。[9]

---

〔9〕 王文宇：《简政繁权——评中国大陆注册资本认缴制》，载《财经法学》2015年第1期。

具体来说,认缴制允许股东缔结长期而不完整的出资合同,因此开启理性自利股东的投机行为:股东可以随意约定其出资的期限,以争取其自身投入资本的弹性;因股东掌握期限内出资与否的主动权,必将导致公司实收资本的极大不确定性,认缴期限越长,投机性就越大。与此同时,公司的交易相对人在评估公司的资力时,也须耗费更多信息搜集与信息核查之成本,尤其是认缴资本制,允许股东设定很长的出资期限,资本实收状况更不确定,此更增添了对于公司资力评估的困难。同时,我国《刑法》为配合认缴资本制,取消了"两虚一逃"的罪名。[10] 更为不利的是,若欲打破此限制,加速出资义务到期,我国现行法律仅《企业破产法》设有例外。[11] 有学者主张就学理推导而言,权衡股东期限利益保护和公司债权人利益保护,当公司资产不足以清偿公司债权人债权时,应当类推适用我国《企业破产法》的"加速到期"制度。但是,从法理上说,既然法律允许公司股东得通过章程自由约定其出资期限,则公司股东应当享有资本认缴的"期限利益",若强制适用《企业破产法》中的"加速到期"制度,未免不妥。同时,市场主体自主决定企业和自己的命运更符合市场的本质。"加速到期"所对应的"债权人利益"不应当限定为某一交易中特定的债权人,而是与公司发生交易的所有债权人,如果任由某一债权人抢先适用"加速到期",实际上剥夺了其他债权人公平受偿的机会。更为重要的是,如果允许随意适用股东出资"加速到期",在示范效应的影响下,公司债权人为保护自身利益、出于机会成本的节约,必将认缴资本制度下的公司股东随意拖进与公司交易有关的所有诉讼,公司股东只能疲于应诉,客观上有过度保护债权人之嫌。

对此,《九民纪要》第6条规定:"在注册资本认缴制下,股东依法享有期限利益。债权人以公司不能清偿到期债务为由,请求未届出资期限的股东在未出资范围内对公司不能清偿的债务承担补充赔偿责任的,人民法院不予支持。但是,下列情形除外:(1)公司作为被执行人的案件,人民法院穷尽执行措施无财产可供执行,已具备破产原因,但不申请破产的;(2)在公司债务产生后,公司股东(大)会决议或以其他方式延长股东出资期限的。"因此,公司不能清偿到期债务而股东出资期限尚未届满,债权人起诉请求股东提

---

〔10〕 全国人民代表大会常务委员会《关于〈中华人民共和国刑法〉第一百五十八条、第一百五十九条的解释》:"刑法第一百五十八条、第一百五十九条的规定,只适用于依法实行注册资本实缴登记制的公司。"2014年4月24日第十二届全国人民代表大会常务委员会第八次会议通过。

〔11〕《企业破产法》第35条规定:"人民法院受理破产申请后,债务人的出资人尚未完全履行出资义务的,管理人应当要求该出资人缴纳所认缴的出资,而不受出资期限的限制。"

前履行出资义务以清偿债务的,不予支持。理由是:“如果公司不能清偿单个债权人到期债权,那么其往往是资不抵债,或者明显缺乏清偿能力,或者有丧失清偿能力可能。此时按照《中华人民共和国企业破产法》第二条之规定,公司已经符合破产条件,所以更应当保障全体债权人的利益。单个的债权追及诉讼不符合《中华人民共和国企业破产法》第三十一条、第三十二条的精神。债权人应当申请债务人破产,进入破产程序后再按照《中华人民共和国企业破产法》第三十五条规定使股东出资义务加速到期,最终在真正意义上保护全体债权人利益。在类似诉讼中,法院应注意向当事人释明,如果债务人公司不能通过融资或者其股东自行提前缴纳出资以清偿债务,债权人有权申请启动破产程序。”〔12〕

我国的商事制度改革实践证明,此次商事制度改革有利有弊,有利之处在于达到了“鼓励投资”的目的,世界银行《2020 年营商环境报告》显示,2019 年我国营商便利度排在全球第 31 位,特别是“优化注册流程”改革举措得到世界银行的高度赞赏。其弊端在于弱化了股东的出资义务,降低了公司资本真实性的要求,无疑将本已倾斜的公司治理天平更趋于不平衡,导致股东的“无限权力”“有限责任”“公司信用严重恶化”,或许会对我国公司法的基本制度造成致命性的破坏。〔13〕 我国的商事信用呈现出整体上恶化的趋势,会计信息失真和信贷数据造假的现象层出不穷。尽管我国《商事主体登记管理条例(草案)》已经确立了商事主体披露信息年报的义务、公司向债权人披露信息的义务,但是从商事制度的角度而言,仍有诸多问题悬而未决:债权人可否要求查阅公司的财务会计资料?债权人可否提起知情权诉讼?信息披露与商业秘密保护的边界如何界定?因此,欲破解认缴资本制对于公司债权人利益的弊端,只有另行设计配套制度,如公司资本的催缴、失信惩罚制度、公司外部监督制度(债权人介入公司治理)〔14〕等。

(四)网店的登记

值得注意的是,随着信息时代的到来,网店已成为一种新的商人种类,

〔12〕《山东省高级人民法院民二庭关于审理公司纠纷案件若干问题的解答》。

〔13〕张凌云:《股东有限责任的制度反思与控股股东的信息披露义务》,载第三届中国企业治理高端论坛暨中国行为法学会企业治理研究会 2017 年年会论文集。

〔14〕最高人民法院《关于适用〈中华人民共和国公司法〉若干问题的规定(四)》第 1 条规定:“公司股东、董事、监事等请求确认股东会或者股东大会、董事会决议无效或者不成立的,人民法院应当依法予以受理。”将公司债权人排除在主张股东(大)会、董事会等决议瑕疵的原告之外,体现了“内外有别”原则,防止债权人对公司正常经营秩序的过度干扰。

网店成为商人的主要问题在于其虚拟性。网店的铺面都是以虚拟的形式出现在互联网上，大部分网店不存在与之相对应的实体店。我国商人的设立条件要求有固定的生产经营场所，体现在登记注册上则为注册申请要求提交经营场所证明。因开设网店不需要实体铺面，对于店主来说，这确实是一个重要优势。实际上，商人需要的是一个以方便送达公文和确定诉讼管辖的住所，此住所与经营无关，它不需要考虑地理位置，也不需要考虑因经营引起的相邻关系，只需要登记申请人提供固定地址证明即可，其成本比提供经营场所证明小得多。对此，我国《商事主体登记管理条例（草案）》第 17 条第 3 款规定："仅通过互联网开展经营活动的电子商务经营者申请登记为个体工商户的，可将网络经营场所作为经营场所进行登记。"

为保护交易安全，我国《电子商务法》第 10 条规定："电子商务经营者应当依法办理市场主体登记。但是，个人销售自产农副产品、家庭手工业产品，个人利用自己的技能从事依法无须取得许可的便民劳务活动和零星小额交易活动，以及依照法律、行政法规不需要进行登记的除外。"第 11 条规定："电子商务经营者应当依法履行纳税义务，并依法享受税收优惠。依照前条规定不需要办理市场主体登记的电子商务经营者在首次纳税义务发生后，应当依照税收征收管理法律、行政法规的规定申请办理税务登记，并如实申报纳税。"第 12 条规定："电子商务经营者从事经营活动，依法需要取得相关行政许可的，应当依法取得行政许可。"第 15 条规定："电子商务经营者应当在其首页显著位置，持续公示营业执照信息、与其经营业务有关的行政许可信息、属于依照本法第十条规定的不需要办理市场主体登记情形等信息，或者上述信息的链接标识。前款规定的信息发生变更的，电子商务经营者应当及时更新公示信息。"这些规定对于网络交易主体的资质作出了明确的规定。

网店经营的开放性是网络市场发展的天然优势，网店的虚拟性也使网店经营面对大量的不确定消费对象，正是由于这种开放性和虚拟性，使各种网络不正当竞争行为、网络消费欺诈行为日益突出，虚假宣传、假冒伪劣、虚构交易数据等侵权行为更是愈演愈烈。同时，由于网络购物大多是异地消费者和无实体店面的经营者交易，买卖双方未签订具体的合同，使网络消费者合法权益难以得到有效保障和维护，严重阻碍了我国电子商务的健康发展，并在一定程度上影响了国民经济的健康发展。因此，我国《电子商务法》将网店实名制落到实处，切实维护了消费者权益，构建了我国网络商品交易安全的基石。同时，《商事主体登记管理条例（草案）》也通过规定登记机关依职权对商事主体登记事项进行监督管理,年度和信息公示、公示经营异常名录与严重违法失信名单、给予信用惩戒等制度,以维护商事主体登记信息的公信力,从而进一步规范商事主体的经营行为,维持良好的市场秩序,保护相关主体的权益。通过与《电子商务法》的配合,更有助于从源头对电子商务经营者行为进行监督管理,遏制不良行为的发生。

第三节 商事登记的种类

《商事主体登记管理条例(草案)》规定的登记种类是:设立登记、变更登记、注销登记、歇业登记。

一、设立登记

商事主体的开业登记也称为设立登记,是指商事主体的创设人为设立商事主体而向登记机关提出申请,并由登记机关办理登记的民事法律行为。一般来说,商事主体设立登记的主要事项包括:名称、住所、经营范围。《商事主体登记管理条例(草案)》第28条规定:"申请人向登记机关申请设立登记,符合设立条件的,登记机关准予登记,颁发营业执照,营业执照签发日期为商事主体的成立日期。依照法律、行政法规或者国务院决定规定,设立商事主体须经审批的,应当在取得批准之日起30日内,向登记机关申请商事登记。对于申请人提出的其他备案事项申请,登记机关应当在登记注册时一并办理,采集信息,并实现部门信息共享。"由此可见,除法律、行政法规或者国务院决定另有规定者外,其他任何规范性文件所规定的审批都不再作为公司设立登记的条件。

二、变更登记

已登记的商事主体因名称、住所、经营范围等事项发生变化,都须进行变更登记。例如,《日本商法典》第15条规定:"已登记的事项发生变更或其事项消灭时,当事人应从速进行变更或注销登记。"《商事主体登记管理条例(草案)》第36条规定:"商事主体变更登记事项,应当自作出变更决议或者法定变更事项发生之日起30日内向登记机关申请变更登记。商事主体登记事项涉及分支机构登记事项变更的,应当自商事主体变更登记之日起30

日内申请分公司变更登记。变更登记涉及营业执照载明事项的,登记机关应当换发营业执照。未经变更的登记,商事主体不得擅自改变登记事项。”

2014 年 3 月 1 日开始,我国正式取消“年检”制度,改为“年度报告”制度。《商事主体登记管理条例(草案)》第 78 条规定:“商事主体应当于每年 1 月 1 日至 6 月 30 日向社会公示上一年度年度报告,并应当向社会公示其经营过程中的重要信息。办理歇业登记的商事主体需要依法报送年度报告。商事主体年度报告的信息公示的内容应当符合《企业信息公示暂行条例》的规定。”

商事主体未按照规定的期限公示年度报告或者未按照工商行政管理部门责令的期限公示有关公司信息的,或者公示信息隐瞒真实情况、弄虚作假的,根据我国《企业信息公示暂行条例》的相关规定,由县级以上工商行政管理部门列入经营异常名录,通过企业信用信息公示系统向社会公示,提醒公司履行公示义务;情节严重的,由有关主管部门依照有关法律、行政法规规定给予行政处罚;造成他人损失的,依法承担赔偿责任;构成犯罪的,依法追究刑事责任。被列入经营异常名录的企业依照《企业信息公示暂行条例》规定履行公示义务的,由县级以上工商行政管理部门移出经营异常名录;满 3 年未依照本条例规定履行公示义务的,由国务院工商行政管理部门或者省、自治区、直辖市人民政府工商行政管理部门列入严重违法企业名单,并通过企业信用信息公示系统向社会公示。被列入严重违法企业名单的企业的法定代表人、负责人,3 年内不得担任其他企业的法定代表人、负责人。企业自被列入严重违法企业名单之日起满 5 年未再发生前述违法情形的,由国务院工商行政管理部门或者省、自治区、直辖市人民政府工商行政管理部门移出严重违法企业名单。

同时,我国各级人民政府及其有关部门应当建立健全信用约束机制,在政府采购、工程招投标、国有土地出让、授予荣誉称号等工作中,将公司信息作为重要考量因素,对被列入经营异常名录或者严重违法公司名单的公司依法予以限制或者禁入。

三、注销登记

商事登记注销的事由较为复杂,一般包括:事项不属于该登记机关所管辖而已在该机构进行登记的;事项属于以登记事项以外的登记为目的时;事项本身有虚伪不实,而由法院作出判决者;营业行为违反法令、公共秩序或善良风俗,受勒令歇业处分者;登记后一定期间未开始营业者,或开业后自行停业一定期间以上者等。日本、法国及我国台湾地区对此都有较为系统的规定。商事登记注销程序有依当事人申请和依职权注销两种模式。前者是根据当事人申请，后者是登记机关发现法定事由而为之。无论依当事人申请还是依职权为注销登记，法律对注销的处理均有法定要求。《日本商事登记法》对此要求登记官允许登记人在1个月期间内提出异议，如无异议则将注销登记通知当事人；如有异议，登记官应以公报的形式公告注销登记。

我国《商事主体登记管理条例（草案）》第40条规定："商事主体因法定事由解散或停止经营活动的，应当依法向登记机关申请注销登记。经登记机关注销登记，商事主体终止。商事主体注销登记涉及法律、行政法规或者国务院决定规定在注销登记前须经批准的，应当自取得批准之日起30日内申请注销登记。"第41条规定："商事主体注销前依法应当清算的，清算组自成立之日起10日内将清算组成员、清算组负责人名单通过国家企业信用信息公示系统进行公示。清算组应当自清算结束之日起15日内向登记机关申请注销登记。商事主体申请注销登记前，应当办理分支机构注销登记。商事主体的股东、合伙人、设立人、出资人承诺对分支机构承担无限连带责任的，可不办理分支机构的注销登记。"第42条规定："无债权债务的有限责任公司、非上市股份有限公司、非公司企业法人、农民专业合作社、个人独资企业、合伙企业以及上述企业分支机构，可以适用简易程序注销。依法被吊销或列入经营异常名录、严重违法失信企业名单、股权被冻结或出质登记、被司法机关立案调查、存在尚未完结行政复议、诉讼或者仲裁程序的，不得申请简易注销登记。商事主体申请简易注销登记的，应当通过国家企业信用信息公示系统向社会公示拟申请简易注销登记以及全体投资人承诺等信息，公示期为20日。公示期届满后，商事主体可以在30日内向登记机关申请注销登记。对于符合申请条件的商事主体，在公告期内未被提出异议的，登记机关应当准予简易注销登记。"第43条规定："人民法院裁定强制清算或裁定宣告破产的，有关企业清算组、企业管理人可持人民法院终结强制清算程序的裁定或终结破产程序的裁定，向被强制清算人或破产人的登记机关申请办理简易注销登记。"

令人遗憾的是，在我国的商事实践中，几乎没有商事主体依法进行"清算"后办理"注销登记"。商事主体往往通过被吊销营业执照强制退出市场的方式一走了之，对内逃避所欠员工工资和劳动保险费用，对外逃避合同义务、税款和银行贷款，严重影响了交易安全。

就市场主体而言，不愿意进行注销登记的原因在于注销登记的高昂成本。

依据我国《公司登记管理条例》和原工商总局的规定,市场主体在办理注销登记时,需要提交的材料最多可达十余种,涉及税务清税、社保清保、海关结税等多个部门,繁多的材料、复杂的手续等使市场主体长期处于疲于奔命的状态,无疑削弱了市场主体退出的动力,导致注销制度不能发挥其应有的功能。[15]

为进一步深化商事制度改革,完善市场主体退出机制,自2017年3月1日起,法律规定在全国范围内全面实行企业简易注销登记改革。对领取营业执照后未开展经营活动、申请注销登记前未发生债权债务或已将债权债务清算完结的有限责任公司、非公司企业法人、个人独资企业、合伙企业,由其自主选择适用一般注销程序或简易注销程序,简化企业需要提交的申请材料。将全体投资人作出解散的决议(决定)、成立清算组、经其确认的清算报告等文书合并简化为全体投资人签署的包含全体投资人决定企业解散、注销、组织并完成清算工作等内容的《全体投资人承诺书》。企业在申请简易注销登记时只需要提交《申请书》、《指定代表或者共同委托代理人授权委托书》、《全体投资人承诺书》(强制清算终结的企业提交人民法院终结强制清算程序的裁定,破产程序终结的企业提交人民法院终结破产程序的裁定)、营业执照正副本即可,不再提交清算报告、投资人决议、清税证明、清算组备案证明、刊登公告的报纸样张等材料。登记机关在收到申请后,应当对申请材料进行形式审查,也可利用国家企业信用信息公示系统对申请简易注销登记企业进行检索检查,对于不适用简易注销登记限制条件的申请,书面(电子或其他方式)告知申请人不符合简易注销条件;对于公告期内被提出异议的企业,登记机关应当在3个工作日内依法作出不予简易注销登记的决定;对于公告期内未被提出异议的企业,登记机关应当在3个工作日内依法作出准予简易注销登记的决定。[16]《商事主体登记管理条例(草案)》第42条规定了商事主体简易注销程序:“无债权债务的有限责任公司、非上市股份有限公司、非公司企业法人、农民专业合作社、个人独资企业、合伙企业以及上述企业分支机构,可以适用简易程序注销。依法被吊销或列入经营异常名录、严重违法失信企业名单、股权被冻结或出质登记、被司法机关立案调查、存在尚未完结行政复议、诉讼或者仲裁程序的,不得申请简易注销登记。商事主体申请简易注销登记的,应当通过国家企业信用信息公示

〔15〕 李曙光:《论我国市场提出法律制度的市场化改革》,载《中国政法大学学报》2017年第3期。

〔16〕 原工商总局2016年12月26日发布的《工商总局关于全面推进企业简易注销登记改革的指导意见》。

系统向社会公示拟申请简易注销登记以及全体投资人承诺等信息，公示期为20日。公示期届满后，商事主体可以在30日内向登记机关申请注销登记。对于符合申请条件的商事主体，在公告期内未被提出异议的，登记机关应当准予简易注销登记。”

同时，为有效遏制此类“人去楼空”“恶意逃债”等无序、违法退市现象的发生，最高人民法院颁布了“上海存亮贸易有限公司诉蒋志东、王卫明等买卖合同纠纷案”，即第9号指导性案例，明确规定有限责任公司的股东、股份有限公司的董事和控股股东，应当依法在公司被吊销营业执照后履行清算义务，否则，对于公司的债务应当依法承担无限连带责任“……存亮公司按约供货后，拓恒公司未能按约付清货款，应当承担相应的付款责任及违约责任。房恒福、蒋志东和王卫明作为拓恒公司的股东，应在拓恒公司被吊销营业执照后及时组织清算。因房恒福、蒋志东和王卫明怠于履行清算义务，导致拓恒公司的主要财产、账册等均已灭失，无法进行清算，房恒福、蒋志东和王卫明怠于履行清算义务的行为，违反了公司法及其司法解释的相关规定，应当对拓恒公司的债务承担连带清偿责任”。[17] 此举突破了股东的“有限责任”，客观上加重了中小股东的清算责任，对此，我国《民法典》与《九民纪要》则予以了纠正，免除了中小股东的清算责任。[18]

四、歇业登记

歇业登记是指商事主体决定暂停经营，且在此期间不发生任何交易的，应当向登记机关申请歇业登记；其前提条件是各商事主体申请暂停营业登记前，应当结清税款，并履行完结其他法定义务。[19] 如果登记机关批准歇业，登记机关应将商事主体歇业登记信息告知税务、人力资源社会保障等部门，涉及特殊经营范围的，登记机关应告知相关许可审批部门。歇业登记有以下较为明显的特点：（1）歇业登记属于商事主体的行为退出，而注销登记等则属于商事主体的退出。基于主观与客观等原因，商事主体在终止营业

---

〔17〕 最高人民法院审判委员会讨论通过，2012年9月18日发布。

〔18〕 《民法典》第70条第2款规定：“法人的董事、理事等执行机构或者决策机构的成员为清算义务人。法律、行政法规另有规定的，依照其规定。”《九民纪要》第14条规定：“……小股东举证证明其既不是公司董事会或者监事会成员，也没有选派人员担任该机关成员，且从未参与公司经营管理，以不构成‘怠于履行义务’为由，主张其不应当对公司债务承担连带清偿责任的，人民法院依法予以支持。”

〔19〕 《商事主体登记管理条例（草案）》第44条第1款。

后,如吊销营业执照、强制解散等,在必要程序经过之后,需要进行注销登记,此时,意味着商事主体退出市场,主体资格消灭,属于完全退出。而歇业登记则是经由商事主体申请暂停一定期间经营,不发生任何交易的行为,在歇业期间,不得以其主体名义从事经营活动,但其经营资格仍然依附于其主体资格而存在,经向登记机关申请恢复营业状态及系统公示后,或实行了某些行为被视为歇业终止后,商事主体又恢复经营活动,可以认为其是在一定期间商事行为的退出。(2)歇业登记属于商事主体的主动退出,区别于吊销营业执照、撤销登记、责令关闭、强制解散等被动的退出。在市场经营活动中,商事主体基于某些违法行为而受到吊销营业执照、责令关闭等行政处罚,或者是基于错误决策而使企业法人面临经营困境,被申请强制解散,无论导致何种结果,都可将其划分到被动退出之列。而根据《商事主体登记管理条例(草案)》的规定,歇业登记一般经商事主体自行申请,而在商事主体从事某些活动被视为歇业终止或者经恢复营业申请并公示后,又获得了经营资格,整个过程体现了商事主体较强的主动性。

市场经济以法治为基础,只有对商事主体进入与退出市场的规则与程序进行完备的规定,才能够保证市场秩序的稳定。就商事主体而言,暂停经营只是暂时退出市场,在歇业条件消失时,应当允许商事主体通过登记等程序继续恢复经营;对于不具备恢复条件的主体而言,则需要通过相关规则进入主体资格注销或解散清算的环节,而非单纯地将歇业登记等同于注销登记去调整。同时还需要通过较为系统的规定,对商事主体的相关行为进行一定的规范引导。

五、公司分支机构登记

公司分支机构是公司在其住所或主营业地址以外的地方设立的不具有法人资格的附属经营机构,如分店、分厂、分公司等,但不包括具有法人资格的子公司等形式上独立而实质上从属的公司。

公司设立分支机构有两种情况。第一种情况是在公司设立的同时,设立分支机构。在此情况下,出资者或股东一般在公司章程中已经就设立分支机构的事项作出了规定。不过我国《公司法》对此未作硬性要求,属于公司章程的任意性事项。第二种情况是在公司成立以后,根据需要决定设立分支机构,应由公司根据相关法律规范作出有效决议,如股东会或董事会决议。《商事主体登记管理条例(草案)》第 14 条也明确规定分支机构的登记事项包括名称、经营场所、负责人、经营范围。

第四节　商事登记的程序

商事登记一般有申请、审查、登记和公告四项主要程序。

一、申请

申请是指由商事主体的创办人或商事主体提出的创设、变更商事主体或变更商事主体已登记的有关事项的行为。多数国家都将商事登记作为从事商事经营的前提。但是,有些国家采取设立后登记的原则,即法律允许商事主体先行开展营业活动而后再在一定期限内进行商事登记。在申请的方式上各国立法通常都要求采用书面形式,并对书面形式的具体格式作出规范,有的立法甚至要求经过公证。我国《商事主体登记管理条例(草案)》规定公司登记申请应当以书面或电子形式为之,按照法定要求的形式提交相关的文件、证件以及须填报的登记注册书。如果经营活动依法须经行业主管机关许可,还须提交相应的许可证明书,只有符合法定要求,登记主管机关才予以受理。

《商事主体登记管理条例(草案)》第29条规定:"设立有限责任公司、非公司企业法人、合伙企业、农民专业合作社、个人独资企业,应当由全体股东、全体合伙人、全体设立人、全体出资人、投资人指定的代表或者共同委托的代理人申请设立登记。设立股份有限公司,应当由董事会向登记机关申请设立登记。设立个体工商户,应当由经营者本人或家庭成员中主持经营者或者其委托的代理人申请设立登记。"第30条规定:"商事主体名称由申请人自主申报。登记机关在办理登记时,发现商事主体名称不符合名称登记管理规定的,不予登记并书面说明理由。"第31条规定:"商事主体申请住所(经营场所)登记应当向登记机关提交能够证明其对住所(经营场所)享有使用权的文件。"第32条规定:"商事主体申请登记的一般经营范围由商事主体自行决定,并依法公示。"第33条规定:"商事主体申请登记的经营范围属于法律、行政法规或者国务院决定规定在商事主体设立登记前须经批准的,应当在取得行政许可部门批准后,向登记机关申请设立登记。商事主体申请登记的经营范围属于法律、行政法规或者国务院决定规定在商事设立登记后须经批准的,应当在取得行政许可部门批准后,方可开展相应的经营活动。商事主体申请登记的经营范围属于法律、行政法规或者国务院决定规定须经批准的，应当在取得行政许可部门批准后，方可申请办理特许经营项目登记。”

另外，并非所有的商事登记都必须由行为人自己提出申请。在特殊情况下，特定国家机关也可以不经过事先申请，而直接作出商事登记，例如，《德国商法典》第31条所规定的公司名称强行取缔之登记。《商事主体登记管理条例（草案）》第74条规定：“商事主体有下列情形的，可以由登记机关实施强制退出：（一）被吊销营业执照或被责令关闭满6个月未申请注销登记或者未办理清算组备案的；（二）被列入严重违法失信名单满3年仍未依照相关规定完成信用修复的；（三）利用简易注销程序逃废债务，被登记机关撤销简易注销登记的；（四）连续2年未依法报送年度报告，并且未申请注销登记的个体工商户；（五）法律、行政法规规定的其他情形。”如果行为人负有登记义务，但他却没有依法履行其申请义务，相关利害关系人可以向法院提起诉讼，要求法院判决行为人必须履行登记的义务。《公司法》第22条第3款规定：“公司根据股东会或者股东大会、董事会决议已办理变更登记的，人民法院宣告该决议无效或者撤销该决议后，公司应当向公司登记机关申请撤销变更登记。”第32条第3款规定：“公司应当将股东的姓名或者名称向公司登记机关登记；登记事项发生变更的，应当办理变更登记。未经登记或者变更登记的，不得对抗第三人。”

二、审查

主管登记机关接受申请且应进行审查。目前各国对于商事登记的审查，主要存在三种立法制。

（一）形式审查主义

所谓形式审查是指登记机关对于申请人提交的有关文件、证件等，仅审查其形式上是否合法，而对其所记载事项的真实性则不负有进行审查的责任。这种重形式、轻实质的方法，未免有悖商事登记精神，一般不宜采用。日本法律采用这一立场。英美法系国家也多采用形式审查。这种审查方式有利于降低登记成本、提高登记效率。市场进入便捷、降低登记成本以及提高登记效率是当前国内外投资者和各级人民政府对商事登记的普遍要求。但在形式审查制度下，由于机会主义，会存在大量的登记申请人采用伪造申请材料的方式，欺骗登记审查机关，蒙混过关进入市场进行交易的现象。这些不适格的商事主体进入市场之后,由于自身条件存在不足,导致在市场竞争中缺乏核心竞争力,进而导致其常采用欺骗的手段进行交易,损害交易相对人的合法权益并破坏市场秩序。

(二)实质审查主义

所谓实质审查主义是指登记机关不但要审查有关申请文件是否符合法律要求,而且还要审查登记事项的真伪,并且还要对登记结果负责。依此主义,凡是已登记的事项,就有证明其真实性的效力,这符合商事登记将登记事项公示于社会使公众周知的功能。法国采此立法主义。实质审查能极大地保障交易安全,也有利于实现国家对商事主体经营和交易的调控。商事登记实质审查法律制度要求登记机关审查登记申请人所提交的申请文件的合法性与真实性,只有通过审查的市场主体才能进入市场进行交易。但实质审查的缺陷也十分明显:首先实质审查法律制度效率低下并且流于形式,其次在实质审查法律制度下登记管理机关的权力、义务和责任不均衡,最后实质审查会大大加重登记管理部门的责任,因此登记主体通过审查的可能性也会大大减少。

(三)折中审查主义

所谓折中审查主义,即主张登记主管机关有实质审查的职权,但没有必须进行实质审查的义务,登记不能用以推定已登记事项为完全真实,其登记事项的真伪最终仍须法院的裁判来决定。德国对一般商事主体采取形式审查,而对股份公司则采取实质性审查。

安全与效率这一对立价值在适用到商事登记审查制度中时,前者偏重于实质审查,后者则偏重于形式审查。虽然在学理上我们可以进行较为完善的论证,但在具体的个案中如何协调这两种审查标准之间的冲突并非易事。将不合格的市场主体阻挡于市场大门之外,是维护市场交易安全的前提,在市场经济尚未高度发展的情况下更是政府的一项基本职责。信息的充分、真实是市场交易安全的保证。但是,如果不加限制地追求信息的充分、真实,则可能导致市场交易的低效率甚至没有效率。因此,对市场主体登记的审查标准如何把握,取决于我们如何平衡这两种法律价值之间的冲突。

对于登记采用何种审查标准,最重要的决定因素是社会信用度与市场经济的成熟度。在我们这样一个法治后发的国家中,引入外国相关法律制度必须首先弄清楚该法律制度在他国的生存环境,然后反观我们是否也已具备了这样的条件,再考虑是否引入或者引入之后是否需要“改装”等。这可以说是比较法研究中的基本方法。例如,对于工商公司登记审查标准,英国之所以采用形式审查,其前提是健全的个人信用制度。投资者一般不会为了虚报资金而冒失去信用的风险。在我国,市场经济的成熟度还处在初级阶段。2018 年 2 月 28 日通过的《中共中央关于深化党和国家机构改革的决定》提出,深入推进简政放权,最大限度减少政府对市场资源的直接配置,最大限度减少政府对市场活动的直接干预,提高资源配置效率和公平性,激发各类市场主体活力。全面实施市场准入负面清单制度,保障各类市场主体机会平等、权利平等、规则平等,营造良好营商环境。随着我国《公司法》的修改,我国的资本制度由过去的“实缴制”改为“认缴制”,从而引发我国商事登记制度的改变,市场主体的资格审查由过去依靠政府把关转为由市场主体自身的承诺与信用担保。具体来说,商事登记机关对于市场主体的资质不再进行“实质审查”,市场主体的资质由其自身负责,商事登记机关仅负责市场的监管。

《中国(海南)自由贸易试验区商事登记管理条例》第 8 条规定:“登记机关对申请人提交的文件实行形式审查。对申请人填报的格式化登记信息,由登记平台自动审核;对申请人申报的非格式化电子文件,登记机关从本自由贸易试验区范围内随机选派注册官依法审核。”《商事主体登记管理条例(草案)》第 8 条规定:“申请人应当依法办理商事主体登记,填报登记信息,提交申请材料。登记机关对申请人提交的申请材料实施形式审查。申请人应当对材料真实性、合法性承担责任。”

依据上述有关法律的规定,登记主管机关无须审查商事登记申请人提交的文件、证件及填报登记注册的真实性、合法性、有效性,无须核实有关登记事项和开办条件,可见我国已经采取形式审查主义。因此,对于登记资料,登记机关没有审查义务,更无须保证其真实性。交易相对人不得以登记资料不真实为由,而要求认定登记机关失职或承担国家赔偿责任。实务上商事登记机关采取形式审查制之理由,除了人手与编制不足等原因之外,真正原因或许在于主管机关(政府)未必适宜担负实质审查之重责大任,毕竟对于资料品质之过滤,“政府”未必具有资讯上的优势。举例言之,若欲贯彻实质审查,主管机关对于登记事项之真实性、正确性即须作出判断,然实体上是否涉有不法情事,登记主管机关实际上并没有能力及权限去评断。再者,登记主管机关并非私权纷争之判决机关,理论上不应未审先判,而所有之私权争执最终须由法院定夺，行政机关根本不能越俎代庖。最常见之争议情形多半发生于公司经营权之争夺战，例如解任或选任董事之决议效力有所争执时，主管机关是否应受理一方之变更董事登记申请即有疑问。一般而言，主管机关也只能视法院裁判之结果而为或不为变更。质言之，一旦对于登记事项存在争执，主管机关即会陷入两难，无法决定是否进行变更登记。主管机关于此场合亦只能处于被动地位，根本无法实行实质审查制。

既然主管机关无法实行实质审查制，那么对于所谓之“登记生效”或“登记对抗”，即必须持保留态度。易言之，公示登记所表彰之私权变动未必属实，而主管机关亦无法担保其真实正确性。是以，交易相对人未必可完全信赖公示登记之结果。此外，交易相对人亦必须了解，私权变动时点与登记时点有时不免会有落差，以免误判形势。强化登记之理由，乃是借由资讯之揭露，提醒商事主体之利害关系人或潜在之债权人注意。是故，“政府”无须对登记制度寄予过多之期待，“政府”应仅负责资讯之汇整与流通，使利害关系人得以知悉公司之“表面”情形，而非真实情形；至于资讯之分析与审查，宜回归市场机制，由参与市场交易者来分担风险，如此方符合知识经济之真谛。[20] 我国将来的商事登记立法宜采取“形式审查”，这既是商法外观主义的要求，也是商事主体承担严格责任的体现。囿于我国当前市场经济的幼稚性，现实中确实存在上述推行形式审查主义的不利因素，但如前所述，信息披露的真实与否并不能单纯取决于政府的审查行为，而更多地取决于相关制度的健全（如失信惩罚机制的建立）及商事主体自身诚信意识的提高及社会公众自我判断与保护能力的培育。相反，过于寄希望或依赖于政府的资信审查机制，反而有碍于整个社会信用意识的提升和披露机制的强化。商事登记制度只不过是为商事主体提供了一个让社会了解自己的平台，难以承载更多的负重。形式审查制度自身可能引发的问题，应该通过虚假登记处罚制度、不良行为公示与告诫制度等配套制度加以解决。

但是，我国目前仍处在市场经济的初级阶段，民众长期以来已经习惯于政府作为商事登记的把关者，实施“大众创业，万众创新”的“商事制度改革”时，顿失依靠的市场主体若缺乏保护“交易安全”的配套措施，那么这种新的“商事制度改革”将不可避免地给我国市场经济秩序带来负面影响。

同时，登记造假现象在我国商事登记中十分严重：申请文件签字造假、股东身份造假、中介机构之评估与验资错误、地址造假、股权转让合同造假

---

〔20〕 王文宇：《公司法论》，中国政法大学出版社 2004 年版，第 624 页。

等。商事登记中造假的成因或许源于商事登记的性质。过分强调商事登记的行政性不仅没有遏制造假,反倒助长造假情况。如果仔细调查相关案件,可发现当失去了信赖因素后,申请人之申请目的似乎更集中于如何获得行政许可和领取执照,反而轻视了在领取执照中的疏忽和作假。特别是当登记乃是获得营业资格的前提时,为了尽早或顺利开业,匆忙设立公司者不在少数,一旦取得执照,感到万事大吉,反而放开手脚,肆意妄为。就此而言,实质审查是必要的。因而,这在很大程度上是行政主导立法而产生的状况,却也使商事登记无法充分发挥效力,尤其是难以有效规范交易秩序。商事登记不在于创设一个不受约束的商业主体,而是旨在维护有效运转的交易秩序。当然,维护交易秩序,未必全凭商事登记制度的改革,〔21〕还在于建立完善的信用体系与市场主体的诚信,并加强对于违信的惩罚。

目前我国的征信体系仍不够完善,例如,在分享经济中,网络交易平台审查交易双方的信用,仅能依靠商业征信以及点评体系等方式。但是,更为真实有效的以中国人民银行征信中心为代表的金融征信,以及各类行政管理(包括公安、工商、税务、海关等)与法院的征信信息难以与网络交易平台公司实现无缝对接,使网络交易平台公司对于网络交易者的资质审查存在一定程度的风险与漏洞,一定程度上必然影响网络交易的安全。〔22〕

实施何种模式的审查模式,须结合一国的实际情况。各国国情不同,设计登记机制应当因地制宜。如果市场发展成熟、社会信用完善,自可效仿英美以市场自治为主,如此行政机关则可退居幕后,仅仅提供信息流通的平台,无须对登记内容进行实质审查。〔23〕 但是,我国当前尚不具备这些条件,因此,假若骤然实施英美法系的"形式审查"模式,片面追求效率,而忽略了安全,未必是一项成功的登记制度改革。

"本案中,被告省工商局对涟源市安平镇新万煤矿有限公司提交的办理注销登记的材料进行形式审查后认为符合上述规定,准予注销登记,符合法律规定……原告要求撤销涟源市安平镇新万煤矿有限公司的所有公司登记的诉讼请求,无事实和法律依据……至于设立或注销涟源市安平镇新万煤矿有限公司时提交的材料是否属实,根据《中华人民共和国企业登记管理条例》的规定,应由吴志平或涟源市安平镇新万煤矿有限公司负责。原告吴满

〔21〕 叶林:《商法学本科教案》,中国人民大学法学院(2011 ~2012 年学年度)。

〔22〕 马化腾等:《分享经济》,中信出版集团 2016 年版,第 117 页。

〔23〕 王文宇:《简政繁权——评中国大陆注册资本认缴制》,载《财经法学》2015 年第 1 期。

娥认为涟源市安平镇新万煤矿有限公司使用虚假材料办理登记侵犯其合法权益,原告可依法另行通过民事诉讼途径解决。"[24]

三、核准发照

按照商法之法理,国外大多规定为商事登记,即将应登记的事项由当事人提交商事登记申请书,经在管辖其营业所所在地的登记机关审查核准后,按照规定格式将应登记的事项在所备置的商事登记簿上进行登记。在我国,申请人向登记机关申请设立登记,符合设立条件的,登记机关准予登记,颁发营业执照,营业执照签发日期为商事主体的成立日期。依照法律、行政法规或者国务院决定规定,设立商事主体须经审批的,应当在取得批准之日起 30 日内,向登记机关申请商事登记。对于申请人提出的其他备案事项申请,登记机关应当在登记注册时一并办理,采集信息,并实现部门信息共享。[25]

依照我国有关法律的规定,只有经过登记主管机关依法核准登记并发给公司法人营业执照,商事主体的设立才算得到法律的确认,以此商事主体的设立程序正式完成。这样,设立完成后的公司就正式成为具有商事能力,能够依法享有权利和承担义务的商事主体,并可以其公司名称名义到银行开立账户、签订合同、注册商标、刊登广告等。

值得注意的是,我国把营业执照的签发作为商事主体成立的标志和开始营业的依据,而把设立登记作为商事主体成立即营业执照签发的前置辅助程序。因此,营业执照既是确立商事主体法律地位的合法依据,也是商事主体从事经营活动的合法证件和凭据,商事主体只有在营业执照核准的范围内从事经营活动,才能受法律保护。"营业执照的颁发"被赋予双重功能:"营业执照是企业登记机关依照法律规定条件和程序,核发给市场主体用来证明其具有民事权利能力和民事行为能力的凭证,是企业具备市场主体资格的唯一合法凭证,也是企业从事一般行业营业资格的基础和凭证。营业执照的颁发既标志着市场主体具备了主体资格,也标志着其具备了从事一般行业经营活动的经营资格,具有相关权利能力及行为能力。纸质营业执照和电子营业执照具备同等法律效力。"[26]注册商事主体资格的取得和营业

---

〔24〕 湖南省长沙市天心区人民法院(2018)湘 0103 行初 87 号行政判决书。

〔25〕《商事主体登记管理条例(草案)》第 28 条。

〔26〕 工商总局关于《落实"证照分离"改革举措促进企业登记监管统一规范的指导意见》。

资格的取得,结果是使核准登记对商事主体资格的确认功能被弱化,而商事主体营业执照的法律地位被神化。此种将商事主体资格的证明和营业能力的证明合二为一的商事登记立法模式,理论上称为"统一主义"立法模式。"统一主义"立法模式的形式与我国传统的计划经济体制有关,这一经济体制贯彻"万能政府"观念,对商事主体之主体资格的赋予也采取一种管理型的立法思维,从而将商事主体资格的法律授予与营业资格(范围)的政府监控混为一谈。因此,为克服该制度逻辑上的缺陷,我们只能另辟蹊径,规定商事主体被吊销营业执照后的主体资格依然存在。对此问题,《民法典》第72条第1款规定:"清算期间法人存续,但是不得从事与清算无关的活动。"

质言之,"统一主义"立法模式将公法和私法领域的问题混为一谈。实际上,核准登记属于私法领域的问题,旨在解决商事主体的资格问题。对于商事主体而言,只要其经过核准登记即能取得商事主体资格,商事主体的资格以核准登记时的注册证或商事登记簿的记载为证明。营业执照的颁发属于公法领域的问题,旨在解决商事主体的营业资格和营业能力(市场准入)问题,商事主体唯有获得营业执照才能从事特定行业(必须经行政许可)的经营活动。按照现行法律的规定,强调所有的商事主体只有在取得营业执照后才能从事经营活动,实际上系"国家干预主义"的充分体现。从理论上讲,设置经营范围只是为了满足国家管理的需要,其目的主要有二:其一,方便国家管理,实现对商事主体经营领域的宏观调控,防止重复投资和投资消费;其二,向第三人宣示商事主体的能力,以确保交易的安全。但是,从客观的效果看,我国行政部门通过颁发营业执照对商事主体进行过度的干预,非但没有增加效益,反而造成了人为的市场矛盾,增加整个市场的成本;所谓交易安全的维护,只是理论上的虚构,实际上反而将第三人推入了极不安全的陷阱。从本质上来看,对营业执照的过度控制已严重侵犯了商事主体的营业自由,并衍化出了更加严重的问题。

因此,本书认为应该取消商事主体营业执照的颁发,强化商事主体设立登记的公示功能。基于营业自由原则,商事主体从事一般经营活动的营业资格因其主体资格的获得而自动享有,无须行政机关在其获得主体资格后再行赋予;其营业能力由商事主体在章程中自主确定,无须再单独颁发营业执照。除国家法律、行政法规和国务院决定规定需经审批部门批准取得许可证后方可从事经营活动的特殊管制行业外,经营范围可以是"任何适法的行为",即商事主体可开展一般经营活动。《民法典》第505条规定:"当事人超越经营范围订立的合同的效力,应当依照本法第一编第六章第三节和本编的有关规定确定,不得仅以超越经营范围确认合同无效。”但若属于国家依法管控的经营领域,则必须经过政府有关部门的营业许可。

2001 年 11 月 12 日我国台湾地区“公司法”经修改后已经废除了“营业执照”,其理由是,“过去公司执照核发后,如公司经解散或勒令歇业后,公司仍持有公司执照,恐有危害社会交易安全之虞,且行政机关之行政作业,均以公司执照影本为据,核发相关证照,造成解散或勒令歇业之公司仍得持公司执照影本办理相关证照之弊端,加上配合公司登记电脑化作业,民众得透过电脑连线查询公司基本登记资料,无核发公司执照之必要,故废止公司执照,以解决实务之争议”。[27]

取消营业执照以后,我国应当依托国家企业信用信息公示系统,统一归集公示各部门登记、许可、备案等准入信息和行政处罚、抽查检查结果等监管信息,探索实现部门间企业基础信息、相关信用信息共享,以信息互联共享推动工商系统内部业务协同、部门间执法联动和社会共治。《商事主体登记管理条例(草案)》第 79 条规定:“商事主体有《企业信息公示暂行条例》第十七条第一款规定情形之一的,由县级以上市场监督管理部门列入经营异常名录,通过国家企业信用信息公示系统向社会公示。被列入经营异常名录的商事主体履行了相关义务,经书面申请,由县级以上市场监督管理部门核查属实,且未发现《企业信息公示暂行条例》第十七条第一款规定情形的,自查实之日起 5 个工作日内移出经营异常名录,通过国家企业信用信息公示系统向社会公示。”第 80 条规定:“商事主体有《企业信息公示暂行条例》第十七条第二款情形的,由国务院或省级市场监督管理部门列入严重违法失信名单,通过国家企业信用信息公示系统向社会公示。被列入严重违法失信名单满一年的商事主体,在主动履行法定义务、消除违法后果、作出信用承诺之后,可以向市场监督管理部门申请移出严重违法失信名单。”第 81 条规定:“各级地方人民政府应当建立健全失信联合惩戒机制,在行政许可、资质、资格、认证、备案管理、发票管理、进出口、政府采购、工程招投标、全民所有自然资源资产配置、金融信贷、授予荣誉称号、等级评定等工作中,将企业公示信息作为重要考量因素,对被列入经营异常名录、严重违法失信企业名单的商事主体及其法定代表人、负责人、直接责任人实施与其失信程度相应的限制或者禁入等惩戒措施。”第 82 条规定:“政府部门应当按照‘谁产生、谁公示、谁负责’原则,以统一社会信用代码为标识,通过国家企业信

[27] 王泰铨、王志诚:《公司法新论》,台北,三民书局 2010 年版,第 23 页。

用信息公示系统实现商事主体信息的统一归集公示和互联共享。具体包括:商事主体登记注册、备案信息,行政许可(备案)信息,适用一般程序的行政处罚信息,抽查检查结果信息,经营异常名录、严重违法失信名单等政府部门失信名单信息,商标注册公告后信息、专利授权公告后信息,财产抵押登记信息和股权、知识产权出质登记信息,商事主体股权冻结等司法协助执行信息等。"

我国出台了一系列保护支持市场主体的政策措施,激发市场主体活力,使其能够实现更大发展。依法平等保护国有、民营、外资等各种所有制企业产权和自主经营权,完善各类市场主体公平竞争的法治环境,鼓励创新、宽容失败,营造激励企业家干事创业的浓厚氛围。推进简政放权,全面实施市场准入负面清单制度,放宽市场准入,推动贸易和投资便利化,完善公平竞争环境,全力支持企业家以恒心办恒业。[28]

四、公告

商事登记制度以让一般公众知道登记事项为目的。因此,登记之后必须进行公告。所谓公告,就是指将登记的有关事项,通过报道或其他途径让公众周知。至于公告的具体方法,各国立法例及商事习惯各有不同:有的是在专门设立的公告场所进行公告;有的是在当地的商事报纸上进行公告;有的则是将登记事项刊载于政府的官方公报上。我国法律规定,商事登记公告只能由登记主管机关公布,[29]其他任何单位未经主管机关批准无权公告。在具体方式上,实践中多通过登记主管机关指定的报纸、期刊进行公告。

我们必须重新构建商事公告制度,其中最为关键的是转换监督模式,即将商事公告的权力授予商事主体,规定它必须在法定情况下发布公告,国家机关则扮演事后监督的角色,有权责令登记者改正,并根据情节处以罚款等行政处罚或刑事处罚。其优点在于既保留公告的监督作用,又避免国家机关对于商事主体的不当干预,使公私权力在商事登记活动中各司其职,符合商法现代化的趋势。

实际上我国不少立法已经有具体的规定,例如,《公司法》第204条第1款规定:"公司在合并、分立、减少注册资本或者进行清算时,不按照本法规

---

〔28〕 2020年7月21日习近平在企业家座谈会上的讲话。

〔29〕 《商事主体登记管理条例(草案)》第25条规定:"登记机关应当将商事主体登记、备案信息通过国家企业信用信息公示系统向社会公示。"

定通知或者公告债权人的，由公司登记机关责令改正，对公司处以一万元以上十万元以下的罚款。”《商事主体登记管理条例（草案）》第45条第2款规定：“商事主体在提交歇业登记申请后，应当通过国家企业信用信息公示系统向社会公示……”第48条规定：“商事主体终止歇业期间拟开展经营活动的，应当向登记机关申请恢复营业状态，并通过国家企业信用信息公示系统公示。拟不再经营的，应当依法申请注销登记。”

实践证明，我国现行的商事公告制度存在诸多缺陷，随着互联网技术的发展，在报刊和期刊上发布公告的意义已经失去。因为要求商事交易的参加者定期阅读有关刊登公告的期刊、报刊过于苛刻。目前在日本的商事登记实务中，登记事项一般不予公告。省略公告程序，可以起到简化登记手续的作用，加上公告的实际效果并不大，所以日本多年来停止商事登记的公告，也没有产生多大的害处，因此，几乎无人主张再次恢复公告制度。就《日本商法典》第11条第1款规定的实际效用而言，登记完成即被视为已经登记和公告。

2001年11月12日，修改后的我国台湾地区“公司法”废除了“公告制度”，其理由是：公告的目的，无非在于使公司登记资料公示于社会大众，以维护交易安全。然而，基于近年来行政机关电脑设备完善，如社会大众得透过电脑或网络查询公司登记基本资料，不失为保护股东或交易相对人之方法。新“法”修正时，为配合行政革新政策，简化工商登记，以及公司执照核发之废止，加上实际上公司登记已实施电脑化作业制度，可透过电脑查询公司登记之现状，毋庸查阅政府之公告，因而删除公告制度。[30]

值得注意的是，《商事主体登记管理条例（草案）》第25条规定：“登记机关应当将商事主体登记、备案信息通过国家企业信用信息公示系统向社会公示。”第42条规定：“无债权债务的有限责任公司、非上市股份有限公司、非公司企业法人、农民专业合作社、个人独资企业、合伙企业以及上述企业分支机构，可以适用简易程序注销。依法被吊销或列入经营异常名录、严重违法失信企业名单、股权被冻结或出质登记、被司法机关立案调查、存在尚未完结行政复议、诉讼或者仲裁程序的，不得申请简易注销登记。商事主体申请简易注销登记的，应当通过国家企业信用信息公示系统向社会公示拟申请简易注销登记以及全体投资人承诺等信息，公示期为20日。公示期届满后，商事主体可以在30日内向登记机关申请注销登记。对于符合申请条件的商事主体，在公告期内未被提出异议的，登记机关应当准予简易注销登

[30] 王泰铨、王志诚：《公司法新论》，台北，三民书局2010年版，第111页。

记。”第 45 条规定:“商事主体申请歇业登记,应当经全体股东、全体合伙人、全体设立人、全体出资人一致表决同意。个体工商户经营者或主持经营者可申请歇业登记。商事主体在提交歇业登记申请后,应当通过国家企业信用信息公示系统向社会公示,公示期为 15 日。对于公示期内未被提出异议的商事主体,登记机关应当准许歇业登记。歇业的商事主体不得以商事主体名义从事经营活动。”第 48 条规定:“商事主体终止歇业期间拟开展经营活动的,应当向登记机关申请恢复营业状态,并通过国家企业信用信息公示系统公示。拟不再经营的,应当依法申请注销登记。”随着该条例的实施,市场主体可以通过查询登记系统来获取相关信息,因而可以废除公告制度。

第五节　商事登记的法律后果和效力

一、商事登记的后果

(一)商事登记的设权效果与公示效果

1. 商事登记的设权效果

商事登记通常只有确认和公示的效力。因为在登记之前,相关的事实或者法律关系已经发生及存在,通过登记只是予以确认和公示。但是,特定的登记行为能够产生创新的法律关系的效果,这就是登记的创设效力或者形成效力。公司的设立登记最为典型,公司经过一系列的设立程序,包括制度和修改章程、召开创立会议、选举产生公司机关等,公司方可正式成立,得到法律上的承认。在我国,严禁商事主体无照经营,因此登记具有设权的效果。按照我国现行的公司登记规定,所有的商事主体必须履行登记义务后才可以开展经营活动,也就是说,在我国所有的商事主体资格的有效取得均需以登记为要件,非经登记商事主体不得成立。例如,《商事主体登记管理条例(草案)》第 3 条第 2 款规定:“未经商事主体登记,任何个人或组织不得以商事主体名义开展经营活动……”

2. 商事登记的公示效果

商事登记的目的,一方面在于使政府便于实施监督管理,保护商业发展;另一方面则使社会公众得以明了商事主体的具体内容。因此商事登记的一个重要作用就是其公示效力。所谓公示效力,即凡经登记的内容,应当推定其具有相应的法律效力，善意第三人根据登记事项所为的行为，应当有效。商事登记的公示效力，就表现在登记于主管机关簿册上的有关商事主体的事项，除非有虚假表示者，得与第三者对抗。我国商事主体登记采用强制登记主义，所以，凡是登记注册事项当然具有对抗第三人的法律效力。对于应登记而未登记的事项，注册人不得援引对抗善意第三人；如果注册人有充分证据证明第三人知道未登记事项，则第三人具有恶意，应允许注册人援引此未登记事项对抗第三人。实际上各国均将公示作为商事主体的一个重要义务，即交易当事人对于涉及利害关系人利益的营业事实，负有公示告知的法律义务。这一规定的目的在于保护社会交易人或不特定第三人的利益。因此，商事主体对于应登记事项未登记者，对于善意第三人不发生法律效力。并且法律对于应登记而未为登记者，除要求商事主体承担相应的法律责任外，对于商事主体的法定代表人，要追究其法律责任。[31]

（二）商事登记的正确性推定

商事登记的正确性推定是指法律关系一经商事登记，有关当事人不得再行主张其原来存在的某些瑕疵，登记即产生实质上弥补该瑕疵的相同效力。例如，公司经设立登记成立后，认股人不得以错误或者股份认购证欠缺要件为由而主张认购无效，或者以欺诈、胁迫为由撤销认购；公司成立或者公司合并的效力发生后，被法院判决设立、合并无效，或者判决设立撤销，该判决没有溯及力；为保证证券交易的安全、高效，投资者不能以错误、受欺诈等理由要求变更证券交易的结果等。[32] 这样，当登记和弥补瑕疵具有同样结果的时候，登记就具有弥补的效力。商事登记的正确性推定，实际上是进一步扩大对第三人利益的法律保护。该种规定在法学中是以表象和表见商人的理论为依据，在商法学中是以“禁反言”和“外观主义”法律原理为基础，其最终目的在于增强对登记的公信力。

二、商事登记的效力

（一）商事登记的公开效力

1. 商事登记的消极公开效力

在当今世界绝大多数国家，商事登记制度都已成为一项强制性规定，因

---

〔31〕 赵中孚主编：《商法总论》（第3版），中国人民大学出版社2007年版，第247页。

〔32〕 《证券法》第117条规定：“按照依法制定的交易规则进行的交易，不得改变其交易结果……”

此在商事经营中应登记的事项,如果未经登记或公告,则不能发生使商事主体设立、变更的法律效果,或者不能以之对抗善意第三人。其应在分支机构所在地登记的事项而未经登记或公告者,同样不得对抗善意第三人。对此,《德国商法典》第 15 条第 1 款规定:“在应登商事登记簿的事实尚未登记和公告期间,在其事务上应对此种事实进行登记的人,不得以此种事实对抗第三人,但此种事实为第三人所知的,不在此限。”《日本商法典》第 12 条也有类似规定,并在第 13 条规定:“应于分店所在地登记的事项未登记时,前条的规定,只适用于分店的交易。”德国法学界将这种登记效力称为消极公示主义。事实上,多数国家都有这样的规定。尤其是在德国,“注册的权利存在,不注册的权利不存在”的原则早已确立。因此,在绝大多数国家,已登记注册事项具有对抗善意第三人的效力,不允许援引应登记而未登记的事项来对抗善意第三人。《民法典》第 65 条规定:“法人的实际情况与登记的事项不一致的,不得对抗善意相对人。”对于商事登记的消极公开效力进行了明确规定。但是,我国《民法典》关于法人登记的消极对抗效力不当地予以扩大。原因在于,商法人为了保护交易安全,吁求商事登记的消极公开效力;而对于非营利法人、公法人(特别法人)等,因其不得从事交易,自无保护交易安全的必要,无须法人登记的消极公开效力,其更需要依其“目的”行事、其更强调“公物”的保护。[33]

2. 商事登记的积极公开效力

凡商事登记应登记的事项业已登记或公告后,第三人除基于不可抗力之正当理由而对此尚不知悉外,无论其出于善意还是恶意,均能对其产生对抗效力。学者称之为积极效力,即德国所称之积极公示主义。一般来说,已经登记、公告的事项,法律就可以推定第三人对其已经知悉。尤其对商事主体的经营活动采取登记强制主义和对登记事项采取实质审查来说,凡已登记的事项具有对抗第三人的普遍效力。就积极效力而言,《德国商法典》第 15 条第 2 款第 1 句明确规定:“已将此种事实进行登记和公告的,第三人必须承受事实的效力。”《瑞士债法典》第 933 条第 1 款也有类似规定。日本等国商法虽未明确规定,但从其关于商事登记消极效力的规定,可以推定出积极效力的规定。[34]

---

〔33〕 张谷:《从民商关系角度谈〈民法总则〉的理解与适用》,载《中国应用法学》2017 年第 4 期。

〔34〕 范健、王建文:《商法的价值、源流及本体》(第 2 版),中国人民大学出版社 2007 年版,第 371 ~ 372 页。

（二）商事登记的对抗效力

商事登记的对抗力，又称免责力、证明力及公示力等，即商事登记事项经登记机关登记公告，将信息披露给社会公众，即推定社会公众知道或应当知道这些披露信息，公司因此而获得免责效力。其具体表现有三：

1. 凡应登记及公告事项，未经登记和公告时，不得对抗善意第三人。应登记事项在登记公告之前，其事实存在与否，第三人很难知悉，如无特别情势或理由存在，法律推定第三人不知情，公司不能以之对抗善意第三人。换言之，未经登记公告的事项不能导致对善意第三人的损害。例如，公司变更法定代表人未经办理变更登记手续，就不得以其变更对抗不了解其法定代表人已经发生变更而与原法定代表人进行交易的第三人。

2. 鉴于登记与公告之间往往并非同步，故在登记之后公告之前，对于知情第三人，可以以之对抗，但不能对抗善意第三人。可对抗知情第三人的理由在于，登记公告意在使第三人知有某事项的存在，若第三人既已知情，则不必囿于公告完成与否。

3. 登记并公告之后，登记事项即推定第三人知情而对其发生效力，第三人应尽注意义务。登记事项既可对抗恶意第三人，也可对抗善意第三人。

在登记公告是否具有当然的绝对对抗力的问题上，各国态度不一。承认公示力并在法律上作出直接规定的国家主要有德国、意大利和瑞士。《德国商法典》第 15 条第 2 项规定："已经对此种事实进行登记和公告的，第三人必须承受事实的效力。对于在公告后 15 日内实施的民事法律行为，以此第三人证明其既不明知也不应知此种事实为限，不适用此种规定。"《意大利民法典》第 2193 条第 2 款规定："对于法律规定必须进行登记的公司行为，自完成登记之时起，第三人不得再以不知晓登记事项为由提出异议。"《瑞士债法典》第 933 条第 1 款规定："登记之法律效力开始后，针对第三人的不承认登记的请求不予接受。"承认公示力但没在法律上作出直接规定的主要国家和地区有日本、韩国及我国台湾地区。从学理上来看，这三者都承认登记具有公示的效力，但在具体的立法上，三者均没有关于公示力的直接规定，只是从反面作了规定。其公示力只能从这一反面的规定中推导而出。而且三者的规定从内容上看几乎是一致的。即《日本商法典》第 12 条、《韩国商法典》第 37 条第 1 款、我国台湾地区的"商事登记法"第 19 条均规定，应登记事项,未经登记,不得对抗善意第三人。不承认公示力的国家主要有法国,[35]法国只承认消极的后果,而不承认积极的后果,换言之,应予注册或公布的事实不能作为抗辩第三方的理由,也不承认推定知悉的原则。因此,第三方在法国享有的保护优于他在德国所能得到的保护。欧共体理事会1968年3月9日发布的关于协调公司法的第一个指令中的各项规定,采用的是法国而不是德国的模式。

事实上,上述立法的分歧更深层地反映了各国在查询、了解登记事项是第三人的权利还是义务态度上的差异。在本书看来,将之界定为权利无疑可以最大限度地对第三人权益予以保护,但如此则会使登记公告效力难以为继,甚至危及其存在的必要性。既然登记是公司的义务,则相对应地,赋予其享有以登记事项对抗第三人的权利亦属自然结果,故将查询了解登记事项定位于第三人的法定义务更有利于公司与第三人之间利益的平衡。客观地讲,商事登记的积极效力在事实上强加给了第三人的注意义务,而消极效力则强调了商事主体或申请人的登记、公示责任。

由于公示力是商事主体对抗交易相对人的一种法律效力,如果交易相对人对此事项毫不知情或者即使想知道也无法知道,即商事主体没有向交易相对人提供一种可以使交易相对人了解该有关登记事项的可能性,那么显然,商事主体就不得以该应登记事项的情况对抗交易相对人。而要创造这么一种使交易相对人有可能知道该应登记事项的情况,最好的方法就是把有关登记事项登记于登记簿,而且是事实上已经记载于登记簿。如果该应登记事项仍处于申请或登记机关的审查之中,即仍处于商事主体登记的程序运作之中,那么交易相对人仍然无法得知该应登记事项,也就当然不受公示力之对抗。因此,公示力的发生要件之一必须是该应登记事项已经登记,处于一种事实上可能为交易相对人所了解的状态。[36]

在优化营商环境的背景下,为保护债务人利益,法律应将查询登记事项视为第三人的义务,同时也是判断第三人是否为善意的标准。与此相适应,我国《商事主体登记管理条例(草案)》第25条规定:"登记机关应当将商事主体登记、备案信息通过国家企业信用信息公示系统向社会公示。"实务中,登记机关客观上已经允许一般公众查阅登记簿。因此,我国的商事登记制度已经为第三人提供一个畅通的资讯通道,故我国的商事登记客观上已经

---

〔35〕 李惠阳:《商事主体登记法律制度研究》,对外经济贸易大学出版社2009年版,第230页。

〔36〕 李惠阳:《商事主体登记法律制度研究》,对外经济贸易大学出版社2009年版,第225页。

具备了产生对抗效力的基础。

典型判决

"本案中,中珠集团是中珠医疗公司的股东,中珠医疗公司系上市公司,在其公开的公司章程中规定公司对股东、实际控制人及其关联方提供的担保须经股东大会审议通过。2018 年 4 月 20 日,中珠医疗公司向浙商银行出具《承诺函》,并向浙商银行广州分行存入 5000 万元作为中珠集团履行《差额补足协议》的履约保证金。各方当事人确认上述《承诺函》属于对中珠集团履行《差额补足协议》相关义务的担保承诺,并确认上述行为未经中珠医疗公司股东大会或者董事会决议,中珠医疗公司也未公开披露过上述事项已经董事会或者股东大会决议通过。一审法院据此认定中珠医疗公司出具《承诺函》为其股东中珠集团履行《差额补足协议》相关义务提供担保承诺的行为,违反了《中华人民共和国公司法》第十六条第二款的规定,浙商银行作为专业金融机构,明知中珠医疗公司系上市公司,但没有审查《承诺函》是否经股东大会决议,不构成善意且无过失正确,本院予以维持。2019 年 5 月 30 日,中珠医疗公司通过公司董事会发布《中珠医疗控股股份有限公司关于资金占用事项的进展公告》披露:'2018 年 4 月,中珠医疗为中珠集团与浙商银行股份有限公司就相关资管计划签订的《差额补足协议》提供履约保证金 5000 万元。截至 2019 年 5 月 29 日,公司已收到中珠集团通过珠海西海矿业投资有限公司以现金偿付 5000 万元,以消除未来可能造成的担保损失。上述资金占用即为公司于 2019 年 4 月 27 日披露的《中珠医疗控股股份有限公司关于公司自查对外担保、资金占用等事项的提示性公告》(编号:2019-034 号)中提及的,中珠医疗违规向浙商银行股份有限公司出具承诺函提供担保事项'。从上述公告披露的内容来看,系有关中珠医疗公司自查发现违规向浙商银行出具《承诺函》提供担保,为消除未来可能造成的担保损失而采取的应对措施,并未公告上述《承诺函》已经中珠医疗公司股东大会或董事会决议追认,因此一审法院认定该公告系中珠医疗公司对其法定代表人以公司名义出具《承诺函》行为的追认,并据此认定案涉《承诺函》对中珠医疗公司发生效力不当,本院予以纠正,案涉《承诺函》应为无效。中珠医疗公司上诉主张案涉《承诺函》无效,合法有据,本院予以支持。"[37]

---

〔37〕 广东省高级人民法院(2019)粤民终 2769 号民事判决书。

本书认为,我国最高人民法院的态度值得肯定。原因在于,我国最高人民法院的此举保护了债务人利益,同时也肯定了商事登记事项的对抗效力。值得注意的是,《九民纪要》第 17 条规定:“为防止法定代表人随意代表公司为他人提供担保给公司造成损失,损害中小股东利益,《公司法》第 16 条对法定代表人的代表权进行了限制。根据该条规定,担保行为不是法定代表人所能单独决定的事项,而必须以公司股东(大)会、董事会等公司机关的决议作为授权的基础和来源。法定代表人未经授权擅自为他人提供担保的,构成越权代表,人民法院应当根据《合同法》第 50 条关于法定代表人越权代表的规定,区分订立合同时债权人是否善意分别认定合同效力:债权人善意的,合同有效;反之,合同无效。”本书认为,此规定纠正了我国司法实践中过于保护交易安全的错误,正确平衡了公司利益与公司债权人利益,值得肯定。

第六章　商事行为

第一节　商事行为概述

一、商事行为的概念和特征

（一）商事行为的概念

商事行为是大陆法系民商法中特有的概念，体现了其重视逻辑推演的传统理念，而以经验主义为原则的英美法系则不重视对商事行为的概念抽象。因此，关于商事行为的确切含义，不同大陆法系国家的立法与学理上具有多种界定方法。

以法国为代表的客观主义主张按民事法律行为的客观内容来认定其行为是否属于商事性质，认为商事行为是“任何主体以营利为目的的活动”。以德国为代表的主观主义主张只有商人双方或一方参加的民事法律行为才属于商事行为。以日本为代表的多数大陆法系国家或地区所实行的是折中主义，商事行为的概念既包括任何主体从事的营利性营业行为，也包括商主体从事的任何营业活动。

我们认为，现代各国商法有关商事行为的定义均吸取客观主义与主观主义的长处，而避其不足，即使各国商法出于不同的立法理念支配，有关商事行为的界定上，形式上仍存在差异，但本质上是一样的，即均采客观主义与主观主义两种立法模式。因此，商事行为定义的客观体系和主观体系（折中主义，从本质上讲更接近主观主义）之间的差别没有很大的实际意义。另外，从理论上讲，商事行为属于推定民事法律行为，在商法实践中往往借助于法律推定规则。许多国家的立法就明确规定，只要是商主体实施的行为就可推定为为其营业实施的行为，从而成为商事行为。界定商事行为的概念的价值在于确定适用的法律规范，即适用商法规范或民法规范。这在民商分立的国家中自不待言，即使在民商合一的国家中，商事规则与民事规则也有较大差异。例如,实行民商合一的《意大利民法典》也是将民事代理与商事代理分别规定的。但是,基于各国商事立法及司法的实践,商法所承认的股份公司和股份有限公司的一切民事法律行为都被认为是商事行为。依此类推,其他各种商事合伙实施的民事法律行为也是商事行为。因此,从本质上讲,民事法律行为的商事性评价立法实际上只对个体商人实施的民事法律行为有重要的意义。

在我国,由于没有商法典或类似于形式意义上的商法,商事行为并非法定概念。长期以来,人们往往用民事法律行为来代替商事行为,未将商事行为与一般民事法律行为予以区分。但是,对商事行为的内涵与外延准确界定,对于一个国家商法的定位关系重大。对我国而言,更是并联到商事交易及商事规范的存在价值这一历来备受关注的重大理论问题。需要指出的是,在《法国商法典》《日本商法典》《韩国商法典》等商法典中均未对商事行为作出明确的界定,而只是规定了商事行为的确定立法或者对其外延加以界定,从而满足商人和商事司法实践的客观需要。与此同时,随着"民法的商法化",传统的商法正逐步失去特征,实质意义上的私法统一正在实现。

(二)商事行为的特征

商事行为作为营利性营业活动,其不同于一般民事活动的本质特征在于其行为的营利性质,按照商法理论中的一般认识,商事行为的法律特征主要体现在以下几个方面:

1. 商事行为是以营利为目的而实施的行为。营利性是商法的基本特征,同时也是商事行为最主要的特征、是商事行为的核心构成要件。营利目的的特性,使商事行为区别于行政行为、司法行为、公益行为以及普通的民事行为等非以营利为目的的行为。需注意,商事行为的这一特性主要着眼于商事行为的目标,而不在行为的结果,因为结果是否营利是商事行为所需承担的风险,因此,行为的结果是否营利并不能成为判断商事行为成立与否的依据。在商法实践中,判断某一行为是否属于商事行为,主要是借助推定原则来进行的。当行为主体为商人时,通常认为其行为具有营利性,属于商事行为。例如,《韩国商法典》第47条规定:"将商人为营业而进行的行为视为商事行为;将商人的行为,推定为是为了营业而进行的行为。"当行为主体为非商人时,则必须根据其行为的客观目的和商事习惯来加以判定,商法特别强调商事习惯在意思表示解释中的作用。

此外,有些活动或者行为一般以营利为目的,但并未因此而被定性为商事行为，如农牧业、采掘业、手工业、自由职业者等活动。

2. 商事行为一般是经营性（营业性）行为。所谓经营性，是指行为人的营利性行为具有反复性、不间断性和计划性的特点，它表明主体至少在一段时期内连续不断地从事某种性质相同的营利活动，因而具有职业性。经营性活动是一种重复的、经常性的活动，已经被纳入国家专门管理的范围。按照多数国家的商法规定，一般民事主体偶尔从事的营利活动不属于商事行为，也不运用商特别法的控制规则。从理论上讲，现代商法中有关商主体登记规则、商事账簿规则、商事税收规则、商事行为统制规则和商人责任规则主要着眼于对经营性主体的经济活动的控制，而对于非经商事登记的一般民事主体间断的营利性活动之控制只具有从属性意义。

3. 商事行为一般是商人所从事的行为。从各国商法规定来看，商主体与商事行为经常表现出互为因果的关系。但是，在以法国为代表的客观主义立法例与以日本为代表的折中主义立法例中，商事行为并无特定的主体限制，即商事行为与商主体之间的关系并非严格意义上的互为结果。客观地讲，基于不同的商事立法理念之支配，商事行为立法体制具有多元性。在采取严格商人法主义的国家中，民事主体欲从事合法的商事行为首先须履行商事登记程序；而在采取严格商事行为自由主义原则的国家中，商法实际上认可民事主体在民事行为能力之外，同时具有了商事行为能力，因而非经商事登记的主体从事的营利性营业行为也应受到商法规则的支配。特别是我国正处在“分享经济”的背景下，民事主体未经注册为商人，也可以从事营利行为、商事行为。

二、商事行为的种类

（一）单方商事行为与双方商事行为

以行为当事人是否均为商主体为标准，可以将商事行为分为单方商事行为与双方商事行为。

单方商事行为，又称“混合交易行为”，指行为人一方为商主体而另一方为非商主体所从事的交易行为。例如，零售商与一般消费者之间的商品买卖行为、银行与顾客之间的货币存贷行为等。对于单方商事行为的法律适用，各国商法实践中的认识不尽相同。单方商事行为者，行为人中至少一方为商人，同时至少有一方不是商人。由于对商人本性的假定，立法者通常预设商人对非商人一方承担的法定义务，展现了商法作为最不自由法律的特性。

许多国家的商法确认单方商事行为或“混合交易行为”本质上仍属商事行为,应受到商法的统一控制。例如,大陆法系有关国家的法律规定,《日本商法典》第 3 条规定:“当事人一方所为的行为是商事行为时,当事人的双方均适用商法。当事人的一方有数人,其中一人所为的行为是商事行为时,全体当事人适用商法。”《德国商法典》第 345 条也作了类似的规定。而英美法系国家的法律则认为,单方商事行为是商事行为与一般民事法律行为的结合,商法中有关商事行为的规定只适用商主体一方,其相对人则适用民法的规定。

所谓双方商事行为,是指行为人双方均为商主体所从事的营利性营业行为。例如,生产商与生产商之间的交易、生产商与销售商之间的交易等。双方行为不仅是传统商法的调整对象,也是现代商法的调整对象,对于其法律性质和法律适用,各国法律和实践中并不存在什么争议。

双方商事行为者,行为人皆为商人所实施的行为。对于双方商事行为,立法上应该最大限度地尊重商人之间的安排,从而展现商法作为最自由法律的特性。例如,可以约定时效、[1]可以约定索赔期。

区分单方商事行为与双方商事行为的意义在于,判断当事人的行为是否适用商法的有关规定。如果当事人的一方不属于商人,那么,在对其商事行为的效力进行解释时,可以考虑其经济上的弱势地位及对商事行为的无知,从而给予一定的法律保护,以实现双方当事人在实质意义上的公平。商法起源于商人之间交易的惯例,因而长期以来侧重于双方商事行为,各国商法典在提炼交易惯例中,形成了专门规范双方商事行为的一般规则。对于单方商事行为,在商法起源时未受重视,现今主要由各国的消费者权益保护法(特别法)加以调整,有些国家则将其纳入民法。[2]

---

〔1〕《民法典》第 197 条规定:“诉讼时效的期间、计算方法以及中止、中断的事由由法律规定,当事人约定无效。当事人对诉讼时效利益的预先放弃无效。”此条规则过于刚性,否认了商人之间可以约定放弃时效利益的应有效力。

〔2〕我国目前囿于民法系“绝对平等”的传统观念、基于消费者与商人的不对等地位,将消费者保护法归属于经济法的范畴,过多地侧重于国家对于消费关系的管理,而忽略了消费者与商人之间作为私法关系的权利义务关系的评价,使民法的基本原则和具体规则不能直接对于消费者权益保护的适用。理想中的《民法典》应当规定消费者与商人的概念、规定消费者保护的基本原则,借以确定消费者权益保护法的私法地位,理顺消费者保护法与民法之间的关系,确定对于消费者权益倾斜保护的原则。令人遗憾的是,《民法典》第 128 条规定:“法律对未成年人、老年人、残疾人、妇女、消费者等的民事权利保护有特别规定的,依照其规定。”仅仅规定了弱势群体特别保护的转置性规范,可见我国《民法典》仍然固守民法系“绝对平等”的传统观念,仍然将消费者保护法归属于经济法的范畴。

（二）基本商事行为与附属商事行为

以商事行为在同一营业活动内所起的作用和所处的地位的不同，可以将商事行为分为基本商事行为与附属商事行为。此种分类的法律意义在于使商事行为法律制度更加适应复杂的经济生活。但是，在社会分工越来越具体且详细的现代社会，此种分类也就越来越模糊。

基本商事行为，是指在同一商事营业内直接从事营利性经营活动的商事行为。它是导出商人概念的基础商事行为，包括绝对商事行为和相对商事行为两种。

附属商事行为又称辅助商事行为，是指在同一商事营业内虽不具有直接营利性内容，但却能起到协助基本商事行为实现的辅助行为。在现代商事公司中，多数是一业为主多种经营，因而往往都是基本商事行为与辅助商事行为相结合。同时，还应注意到辅助商事行为的相对性。如运输在旅馆业中属于辅助商事行为，但在运输公司则又属于基本商事行为。

近年来，对此概念学界有新的解释和理解，即不把附属商事行为固定化，而根据特定公司的经营内容确定其行为的附属性，把主营业务理解为基本商事行为，把兼营业务理解为附属商事行为。如对于零售商来说，销售是基本商事行为，而仓储和运送则是其附属商事行为；而对于承运商来说，运送为其基本商事行为，而原材料购买则是附属商事行为。

典型判决

2000 年 11 月 1 日下午，原告李杏英在被告大润发超市处购物，并使用该店设置的自助寄存柜。下午 5 时 30 分左右李杏英购物结束后，持该店自助寄存柜号码为 1250719748 的密码条找到大润发超市的工作人员，称其购物前曾将皮包一只（内装从原告聘用单位上海航空旅行社刚领取的旅游团款 4660 元及个人钱款 650 元，计 5310 元）、雨伞一把存入该店 22 号自助寄存柜的寄存箱内，现因无法打开箱子，要求解决。大润发超市工作人员将李杏英指认的箱门打开后，发现里面是空的。工作人员告知李杏英，其指认的箱门与其所持密码条显示的箱门号码不一致。但是，当工作人员将与密码条号码相符的另一箱门打开后，发现里面也是空的。当晚，李杏英向上海市公安局杨浦分局五角场镇警署报案。

当晚，原告即报警并留下笔录。事后原告就此事与大润发超市和大润发公司交涉,未果。原告认为,超市要求消费者将自己的财物存入超市设置的自助寄存柜内,双方形成的是保管合同关系,超市应当对保存的消费者财物承担保管责任。由于大润发超市对自己给消费者提供的自助寄存柜的安全、可靠性过于轻信,疏于管理,以致原告存入柜内的钱物遗失。请求法院判令被告给原告赔偿经济损失5310元。

被告大润发公司辩称:原告当天在大润发超市购物是事实,但购物与存包没有必然联系,并非所有的消费者都需要存包。原告提供的密码条,只能说明存包箱曾被原告打开过,但不能证明原告确实在里面存放过物品,更不能证明存放的物品是包、伞和巨款。另外,原告使用的自助寄存柜,是大润发超市无偿提供给消费者使用,以便消费者存放零星物品的,双方就此形成的是无偿借用关系。大润发超市已经将自助寄存柜的使用方法和注意事项以明示的方法告知给消费者。现在自助寄存柜本身没有损坏,故大润发公司对原告所称的物品遗失没有过错,无须承担民事赔偿责任,原告的诉讼请求应当驳回。

上海市第二中级人民法院经审理认为:李杏英只是借助使用自助寄存柜继续实现对自己物品的控制和占有,而大润发超市由于没有收到交付的物品,也无法履行保管职责。他们之间不存在保管合同成立的必备要件——保管物转移占有的事实。因此,双方当事人就使用自助寄存柜形成的不是保管合同关系,而是借用合同关系。《消费者权益保护法》第18条第1款规定:"经营者应当保证其提供的商品或者服务符合保障人身、财产安全的要求。对可能危及人身、财产安全的商品和服务,应当向消费者作出真实的说明和明确的警示,并说明和标明正确使用商品或者接受服务的方法以及防止危害发生的方法。"被告大润发超市通过印制"操作步骤"和"寄包须知",已经将自助寄存柜的正确使用方法告知消费者,对可能危及消费者财产安全的事项作出真实的说明和明确的警示。根据证人李鹤鹏的证词以及当时自助寄存柜箱门没有被撬痕迹等情况,可以认定大润发超市的出借物无瑕疵并具备应有的使用效能。对无偿借用给消费者使用的自助寄存柜,大润发超市已经尽到了经营者应尽的法定义务。《合同法》第5条规定:"当事人应当遵循公平原则确定各方的权利和义务。"第6条规定:"当事人行使权利、履行义务应当遵循诚实信用原则。"现场勘验证明,原告李杏英持有的密码条所对应的柜箱,与李杏英指称其放置皮包的柜箱不一致。在此情况下,李杏英既不能证明其确曾将所称钱款放入自助寄存柜内,也不能证明其所称物品的遗失是自助寄存柜本身存在的质量问题造成的,更不能证明其所称物品的遗失是大润发超市在提供寄存服务中的故意或重大过失行为所造成。因此,李杏英要求大润发超市和被告大润发公司承担其所称物品遗失的赔偿责任，缺乏事实根据和法律依据，难以支持。上海市第二中级人民法院于2002年10月10日判决：对原告李杏英的诉讼请求，不予支持。[3]

本书认为，本案中被告大润发公司为原告李杏英"自助存包"的行为，自商法的角度看，属于典型的"附属商事行为"。运用"附属商事行为"理论，超市提供自助寄存服务，无论解释为保管、借用抑或租赁，均为免费服务。免费服务本身虽不具有营利性，但并不能否认其为营业活动的组成部分，应当认定为附属于超市营业的行为，即"附属商事行为"，进而超市作为商人应当承担严格的法律责任，即"谨慎责任"。对此，我国台湾地区"民法典"第606条规定："旅店或其他供客人住宿为目的之场所主人，对于客人所携带物品之毁损、丧失，应负责任。但因不抗力或因物之性质或因客人自己或其伴侣，随从或来宾之故意或过失所致者，不在此限。"第607条规定："饮食店，浴堂或其他相关场所主人，对于客人所携带通常物品之毁损、丧失，负其责任，但有前条但书之情形时，不在此限。"与此同时，《民法典》第1198条规定："宾馆、商场、银行、车站、机场、体育场馆、娱乐场所等经营场所、公共场所的经营者、管理者或者群众性活动的组织者，未尽到安全保障义务，造成他人损害的，应当承担侵权责任。因第三人的行为造成他人损害的，由第三人承担侵权责任；经营者、管理者或者组织者未尽到安全保障义务的，承担相应的补充责任。经营者、管理者或者组织者承担补充责任后，可以向当第三人追偿。"《消费者权益保护法》第18条第2款规定："宾馆、商场、餐馆、银行、机场、车站、港口、影剧院等经营场所的经营者，应当对消费者尽到安全保障义务。"本案中被告大润发公司应当对原告李杏英承担安全保障责任、补充责任。因此，本案的判决结果值得商榷。

（三）绝对商事行为与相对商事行为

以行为的客观性质和是否附加条件为标准，可以将商事行为分为绝对商事行为与相对商事行为。这一分类在采用折中主义原则和客观主义原则的国家中具有重要的意义。

绝对商事行为，又称"客观商事行为"，它是指依照行为的客观性和法律的规定，无论行为人是否为商主体，也无论是否以营业的方式进行，都必然认

---

〔3〕《最高人民法院公报》2002年第6期。

定为商事行为。它具有客观绝对性、法律确定性与事实推定性的特点。例如,《日本商法典》第501条规定了4种绝对商事行为。绝对商事行为通常由法律限定列举,不得作法律上的推定解释。在许多国家,票据行为、证券交易行为、融资租赁行为、保险行为、海商事行为等均属于绝对商事行为。由于绝对商事行为是由法律列举限定的,给司法实践带来了极大的便利。

值得注意的是,各国均将过去的"法定商事行为""绝对商事行为"等商事行为视为"消费行为",与此相对,从事"法定商事行为""绝对商事行为"等商事行为的商主体如今也已被视为"金融消费者"。为更好地保障"金融消费者"的合法权益,各国大都制定了金融消费者权益保护法。具体到我国,对于金融消费是否适用消费者权益保护法?多数意见认为,金融消费应当适用,理由在于:一是金融领域侵害消费者合法权益的问题主要是因信息不对称导致的,这与其他领域消费者权益受损的问题存在共性;二是金融消费本应当是市场行为,但市场化不充分,同时,我国的金融消费者保护机构设在中国银行保险监督管理委员会。[4] 实践证明,我国的金融消费者保护机构更重视维护金融机构的发展及利益,而忽视了金融消费者权益的保护。金融机构采用行业内部管理规定处理与消费者之间的纠纷,消费者明显处于弱势,金融消费者的权益难以得到保障。反对的意见认为,金融消费不同于一般的消费,具有较大的特殊性,不宜纳入消费者权益保护法的调整范围,宜制定专门的金融消费者保护法或者行政法规,对金融消费者的内涵和外延、金融消费者的权利、金融经营者的义务、金融消费者保护机构等问题作出明确规定。还有的意见认为,金融消费是否适用消费者权益保护法,应当区分不同的情况,基本的存贷业务、银行卡业务等属于人们的生活消费范畴,可以适用消费者权益保护法;购买银行理财产品或者从事股票交易、基金、保险理财产品等属于投资行为,不应适用消费者权益保护法。我国立法机关的意见是,金融消费原则上应受消费者权益保护法的调整,不宜排除。因此,《消费者权益保护法》第28条规定:"采用网络、电视、电话、邮购等方式提供商品或者服务的经营者,以及提供证券、保险、银行等金融服务的经营者,应当向消费者提供经营地址、联系方式、商品或者服务的数量和质量、价款或者费用、履行期限和方式、安全注意事项和风险警示、售后服务、民事责任等信息。"该规定明确了金融消费适用消

---

〔4〕 2018年,我国将中国银行业监督管理委员会和中国保险监督管理委员会的职责整合,组建中国银行保险监督管理委员会,作为国务院直属事业单位,其主要职责是依照法律法规统一监督管理银行业和保险业,维护银行业和保险业合法、稳健运行,防范和化解金融风险,保护金融消费者合法权益,维护金融稳定。

费者权益保护法。

相对商事行为又称“主观商事行为”“营业商事行为”，是指在法律所列举的范围内，仅由商人实施时以及仅基于营利性营业目的实施时方构成商事行为的行为，也就是说，相对商事行为概念依不同国家的立法政策仍可有内涵上的差别。它可以是在法律列举的范围内，仅商人实施方可构成商事行为的行为（主观商事行为）；也可以是仅基于营利性营业目的方可构成商事行为的行为（营业商事行为）；还可以是仅由商人基于营利性营业目的实施方可构成商事行为的行为。相对商事行为的基本特征在于其性质具有相对性和条件性。此类行为并非当然具有商事行为性质，只有在行为主体或行为目的符合法定条件时，该行为方构成商事行为，并适用商法的特别规则；而在行为主体或行为目的不符合法定条件时，其行为仅构成一般民事活动，适用民法的一般规定。例如，《日本商法典》第 502 条即以“营业的商事行为”为题，将 12 种行为确定为相对商事行为。

将商事行为作此分类的法律意义在于，其明确了商事行为的范围，便于适用法律。另外，这一区分也体现了民法与商法的不同理念，凸显出民法与商法的区别。

（四）一般商事行为与特殊商事行为

根据大陆法系国家商法学理论占主导地位的观点，一般商事行为和特殊商事行为并不是从商事行为本身提出来的问题，而是从商法对商事行为之特别调整的共性和个性的角度提出来的问题。

一般商事行为是指在商事交易中具有共性的，并受商法规则调整的行为。它涉及商法上的债权行为、商法上的物权行为、商法上的交易结算行为（商事交互计算）等。一般商事行为实际上就是关于商事行为的一般规则，在商法典中应当归于商事行为通则的范畴。

特殊商事行为作为一个与一般商事行为相对应的概念，它是从商法对商事行为之特别调整的个性角度提出来的，是指在商事交易中具有个性的，并受商法中的特别法或特别规则调整的商事行为。特别商事行为产生的基础是商事交易内部的特殊性以及商法对不同类型商事交易法律调整的特别需求。在传统的商法理论中，特殊商事行为主要分为商事买卖、商事行纪、商事居间、商事代理、商事运输、商事仓储、商事票据、商事担保、商事保险、海商等。现代商法中的特殊商事行为，在传统种类的基础之上又有了新的发展，它已经不仅包括传统的内容，还包括商事信托、商事期货、商事融资租赁、商事证券交易、商事信息咨询以及商事银行交易、商事投资基金运作等内容。在我国,特殊商事行为的立法是由《民法典》当中的物权编、合同编和商事单行法共同组成。

(五)固有商事行为与推定商事行为

这是大陆法系国家商法中的一种分类。固有商事行为是指商主体所实施的营利行为或商法典所确定的商事行为。推定商事行为是指拟制商主体所实施的经营性商事行为。这种商事行为常常不能根据法律的规定来确认商事行为的性质,而需要根据该行为本身的性质来推定其商事行为性质,如非商主体所实施的信息咨询等。[5]

推定商事行为必然属于营利活动。但是,由于历史和立法体例的制约而没有被立法直接确认为商事行为,这样能否适用商法就是不确定的,因此需要以司法推定或事实推定的方法确认其为商事行为并适用商法。有学者指出,推定商事行为包括商人通过非商人所为的行为(如咨询服务、信息服务、间接代理等),商人在其营业范围之外从事的与营业密切相关的行为,法律列举范围以外的营利性营业行为等。[6] 例如,1998 年修改后的《德国商法典》取消了小商人的概念,因此小营业经营者也不能依据《德国商法典》第 2 条的规定取得登记;另外,诸如律师、经济师和建筑师等自由职业者也无法被作为商人看待。但是德国联邦法院判例认为,上述这些非商人如果以商人的方式参加交易,则有关商业惯例和有关商人确认函的原则对他们也适用。此外,德国的公法人也不具有商人身份,如果商法中有较高的行为要求和理解要求的,则对参加商事交易的公法人原则上也和商人同等看待,例如,《德国商法典》第 346 条关于"在商人之间,在行为与不行为的意义和效力方面,应注意在商业往来中的适用的习惯和惯例"的规定,就应当得到适用。[7] 《民法典》第 623 条规定:"当事人对检验期限未作约定,买受人签收的送货单、确认单等载明标的物数量、型号、规格的,推定买受人已经对数量和外观瑕疵进行检验,但是有相关证据足以推翻的除外。"

---

〔5〕 范健主编:《商法》(第 3 版),北京大学出版社、高等教育出版社 2007 年版,第 56 ~ 58 页。

〔6〕 董安生等:《中国商法总论》,吉林人民出版社 1994 年版,第 133 页。

〔7〕 [德]卡纳里斯:《德国商法》,杨继译,法律出版社 2006 年版,第 540 页。

第二节　商事行为与民事法律行为理论

一、大陆法系关于商事行为的立法

在大陆法系中，德国、日本和法国等国家采取民商分立主义，将商事行为、商事合同与民事法律行为、民事合同区分开来，分别由商法典、民法典来规范和调整。在适用法律的效果上，适用商法典的商事合同与适用民法典的民事合同是不同的。在民商分立的立法体系中，对商事行为均存在总则性、通则性之规定，可谓民商分立国家或地区商法典共通之特色。例如，《德国商法典》在第四编规定商事行为，其第一章为"一般规定"，即商事行为总则之规定；第二章以下则规定了若干典型的商事行为，属于商事行为各论，其规范的内容主要针对商事行为之特殊性。《日本商法》《韩国商法典》也作了类似立法设计。但是，受"民法是普通私法，商法系特别私法"的观念支配，商法典有关商事行为的立法非常简单。《德国商法典》中的许多规定只有根据《德国民法典》所确立的一般性原则才能理解，而《德国商法典》的作用就是对这些一般性的原则加以变更、补充或排除。正是由于这个原因，《德国商法典》中关于买卖契约的规定非常简单：买卖双方当事人之间的权利和义务原则上由《德国民法典》（第 433 条及以下各条）调整，购买货物的商人必须就货物的差错和瑕疵即时地通知出卖人（《德国商法典》第 377、378 条），这一商法规则必须与民法中关于出卖人的瑕疵责任的规定结合起来考虑。同样道理，只有在了解了《德国民法典》物权编中关于从非所有人那里取得动产的有关规定时，《德国商法典》对善意买受人所提供的特殊保护（《德国商法典》第 366 条）才有意义。《德国商法典》中关于商业经纪人的规定，也只不过是对《德国民法典》关于居间契约规定（第 652 条及以下各条）的某种变更。[8] 另外，在实际法律适用上，商法规范在解决案件中很少自己单独适用，往往是和民法规范的所有原则相结合。例如，商事交易是否有效成立、是否有意思表示之瑕疵等问题，甚少明文规定于商法典，而须回归民法之一般规定。因此，依个人观察，德国、日

---

〔8〕［德］罗伯特·霍恩等：《德国民商法导论》，楚建译，中国大百科全书出版社 1996 年版，第 239 页。

本等虽系民商分立,但在法律学习上乃至研究上,应该更像民商合一。[9]

在大陆法系中,瑞士、意大利等采用民商合一主义。在这些国家,不区分民事法律行为与商事行为、民事合同与商事合同。认为商法是民法的特别法,是民法的一部分。由此,商事行为是民事法律行为的一部分,商事合同是民事合同的一部分。在具体的法律适用过程中,全部由民法典中的债法、合同法进行规范。采民商合一立法体系的国家,因无独立之商法典,从而也无商事行为总则之部分,故缺少民商分立国家关于商事行为一般原则之规定。除非将关于针对商事行为特殊性之规定排入民法总则民事法律行为或债编通则契约之一般规定中,附带地针对商事行为之差异性而为特别规范,或干脆执意贯彻民商合一之体例,无视商事行为之特殊性,一体适用民法之一般规定。该种立法例的优点是,因立法并无商事行为之概念,除特别标明仅适用于商人外,无论是否商人均一体适用,免却与民事法律行为之界定与区别,也不需要讨论如果不是商人所为之行为,是否亦适用商法规定之问题,法律之适用得以简化。然而,民商合一体例中仍存在民事行为与商事行为之区分,却是不争的事实。例如,《瑞士债法典》不仅在第一编通则第 32 条以下就意定代理之一般原则有规定,对特别诸如经理权等商事代理,于各种契约关系编第十七章第 458 条以下有专章之规范,与民商分立国家的情形殊无二致;关于民事买卖与商事买卖的区别立法,就同一契约类型分别规定民事契约与商事契约;质权有所谓营业质与民事质之区别;二者适用的法律有若干重大差异等。一般民商分立国家常见民事行为规范与商事行为规定之区别,在标榜民商合一立法例的国家,竟然无法免除,甚而较民商分立国家更执着于二者之差异。因此,名为民商合一,实为民商分立。

比较上述两种有关商事行为的立法,可以看出,采民商合一或民商分立并非问题之关键。商事交易实践提出了反映新的商事规则的需求,无论由民法统一调整商事活动,还是采取商事单行法的形式,都不足以替代商事行为一般规则的制度价值。

二、商事行为与民事法律行为的区别

在我国,民法学家在主张民商合一的编制体例和反对民商分立的编制体例时都强调这样一个理由,即在民商分立的国家,人们很难划分民事行为和商事行为的严格界限,因此,在民法典之外再制定单独的商法典,会导致民法典

---

〔9〕 陈自强:《民商合一与民商分立》,载《月旦民商法研究》,清华大学出版社 2006 年版,第 95 页。

与商法典在法律适用上的困难和混乱;[10]经济学家在反对将商法看作独立的法学部门时也强调这样的理由,即民事行为和商事行为难以区分;[11]令人费解的是,商法学家也否认商事行为与民事法律行为的区别,“商事行为作为一种特殊的民事法律行为,它具有民事法律行为的共性”。[12]传统的商事行为并未形成不同于民事行为的统一特点,商事行为与民事行为进行比较,是无法划定商事行为与民事行为的清晰界限的。[13]“商事行为也是以意思表示为要素发生私法上效果的行为,因此其性质应该是民事法律行为,论述商事行为独立性的理由,要么缺少民商法学的基本理论常识,要么根本就是歪曲事实。”[14]“区别商事行为与民事民事法律行为,是没有意义的。”[15]还有学者认为,“商事行为概念和商人概念并列,是大陆法系商法中最重要的两个基本概念,是区分民事法律关系和商事法律关系的关键”。[16]

我国立法机关认为:“我国实行民商合一的立法传统,公司法、票据法、信托法等民商事特别法也要适用民法典总则编的规定。商事领域的大量行为应当适用民事法律行为的规则,例如在设立公司的过程中,设立协议的成立、效力和解释内容一般都需按照民事法律行为的规则来解决;再如票据法领域的票据行为、信托领域的信托行为也要适用民事法律行为的相关规则。”[17]本书认为,我们应当辩证地看待两者之间的关系,一方面,优先适用商事行为的特殊规则;另一方面,也应当补充适用与商事行为规则不冲突的民事法律行为制度,例如,针对股东会、董事会等的瑕疵,可以在公司法对决议行为的补救不能满足实践需要的时候,补充适用民事法律行为的理论对于有瑕疵的公司决议进行救济,这在一定程度上弥补了公司法关于股东会(股东大会)、董事会决议瑕疵制度的不足。[18]

1. 商事行为与民事法律行为的理念不同。就人们认识社会现象的基点来讲,主要有两种方法论,即个体主义与整体主义。个体主义在分析社会经济现

---

〔10〕 王利明:《我国民法典重大疑难问题之研究》,法律出版社 2006 年版,第 40~44 页。

〔11〕 史际春、陈岳琴:《论商法》,载《中国法学》2001 年第 4 期。

〔12〕 范健:《商法》,东北财经大学出版社 2007 年版,第 159 页。

〔13〕 赵旭东:《商法的困惑与思考》,载《政法论坛》2002 年第 1 期。

〔14〕 李新天:《商法总论》,东北财经大学出版社 2007 年版,第 159 页。

〔15〕 苏惠祥:《中国商法概论》,吉林人民出版社 1996 年版,第 79 页。

〔16〕 刘凯湘:《商事行为理论在商法中的意义与规则建构》,载《法治研究》2020 年第 3 期。

〔17〕 黄薇主编:《中华人民共和国民法典总则编释义》,法律出版社 2020 年版,第 354 页。

〔18〕 杜万华主编:《最高人民法院公司法解释(四)的理解与适用》,人民法院出版社 2017 年版,第 142 页。

象时,一般持局部均衡分析的哲学态度,认为一个人的行为只对他直接交往的人产生影响,对第三人则没有多大的问题。因此,当我们考虑一个人的行为,或两个人之间的交互行为(交易活动)时,无须考虑其他人。这是传统的思考人与人之间关系及人的行为的基本观点。而整体主义在分析社会现象时,则持一般均衡分析的哲学态度,认为一个人的行为或两个人之间的交互行为(交易行为)都必然影响到社会中所有的人,如果不对这一影响加以考虑并认真分析,我们就会漏掉重要的因素,导致错误的结论。[19] 从法理上讲,民事法律行为的逻辑起点是个人主义,与此相反,商事行为则为整体(团体)主义。

民事法律行为作为法技术的构造物,旨在实现私法自治,依当事人的意思表示而由法律上赋予的一定私法上的效果,发生私法上权利的变动。民事法律行为理论以个人意志作为私法程序生成的原点,最大限度地放任个体的自由,同时也在最大的限度内让个体来承担其行为的结果。也就是说,民事法律行为给个人提供一种受法律保护的自由,使个人获得自主决定的可能性。因此,民事法律行为制度的设立解释了私法自治的基本精神,符合市场经济的内在要求。商事行为的立法宗旨和理念是促使商事交易便捷、安全地进行,同时,相对于仅关注个人利益的民法而言,商事行为在保护商主体利益最大化的同时,更应关注第三人及国家的利益。这就导致作为私法意义的"商事行为"理应更多地接受国家的干预,因此,作为私法意义的商法却最具有公法性的特征。

2. 商事行为与民事法律行为的有效要件不同。民事法律行为的有效要件包括:行为人具有相应的民事行为能力;意思表示真实;不违反法律、行政法规的强制性规定,不违背公序良俗。[20] 但是,商事行为为促进交易的迅捷与安全,则作出了完全区别于民事法律行为的有效要件:

(1)商事行为和民事法律行为的主体资格不同。商事行为对于商主体资格的规定严于民法对民事资格的规定,这主要表现在两个方面:一方面,民事人格深具伦理色彩与价值内涵,在民法中,"能力是规则",其意义是说,达到意思能力的任何人都自动地有资格享有自己的一切权利,并且有资格实施一切民事生活之行为。这也充分说明,民事人格承载着人们追求平等、摆脱直至废除等级性社会制度的价值追求,以及基于自然理性的伦理需要。但与此相反,为了保障交易安全(社会总体利益),要想成为商人,则必须具备特别的条

---

〔19〕 刘水林:《经济法责任体系的二元结构及二重性》,载《政治论坛》2005 年第 3 期。

〔20〕 《民法典》第 143 条。

件,这就是所谓的商人资格,其核心为营业能力。营业能力的主要内容是具有营业财产、有自己的企业名称、依法设置商业账簿、必须进行商事登记。另一方面,商法还对商事行为主体的消极资格作出了严格的规定,某些人可以在具备消极资格的情况下从事民事行为,但不得从事商事行为。例如,如果自然人从事严重的违法行为或犯罪行为,则该人不得在一定的年限内从事商业活动。[21] 另外,商法中不存在民法中的自然人行为制度,民事行为能力制度作为确定民事法律行为效力的因素之一,主要是出于保护无行为能力人及限制行为能力人的考虑,担心其社会阅历欠丰富、经验不足、考虑不周,若令其实施的民事法律行为有效,可能遭受损失。

(2)意思表示及其解释的适用规则不同。民法所调整的社会关系通常是熟人之间或关系较为固定的人之间的,因此,"意思主义"理论是解释民事法律行为意思表示含义的传统方法。"意思主义"产生理论基础是德国19世纪的理性法学派,它主张意思表示解释的目的是"探究当事人真意",因此,在解释方法上要求在表示与意思不一致的情况下,民事法律行为应以对行为人真意的解释为标准而成立,而不应依其表示内容的字面含义成立。尽管由于实践操作的需要,"表示主义"成为补充意思主义的一种解释方法,但意思主义仍是民事法律行为意思表示的主要解释原则,"表示主义"在民法上更多的是一种例外。在商事行为领域中,则始终坚持"表示主义"的解释方法,即以商事行为表征来确定行为人的意图,进而判断行为的效力,而不去探究行为人在行为时的真实意图。对此,《民法典》第142条规定:"有相对人的意思表示的解释,应当按照所使用的词句,结合相关条款、行为的性质和目的、习惯以及诚信原则,确定意思表示的含义。无相对人的意思表示的解释,不能完全拘泥于所使用的词句,而应当结合相关条款、行为的性质和目的、习惯以及诚信原则,确定行为人的真实意思。"基于民商有别的理念,作出了异质的意思表示的解释方法。例如,对于票据,根据票据行为的文义性特征,当对票据记载事项发生争议时,一般遵循外观、客观有效解释的原则。表示主义是与商事行为的营利性相适应的解释方法,是与商业社会高效快捷和安全的价值追求接轨的。[22]

(3)商事行为和民事法律行为的形式要件不同。民法是规制直接当事人之间的关系,民法中的民事法律行为理论不关心程序问题,对民事法律行为的

---

〔21〕 法国1947年8月30日颁布实施的第47-1635号《关于整顿工商职业的法律》。

〔22〕 叶林、黎建飞:《商法学原理与案例教程》,中国人民大学出版社2006年版,第102页。

形式要件保持一种十分谨慎的态度。民法学者充分认识到私法自治对于人格自由发展的意义,他们坚持认为,私法之中的意思自治不允许立法者过多规定意思表示的形式,否则会影响人们自由发展其人格的基本权利。因此,以《德国民法典》为代表的所有民法典都严格限制形式强制的范围。德国的私法学者明确指出,行为方式属于意思自治的内容,"形式自由"是《德国民法典》的一般原则,而"形式强制"只是私法的例外而已。[23] 但不可否认的是,法律要求民事法律行为须作成一定形式的规定仍不在少数,如担保合同、[24] 婚姻的成立等。[25] 从总体而言,民事法律行为的形式要件,其目的主要是证明内容,加强意思表示的严肃性。

商事交易的主体不再局限于双方或三方当事人,而是由众多当事人组成,商事交易的复杂性决定了商事行为形式的意义。基于提高交易效率、保护交易安全等功能的要求,商法对商事行为的形式要件要求相比民法对民事行为的形式要件更宽松或者更严格。商法之所以对商事行为作出更加自由和更加宽松的形式要求,其理由首先是商事交易对于灵活性和形式多样性的需要更强烈;其次是商人自身保护能力更强,所以对他们保护的必要性也因此降低,特别是考虑到他的交易和法律的经验。同时,商法对商事行为的要求更严格。一般认为,《德国民法典》是以权利为线索来编排体例的。但是,商事法律的体例并不是以权利为线索而建立的,它们一般是以行为程序为线索而建立的。商事交易的复杂性决定了程序的意义,只有程序才能理顺连续复杂的商事行为,也只有程序才能理顺复杂的商事关系。程序化交易可以提高交易的效率,很难设想会有人不采用事先制定的格式来订立银行贷款合同、存款合同或保险合同。[26] 另外,商事行为的整体性和投机性增加了商事行为的风险,因此,商事行为程序也是保障交易安全的强有力的工具。

(4)效果的法定性。民事法律行为重视意思表示和民事权利义务之间的制约关系(意定效果),商事行为重视行为状态与民事权利义务的关系(法定效果),这显现了商法规范的强制性。民事法律行为关注于自愿之要素,效力解释上亦反映自愿之效力;商事行为关注于外观,即使当事人非出于自愿,行为之效力不受影响。

民事法律行为强调效果与意思之间的关系,因此,民法效果多为任意效

---

〔23〕 [德]卡尔·拉伦茨:《德国民法通论》,王晓晔等译,法律出版社2003年版,第556页。

〔24〕 《民法典》第400、427条。

〔25〕 《民法典》第1049条。

〔26〕 陈醇:《商事行为程序研究》,中国法制出版社2006年版,第30页。

果,当事人有权约定排除某些民事效果。商事行为强调效果与行为之间的关系,不太注重行为人设立、变更或者消灭民事权利义务关系的目的,凡是实施某种行为,当然产生既定的法律效果,商法上的法律效果呈现法定性的特征。

3. 商事行为之瑕疵处理方式与民事法律行为之瑕疵处理方式不同。民法上对于瑕疵民事法律行为之处理方式可分为三种:无效、可撤销、效力待定;而商事行为之瑕疵处理方式不包括效力待定。就民法区分三种效力的规范目的而言,民事法律行为无效,其目的在于贯彻公共利益之维护,而民事法律行为可撤销或效力未定,目的则在于保护私人利益。无效的民事法律行为具有如下意义:其一,该行为完全不生效;其二,该行为自始完全不生效;其三,该行为当然无效,即无须当事人主张,也无须经过诸如法院或仲裁机构等程序,均属无效;其四,该行为属确定的完全不生效,即不仅于其成立时不发生效力,此后也绝无再发生效力之可能。但是,对于得撤销或效力待定的民事法律行为,为践行民事法律行为自由和私法自治的精神,为维护私人利益,法律把选择民事法律行为是否有效的权利赋予当事人和真正权利人,由当事人通过撤销、变更、追认、否认等权利的行使自行对民事法律行为的效力作出判断。无效的民事法律行为(包括可撤销的民事法律行为,权利人行使撤销权后,使已生效的民事法律行为溯及归于无效;效力待定的民事法律行为,若经权利人拒绝后,则民事法律行为自始确定无效),依据我国《民法典》第157条的规定,将产生"返还财产""折价补偿"溯及无效的法律后果。民法上对于有瑕疵的民事法律行为采取上述纠错机制的原因在于,民法多是处理一对一之单纯关系,即使已发生权利变动,由于牵涉之利害关系人较为少数,是以让当事人之关系回复到权利变动前之状态并无不妥,再加上对善意第三人之保护,整体而言,全数利害关系人之利害冲突最终都能达到一个平衡。[27] 总之,民事法律行为瑕疵理论是以个人自由为唯一评判标准的,它过多地强调了意思自治而忽视了交易安全。

4. 商事行为和民事法律行为的效力解释规则不同。意思表示的自愿真实是民事行为生效的要件,因欺诈、胁迫、重大误解、乘人之危而形成的民事行为,是无效行为或者可撤销行为。正是因为行为评价要求的不同,法律对民事人和商人的规则要求也就不同。因此,《民法典》的重大误解制度应该仅仅适用于自然人,理论上来说对法人与商人均不适用。在商事行为领域中,无法复制仅仅适用于自然人行为的效力规则。商事行为瑕疵的分类中,不存有可撤

---

〔27〕 王文宇:《公司法论》,中国政法大学出版社2004年版,第165页。

销、效力待定的商事行为,[28]另外,商事行为制度不存在附条件的商事行为,因为商事行为附条件与商事交易活动所追求的效率、商事交易的迅捷是矛盾的。如在公司契约场合,如果股东基于欺诈、胁迫或重大误解而与他人成立公司,只要已取得公司设立证书,基于公司维护的商法原则,该股东不得以自己意思表示不真实而要求宣告公司无效或要求撤销公司,他们仅可要求公司采取一定的补救措施去校正所存在的违法行为。类似情形在票据法、证券法等领域中表现得更为鲜明。

在我国,民法被视为全部私法的基础,"民法不仅是在没有特别法之处具有正当性的法,而且具有另外一个侧面,即构成这些特别法的基础,为特别法的内容指明方向",[29]从而将民法规范视为适用于各种私法关系、放之四海而皆准的公理。客观上说,通过前文的分析,抽象的民法规范一旦适用于具体的、纷繁复杂的各类私法关系时,大都和具体的私法关系的运作不相吻合,特别私法纷纷跳出民法典而自创自身规范,从而逐步发展成为特别私法的趋势,已无可改变。现代私法真正重要的发展体现为特别私法,[30]民法典已经体现为"去法典化"的趋势。

但是,在我国的学理和裁判中,商法的解释和效力评判却"明白无误""理所当然"甚至是"不假思索"地直接以传统民法的理论和规范为其解释与效力评判的依据。然而,我国的商事实践告诉我们,商事行为、商事关系等有不同于民事行为、民事关系的规范目的及性质。因此,在探讨商事关系的法律适用时,应先探究民法的解释结果是否符合商法所蕴含的立法意旨及设计原理。若二者并无矛盾,自可直接适用民法的规定,否则,即应考虑商法的特殊性,将民法规定的要件调整至与商法规范的一致性。忽视商法自身特点的民法思维论,借用和援引民事规则,将对商法思维论的生成与发展以及商事纠纷的处理造成全方位的不良影响。[31]

商法应有自己的解释方法。[32] 传统民法对于民事合同解释的目的与功

---

〔28〕 商法是那些精于识别自己利益且极端聪明的商人而设计的,商人是被推定为在商务方面是有能力的、有经验的。对于商人,关于能力、意思表示瑕疵,对"意思表示自由"的保护,已显得无足轻重,即商人是强者,商人无须保护。

〔29〕 王利明:《法学方法论》,中国人民大学出版社2012年版,第123页。

〔30〕 张力:《民法转型的法源缺陷:形式化、制定法优位及其校正》,载《法学研究》2014年第2期。

〔31〕 曾洋:《谨慎对待商法解释论话语体系中的理论援用》,载陈洁主编:《商法规范的解释与适用》,社会科学文献出版社2013年版,第60页。

〔32〕 2014年9月20日,最高人民法院民二庭庭长原庭长张勇健在中国商法学研究会2014年年会上的讲话。

能在于探求当事人的真意，从而寻找可供适用的任意法的方法，具体体现为类推适用有名合同的规定。与之相反，商事合同的合同解释应该从合同缔约背景与交易的本质出发，发掘商事合同的当事人为何会作出此种约定，以及为何会对某事项留白而未约定，在掌握交易的全貌与内涵后，才能作出符合当事人期待的解释并妥当解决问题。换言之，解释商事合同，不宜仅考虑适用或类推适用合同法规，而应该一并斟酌其他重要因素，如交易脉络、缔约目的、商事习惯等，这才是决定商事合同应当如何解释的关键。[33] 原因在于，商事契约往往受制于交易特殊风险管控或分配机制，究竟应当定性为何种典型契约，实为一大难题。同时，随着异质性商事交易越来越多，任意法根本无法涵盖或者妥帖地适用于各类新形态的商事交易之情形，已然成为常态。如果执意固执地、武断地模拟推理之思维，以“比对”有名契约预设的权利义务关系来理解权利义务、风险分配等均极为复杂的现代商事契约（交易），只能是“治丝益棼”[34]“刻舟求剑”。因此，商事契约的目的远非立法者制定契约法时所能设想，执意以任意法作为商事契约漏洞填补的主要依据，恐会造成与交易现实、交易目的相悖的后果，甚至可能违反商事契约本来的目的，从而对于商事交易造成不利的影响。因此，我们在解释商事契约时，应当摈弃传统民法中民事契约的解释方法，寻求更符合商事契约、商事交易目的的特有的解释方法。

同时，商法解释论体系应当关注商事单行法的个体差异，公司法解释应当奉行“团体法”的思维、票据法应当奉行“无因性”的方法、保险法应当奉行“诚实信用”的原则、证券法应当奉行“恒定有效”的思维等。例如，票据的解释规则与民事行为解释的规则明显存在不同，票据行为的解释奉行“票据外观解释原则”“票据客观解释原则”“票据有效解释原则”等。票据外观解释原则，是指票据上的权利与义务，仅以票据文义为准，即使其记载事项与实质关系不符，也不影响票据文义的效力。[35] 票据客观解释原则，是指票据上所载意义及内容的解释，应专以票据上所记载文义为判断，不得以票据以外所存在的事实或证据，任意加以变更或补充其意义或内容。换言之，如果票据文义不明时，不适用民法中意思表示的解释规则。[36] 票据有效解释原则，是指票据的流通性与交易安全的保护，解释票据行为时，应尽量使其有效。但是，在票据法中，民法中意思表示的规定也有适用的空间，如民法中有关真意保留、通谋

---

〔33〕 王文宇：《合同法、合同解释及商法——商事合同的视角》，中国民法学研究会 2013 年年会论文。

〔34〕 王文宇：《商事契约的解释——模拟推理与经济分析》，载《中外法学》2014 年第 5 期。

〔35〕 梁宇贤：《票据法新论》，台北，三民书局 2003 年版，第 41 页。

〔36〕 王志诚：《票据法》，台北，元照出版有限公司 2012 年版，第 118 页。

虚伪表示等系采表示主义,故完全可以适用于票据法中。至于民法上有关错误及胁迫的效力,因民法采取“意思主义”,基于对票据信赖的保护,应当奉行“表示主义”的效力规则,因此,因错误、胁迫而交付票据之人,对于善意之第三人,仍应负票据法上的责任。

传统民法中的自由主义根本无法满足现行社会的实际需要,更无法适应商事社会中众多以公司为主的商主体的内在发展。民法的主导形象是个人,而非人合性团体,更谈不上资合性团体了。因此,民法和公司法的配合非常困难。例如,得适用于所有私法团体的“法人的一般规则”,就无法完全适用于商法中的公司。[37] 商事行为抽象而又机械,且欠缺人的个体性,其公法性与社会性较民法浓厚,尤其演进长久以后更趋国际性,因此其在法律适用与解释上必然与民法法则有不同的技术。与此同时,就连民法分则都不能完全适用的“民法总则”的规定,是否也可以在“民商合一”的立法模式下适用于一切商事行为更是问题。

商事行为具有极强的技术性和变化性,导致商事行为的效力上应当具有更多的弹性自由。在我国,应妥当地解决公司、票据、保险、证券、金融等商事交易问题的开放性,避免我国民商合一立法体例的僵化性,特别是我国商事立法大多已经制定特别法,客观上已经慢慢背离了民商合一的原始背景。因此,我们必须尊重不同法域的立法目的和本质的解释方式,才能使我国紧密相连的民法与商法不致产生完全的背离,而能相生相容,寻求一个实质理性的解答。[38]

民法作为个人法,商法作为团体法,系不同的立法体系。对于商事纠纷的解决,不应完全采取民法的态度和思维方式,而应另行设计更适于商事交易的法治环境,于某些特殊议题上,商法应与民法脱钩,形成自主之原理和原则。[39] 因此,私法的统一不能以牺牲必要的规则差异为代价,必须承认特别私法规范的存在;不能过于夸大民法的普适性调整功能,必须强调民法的“功能性调整”;民法的规则绝不可以原封不动地在商事领域中加以适用,必须加以修正后才可以有限地适用;商法的特点决定了在援引民法思维论时应当有所扬弃,僵化地吸收借鉴只会产生错误的结论,民法思维和规则在商法解释与

---

〔37〕［德］弗朗茨·维亚克尔:《近代私法史——以德意志的发展为观察重点》(下),陈爱娥、黄建辉译,上海三联书店2006年版,第463页。

〔38〕陈彦良:《民法中强行禁止规定之效力与商法领域之讨论——以公司法中公司贷与资金限制为中心》,载《台北大学法学论丛》(第81卷),第34页。

〔39〕王文宇:《公司法论》,元照出版有限公司2008年版,第172页。

商事行为效力评判时应当赋予新的内涵；商事纠纷的解决必须关注商法自身的目的和本质，避免将民法僵化的规范直接适用于商事纠纷。商法应当有自己的解释方法以真正解决问题，走出一条自己的路，而不应当只囿于民法基础概念的解释。

特别是在商事规范不足，需要补充适用民法规范时，不应立足于民法的观点，而须一并注意民法的适用结果是否符合商法的立法目的。盖商法乃立法者依据商事关系的原理原则而另外规定，较能兼顾商事行为的特殊性。因此，对于商事关系的争议，如果商法已有规定，自应优先适用；如商法无特别规定，回归适用民法时，应着眼于商事关系区别于民事法律关系的规范目的及性质，应先探究民法的解释结果是否符合商事法的规范目的与设计原理。若两者并无矛盾，自可直接适用民法的规定，有些民法的基本原则、基本制度，例如，“诚实信用”同样可以适用于商事关系的调整。否则即应考量商法的特殊性，将民法规定的要件调整至与商法规范相一致。进一步而言，也不排除径行援用商法的立法目的与思维加以妥当解决。〔40〕

5. 从历史的角度来看，商事行为制度远早于民事法律行为制度。民事法律行为是德国民法上的核心概念，确立于 1900 年《德国民法典》。此前，《法国民法典》没有直接规定民事法律行为制度，《法国商法典》也未直接采纳民事法律行为制度。换言之，民事法律行为制度进入民法典之前，商法及商事行为就已经是既定的商法概念。法国是首开民商分立体制的国家，于 1804 年制定民法典，后于 1807 年颁布《法国商法典》。德国于 1897 年 5 月 10 日颁布商法典，但于 1900 年施行民法典。单纯从编年史角度作出解释固然难免片面，但从历史角度出发，很难用民事法律行为理论解释此前既已存在的商事行为制度。

综上所述，将商事行为视为民事法律行为的理论，着重于概念和逻辑分析，但这种分析方法偏离了商法产生于商业实践的历史背景，亦难以清晰和整体表示商事行为的制度价值，难免存在偏颇之处。〔41〕

---

〔40〕 王文宇：《合同法、合同解释及商法——商事合同的视角》，中国民法学研研究会 2013 年年会论文。

〔41〕 将商事行为等同于民事法律行为也违反了商事运作规律。因为商事营业的开展需要综合性的行为作支持。例如，基本商事行为不能离开附属商事行为的支持，否则社会分工以及其带来的效率增加就得不到体现。而附属商事行为一般而言就属于商事行为，因此，从外延上来看，将商事行为界定为民事法律行为无疑缩小了商事关系以及商法的范围，商事行为还应包括商事事实行为与商事准民事法律行为。

第三节 商事行为的特殊规则

商事行为遵循的特殊规则,是指商主体在对外开展营业中遵循的、有别于一般民法规则的交易规则,它适用于各种商事行为,而不仅限于某种营业或商事行为。其中:(1)对外营业中,它是指商事主体在处理外部关系中遵循的规则;(2)它是交易法规则,而不是组织法规则;(3)它是对民事一般规则的例外规定,并因此优先适用。

通常,只有在民商分立国家,才会集中规定交易行为遵循的一般商法规则。例如,《德国商法典》专章规定商事行为,集中列出了该等一般规则。在民商合一国家,通常也存在这种规则,但却散乱地分布在民法典或民事特别法的相关部分和条款中,在发现和适用这些规则时存在一定困难。

当前,各国均在进行商法的全面现代化,并以此促进商法的简化和去管制化。各国均强调应当消除商法和一般民法之间的不必要区分,并在这一领域内实现全面且广泛的法律清理,以提高民商事交易的确定性、统一性与安定性。具体措施为去除传统商法典中陈旧的法条,简化不必要复杂规则,将那些不再适合保留的商法特殊性规范移至其在一般民法体系中的正确位置。[42]

一、商事买卖中的特殊规则

(一)商事买卖的特殊性

各国商法典有关商事买卖的规定都比较简约,例如,《日本商法典》对其只有5条规定,其原因在于:一是为了节省立法资源,因为民法典已经将买卖规定得足够详细,因此,商法没有必要再作重复规定,而只需特殊的规则即可,如果规则不足以适用时,可以适用民法的相关规定。二是为了顾忌商事交易的固有特征,因为商事买卖最看重及时性与自治性,因此,如果规定过多,可能会缩小自治空间,损害交易自由的发展;而商事买卖从主体特征、合同标的和价值选择上来看,都体现出商事买卖是商事主体之间的营利性活动,注重保障交易的特点。

---

〔42〕《〈奥地利企业法典政府草案〉立法理由书节译》,葛平亮译,载《中德私法研究》(第15卷),北京大学出版社2017年版,第112~117页。

（二）商事买卖中的特殊规则

总体上看，各国商法均确立了一系列商事买卖的特殊规则，其目的在于通过加强商事出卖人的法律地位，使交易活动更加迅速和简便。

1. 买受人的检查义务与瑕疵及时通知义务

在民事买卖场合，买受人不负验收与检查义务；而在商事买卖中，为了保护出卖人不因买受人沉默或懈怠而受损失，买受人应该有所积极作为（《德国商法典》第373～382条）。对于商业买卖，买受人必须检验所买货物是否有瑕疵，或者是否符合约定或通行质量标准，并将瑕疵情况及时通知出卖人，否则，其失去基于货物瑕疵而产生的所有权利（《德国商法典》第377条）。在所售货物的种类或数量不符合合同的规定时，也适用同样的规则，除非这种差异是显而易见的（《德国商法典》第378条）。这些规范必须与民法中关于出卖人的瑕疵责任的规定（《德国民法典》第459条及以下各条）结合起来考虑。

《民法典》第621条第2款规定："当事人没有约定检验期限的，买受人应当在发现或者应当发现标的物的数量或者质量不符合约定的合理期限内通知出卖人。买受人在合理期限内未通知或者自标的物收到之日起二年内未通知出卖人的，视为标的物的数量或者质量符合约定；但是，对标的物有质量保证期的，适用质量保证期，不适用该二年的规定。"该条款基本上是按照商业买卖的原则进行立法的。但该条款适用的对象不仅是商人，商人与非商人之间的买卖同样适用，显然强化了民事买受人的注意义务，吁求了商事社会"民法商法化"的现代民法理念。

2. 买受人的保管义务

商事买卖将这种负担加在了买受人身上，买受人对于出卖人交付的物品承担保管义务：当交来的物品与定作的不同或超出交付数量时，对于该种物品依然应加以保管；在交付的物品即使有瑕疵或数量不足而解除合同的场合，买受人也应保管或寄存交付的物品；如果标的物发生损害而拍卖后，对于拍卖的货款买受人还应当承担保管义务。上述保管所支出的费用，由出卖人来负担（《日本商法典》第527条）。

3. 卖主的寄存权与自主变卖权

在民事买卖中，由于市场价格等原因的变化，买主会拒绝领取标的物或者不能领取时，卖主不能擅自寄存该标的物，非经有关裁判所的许可不得拍卖标的物；但是商事交易贯穿的是简易迅捷的原则，因此，当出现买主拒绝或者不能领取标的物的场合，卖主可以径行对该物寄存或者经过相当时间之催告后拍卖该物。我国《民法典》对此并未作出规定。

4. 定期买卖的解除

民事买卖中出现债务人届期不履行的情形,合同是否解除一般需要依赖买受人的意思表示。例如,《日本民法典》第542条规定:"依契约性质或当事人的意思表示,如不于一定时日或一定期间履行,则不能达到契约目的,当事人一方不履行而又经过该时期时,相对人可以不发前条催告,而即行解除契约。"当买受人不为意思表示时,则合同处于不确定的状态,这时风险则在出卖人一方,而买受人则可能会从事投机买卖,进而对出卖人造成损害。商事买卖将主动权转给了出卖人,《日本商法典》第525条规定:"依买卖性质或当事人的意思表示,非于一定时日或一定期间内履行则不能达到契约目的,如果当事人一方不履行契约且已经过所定期间,相对人不即请求其履行时,则视为解除契约。"这样,不借助于买受人的作为合同即可得以解除,及时了结了合同关系,体现了对出卖人的保护精神。[43]

可以看出,商业买卖立法规定的特点是,对于迟延履行没有催告期,接受履行的一方可以直接向履行方提出解除合同。商业买卖的立法规定显然是以牺牲另一方的利益以加快商事流通的速度;而民法则为了体现交易双方的公平合理,要求接受履行的一方必须进行催告,否则无权单方解除合同或请求损害赔偿。《民法典》第563条规定:"有下列情形之一的,当事人可以解除合同:……(三)当事人一方迟延履行主要债务,经催告后在合理期限内仍未履行……"该条文明显偏向民事立法精神。由于我国《民法典》既适用普通民事买卖,也适用商事买卖,《民法典》并没有作出任何区分,所以立法机关对买卖的规定有可能影响商品的流转速度。同时,也背离了我国商事社会本应奉行"民法商法化"的理念,债法保护的对象应当由债务人转为债权人的时代需求。但是,当一方迟延履行的违约行为致使不能实现合同的根本目的时,无论是商法还是民法,另一方当事人都可以解除合同。[44]

从商法理论和比较法来看,商事买卖应当首先适用商法的特别规定,如果商法没有特别规定,则适用民法。民事买卖则仅适用民法,不涉及商法的适用。我国立法并无商事买卖和民事买卖的区别,买卖合同在法律适用方面一律适用《民法典》。不过,我国《民法典》中所规定的买卖合同规则实际上是以商事买卖为主的,形式上虽是"民商合一",实质上是"以商统民",所确立的一

〔43〕 高在敏、王延川、程淑娟编著:《商法》,法律出版社2006年版,第153~154页。

〔44〕 张璎:《商法总论》,北京大学出版社2009年版,第132页。

些具体规则如果强加于民事主体则存在不公平;同时,《民法典》对一些商事买卖的特有规则也并不完善。我国《民法典》并未区分商事买卖和民事买卖,未有效地区分商事买卖和民事买卖,我们只能借助法律解释,在法律适用的过程中,区分商事买卖和民事买卖。

二、缄默及其在商事缔约中的承诺效力

(一)缄默的商法意义

究竟应否认定沉默的法律价值,民法学和商法学上常有不同认识。基于对私人权利和意思自治的崇尚,民事法律行为理论一般不承认沉默具有意思表示的功能,各国民法也极少就沉默的法律效果作出规定。但在商事行为领域中,沉默具有民事法律行为所不具有的重要作用。我国实行民商合一体例,商法被视为民法之特别法。在此观念下,不少学者主张商事行为是民事法律行为的延伸和具体体现,商事行为遂被解释为以意思表示为中心的特殊行为。然而,商事行为强调营利性、营业性、技术性、外观性等要素,而不限于民事法律行为,事实行为及准民事法律行为亦可纳入商事行为范畴。于此,将民事法律行为理论直接适用于商事行为,会遇到诸多困难,甚至将会掩盖商事法所要保护的区别于民法所要保护的特殊利益。

《德国商法典》第 362 条(1)规定:"由商人的营业经营产生为他人处理事务,并且关于处理此种事务的要约从某人到达该商人,而该商人与此人素有交易关系的,该商人有义务不迟疑地予以答复;其缄默视为对该要约的承诺。关于处理事务的要约从某人到达商人,并且该商人已向此人请求处理此种事务的,适用相同规定。"德国商法根据商事事务处理的特点,明确规定只要有人向其提出缔结事务处理契约的要约,该商人就有义务对要约作出回答;如果对要约表示缄默,法律上即视为已接受要约。《韩国商法典》第 53 条和《日本商法典》第 509 条也有类似规定。可见,德国、韩国和日本等大陆法系国家商法尤其关注沉默的意思表示效果。

必须指出,学者认为,上述规定应当严格限制其适用范围,根据《德国商法典》的规定:(1)要约人必须是为他人处理事务的商人,如雇佣合同、承揽合同的当事人,对购销商原则上并不适用;(2)要约人与受要约人要有业务联系,这里指长期性、连续性的业务来往;(3)要约的内容必须涉及要约人所谓他人处理的事务,而且还必须在长期的业务往来范围中。在商法实践中,"缄默视为承诺"的规则旨在促进和保障商业交易的简易、安全明了和快捷。总

体来说,对合同要约的缄默不能视为同意。不过依诚实信用原则,要约受领人有必要表示异议而没有表示异议的缄默视为同意,主要有两种情况:一是合同双方通过事先谈判;二是合同双方素有商务往来具有明确约定或事实上把缄默视为同意先例。推而广之,代理人处理事务时,应当及时处理。

(二)我国民商立法中的"缄默"

民事法律行为中沉默只有例外情况下才能构成对要约的承诺,而在商事行为中,沉默这一承诺方式被普遍承认。[45]《民法典》第140条规定:"行为人可以明示或者默示作出意思表示。沉默只有在有法律规定、当事人约定或者符合当事人之间的交易习惯时,才可以视为意思表示。"第1124条第1款规定:"继承开始后,继承人放弃继承的,应当在遗产处理前,以书面形式作出放弃继承的表示;没有表示的,视为接受继承。"《公司法》第71条第2款规定:"股东向股东以外的人转让股权,应当经其他股东过半数同意。股东应就其股权转让事项书面通知其他股东征求同意,其他股东自接到书面通知之日起满三十日未答复的,视为同意转让。其他股东半数以上不同意转让的,不同意的股东应当购买该转让的股权;不购买的,视为同意转让。"第72条规定:"人民法院依照法律规定的强制执行程序转让股东的股权时,应当通知公司及全体股东,其他股东在同等条件下有优先购买权。其他股东自人民法院通知之日起满二十日不行使优先购买权的,视为放弃优先购买权。"《企业破产法》第18条第1款规定:"人民法院受理破产申请后,管理人对破产申请受理前成立而债务人和对方当事人均未履行完毕的合同有权决定解除或者继续履行,并通知对方当事人。管理人自破产申请受理之日起二个月内未通知对方当事人,或者自收到对方当事人催告之日起三十日内未答复的,视为解除合同。"

(三)商事缄默制度的确立有利于保护善意第三人的利益

商事交易涉及的经济利益远比一般的民事交易中的经济利益更多,故为了维护商事交易的稳定性和交易安全,商法应当对于商主体设定更高的注意义务。基于商事交易的安全性要求以及人们对从事商事交易者对交易习惯知悉的期待,在私人自治的行为自由利益与相对方信赖保护利益的衡量中,商法

---

[45] 刘凯湘:《商事行为理论在商法中的意义与规则建构》,载《法治研究》2020年第3期。

更倾向于信赖利益的保护,[46]更加注重行为外观,促使商人更加审慎地行为,以维护自身和他人的利益。因此,商事交易中的缄默制度正是商法上“外观主义”“严格责任”的体现。它使商人在为商事行为时,必须审慎地考虑自己的行为,使自己的行为更加明确和具体,及时地让交易相对人知悉自己的行为目的和产生的法律后果,从而使双方的行为都具有可预见性,以维护商事交易的稳定性和交易安全。[47] 同时,商事交往中的沉默被解释为同意,也属于一种商事习惯。商事缄默制度的建立,要求商事受约人在收到要约后,基于诚信必须毫不迟延地向要约方作出明确的意思表示,否则其沉默将被视为承诺,双方之间便形成了以要约为内容的契约,商事受约人负有义务履行该契约,否则须向对方承担法律责任。

随着《民法典》中“沉默”规范的设立,商事缄默制度在我国已经建立。赋予沉默以特定的法律效力,其目的在于反映和维持关系密切者之间的关系。“素有交易关系”或者“素有业务往来”揭示了交易者之间存在持续性交易关系,并因此形成关系密切者之间的特别关心和注意义务。“有义务不迟疑地予以答复”,并非要求关系密切者必须接受要约内容,而只是要求作出肯定或者否定或者其他回复,否则,即视为承诺。承认沉默的特殊效力将有助于在本质上解释密切关系者之间的依存关系,亦将有助于提升交易效率。

我国的商事实践中存在大量的沉默行为,例如,建设施工纠纷中的工程结算单、联系函等,接收者若有异议应当在一定期限前提出,沉默表示认可相关事实。但是,在我国的民商事司法实践中,法院往往从一般的民事主体的角度出发,认为在没有法定或约定情形时,通过单方函件为对方设定义务是无效的,此举在保护民事主体的同时,往往忽视了双方若为商事主体对于交易安全的吁求,即不当地抹杀了沉默在商事交易中应有的价值与功能。与此同时,我国法律强令援用交易习惯一方负担很重的举证责任,客观上加重了沉默具有法律意义的要求。[48]

---

〔46〕 石一峰:《沉默在民商事交往中的意义——私人自治的多层次平衡》,载《法学家》2017 年第 6 期。

〔47〕 杨姗、蒋发令:《商事交易中的“沉默”——以“交易安全”为视角》,载赵万一主编:《公司治理法治化的国际经验与中国实践》,法律出版社 2014 年版,第 290 ~ 291 页。

〔48〕 石一峰:《沉默在民商事交往中的意义——私人自治的多层次平衡》,载《法学家》2017 年第 6 期。

三、善意取得在商法中的特殊规则

善意取得是所有权原始取得的方式之一。依据我国《民法典》第311条的规定,无处分权人若将不动产或者动产转让给受让人,受让人构成善意取得需要有三个要件:第一,受让人受让该不动产或者动产时是善意的;第二,以合理的价格转让;第三,转让的不动产或者动产依照法律规定应当登记的已经登记,不需要登记的已经交付给受让人。该规定并没有区别民事领域和商事领域,即该规定不仅可以适用于民事领域,还可以适用于商事领域。在国外,民法中的善意取得和商法中的善意取得则存在差别。通常而言,民法中的善意取得更偏重于“静态利益”“本人利益”等的保护,而商法中的善意取得则偏重于“动态利益”“第三人利益”等的保护。

典型判决

“本院认为,根据《最高人民法院关于刑事裁判涉财产部分执行的若干规定》第十一条的规定,第三人善意取得涉案财物的,执行程序中不予追缴。作为原所有人的被害人对该涉案财物主张权利的,人民法院应当告知其通过诉讼程序处理。一般情况下,善意取得不适用于赃物。物权法第一百零六条规定构成善意取得需要满足如下条件:一、受让人受让该不动产或者动产时是善意的;二、以合理的价格转让;三、转让的不动产或者动产依照法律规定应当登记的已经登记,不需要登记的已经交付给受让人。该三项条件必须同时具备否则,否则不构成善意取得。根据物权法第二十四条的规定,机动车物权的设立、变更、转移和消灭,未经登记,不得对抗善意第三人。本案中,公安机关和人民法院已认定涉案泵车系陈爱群合同诈骗案中应当追缴的赃物,陈爱群经营的万润公司与中联重科签订销售合同购买涉案泵车后,并未到机动车登记部门进行登记。万润公司将涉案泵车抵债给案外人狄洪新时在办理涉案泵车上牌手续过程中,长沙公安机关已告知案外人狄洪新该泵车为赃物,并要求停止办理该泵车上牌过户手续,案外人狄洪新不符合善意取得该泵车的法定条件。”[49]本案的裁定是正确的,原因在于,本案属于典型的民法上的善意取得。民法上的善意取得,其构成要件强调“本人与因”,即本人的过错。为保护本人的利益,违法行为不成立善意取得。

---

〔49〕 湖南省长沙市中级人民法院(2019)湘01执异196号执行裁定书。

令人不解的是,《民法典》第172条关于“表见代理”的构成要件仍未区分民法和商法之间的不同,在该规定上,无论民事抑或商事,均不要求“本人与因”,该规范致使民法上的违法行为可否成立“善意取得”成为疑问。

四、商事代理的特殊规则

(一)商事代理的概念与特征

所谓商事代理,就是指由商人担任代理人且以本人名义与第三人为民事法律行为的代理。大陆法系的商事代理大体分为两种:一是非独立的商事代理人,即指德国商法中的经理人、代办人的代理和日本商法中商业使用人的代理,在这类代理中享有代理权者与本人存在一定的隶属关系。非独立的商事代理规则多属于民法代理权在商法中的特殊应用,但在商法理论上,非独立的商事代理人被作为表见商人看待,也是商人类型之一。而在商主体的理论中,表见商人之所以有独立的存在价值就是可以使商人的概念具有高度的概括性和统一性。二是独立的商事代理,包括代理商的代理和商事居间人。独立的商事代理是由独立的、作为职业代理商的代理人所从事的代理,由专门的商事规则加以调整。从我国相关行业代理商立法来看,所涉代理商种类包括:对外贸易代理商、保险代理商、进口药品销售代理商、商品房销售代理商、电信服务代理商等类型。[50] 在以上比较研究的基础上,我们可以发现,与民事代理相比,商事代理的特征有以下几点:

1. 商事代理由商人作为代理人。区别于民事委托关系中的个别性、一次性委托,基于商主体营业行为的继续性,代理商往往受托在特定领域或时间段内长期为委托企业媒介或缔结交易。[51] 商人的身份是一种特定的身份要求,而民事代理并不要求代理人具有特定和独立的身份。在商事代理中,经理人、代办人作为表见商人具有商人的身份;而代理商的代理中,代理人是独立的商人,他可以有自己独立的商号、营业场所、独立的账簿并进行独立的商事登记。《德国商法典》第84条第1项对代理商的概念规定为:“代理商是指作为独立的经营人受托为另一公司主媒介交易或以其名义成立交易的人。独立的人是指基本上可以自由形成其活动或决定其工作时间的人。”第2项规定为:“非

---

〔50〕 雷兴虎、刘浩然:《代理商佣金利益保护制度的证立与展开》,载《中南大学学报》(社会科学版)2020年第2期。

〔51〕 雷兴虎、刘浩然:《代理商佣金利益保护制度的证立与展开》,载《中南大学学报》(社会科学版)2020年第2期。

为第1项意义上的独立的人而平常受托为一名公司主媒介交易或以其名义成立交易的人,视为职员。”并且在法典的逻辑体系上,德国有关代理商的规定都属于第一编“商人的身份”。此外,德国要求代理商与本人之间的关系应当具有长期性,也就是要求代理行为具有连续性、反复性,从而使代理商与“未由他人依合同关系平常被委托”的商事居间人相区别。[52]

其他国家对商事代理的规定也多强调代理商的独立性。法国1991年专门制定的《关于商业代理人与其委托人之间关系的法律》中规定:“商业代理人是指不受雇佣合同约束,以制造商、工业者、商人或其他商业代理人的名义,为他们的利益谈判,并通过签订购买、销售、租赁或者提供服务的合同,且将其作为独立的经常的职业代理人。”日本商法中代理商也被作为独立的商事主体。《日本商法典》第46条“代理商的意义”专门指出代理商为“非使用人”。《俄罗斯联邦民法典》第184条第1款规定:“在经营者签订经营活动方面的合同时经常和独立地代表经营者的人是商业代理人。”

此外,代理商的代理在终止上也有独立性,商事代理不因本人的死亡而终止。如《德国商法典》第52条规定:“经理权不因营业的所有人的死亡而消灭。”《日本商法典》第506条规定:“因商事行为的委任而产生的代理权,不因本人的死亡而消灭。”

2. 商事代理均为有偿代理。民事代理是否有偿属于本人与代理人的内部事宜,法律并不多加过问,但商事代理皆为有偿代理。就代理人与委托人之间的关系而言,基于商事代理中代理人享有法定的佣金请求权,因此需要从法律层面确保代理人佣金利益的实现。[53] 如《德国商法典》第87条规定:“代理商对在合同关系期间成立的、应归因于其从事的活动的或者与其作为客户为同一种类的交易争取到的第三人成立的一切交易,均享有佣金请求权。”第87b条规定:“未规定佣金数额的,应视通常的率值为约定的率值。”

3. 商事代理具有相当大的灵活性。这种灵活性具体表现在:

第一,商事代理权的产生比较灵活。大陆法系的商事代理依然坚持代理

---

〔52〕《德国商法典》第93条规定的商事居间人有特定的媒介行为类型,系指为他人承担购买或让与商品、有价证券、保险、货物运送、船舶使用租赁或其他商业往来标的物的合同的媒介,并以此为营业,而未由他人依合同关系平常被委托实施此种行为的人。对上述交易以外的其他交易的媒介,特别是对于关于不动产交易的媒介,即使由商事居间人进行媒介,也不适用《德国商法典》第八章的规定。

〔53〕雷兴虎、刘浩然:《代理商佣金利益保护制度的证立与展开》,载《中南大学学报》(社会科学版)2020年第2期。

人以本人的名义进行。[54] 但在代理权的授予方面比较灵活，可以是明示授权，也可以是默示授权；可以事前授权，也可以事后追认。

第二，商事代理的内容突破了民法代理的限制。如根据《德国商法典》第84条的规定，代理商既可以"媒介交易"也可以"以其名义（指本人名义）成立交易"，《日本商法典》第46条也规定代理商可以从事"代理"或"媒介"。而"媒介交易"是代理商通过其对用户的影响来推进交易的成立，因此在民法看来显然应当作为"居间"而非"代理"。因此，在德国，商事代理与商事居间的区别不在于代理活动的内容，代理要求具有长期性并且代理人要为本人的利益服务；而居间则没有这样的要求。

第三，代理商不受民事代理中双方代理和自己代理禁止规则的制约。双方代理和自己代理在商业实践中很难避免，因此在商事代理中，代理商如果经过本人的同意，就可以从事双方代理和自己代理。英美对此比较宽容，如英国1889年的代理商法规定，如果代理商经委托人同意掌握商品或商品凭证，只要不损害委托人的利益，代理人自己可以将委托的货物买下，也可以与自己代理的其他人进行交易。[55] 再如，《俄罗斯联邦民法典》第184条"商业代理"第2款规定："经民事法律行为各方同意，以及在法律规定的其他情况下，允许同时代理民事法律行为中的不同当事人。在这种情况下商业代理人必须以一般经营者的关心态度执行交给他的委托。"不过，还有些大陆法系的国家从商事代理人受到竞业禁止义务约束的角度对此进行了规定，使代理商依然受双方代理和自己代理禁止的约束。如《日本商法典》第48条"竞业禁止义务"规定："代理商非经本人许诺，不得为自己或第三人进行属于本人营业部类的交易，不得成为以经营同种营业为目的的公司的无限责任股东或者董事。"此外，《日本商法典》还规定如果代理商违反上述竞业禁止义务，为自己交易时，营业主人可以将其视为为自己所进行的交易。我国《民法典》第84条规定："营利法人的控股出资人、实际控制人、董事、监事、高级管理人员不得利用其关联关系损害法人的利益；利用关联关系造成法人损失的，应当承担赔偿责任。"对双方代理和自己代理也作了同样的规定。

令人遗憾的是，我国现行民法关于代理的规定几乎没有规定代理人的佣金请求权，因而在一定程度上仅仅体现了民事代理的内涵，无法对商事代理人

---

〔54〕《民法典》第162条规定："代理人在代理权限内，以被代理人名义实施的民事法律行为，对被代理人发生效力。"该规定也要求以被代理人名义，不利于商事代理。

〔55〕任先行、周林彬：《比较商法导论》，北京大学出版社2000年版，第399页。

在委托关系中的弱势地位予以矫正,甚至还会挫伤商事代理人的积极性,进而影响商事代理的发展。[56] 进一步说,姑且无论商业代理人是不是民事代理人,仅凭目前民事代理的简约规定,几乎无法适应商业代理人的实际需求。可能存在的立法技术问题是,简约的民法无法容纳商业代理人的复杂内容,内容丰富的理想民法自能涵盖商业代理人,但应当将适合于商业代理人的规则纳入其中,以实现商法民法化。

与此同时,我国《民法典》对代理商、经销商的行为也未涉及,例如,未规定代理商的资格要件、"商事转委托"的特殊性、代理商的报酬请求权、代理商的佣金补偿请求权、商事代理不得随时终止、商事留置权等。

(二)商事代理的特殊规则

1. 间接代理的引入。间接代理原本是英美法上的概念,虽未直接引入民法典中,但商法典却接受了间接代理的观念和制度。商事代理人可以自己的名义实施商事行为,当对方当事人不知道代理人是为本人实施商事行为时,可以请求代理人履行义务;对方当事人知道其代理人身份时,亦得对本人发生法律效力。

令人遗憾的是,我国《民法典》第 162 条"代理人在代理权限内,以被代理人名义实施的民事法律行为,对被代理人发生效力"仅仅规定了"显名代理",未规定"隐名代理""间接代理",理由在于间接代理不是真正的代理,只有在特殊情况下基于法律特别规定才会发生代理的部分效力,间接代理在合同法分则中作出规定即可,民法总则没有必要专门作规定。因此,最后通过的民法总则删除了隐名代理的规定,在合同编委托合同一章对隐名代理和间接代理作了规定。[57]

与此同时,我国《民法典》第 925 条规定:"受托人以自己的名义,在委托人的授权范围内与第三人订立的合同,第三人在订立合同时知道受托人与委托人之间的代理关系的,该合同直接约束委托人和第三人;但是,有确切证据证明该合同只约束受托人和第三人的除外。"第 926 条规定:"受托人以自己的名义与第三人订立合同时,第三人不知道受托人与委托人之间的代理关系的,受托人因第三人的原因对委托人不履行义务,受托人应当向委托人披露第

---

〔56〕 雷兴虎、刘浩然:《代理商佣金利益保护制度的证立与展开》,载《中南大学学报》(社会科学版)2020 年第 2 期。

〔57〕 黄薇主编:《中华人民共和国民法典总则编释义》,法律出版社 2020 年版,第 431 页。

三人，委托人因此可以行使受托人对第三人的权利。但是，第三人与受托人订立合同时如果知道该委托人就不会订立合同的除外。受托人因委托人的原因对第三人不履行义务，受托人应当向第三人披露委托人，第三人因此可以选择受托人或者委托人作为相对人主张其权利，但是第三人不得变更选定的相对人。委托人行使受托人对第三人的权利的，第三人可以向委托人主张其对受托人的抗辩。第三人选定委托人作为其相对人的，委托人可以向第三人主张其对受托人的抗辩以及受托人对第三人的抗辩。”该条规定了适用于商事交易的“隐名代理”与“间接代理”。

2. 本人死亡不影响代理权的存续。根据民法规则，被代理人死亡的，代理权终止。但根据各国商法规定，商事代理不因本人死亡而消灭。此与个体工商户的经营者死亡但其营业并不消灭一样。这种立法安排可以避免由于停止营业造成的经济损失，也符合保护交易安全的商法要求。

《民法典》第 935 条规定：“因委托人死亡或者被宣告破产、解散，致使委托合同终止将损害委托人利益的，在委托人的继承人、遗产管理人或者清算人承受委托事务之前，受托人应当继续处理委托事务。”该条规范考虑到了商事代理的实际需要。

3. 代理人的代理权来自其地位与职务。商事代理通常是持续的营业性代理，商事行为的重要特征在于其“持续营业性”，与一次性代理行为的民事代理不同，也与民事代理注重基于具体代理授权意思不同，商事代理往往基于经理或商事代办人之地位和职务。这种概括授权不需要商主体的主动授权，故一个人被指定担任某一特定的职务，而这一职务的恰当行使需要进行某些特定类型的交易，则这一指定就自动地授予该人有进行此类交易的代理权。[58]

4. 代理人的权限范围较广。民法上，代理人应在代理权限内，以被代理人名义实施民事法律行为。代理人行为超出授权的，只有经被代理人追认，才能免除代理人的民事责任。但在商事代理中，代理人权限范围更为广泛，只要商事代理人不违背被代理人授权本意，即可以实施未获得直接授权的商事行为。法律之所以对于商事代理人的代理权不直接规定其权限，系因商事代理人从事的代理活动较多，如果每一次代理行为均必须进行授权，手续过于繁杂，同时，强令相对人对于商事代理人的代理权限加以核查，无疑增加了交易成本，[59]不利于商事交易的快捷。

---

〔58〕 辽宁省大连市中级人民法院(2018)辽 02 民终 551 号民事判决书。

〔59〕 尹飞：《体系化视角下的意定代理权来源》，载《法学研究》2016 年第 6 期。

因此,《民法典》第 170 条规定:“执行法人或者非法人组织工作任务的人员,就其职权范围内的事项,以法人或者非法人组织的名义实施的民事法律行为,对法人或者非法人组织发生效力。法人或者非法人组织对执行其工作任务的人员职权范围的限制,不得对抗善意相对人。”我国台湾地区“公司法”第 31 条规定:“经理人在公司章程或契约规定授权范围内,有为公司管理事务及签名之权。”第 36 条规定:“公司不得以其所加于经理人职权之限制,对抗善意第三人。”《合伙企业法》第 37 条规定:“合伙企业对合伙人执行合伙事务以及对外代表合伙企业权利的限制,不得对抗善意第三人。”《个人独资企业法》第 19 条规定:“个人独资企业投资人可以自行管理企业事务,也可以委托或者聘用其他具有民事行为能力的人负责企业的事务管理……投资人对受托人或者被聘用的人员职权的限制,不得对抗善意第三人。”这些条款对于商事代理人的“代理权法定”“越权代理有效”等制度作出了明确的规定。

5. 商事代理在原则上不受“自己代理”和“双方代理”的限制。民法上,为了维护被代理人的利益,通常情况下,禁止代理人从事“自我交易”“双方代理”等行为。对此,《民法典》第 168 条规定:“代理人不得以被代理人的名义与自己实施民事法律行为,但是被代理人同意或者追认的除外。代理人不得以被代理人的名义与自己同时代理的其他人实施民事法律行为,但是被代理的双方同意或者追认的除外。”

与此相反,为了追求“交易迅捷”,商事代理允许商事代理人从事“自我交易”“双方代理”等行为。1889 年《英国代理商法》规定,如果代理商经委托人同意掌握商品或商品凭证,只要不损害委托人的利益,代理人可以自己将委托的货物买下,也可以与自己代理的其他人进行交易。意大利和德国也有类似规定。《民法典》第 84 条规定:“营利法人的控股出资人、实际控制人、董事、监事、高级管理人员不得利用其关联关系损害法人的利益;利用关联关系给法人造成损失的,应当承担赔偿责任。”《公司法》第 21 条规定:“公司的控股股东、实际控制人、董事、监事、高级管理人员不得利用其关联关系损害公司利益。违反前款规定,给公司造成损失的,应当承担赔偿责任。”第 148 条规定:“董事、高级管理人员不得有下列行为……(四)违反公司章程的规定或者未经股东会、股东大会同意,与本公司订立合同或者进行交易……”这些规范也对商事领域的“自我交易”行为采取了肯定的态度。

6. 解除委任关系的通知义务。委托合同是以双方信任为存在的条件,如果一方不守信用,失信于另一方,则继续履行合同已无必要。对此,我国《民法典》第933条规定,“委托人或者受托人可以随时解除委托合同”。[60] 基于商事代理关系的稳定性,各国(地区)均规定任何一方解除无期限之商事代理关系应履行通知义务。法律赋予了双方当事人的权利,即只要一方想终止合同,就可以随时解除合同,而且无须任何理由。如《日本商法典》第50条规定通知期限为解约前2个月,我国《澳门商法典》第684条规定依合同存续期间不同,通知期分别为解约前1个月到6个月。[61]

五、商事担保制度的特别规则

我国的担保法律制度,从性质上说,是典型的、传统的民法意义上的民事担保制度,如担保功能的债权保护性、担保效力的补充性、严格的“物权法定”等;[62] 为优化营商环境,我国《民法典》新增了大量的商事担保的内容,以满足商事活动需要,例如,具有担保功能的合同、[63] 所有权保留合同、[64] 融资租赁合同、[65] 保理合同;[66] 删除了有关担保具体登记机构的规定,为建立统一的动产抵押和权利质押登记制度留下空间,也为商事担保制度的发展留下空间。商事交易之中的交易安全乃是商事担保制度的法理基础,商事担保首倡自由,寻求担保人与担保权人(债权人)利益的平衡,而非仅仅保护债权人的利益。基于商事担保多元化与商人自治的要求,商事担保更多的奉行自由,排斥国家过多的管制与干预。[67]

(一)商事保证的特殊规则

商法上的保证主要有两点不同于民法上的保证:

---

〔60〕 黄薇主编:《中华人民共和国民法典合同编释义》,法律出版社2020年版,第890页。

〔61〕 叶林、黎建飞主编:《商法学原理与案例教程》,中国人民大学出版社2006年版,第106页。

〔62〕 在我国的担保实务中,一定要强调对于当事人担保契约的尊重与支持,我们不能用“物权法定”的理念来否定当事人的契约安排,只要不危害公共利益和第三人利益,原则上就应当承认其效力。

〔63〕 《民法典》第388条第1款规定:“设立担保物权,应当依照本法和其他法律的规定订立担保合同。担保合同包括抵押合同、质押合同和其他具有担保功能的合同。担保合同是主债权债务合同的从合同。主债权债务合同无效的,担保合同无效,但是法律另有规定的除外。”

〔64〕 《民法典》第641条第1款规定:“当事人可以在买卖合同中约定买受人未履行支付价款或者其他义务的,标的物的所有权属于出卖人。”

〔65〕 《民法典》第735条规定:“融资租赁合同是出租人根据承租人对出卖人、租赁物的选择,向出卖人购买租赁物,提供给承租人使用,承租人支付租金的合同。”

〔66〕 《民法典》第761条规定:“保理合同是应收账款债权人将现有的或者将有的应收账款转让给保理人,保理人提供资金融通、应收账款管理或者催收、应收账款债务人付款担保等服务的合同。”

〔67〕 曾大鹏:《商事担保立法理念的重塑》,载《法学》2013年第3期。

1. 民法上规定的形式在商法上不适用。民法上关于保证的规定系以“保护保证人”为出发点,具体体现为保证形式上,需以书面形式给予保证的意思表示,口头保证、保证意思不明确等均不成立民事保证。《德国民法典》第766条规定,为使保证合同有效,需以书面形式给予保证的意思表示。但在商事行为中,担保表示却不受形式约束,而完全实行形式自由。关于空白担保的效力,2020年8月20日开始实施的最高人民法院《关于审理民间借贷案件适用法律若干问题的规定》第21条规定:“他人在借据、收据、欠条等债权凭证或者借款合同上签名或者盖章,但是未表明其保证人身份或者承担保证责任,或者通过其他事实不能推定其为保证人,出借人请求其承担保证责任的,人民法院不予支持。”中明确规定了空白担保不得推定为保证。民法中的规定对商事担保形式不适用(《德国商法典》第350条)。

典型判决

“本院认为,孟庆玲虽在借款人为裴璞的空白担保保证书中签字,但该担保保证书中出借人、出借金额、借款期限均未填写,担保人孟庆玲应承担的担保债权不明确,根据《中华人民共和国合同法》第十二条、《中华人民共和国担保法》第十五条规定,该保证合同不成立,孟庆玲对裴璞的借款不应承担保证担保责任。”〔68〕

2. 商事保证的人无先诉抗辩权。民法中的保证分为一般保证与连带保证,在一般保证中,法律赋予保证人以先诉抗辩权,即债权人对债务人的债务未实行强制执行,或已实行强制执行,但未收到效果之前,担保人可以拒绝债权人所提出的由担保人为债务人履行债务清偿的要求。但是,根据商法的规定,在商事行为中,商人作为担保人,则不享有先诉抗辩权,对此,《德国商法典》第349条规定,如果担保人的担保是一种商事行为,担保人无权实施先诉抗辩。

《民法典》第686条第2款规定:“当事人在保证合同中对保证方式没有约定或者约定不明确的,按照一般保证承担保证责任。”根据此条款规定,我国的商事保证以一般担保为原则,完全背离了商法的通常规定。〔69〕 本书认

〔68〕 河南省开封市中级人民法院(2014)汴民终字第1308号民事判决书。

〔69〕 《日本商法典》第511条、《德国商法典》第771条、《韩国商法典》第57条。

为,从民事保证的角度来看,将未明确约定性质的保证推定为一般责任保证,此条款适应了民事伦理性,符合民法的公平原则,也保护了民事保证人的利益;但是,一体适用于商事担保,不利于商事债权人利益的保护。

(二)商事质押的特殊规则

1. 流押(质)条款之许可

为了保护设质人,民法上不允许订立流质合同。债权人不得通过设质人的设质行为,或者与设质人订定的主合同直接取得质物的所有权,或者不依法定的程序处分质物。例如,《日本民法典》第349条都对流质契约作了禁止的规定。禁止流质契约限制了私法自治,但展现高度关注财产安全的民法思想。私人财产是民众衣食住行的基础和保障,自应善加维护。流质契约有助于保护债权人利益,但容易诱发对私人财产的巧取豪夺,因此,禁止流质契约反映了立法者高度民生的价值趋向。

在商事活动中,由于商人自己能够计算出经济利益的得失,同时,也为了保障商事交易的顺利进行,维护信用交易的公平,大多数国家的商法都承认商事交易中的流质契约。例如,《韩国商法典》第59条规定:"为了担保商事行为所发生的债权而设定的质权,不适用民法第339条(流质契约的禁止)的规定。"《日本商法典》第515条也作了同样的规定。值得肯定的是,我国《民法典》第401条与第428条仍否认了流押(质)条款的效力,理由在于:抵(质)押性质上属于担保物权,抵(质)押人设立抵(质)押权的目的在于支配抵(质)押财产的交换价值而使债权获得清偿,而不是取得抵(质)押财产的所有权。如果承认流押条款的效力,债务人届期不履行债务时,债权人不经过任何清算程序即可获得抵(质)押财产的所有权,有违抵(质)押权的担保物权本质,应当否认抵(质)押权人可以取得抵(质)押财产所有权的实现约定的效力。[70]

2. 动态质押:新的商事担保方式

动态质押,是指出质人以其自有的合法动产向质权人出质,作为其偿还债务的担保,监管人在一定期间内代质权人管理质物,同时,在一定条件下,出质人可以对质物进行提取置换的融资担保方式。商事社会,担保物权的功能重心随着交易方式的发展而发生变化,逐步由早期单纯作为债的保全功能向现代金融融资功能转变。传统的动产静态质押业务已经无法满足众多中小企业融资的需求,因而动态质押担保方式因其具有盘活企业存活的灵活性、降低企

---

〔70〕 黄薇:《中华人民共和国民法典物权编释义》,法律出版社2020年版,第499页。

业因资金周转所产生的压力、拓宽企业融资渠道等优势,为商事企业提供了一种新型的融资担保方式。[71]

基于行业竞争、融资困难等现实困境,区别于传统质押担保的这类动态质押甚至是新类型担保逐渐被广泛应用,如部分地区已经在商事活动中出现金融机构、制造商、保险商、运输仓储商、信托商等商主体开始进行商铺租赁权、保理融资等权利质押担保以及浮动货物、浮动账户等新型动产质押的实践。囿于"物权法定"和传统质押以"实际占有"作为质权标的等不利因素的束缚,我国的法院大都不承认动态质押的效力。

动态质押中质押物的流动性是其区别于传统质押的最显著特征。传统的静态质权严格遵守质物的恒定价值,使质权的实现有了现实的价值保障,但却不免过于僵硬。现代商业发展的动态质押更迎合了担保物权的价值属性,让价值权的恒定不再和质物的固定画上等号。因此,质物大都体现为种类物,决定了质物的可替代性、流动性,当然可以补新出旧,质物的特定限于质物价值的恒定,而非质物的特定。同时,假若我们依然固守法律的传统原则与逻辑,必然导致法律的滞后被无限放大,我们只能固守传统的交易方式,扼杀新的交易、新的担保方式,进而严重阻碍社会经济的发展。故而,商业融资的需求吁求对于传统静态质押的扬弃,务必认可动态质押的合理性,既满足商事债权的担保需求,也为债务人的融资提供新的渠道。[72] 但是,我国《民法典》仍旧未规定商事动态质押应有的效力。

典型判决

"关于本案的质权性质,本院认为:(1)本案质权为权利质权。根据我国物权法律规定,质权分为动产质权与权利质权。权利质权与动产质权的区别在于,动产质权的标的物是动产,而权利质权的标的物为权利。就动产质权而言,由于质权的成立和存续均以质权人占有质物为要件,出质人对质物无法利用;而权利质权既不需要所有权的转移,也不需要对物的实体予以支配,其权利的本质在于对标的物的价值的支配。《中华人民共和国担保法》第七十五条与《中华人民共和国物权法》第二百二十三条都将仓单质权放在权利质权

〔71〕 李岩:《动态质押法律问题研究》,第十五届"法官与学者对话"论坛暨第四届亚太民法学术研讨会论文。

〔72〕 李岩:《动态质押法律问题研究》,第十五届"法官与学者对话"论坛暨第四届亚太民法学术研讨会论文。

中规定,可见我国立法将仓单质权作为权利质权的一种。根据广发行与广亿公司签订的《最高额权利质押合同》亦可知,本案质权为权利质权。该合同第五条'出质权利凭证的交付和保管'中约定的是'乙方应将出质权利凭证和其他相关资料交由甲方保管',并不发生所涉动产转移占有的情形。因此,涉案的不锈钢板、冷轧卷板等钢材制品并未转移给广发行占有,金诚信公司并非就涉案货物向广发行承担保管责任。(2)本案质押为浮动质押。质押作为企业融资的重要担保方式之一,经历了从固定质押到浮动质押的发展。在固定质押中,质押物事先约定,在质押权存续期间中不允许更换,直到借款方缴纳足够的保证金或者还清贷款,才可以赎回质押物。其典型特征是,质押物的范围被清晰、准确地界定出来,质押权人对作为质押权标的物的财产能有效控制,出质人与他人交易质押物,必须征得质押权人的同意;而在浮动质押中,质押物在不同阶段可以以不同的形式存在,并且可以相互置换,只要质押物的价值在一个合理的范围内浮动以控制风险即可,出质人保留了利用质押物从事生产和经营的自主经营权。对于贷款企业而言,浮动质押对企业的生产经营活动影响较小;对于银行等贷款方而言,浮动质押扩大了客户群体,促进了融资业务的发展。因此,浮动质押已经成为了一种常见的融资担保方式。本案中,广亿公司是一家生产型企业,其所提供的质押财产是生产所必须的原材料,原材料本身即具有高度的变动性,在正常的生产过程中不可能维持数量恒定不变。涉案《质押监管协议书》的相关约定也体现出了浮动质押的特征。该协议书第七条'提货与出仓、出库'中约定:'甲方(广亿公司)以等额现款或等值货物(或仓单)置换质押仓单的,用于置换的现款或等值货物(或仓单)视为新的质押物。自动适用本协议,甲方和乙方(广发行)无需另外签订新的合同或协议,也无需甲方特别授权。'第九条'仓单项下货物变动的处理'中约定:'原仓单项下货物部分提取或其他原因导致仓单项下货物变动,丙方(金诚信公司)不必开具新的仓单或在原仓单上进行批注,但不影响甲方的质权,原仓单仍作为质押物对主合同项下债权进行担保,各方不再另签合同,自动适用本协议,各方按本协议行使权利,履行义务。'根据上述约定可知,本案质押为浮动质押,在质押权存续期间质押财产的数量出现变动正是浮动质押的特征体现。综上,二审判决认为金诚信公司在涉案《质押监管协议书》项下监管义务的核心是对仓单项下货物总价值进行控制,而不是对单项货物的数量及相应价值进行控制,在广发行未能举证证明仓单项下货物总价值减少的前提下,仅以不锈钢板与冷轧卷板这两项货物与《质押物库存清单》中所记载的数量与价值不符为由,向金诚信公司主张赔偿责任,事实依据不足,该认定具有事实与法律依据,本院予以维持。广发行的再审意见事实与法律依据不足,本院不予采纳。”[73]

(三)商事留置的特殊规则

为了平衡债权人与债务人之间的关系,民法上规定留置权的行使必须存在牵连关系,即只有因该物产生债权而不获清偿时,才能行使对该物的留置权。但是在商事留置权中,对这种牵连关系没有特别要求。例如,《韩国商法典》第58条规定:“商人之间的商事行为所引起的债权已到清偿期时,在受清偿之前债权人可以留置因与债务人之间的商事行为而自己占有的债务人所有的物品或者有价证券。但是,当事人之间有约定的除外。”可见商法上并不要求主债权与留置权必须存在个别的牵连关系。之所以如此是因为商人之间的相互交易非常频繁且常常维持相当长的一段时间,此间各种债权债务关系不断发生与消灭,如果按照民法上留置权的要求,债权人必须精确且逐一地证明每次交易所发生的债权与其所占有的债务人的动产之间存在个别牵连关系,这非常困难。为了加强商业交易中的信用,确保交易的安全,故扩大了牵连关系的范围,各国商法典遂有此规定。

另外,根据民法的一般规定,民法中所规定的留置权的权限仅仅为拒绝给付权。但是,商法中留置权的权限除此之外,还包括类似于质权的优先清偿权。例如,在破产清算时,商事留置权人享有特别先取特权(《日本破产法》第93条)、别除权(《日本破产法》第92条)等,这就大大强化了担保的效力,客观上适应了商事交易的需要。我国《民法典》第448条规定:“债权人留置的动产,应当与债权属于同一法律关系,但是企业之间留置的除外。”这实际是承认了商事留置权,促进商人债权的实现,确保了交易的安全与稳定。但是,对于个体工商户和农村承包经营户是否属于该规范中的“企业”,存在争议。

六、商人的安全保障义务

《民法典》第1198条规定:“宾馆、商场、银行、车站、机场、体育场馆、娱乐场所等经营场所、公共场所的经营者、管理者或者群众性活动的组织者,未尽到安全保障义务,造成他人损害的,应当承担侵权责任。因第三人的行为造成他人损害的,由第三人承担侵权责任;经营者、管理者或者组织者未尽到安全保障义务的,承担相应的补充责任。经营者、管理者或者组织者承担补充责任

〔73〕 广东省高级人民法院(2015)粤高法审监民提字第108号民事判决书。

后，可以向第三人追偿。"反面解释，为保护民事主体（自然人）的行为自由，通常情况下，自然人不负有安全保障义务。

典型判决

"2014年，王女士受朋友李先生邀请一同骑马游玩，李先生的友人刘先生负责提供马匹和骑马场地。后王女士在骑马过程中不慎摔下致伤。王女士认为李先生、刘先生对其受伤一事应负有责任，故将李先生、刘先生诉至法院，要求二被告连带赔偿其因此遭受的经济损失共计120余万元。

"法院经审理后认为，骑马是一项具有高度危险性的运动，对骑马者自身骑行经验和运动能力有较高的要求。王女士作为一名具有完全民事行为能力的成年人，且以前有骑马经验并在骑马时携带自身护具，故其本人对骑马运动的风险性应该有高于常人的认知。其自行携带护具已经说明了她对骑马运动风险具有防范意识，现王女士在骑马时坠马受伤应属意外事件，李先生、刘先生对王女士坠马不存在过错。而李先生、刘先生作为王女士友人，邀请招待王女士参加的骑马活动，是一种小范围的私人聚会，是人与人之间不存在利益关系的正常交往，且在王女士受伤后两人已尽到了救治责任，故两人对王女士因坠马受伤所产生的各项经济损失不应承担赔偿责任。综上所述，法院驳回了王女士的诉请。

"安全保障义务，是在民事当事人之间没有合同约定的情形下产生的一种要求一方为了另一方的人身安全而积极作为的义务。宾馆、商场、银行、车站、娱乐场所等公共场所的管理人或者群众性活动的组织者，未尽到安全保障义务，造成他人损害的，应当承担侵权责任。本案中，判断当事人是否应当承担以及承担何种限度内的安全保障义务时，应当考虑场所的管理者和活动的组织者是否为商人、是否营利等，王女士与刘先生、李先生毕竟是正常的私人往来，不涉及利益关系，如过分加大私人活动参加者的安全保障义务，将不利于社会成员之间的正常交往。如人与人之间正常的交往越来越少，则社会环境必将变得冷漠，人际关系将会变得越发疏远隔离，不利于和谐社会的构建。"〔74〕

七、违约金的调整

违约金条款产生于当事人间的约定，法律尊重当事人的选择，在违约金条

---

〔74〕 文海宣：《女子骑马摔伤　起诉同行友人被驳回》，载《人民法院报》2016年12月6日，第3版。

款未违反法律强制性规定的情况下,当事人应诚信履行。对当事人约定的违约金数额或损失赔偿额,司法权不宜过多干涉,不应动辄进行调整。如果违约金条款是在商人之间强调风险与收益相当的商事合同中约定的,只要不违反法律强制性规定,就不宜过多干涉;如果一方是商人,另一方是普通消费者、劳动者等经济上的弱者,为了保护弱者权益,则可考虑进行适当调整。

典型判决

"一审法院认为商事交易应遵循双方当事人的意思自治,当事人在对逾期付款已经约定违约金的情况下,应尊重交易主体在交易时根据其意思自治达成的违约金合意。高光公司主动调整逾期付款违约金系其行使处分权的自由,一审法院对此不持异议,故对高光公司请求判令集宁路灯管理所、集宁住建局按照年利率24%给付违约金的诉讼请求,一审法院予以支持。"[75]

值得注意的是,我国《民法典》第585条第1、2款规定:"当事人可以约定一方违约时应当根据违约情况向对方支付一定数额的违约金,也可以约定因违约产生的损失赔偿额的计算方法。约定的违约金低于造成的损失的,人民法院或者仲裁机构可以根据当事人的请求予以增加;约定的违约金过分高于造成的损失的,人民法院或者仲裁机构可以根据当事人的请求予以适当减少。"相较于以前违约金调整的主动权在于当事人,《民法典》将调整的主动权交由裁判者。裁判者应当区分民事合同与商事合同,基于公平与民事伦理人的考量,民事合同的违约金应当予以调整;基于效率与商人"智而强"的考量,商事合同的违约金则不应当予以调整。具体来说,商事合同原则上不能适用违约金调减规则的主要原因,在于商人营利性的本质属性与商业判断规则的体现,并且可以达到防范商事交易中不诚信行为的目的。[76]

八、保护营利

(一)有偿行为的推定

为体现民法的伦理性、道德性,一般民事主体之间若事先未约定,提供相应劳务一方不得请求报酬。对此,《民法典》第928条第1款规定:"受托人完

〔75〕 北京市第二中级人民法院(2020)京02民终5275号民事判决书。
〔76〕 刘凯湘:《商事行为理论在商法中的意义与规则建构》,载《法治研究》2020年第3期。

成委托事务的,委托人应当按照约定向其支付报酬。”与此相反,为体现商法的营利性,对于商主体而言,即使事先未约定,提供相应劳务一方的商主体依法或者依据交易习惯享有报酬请求权。对此,《民法典》第944条第1款规定:“业主应当按照约定向物业服务人支付物业费。物业服务人已经按照约定和有关规定提供服务的,业主不得以未接受或者无需接受相关物业服务为由拒绝支付物业费。”以及第959条规定,“行纪人完成或者部分完成委托事务的,委托人应当向其支付相应的报酬”。均强调了商人享有法定的报酬请求权。

(二)法定利息

民事主体之间签订的借款合同通常推定为“无偿”,即不支付利息;但是,为保护营利,在商主体之间,利息往往是必须支付的,即使双方事先没有明确的约定。对此,我国《民法典》第680条第3款规定:“借款合同对支付利息约定不明确,当事人不能达成补充协议的,按照当地或者当事人的交易方式、交易习惯、市场利率等因素确定利息;自然人之间借款的,视为没有利息。”对于商主体之间的借款合同,依据交易习惯应当推定视为有息;对于民事主体之间的借款合同,则视为无息。

(三)复利

复利之禁止是大多数国家的普遍做法,该规定可以追溯到宗教法关于收取利息的禁令,以及对利率的多重限制。为保护债务人免遭破产,以及避免巨额利息之滥用和累积的愿望证明了这种方法的合理性。但是,该原则已经不再适合现代商业生活的现实。在欧洲,银行通过某种方式对复杂的信贷便利收取复利,或者至少使用某种与收取复利有同样效果的利息计算方法,这已经成为通行的商业做法。此外,利息的累积也是一项基本的财务规则。[77]

九、商事交互计算制度

(一)商事交互计算制度的概念

商事交互计算制度是指商事主体之间或者商事主体与非商事主体之间在日常交易中,相约就一定期间内发生的债权、债务总额进行抵销,仅支付其差

〔77〕 欧洲民法典研究组、欧盟现行私法研究组:《欧洲私法的原则、定义与示范规则:欧洲示范民法典草案》(第4卷),于庆生等译,法律出版社2014年版,第1079页。

额的合同关系。它是同时具有抵销合同、延期合同以及变更合同等多重性质的一种独立的诺成合同。通过交互计算,可以简化结算手续,防范流通风险;还可以简化商业交易中债权、债务的复杂性;并具有担保债权实现的功能。

可见,交互计算是商事主体在营业过程中就其相互之间或与普通主体之间在一定时期内发生的生意往来中结算而相互抵销的制度。一般情况下,普通民众之间的经济来往常常是个别清偿,发生一次就结算一次。但对于商事主体而言,其业务是大量的、经常的,且来往双方常常是固定的,因此,为节省成本、减少结算风险,他们之间常常约定对发生在一定期间的债权债务集中计算而相互抵销。德国、日本等国商法典明确规定了交互计算制度。我国《民法典》第 568 条规定:“当事人互负债务,该债务的标的物种类、品质相同的,任何一方可以将自己的债务与对方的到期债务抵销;但是,根据债务性质、按照当事人约定或者依照法律规定不得抵销的除外。当事人主张抵销的,应当通知对方。通知自到达对方时生效。抵销不得附条件或者附期限。”第 569 条规定:“当事人互负债务,标的物种类、品质不相同的,经协商一致,也可以抵销。”

(二)商事交互计算的基本规则

1. 交互计算的适用对象

交互计算是商事行为的一种,因此,在参与交互计算的主体当中,至少有一方为具有商事主体身份者,即所谓商人。《德国商法典》第 355 条第 1 款规定:“某人因与商人有交易关系,致使计算由此种关系产生的双方的请求权和给付连同利息,并且定期以计算和确认一方或另一方产生的盈余的方法进行结算的(继续的计算,交互计算),在决算时应取得盈余的人,可以自决算之日起,请求该盈余的利息,即使在计算中已包含利息,也不例外。”《日本商法典》第 529 条也规定须有一方为商人。

2. 交互计算适用的交易类型和内容

交互计算为商事行为中经常发生的、持续的相互享有和负有债权债务关系的交易。如果不是相互享有和负有债权债务,即使是一种持续性的交易,也不适用交互计算。交互计算的内容为约定期间内发生的债权债务关系,而且以当事人双方之间的交易关系所产生的事实上的金钱债权为限,如发生违法侵权、不当得利、无因管理等情形,均不能成为交互计算的内容。如果当事人对交互计算没有约定期间的,以法定为准,如德国商法规定为 1 年,日本商法规定为 6 个月。

3. 交互计算的效力

首先,在交互计算期内,当事人之间发生的所有个别的债权债务关系总体上被作为一个概括性的债权债务关系处理而失去其独立性。这在日本商法上被称为交互计算的不可分原则。亦即在交互计算期内,双方产生的所有单独的债权债务一同结算。但这时,相应的债权债务关系仍然存在,只是不能关系到即时结算的效果。其次,交互计算期届满时,当事人双方就在此期间产生的所有债权债务关系一同结算,通过核对确认差额,消灭交互计算期内所有单独的债权债务关系,并因差额而形成债的更改效力,当事人仅对差额享有权利或负有履行义务。《德国商法典》第 355 条第 3 款规定:"如无其他规定,继续计算也可以在一个计算继续期间随时终止,并具有使在计算后应取得盈余的人可以请求支付盈余的人支付盈余的效力。"[78]

十、债权让与

《民法典》第 545 ~556 条规定了债权让与规则,其中,第 546 条第 1 款规定:"债权人转让债权,未通知债务人的,该转让对债务人不发生效力。"明确让与通知为生效要件。在民法遵循"形式主义"的债权转移模式下,通知使其具备了更强的公示性,将其作为债权转移的生效要件更具合理性。而在商事法律语境中,固守让与通知制度,将极大地降低其与商事债权融资的适配性。在当前收益权融资、集合债券融资、企业资产证券化等成为主流融资模式环境下,将通知制度作为债权的转移要件,或从根本上否定了未来收益权的可让与性,人为地提高了债权让与的成本;或打破了资产证券化过程中作为基础资产的债权与收益权份额之间的联系,和投资人与具体债权间的对应关系,[79] 并不利于最大限度地发挥债权的经济价值。应当在当事人对履行方式与时间的约定上留出更大的意思自治的空间,以适应商事债权融资实践。值得注意的是,有关证券、债券、票据等权利的转让,应当注意区分民商事的不同法律规定,若存在证券法、票据法等特别法的规定,依据《民法典》第 11 条,应当适用这些特别规定。[80]

---

〔78〕 宁金成主编:《商法学》,郑州大学出版社 2009 年版,第 88 页。

〔79〕 虞政平、陈辛迪:《商事债权融资对债权让与通知制度的冲击》,载《政法论坛》2019 年第 3 期。

〔80〕 黄薇主编:《中华人民共和国民法典合同编释义》,法律出版社 2020 年版,第 191 页。

第四节　我国《民法典》中的商事行为制度

我国现行立法采取民商合一的立法体制,对于传统商事行为的特殊规则,我国在《民法典》中予以规定。因此,关于其他商事行为的特殊规则,我们主要参考《民法典》的有关内容加以阐释。

一、商事中介的特殊规则

(一)中介营业的概念

中介是一种古老的商业现象,早在古希腊、古罗马时代就存在中介的初始状态。当时无论何人,都可为中介业务。到中世纪时,许多国家开始对中介活动进行限制,使之成为一种官方许可的职业。其后中介活动都带有"官营性质"。对于不经允许私自从事中介者,要处以严罚,加以禁止。时至现代,各国对中介基本采取自由营业主义的态度。我国早在西汉时期,就已存在从事中介介绍服务的"牙行"。

中介合同根据中介人所受委托内容的不同,可分为指示中介合同和媒介中介合同。指示中介又称报告中介,是指中介人仅为委托人报告订约机会的中介;媒介中介,是指中介人为委托人提供媒介服务的中介。无论何种中介,中介人都只是属于交易双方当事人之间起介绍、协助作用的中间人。在民商分立的国家,指示中介由民法调整,而媒介中介由商法调整。我国目前采用民商合一,《民法典》对媒介中介和报告中介一并调整。

对于中介人的主体资格法律是否应当予以规定,本书认为,应当根据中介的具体内容予以区分。如果是日常或社会生活中的一般中介活动,如房屋中介、婚姻中介、家政中介等中介活动,根据私法"法无禁止即自由"的原则,不能强求中介人必须具有法定的主体资格,任何自然人、法人和其他组织均可以成为中介合同的主体;对于特定领域的以法人或者社会组织为中介人的中介活动,要予以限制和规范,要求中介人必须经过法定核准的特定主体资格,否则就不予保护和认定,如期货中介人、证券中介人、保险中介人等。

（二）中介营业中中介人的义务

1. 如实报告义务

我国《民法典》第962条第1款规定："中介人应当就有关订立合同的事项向委托人如实报告。"这就是中介人的基本义务。

依照法理，中介人依诚信原则，就一般关于订约有影响事项（如相对人的信用、所介绍购买房屋的瑕疵），虽然不负债权的调查的义务，但是就其所知道的事项，负有报告于委托人的义务。此规定对于报告中介人及媒介中介人，均可适用。尤其是媒介中介人，就相对人的信用虽然不负特别审查的义务，然依其情形在诚信原则上可期待中介人负有报告的义务。在媒介中介，中介人应将订约事项报告于各该当事人；而在报告中介，仅将订约事项报告于委托人。

依《民法典》第962条第2款规定，中介人故意隐瞒与订立合同有关的重要事实或者提供虚假情况，损害委托人利益的，不得要求支付报酬并应承担损害赔偿责任。

2. 隐名中介的不告知义务与履行义务（介入义务）

所谓隐名中介，是指在中介人实施中介的过程中，当事人一方或双方指定中介人，不得将其姓名或公司名称告知对方当事人，中介人因此而负有隐名义务的中介。对此，《意大利民法典》第1762条、《日本商法典》第548条与第549条、《韩国商法典》第98条与第99条、我国《澳门商法典》第716条均作了明确规定。例如，《澳门商法典》第716条第1款规定："中介人如不将一方订立合同人之名称告知他方，则须对合同之履行承担责任；如须已履行合同，则代位取得隐名订立合同人因合同而生之权利。"同条第2款规定："订立合同后，如隐名订立合同人向他方当事人表明身份或者由中介人指明其名称，任一订立合同人均得直接向对方行使权利，但中介人仍须承担其责任。"该规定表明，在隐名中介情况下，中介人负有保密义务、介入义务。所谓中介人的保密义务，就是指在隐名中介中，中介人负有不将隐名当事人的姓名或公司名称向对方公开的义务。所谓中介人的介入义务，就是指在隐名中介中，应由该中介人自负履行责任。由于隐名中介中中介人履行保密义务势必使第三人的权益难以得到有效保障，因而法律应当赋予第三人在无法知悉对方当事人时或对方当事人难以切实履行其义务时请求中介人作为合同履行义务人的权利。

我国《民法典》未就隐名中介制度作出明确规定，不过，在经济生活实践中,采取隐名中介的做法却大量存在。当事人采取隐名中介并不违反法律法规,应视为有效的合同关系,受到法律的保护。鉴于我国《民法典》仍未规定这种合同制度,因而在司法实践中应当参照适用与其最相类似的委托合同的规定来处理。

3. 尽力的义务

中介人是否应负尽力的义务,学说上有不同的观点。基于中介合同,委托人对具有特殊资质的中介人为其提供必要信息及提供必要服务寄予较高的期望,委托人往往相信中介人能够为其寻找到合适的订约机会,因而如果中介人消极处理中介事务,势必使委托人的权益遭受损害,使其期待的利益落空。由此可见,中介人显然应当负尽力的义务,否则中介合同的基本目的难以实现。

中介人负有的尽力义务的具体内容,在指示性中介与媒介性中介中表现出一定的差异。在指示性的中介中,中介人按委托人的指示寻找根据委托人的自身情况及可能与委托人订立合同的人,并向委托人指明该第三人的姓名或公司名称,就应视为完成了尽力的义务。在媒介性中介中,中介人不仅要向委托人报告订立合同的机会,而且还有义务进一步在双方当事人之间周旋活动,采取积极有效的措施,以促使双方当事人订立合同,只有这样才是履行了尽力的义务。

4. 调查义务

中介人作为商人,应当承担高度的注意义务。我国台湾地区“民法典”第567条规定:“……以中介为业者,关于订约事项及当事人之履约能力或订立该约之能力,有调查之义务。”对此,我国最高人民法院也持相同的观点:“在房屋买卖居间活动中,中介公司(居间人)对于受托事项及居间服务应承担符合专业主体要求的注意义务,注重审查核实与交易相关的主体身份、房产权属、委托代理、信用资信等证明材料的真实性。中介公司因未尽必要的注意义务而未能发现一方提供的相关材料存在重大瑕疵、缺陷,由此使另一方受欺诈遭受损失的,应根据其过错程度在相应的范围内承担赔偿责任。”[81]

(三)中介人的权利

1. 中介人的报酬请求权

中介合同是有偿合同,因此,委托人应向中介人支付报酬。这是委托人的

---

〔81〕 李彦东诉上海汉宇房地产顾问有限公司居间合同纠纷案,载《最高人民法院公报》2015年第2期。

义务，同时也是中介人的权利。鉴于在中介过程中中介人所提供的劳务及其他支出，同时鉴于由中介人中介行为所产生的实际法律效果，针对委托人，中介人享有法定的中介佣金请求权，即报酬请求权。

(1)一般要件。按照法律规定，中介人的报酬请求权的成立，必须符合下列三个前提条件。

第一，由中介人中介的合同必须最终得以生效。中介人所中介的合同最终得以生效，是中介人报酬请求权的生效要件(附停止条件)。如果合同没有最终生效，即使中介人为此做出了努力或提供了劳务，他也不能享有报酬请求权。若该有效的合同不能依约履行或嗣后再度解除，则不影响中介人的报酬请求权。

司法实践中，委托人为了逃避支付报酬的义务，故意拒绝中介人介绍的交易相对人或拒绝已完成的中介服务，而后再与原中介人介绍的相对人达成协议或接受因中介人撮合而成的协议。在此情况下，中介人原则上并不因此丧失报酬请求权。

第二，中介人的中介活动必须是合同缔结的重要原因。也就是说，中介活动必须与合同成立存在因果关系。如果交易双方缔结的合同并不是或并不主要是中介人中介活动或努力的结果，中介人同样对此不能享有报酬请求权，对此因果关系，应由中介人负举证责任。

对该因果关系，若委托人主张，其早已经知道所被报告的订约机会，因此拒绝给付报酬，从而引发争议。德国法院为帮助中介人，则令委托人对事先知情负举证责任，故中介人为避免就因果关系举证上的困难，常常会在定型化合同中约定：委托人若早已经知道由中介人所报告的缔约机会者，委托人在相当短期间内(如三天内)有义务通知中介人，否则若嗣后合同成立者，视为由中介人所促成。此种条款在学理上称为“预知条款”。

第三，交易双方当事人所缔结的业务，必须与他们委托中介人中介的业务大体上一致，即成立的合同必须与委托人所委托的具有同一性。如果双方当事人缔结的业务并不是他们委托中介人中介的业务，尽管中介人已为双方的其他业务进行过中介活动，对于双方未通过中介而缔结的业务，中介不享有报酬请求权。

但是，同一性要求的界定非常困难，原则上，不以有完全同一内容为必要，虽然成立与所应中介合同不同的其他合同，如原来委托出卖而成立委托人可以接受的交易，在委托人所追求的经济效果上未受影响，委托人仍应给付报酬。

(2)中介人的报酬数额。中介人的报酬数额应依合同约定。如果当事人没有事先约定或约定不明确,则当事人可以根据我国《民法典》第510条的规定,协议补充。在当事人不能自愿达成协议的情况下,则可诉诸法院或仲裁机构裁决。法定应依据行业习惯和中介人所付出的劳务大小等因素,根据公平原则来确定中介人的报酬。

对于报酬数额,有的国家规定,如果当事人约定的报酬数额过高,可以适当减少。这主要基于实务中,中介人往往借委托人的无知或缺乏经验,乘机约定了高额的报酬,为此,法院应因委托人(或报酬给付义务人)的请求酌减。例如,我国台湾地区"民法典"第572条规定:"约定之报酬,较中介人所任劳务之价值,为数过巨失其公平者,法院得因报酬给付义务之请求酌减之。但报酬已给付者,不得请求返还。"《民法典》虽无此类规定,但解释上应从上述规定。

(3)中介人报酬请求权的对象。中介人为委托人的受托人,中介人只与委托人存在合同关系,因此中介人只能向委托人请求报酬,委托人也有义务向中介人支付报酬。但是,中介活动并不仅使委托人受益,经中介人努力而与委托人达成合同的相对人也受益于中介人的活动。故使双方当事人各负担一半佣金,应属公平并且符合当事人的意思,德、日商法基于此理由,就媒介中介作出规定:"如果缔约双方未约定由谁支付中介报酬,同时又无惯例强以被比照,则订约双方支付报酬各半。"(《德国商法典》第99条)我国《民法典》第963条也作了类似的规定。从比较法的角度看,各国并未一般地规定媒介中介人的报酬由合同双方当事人平均负担,只是在商事合同中才存在这样的规则。各国一般认为,在民事合同中,中介人的报酬应由委托人负担,因为中介人只和委托人存在中介合同关系。我国《民法典》显然是为考虑民事中介的特殊情况,直接将各国商事中介的规则适用于所有中介合同。[82]

中介报酬的支付有两种方式:一种是委托人单独支付,委托人单独支付适用于报告中介;另一种是委托人和相对人平均分担,该种方式适用于媒介中介。

2. 中介人的费用偿还请求权

中介活动的费用是指中介人从事中介活动支出的必要费用。根据《民法典》的规定,中介的费用负担分两种情况:一种是由中介人自己负担,另一种

[82] 周珺:《进退失据的民商合一——以〈合同法〉分则为分析蓝本》,载顾耕耘主编:《中国商法评论》,北京大学出版社2010年版,第108页。

是由委托人负担。

《民法典》第963条第2款规定:“中介人促成合同成立的,中介活动的费用,由中介人负担。”该规定表明,我国法律认为由于在中介目的实现的情况下中介人获得了相应的佣金,该佣金实际上包含了对中介人为此支付的必要费用的补偿,因而不必另行对中介人支出的费用予以补偿。这实际上要求中介人自垫费用为委托人从事中介活动,把中介费用当作中介人为获取报酬的一种投资或成本。

中介的报酬只有在中介成功、委托人与相对人签订合同的情形下才能取得,那么是不是中介不成功,中介人就只能自己负担已垫付的费用呢?按照传统的理论,中介的费用一律由中介人自己承担,即使在中介未成功的情况下也是如此。所以,《德国民法典》《日本商法典》《韩国商法典》等均未就中介费用偿还请求权作出规定。同样地,我国《民法典》第964条规定:“中介人未促成合同成立的,不得要求支付报酬;但是,可以按照约定请求委托人支付从事中介活动支出的必要费用。”这就意味着,在中介未成功时,中介人也应自担费用,除非双方另有约定。与之相对,已经废止的我国《合同法》在中介未成功时,要求委托人支付中介活动的必要费用,过于追求民法上的公平理念,未能体现商法的风险意识。

(四)婚姻中介

我国台湾地区“民法典”第573条规定:“因婚姻居间而约定报酬者,就其报酬无请求权。”本条规定修改前是:“因婚姻居间而约定报酬者,其约定无效。”立法原意系因婚姻中介而约定报酬,有害善良风俗,故不使其有效。唯近代工商业发达,社会上的道德标准亦有转变,民间已有专门中介报告结婚机会或介绍婚姻而酌定收取费用之行业,此项服务亦渐受肯定,为配合实际情况,仿《德国民法典》第656条规定,修正本条为非禁止性规定,仅中介人对报酬无请求权。如已为给付,给付人不得请求返还(1999年)我国目前缺乏婚姻中介的立法,从性质上讲,婚姻中介的报酬属于自然债。

典型判决

原告上海中原物业顾问有限公司(以下简称中原公司)诉称:被告陶德华利用中原公司提供的上海市虹口区株洲路某号房屋销售信息,故意跳过中介,私自与卖方直接签订购房合同,违反了《房地产求购确认书》的约定,属于恶意“跳单”行为,请求法院判令陶德华按约支付中原公司违约金1.65万元。

被告陶德华辩称:涉案房屋原产权人李某某委托多家中介公司出售房屋,中原公司并非独家掌握该房源信息,也非独家代理销售。陶德华并没有利用中原公司提供的信息,不存在“跳单”违约行为。

法院经审理查明:2008年下半年,原产权人李某某到多家房屋中介公司挂牌销售涉案房屋。2008年10月22日,上海某房地产经纪有限公司带陶德华看了该房屋;11月23日,上海某房地产顾问有限公司(以下简称某房地产顾问公司)带陶德华之妻曹某某看了该房屋;11月27日,中原公司带陶德华看了该房屋,并于同日与陶德华签订了《房地产求购确认书》。该确认书第2.4条约定,陶德华在验看过该房地产后6个月内,陶德华或其委托人、代理人、代表人、承办人等与陶德华有关联的人,利用中原公司提供的信息、机会等条件但未通过中原公司而与第三方达成买卖交易的,陶德华应按照与出卖方就该房地产买卖达成的实际成交价的1%,向中原公司支付违约金。当时中原公司对该房屋报价165万元,而某房地产顾问公司报价145万元,并积极与卖方协商价格。11月30日,在某房地产顾问公司中介下,陶德华与卖方签订了房屋买卖合同,成交价138万元。后买卖双方办理了过户手续,陶德华向某房地产顾问公司支付佣金1.38万元。

法院生效裁判认为:中原公司与陶德华签订的《房地产求购确认书》属于中介合同性质,其中第2.4条的约定,属于房屋买卖中介合同中常有的禁止“跳单”格式条款,其本意是为防止买方利用中介公司提供的房源信息却“跳”过中介公司购买房屋,从而使中介公司无法得到应得的佣金,该约定并不存在免除一方责任、加重对方责任、排除对方主要权利的情形,应认定有效。根据该条约定,衡量买方是否“跳单”违约的关键,是看买方是否利用了该中介公司提供的房源信息、机会等条件。如果买方并未利用该中介公司提供的信息、机会等条件,而是通过其他公众可以获知的正当途径获得同一房源信息,则买方有权选择报价低、服务好的中介公司促成房屋买卖合同成立,而不构成“跳单”违约。本案中,原产权人通过多家中介公司挂牌出售同一房屋,陶德华及其家人分别通过不同的中介公司了解到同一房源信息,并通过其他中介公司促成了房屋买卖合同成立。因此,陶德华并没有利用中原公司的信息、机会,故不构成违约,对中原公司的诉讼请求不予支持。

值得注意的是,《民法典》第965条规定:“委托人在接受中介人的服务后,利用中介人提供的交易机会或者媒介服务,绕开中介人直接订立合同的,应当向中介人支付报酬。”对于委托人的“恶意跳单”行为进行了遏制。

二、商事行纪的特殊规则

(一)行纪营业的概念

行纪制度在罗马法时代尚不存在,当时所订的行纪合同只是委托的一种。在欧洲中世纪,一方面,随着近代世界范围内贸易的形成,出口贸易的规模不断扩大,从而促进了贸易分工的更加具体化和形式的多种多样化;另一方面,伴随着贸易交往的频繁和规模日益扩大,传统的流动贸易方式逐渐被固定的贸易经营所取代;另外,以往信息传递困难,生产者和本地的商人很难准确、全面地了解异地贸易情况,需要通过异地商人而参加贸易,客观上也促使了行纪制度的兴起。在我国,自汉代以来就已出现经营行纪业务的行栈,俗称牙行。我国台湾地区“民法典”设专节规定了行纪制度。中华人民共和国成立后,曾在许多城市成立了国营信托公司和贸易货栈经营行纪业务,但很快行纪业务就日趋衰微,一些行纪组织被撤销。改革开放后,行纪制度又兴盛起来,时至今日已成规模。

采用民商分立的大陆法系国家或地区则基本上都不在民法中规定行纪制度,而在商法中将行纪作为一种商事行为加以规制。德国、法国、日本、韩国及我国澳门特别行政区的民商法便是如此。由此可见,在采民商分立的大陆法系国家或地区,行纪属于一种纯粹的商事行为,仅由商法加以规制。在民商合一国家或地区中,行纪合同规定于民法典中,如意大利、瑞士、俄罗斯等都在民法典中规定了行纪合同。我国采民商合一,同样在《民法典》中规定了行纪合同。

(二)行纪营业中行纪人的义务

1. 直接履行义务

(1)行纪人对于交易相对人(第三人)的直接履行义务。行纪合同成立后,行纪人以自己的名义与第三人进行交易行为。在外观上,行纪人与相对人(第三人)为交易的当事人。行纪人与第三人基于交易行为,直接产生权利义务的关系。《民法典》第958条第1款规定:“行纪人与第三人订立合同的,行纪人对该合同直接享有权利、承担义务。”从该条规定可以得知,行纪合同的本质在于谋求交易的安全。因为委托人与第三人之间并无任何法律上的关系,因此,即使发生第三人有债务不履行的情况,委托人也不得对第三人主张权利。

(2)行纪人对于委托人的直接履行义务。《民法典》第958条第2款规定:“第三人不履行义务致使委托人受到损害的,行纪人应当承担赔偿责任,但是行纪人与委托人另有约定的除外。”依本款规定,无论第三人是否履行其义务,行纪人均须负有履行其所订合同的义务。例如,如果行纪人乙受委托人甲的委托,将甲所有的一匹马出卖给第三人丙,无论丙是否依约给付价金,乙均负有给付出卖的价金给甲的义务。该规定系采日本立法,而与德国及瑞士不同。《德国商法典》及《瑞士债务法》认为,行纪人为委托人的计算而订立合同时,行纪人仅有报告第三人的姓名的义务,以便委托人行使介入权。若行纪人怠于行使此披露义务时,才承担直接履行合同的责任。因行纪合同系委托合同的一种,受托人为委托人与第三人处理事务,就内部关系而言,在第三人不履行债务时,受托人无替第三人履行义务的必要。就理论上说,德国及瑞士的立法比日本商法略胜一筹。可惜的是,我国《民法典》仍然采取了日本的立法。

行纪人向委托人承担第三人不履行合同义务的赔偿责任,显然加重了行纪人的责任和负担,这在保障委托人权益的同时,很可能妨碍行纪营业的开展。因此,《民法典》允许当事人另有约定,在规定行纪人保证责任的同时,规定“但是行纪人与委托人另有约定的除外”。如果行纪人和委托人另有约定,则行纪人不承担第三人履约的保证责任。

2. 依委托人的指示从事贸易活动

行纪人是为委托人的利益从事贸易活动的,因此,行纪人必须遵守委托人的指示从事行纪交易活动,也就是说,行纪人负有一种服从义务。这种服从义务的实质在于使委托人的意思得以顺利、真正地贯彻执行,从而使整个交易活动能够切实维护和代表委托人的利益。行纪人对委托人的服从义务属于强制规则,它与相应的法律责任及法律后果联系在一起。如果行纪人在未经委托人许可的情况下,擅自违背或不遵循委托人的指令从事贸易活动,那么,这种交易活动的结果则不能对委托人生效,委托人则据此可以向行纪人提出赔偿请求权。

在委托人的指示中,对交易价格的指示最为重要。依价格指示所具有的不同强制力,委托人的价格指示分为两种,一为命令性的批示。行纪人对此负有绝对的服从义务,一般表现为指定确切数额,行纪人不得违背该指示卖出或买入(《民法典》第955条第3款),否则,委托人有权拒绝接受其交易的结果,并可请求损害赔偿。二为任意性指示。即委托人希望达成的价格并非绝对不可变更。对于任意性价格若行纪人予以变更的,《民法典》第955条规定了相应的处理规则，具体为：第一，行纪人以不利于委托人的价格进行买卖的，即以低于委托人指定的价格卖出或者以高于指定的价格买入的，若事先征得委托人的同意或者委托人在事后予以追认，则该买卖直接对委托人发生效力；若并未取得委托人的认可，但行纪人提出对偏离限定价格的差价予以补偿，委托人则不可以对之予以拒绝，其立法宗旨在于保护行纪人。第二，行纪人以有利于委托人的价格进行交易的，即以高于委托人指定的价格卖出或者以低于指定的价格买入的，此时所获的利益应归属于委托人。该做法通常符合委任人的意愿，并且系为委托人的计算所为的当然结果。但是，行纪人可以要求因此增加报酬。

3. 保管的义务

行纪人系受委托而买卖货物，于占有货物时，其情形如同保管人占有保管物，因而有立法的必要，应使之适用保管的规定。故《民法典》第953条规定："行纪人占有委托物的，应当妥善保管委托物。"行纪人有善良管理人的注意义务。行纪人占有委托人所委托的物时，应如同保管人一样，不得使用委托物，并且须亲自保管，否则，应承担损害赔偿责任。

除非委托人有特别指示，行纪人对委托物不负保险义务。如委托人支付给行纪人保险费、请行纪人代委托人投保财产保险。行纪人没有投保，其损失的责任应由行纪人承担。如果委托人未作指示，而行纪人主动投保，委托人因此受益的，应当依照民法中无因管理的规定，由委托人偿还行纪人投保所支出的费用。

4. 负担交易费用的义务

《民法典》第952条规定："行纪人处理委托事务支出的费用，由行纪人负担，但是当事人另有约定的除外。"该条确立了行纪人自我负担行纪费用的原则，此种做法与其他各国的立法例正好相反。其他各国通常认可行纪人的费用偿还请求权，即有权要求委托人支付处理委托事务花费的必要费用。

因为行纪合同为有偿合同，行纪人以从事行纪活动为营业，自应负担营业的风险。行纪人的营业风险相当于为获得利润而支付的成本，原则上应由行纪人自行负担，而行纪人可以通过向委托人收取报酬来弥补。此点不同于代理，在代理情形下，一般由被代理人承担代理人的一切费用。

5. 合理处分委托物的义务

《民法典》第954条规定："委托物交付给行纪人时有瑕疵或者容易腐烂、变质的，经委托人同意，行纪人可以处分该物；不能与委托人及时取得联系的，行纪人可以合理处分。"这既是行纪人的权利，也是行纪人的义务。从我国

《民法典》的规定可以看出,行纪人合理处分物的义务应符合以下三个条件:(1)标的物必须为委托出卖的物;(2)必须该出卖的物于达到行纪人时有瑕疵,至于瑕疵系可归责于委托人或是运输人,则在所不问;(3)须为保护委托人的利益,即行纪人应尽可能地选择最有利于委托人的方式处分委托物。

《民法典》未规定具体处置措施,但是一般而言,应依善良管理人的注意进行处分。具体的措施大体如下:(1)保全对运送人的权利;(2)保全对于瑕疵的证据;(3)保管有瑕疵的物品;(4)从速通知委托人;(5)将易于腐烂、变质的物,于一定条件下申请法院拍卖或自行拍卖。

6. 其他义务

除上述义务外,行纪人还负有其他一些义务,如报告、通知、及时转交处理委托事务的所得等义务。对于这些义务,《民法典》并没有具体规定,可以适用委托合同的有关规定。

(三)行纪人的权利

1. 报酬请求权

依《民法典》第 951 条的规定,行纪乃有报酬的营业。行纪合同也为有偿合同,依此精神,针对委托人,行纪人享有报酬请求权。行纪报酬请求权与行纪交易业务的履行存在直接联系。由于业务履行的结果在于满足委托人的要求,实现委托人的利益,而这种结果的实现只有通过第三人的给付才能见效。因而,对报酬请求权具有最终意义的业务履行行为,并不是指行纪人已经履行了行纪行为,而是指第三人借助于行纪人的中介,已做出了行纪行为标的物的给付。委托人已通过第三人的给付而获得了相应的利益,实现了借助行纪行为所欲达到的目的。

作为例外,存在一种特殊情形,即在行纪合同所约定的业务未能被履行或未能被完全履行的情况下,行纪人依法可以获得报酬请求权。这种请求权的成立,必须以委托人自身过失而致业务不能履行为前提要件。对此,《德国商法典》《瑞士债法典》均作了明确的规定。我国《民法典》第 959 条规定,“行纪人完成或者部分完成委托事务的,委托人应当向其支付相应的报酬”。该条规定确立了行纪人部分完成委托事务也具有报酬请求权,但从比较法的角度看,我国对行纪人取得报酬请求权的条件过于严格。例如,《德国商法典》第 396 条、《瑞士债法典》第 432 条、《俄罗斯民法典》第 991 条均规定,因可归责于委托人的事由不能完成委托事务的,行纪人仍然享有报酬请求权。通过对行纪人的报酬和费用的分析,我们可以发现我国《民法典》对行纪人的报酬和费用请求权限制过多,有违行纪人作为商人所固有的逐利本性。[83]

为了保证行纪人报酬请求权的实现,行纪人占有委托物的,对委托物享有留置权。但是,当事人特别约定不得对委托物行使留置权的除外。

2. 拍卖权、提存权

行纪人受委托人委托从事交易行为,若因委托人应受领而不受领,或应取回而不取回者,行纪人无保管义务,为避免对行纪人不利,民法赋予行纪人拍卖权及提存权。

(1)拍卖权,又称为自助变卖权,是指债务人不宜于进行提存的动产,在债权人受领迟延的情况下,债务人有权将其在给付履行地予以官方拍卖,并将变卖收入予以提存。我国台湾地区"民法典"第585条规定:"委托人拒绝受领行纪人依其指示所买之物时,行纪人得定相当期限,催告委托人受领,逾期不受领者,行纪人得拍卖其物,并得就其对于委托人因委托关系所生债权之数额,于拍卖价金中取偿之,如有剩余,并得提存,如为易于败坏之物,行纪人得不为前项之催告。"其第586条规定:"委托行纪人出卖之物,不能卖出,或委托人撤回其出卖之委托者,如委托人不于相当期限间,取回或处分其物时,行纪人依前条之规定,行使其权利。"《韩国商法典》《日本商法典》等也作了同样的规定。我国《民法典》对此未作明确规定。

(2)提存权,是指在一定的交易活动中,当债务关系中的债权人发生受领迟延或者债权人不明确,而债务人本身在此时却又不负有特殊义务,于此情形,债务人有权将债务标的物,如货币、有价证券、动产等在确定的官方仓库或存放地寄存,其费用由债权人支付。我国《民法典》第957条就行纪人的提存权作了明确规定。行纪人以此有权提存委托物,以终止行纪合同,减少保管义务和意外灭失的责任。

3. 介入权

《民法典》第956条第1款规定:"行纪人卖出或者买入具有市场定价的商品,除委托人有相反的意思表示外,行纪人自己可以作为买受人或者出卖人。"本条的规定为行纪人介入权的规定。

(1)介入权的性质。所谓行纪人的介入权,是指行纪人作为出卖人或者买受人,也即自己与自己成立买卖合同,而非与第三人成立买卖合同。但是,合同的成立,必须有双方当事人,此时介入的情形显然违背合同的原理,因而,

---

〔83〕 周珺:《进退失据的民商合一——以〈合同法〉分则为分析蓝本》,载顾耕耘主编:《中国商法评论》,北京大学出版社2010年版,第105页。

从本质上看,介入权的行使是行纪人与委托人之间成立合同,而非行纪人自己与自己成立买卖合同。此时,如委托人系委托行纪人出卖委托物时,则行纪人为买受人,委托人为出卖人。反之,如委托人系委托行纪人买入委托物时,则行纪人为出卖人,委托人为买受人。买卖合同的成立,系介入权行使的结果。行纪人介入权的行使是单方民事法律行为,不需要委托人的承诺或同意,只要委托人在介入权行使前无禁止的意思表示,行纪人就可以通过行使介入权来自行交易,从而完成委托事项。行纪人介入权的性质应属形成权。

关于介入权的规定,行纪区别在于代理。代理是以委托人(被代理人)名义从事受托事务的,在理论上,代理人的人格被委托人所吸收,代理人不能与自己交易,即代理人不能与委托人订立合同。而在行纪合同中,行纪人是以行纪人自己的名义从事行纪业务的,且行纪人自己作为买方或卖方与委托人的合同目的不相冲突。因此,法律允许行纪人与委托人之间的交易。

(2)介入权的成立要件。《民法典》第956条第1款规定:“行纪人卖出或者买入具有市场定价的商品,除委托人有相反的意思表示外,行纪人自己可以作为买受人或者出卖人。”据此,行纪人的自我交易要件是:

第一,委托出卖或买入的物须是有市场定价的物。所谓有市场定价,是指交易的标的在市场上有公示的统一价格,单个交易者之间不能通过个别的磋商、谈判而在市场价格之外另行确定交易价格。行纪人受委托人的委托从事交易行为,为求行纪人公平行使介入权,因而限于该标的物有市场价的情形。交易标的有市场定价,则行纪人不能任意左右其价格,行纪人的介入权才能免除其从事获取不正当利益的风险。

第二,无反对的约定。行纪人与委托人之间若有反对介入权的约定时,则行纪人不得再行使介入权。此种约定可以明示或默示的方法作出,通常介入权的禁止约定应于行纪合同中,对此,应由委托人负担举证责任。

第三,行纪人须尚未对第三人卖出或买进。如果行纪人已对第三人卖出或买入,则行纪人负有移转行纪标的于委托人的义务,行纪人已经没有介入的余地。

(3)介入权行使的方法。介入权为形成权,其行使方法应由行纪人以意思表示作出。此意思表示应向委托人发送,在性质上系一种有相对人的单独行为,其表示方式为口头或为书面。此意思表示依民法的一般原则为委托人所了解或到达委托人时才生效力。

(4)介入权行使的效力。行纪人行使介入权使其兼具两种身份,一为行纪人,二为交易行为的当事人;前者乃基于行纪合同而产生,后者则由买卖合同而产生。

其一,行纪关系。行纪人行使介入权时,并未与第三人订定买卖合同,可否主张报酬请求权?通说认为,行纪人与委托人之间的行纪关系,并不因行纪人行使介入权而受影响。因为行纪人虽然自己介入交易行为,但是委托人也达到其买入或出卖委托物的目的。因此,行纪人自然也享有报酬的请求权。我国《民法典》第956条第2款对此也作了同样的规定。

其二,买卖关系。行纪人一行使介入权,与委托人之间就成立了买卖关系,依据我国《民法典》第646条的规定,自然适用《民法典》中有关买卖合同的规定,如瑕疵担保责任、危险负担、检查及瑕疵通知义务等。

三、商事运输的特殊规则

(一)概述

运输营业也是商法中的传统且典型的营业商事行为。按照运输进行的区域,可以把运输分为陆上运输、海上运输和空中运输。海上运输在传统上属于海商法的内容,海商法属于商法的传统内容,这是毋庸置疑的。由于海商法的内容多而且复杂,那些将其纳入商法典的国家,如法国、德国、日本和韩国等,也都把海商法单列一编;在体例上并未将海商与陆商并列。空中运输是晚近才发展起来的,其跨国性、复杂性也很明显,各国商法典一般不将空中运输纳入。有日本学者认为,空中运输在商法中虽然没有规定,但通常包含在陆上运输中,并且在危险性等方面同海上运输有类似的地方,因此,有类推适用海商编规定的情况。海上运输和空中运输作为商事运输行为的性质不因其在商法中的坐标位置而与陆商有区别。本书在此处主要介绍陆商,即陆上运输。

运输合同作为一种有名合同,包括客运合同、货运合同和多式联运合同三种。这并不能说明运输合同可以分为三种,因为这三种合同的分类标准不统一。实际上我国的陆上运输也可以和日本、韩国一样,按运输的标的来区分,以货物运输和旅客运输为基本类型;海上运输由海商法调整。多式联运则是订立一份运输合同,采用两种或两种以上的运输方式进行的运输,由于存在多个承运人,主要法律问题是发生损害后应由哪个承运人来承担损害赔偿责任;加上运输方式的多样,可能产生多个法律适用问题。

(二)运输营业中的法律关系

运输营业可以分为货物运输和旅客运输两种,它们的差别也很大。

1. 货物运输

货物运输涉及托运人、收货人及单一或多个承运人(相继承运人)。《德国商法典》用43个条文规定货运营业,是其商法典中规定最为详尽的商事行为,足以显示货物运输中法律关系的复杂性。综合归纳我国民法典分编及其他国家商法典的有关规定,在货物运输中,托运人的主要义务有以下几项:

(1)托运人的主要义务

第一,托运人有支付运输费用的义务。承运人为托运人提供运输服务,最根本的目的就在于收取运输费用,获得利润。而运输费用是托运人得到运输服务的代价。所以,支付运输费用的义务是托运人最根本的义务。如果托运人不支付运输费用,承运人对运输的货物享有留置权。《民法典》第836条规定:"托运人或者收货人不支付运费、保管费或者其他费用的,承运人对相应的运输货物享有留置权,但是当事人另有约定的除外。"如果货物在运输过程中因不可抗力灭失,承运人未收取运费的,不得要求托运人支付运费;承运人已收取运费的,托运人可以要求返还。

第二,如实申报货物事项。托运人在托运货物时,应当如实向承运人申报货物的有关情况。《民法典》第825条第1款规定:"托运人办理货物运输,应当向承运人准确表明收货人的姓名、名称或者凭指示的收货人,货物的名称、性质、重量、数量,收货地点等有关货物运输的必要情况。"如果因托运人申报不实或者遗漏重要情况,造成承运人损失的,托运人应当承担损害赔偿责任。在实际生活中,托运人的申报义务一般是通过填写托运单据来实现。

第三,办理审批检验手续。为了使整体运输过程进行得更为迅速及简化,减少不必要的阻碍,托运人常须交付各种运输附随文件,给承运人使用,特别是相关主管机关对货物控制方面的文件。这是托运人于给付运费的主要义务之外的附随义务。《民法典》第826条规定:"货物运输需要办理审批、检验等手续的,托运人应当将办理完有关手续的文件提交承运人。"所谓审批、检验的手续,如货物的输出许可证、货物完税证明、动物的防疫证明等。

第四,按照约定的方式包装货物。根据《民法典》第827、510条的规定,托运人应当按照约定的方式包装货物。对包装方式没有约定或者约定不明确的,托运人和承运人可以协议补充;不能达成补充协议的,按照合同有关条款或者交易习惯确定。如果根据合同有关条款或者交易习惯仍不能确定,则应当按照通用的方式包装;没有通用方式的,应当采取足以保护货物的包装方式。如果托运人不履行包装义务,没有对货物进行包装,或者对货物的包装不符合合同要求,或者包装不足以保护货物,则承运人有权拒绝运输。承运人在接受托运人交付的货物时,应对货物的包装情况进行检查。在运输过程中,货物因包装本身的原因而发生毁损、灭失的,根据《民法典》第 832 条的规定,承运人不负赔偿责任,损失须由托运人自行承担。但是,如果承运人明知货物包装不合格而运输,则在货物因此发生毁损、灭失时,承运人也应当根据其过错的大小承担相应的赔偿责任。

第五,危险物品的包装和警示义务。托运人托运危险物品时,为保证货物和运输工具的安全,托运人应当妥善包装,并做出警示标志。《民法典》第 828 条第 1 款规定:"托运人托运易燃、易爆、有毒、有腐蚀性、有放射性等危险物品的,应当按照国家有关危险物品运输的规定对危险物品妥善包装,做出危险物品标志和标签,并将有关危险物品的名称、性质和防范措施的书面材料提交承运人。"托运人虽不一定是运输物的所有人,但理论上仍应比承运人更了解运输物的性质。因此,法律课以托运人此项义务,以便承运人能够适时注意并采取必要的防护措施。如果可能的话,托运人更应该将防止损害发生应注意的事项一并告知。

托运人怠于告知运输物的危险性质者,为义务的违反,承运人可以拒绝运输,也可以采取相应措施以避免损失的发生,因此产生的费用由托运人承担;对于所导致的损害,例如承运人本人或其受雇人身体受伤,或运输工具及其内的其他运输物毁损、灭失的,托运人应负赔偿责任。但是,如果运输物的危险性质为承运人已知,则可认为托运人已免除其告知义务,而其后发生的损害,托运人自不负责任。

(2)承运人的义务

第一,按时运输的义务。货物的交付运输对于托运人来说,是具有时效性的,通常是为了履行买卖合同的出卖物交付义务,而必须在收货人指定的时间内运到并交付,否则不但承运人自己须负债务不履行责任,也会导致托运人对收货人给付迟延。《民法典》第 811 条规定:"承运人应当在约定期限或者合理期限内将旅客、货物安全运输到约定地点。"所以承运人应当在合同约定的时间内开始并完成运输,如果没有约定,则应当在合理的期间内完成运输。那么什么是"合理期间"呢?一般来讲,如果有习惯性做法,首先须依习惯决定,如无习惯则须于相当时期内完成,并顾及各该运输的特殊情形。《德国商法典》第 423 条认定的"相当期间"为:一个勤勉且理性、小心的承运人考虑到各种情况所实施的运输期间。如果承运人没有在约定的期间内或者合理的期间内完成运输,则为违约,应负履行迟延的责任。

第二,承运人有按照约定或者通常路线进行运输的义务。《民法典》第

812条规定:“承运人应当按照约定的或者通常的运输路线将旅客、货物运输到约定地点。”运输距离的远近是衡量承运人运输义务大小的一个重要标准,也是与托运人或收货人支付运费相关的关键因素。因此,承运人应当按照与托运人达成的路线进行运输。按照《民法典》第813条之规定,如果承运人违反了此项义务,增加了运输费用,则应当由承运人自己负担。同时,承运人还应负违约责任。

第三,承运人有善良管理人的注意义务及处置义务。托运人将货物交付承运人后,承运人即占有了该货物,该货物完全处于承运人的控制、支配之下。从成本的角度考虑,承运人有义务对货物进行妥善保管,并为必要处置的义务。如果承运人未尽到善良管理人注意义务并怠于为必要的处置义务,而导致损害,承运人须负损害赔偿责任。但是承运人负此责任须以怠于必要注意义务为前提,因此本项的承运人责任为过失责任。

我国《民法典》对此责任未作明确的规定,但是事实上该项责任的内容已隐含于“运输合同”的相关条文中。

第四,依从指示的义务。《民法典》第829条规定:“在承运人将货物交付收货人之前,托运人可以要求承运人中止运输、返还货物、变更到达地或者将货物交给其他收货人,但是应当赔偿承运人因此受到的损失。”这实际上是赋予了托运人变更、终止运输合同的形成权,而使承运人负有一种被动性的义务,即当托运人变更、终止运输合同时,承运人必须无条件地服从。法律设置该规则的目的在于使托运人能够依据货物市场行情以及买受人信用状况的变化采取适当的措施。同时,这也体现了托运人与收货人的运输货物的处分权(《民法典》未明确规定收货人的处分权)。上述托运人与收货人的运输货物处分权的顺序,在收货人尚未请求交货时托运人的权利优先,收货人请求提货后其权利优先于托运人。

承运人在履行运输货物处分义务时,有权按照其已完成的运输业务量,请求托运人、提单持有人或者收货人支付运费、垫支费用以及处分货物所发生的费用。

第五,运到的通知与运输物的交付义务。承运人于运输物运抵目的地时,应依《民法典》第830条的规定即刻通知收货人,以便收货人为交付的请求。但是,如果收货人已事先知悉或者托运人行使《民法典》第829条的处分权,指示将运输物寄存于仓库而不交付于买受人时,则无须通知。当然,如果承运人不知道收货人,则承运人自然免除此项义务,但此时他应当请求托运人在相当的期限内就如何处分货物进行指示,或者提存货物。

另外,如承运人已将货物运抵目的地却未交付于收货人或提单持有人,则不能谓承运人已完成运输合同的履行,属于尚未完全履行运输合同,情况相当于运输物迟延,应负无过失的损害赔偿责任。

(3)收货人的义务

收货人本非货运合同的当事人,理论上无支付运费的义务。但是,鉴于运输合同的特殊性,运输物品到达目的地后,收货人取得托运人因运输合同而产生的权利和义务。我国《民法典》为收货人设定了一些义务,值得注意的是,这些义务在性质上是法定的,而非约定的。

第一,收货人有及时提取货物的义务。收货人提货既是其权利,也是其义务。收货人在收到承运人的提货通知后,应当及时提货。收货人逾期提货的,应当向承运人支付保管费等费用。如果收货人不明或者收货人无正当理由拒绝受领货物的,承运人可以依法提存货物。

第二,收货人对货物进行检验的义务。该义务可以尽快确定货物的质量状况和数量情况,明确责任,及时解决纠纷,有利于商品的流转,否则就会使当事人的法律关系长期处于不稳定的状态,不利于维护健康正常的合同秩序。[84] 根据《民法典》第831条的规定,收货人在提货时,应当按照约定的期限对货物进行检验。对检验货物的期限没有约定或者约定不明确的,当事人可以协商解决。当事人协商不能达成协议的,按照合同有关条款或交易习惯确定。按照上述方法仍不能确定检验期限的,收货人应当在合理期限内检验货物。收货人检验后,在约定的期限或者合理期限内对货物的数量、毁损等未提出异议的,视为承运人已经按照运输单证的记载交付的初步证据。

第三,收货人有支付运费及其他运输费用的义务;但是,此种义务也不是绝对的。只有在货运合同中承运人与托运人双方约定由收货人支付运费以及其他运输费用的情况下,收货人才须支付。同时,收货人的支付义务是同其受领货物相关联的。如果收货人根本就拒绝受领货物,则承运人并不能请求其支付运费及其他运输费用。

另外,如果托运人与承运人约定由收货人支付运费,则此时的货运合同在性质上为"第三人负担合同",依《民法典》第836条的规定,收货人如不给付,承运人最终只能请求托运人承担责任。

---

〔84〕 黄薇主编:《中华人民共和国民法典总则编释义》,法律出版社2020年版,第733~734页。

2. 旅客运输

(1)个人运营专车的性质

个人运营专车服务性质应当属于新业态。《优化营商环境条例》第55规定:"政府及其有关部门应当按照鼓励创新的原则,对新技术、新产业、新业态、新模式等实行包容审慎监管,针对其性质、特点分类制定和实行相应的监管规则和标准,留足发展空间,同时确保质量和安全,不得简单化予以禁止或者不予监管。"最高人民法院、国家发展和改革委员会《关于为新时代加快完善社会主义市场经济体制提供司法服务和保障的意见》第11条规定:"积极适应新技术、新领域、新业态对司法保护提出的新要求,强化对科技创新、商业模式创新和技术要素市场的规则指引,为国家创新体系建设和新兴产业发展提供司法保障。"

典型判决

值得注意的是,为了支持"滴滴打车"新业态的发展,山东省济南市中级人民法院对于济南市运输管理处对违法运营的"滴滴打车"的行政处罚予以撤销,值得肯定。

"网约车作为客运服务的新业态和分享经济的产物,有助于缓解客运服务的供需矛盾,满足公众多样化出行需求,符合社会发展趋势和创新需求,对其应当保持适度宽容。另一方面,这种新业态又给既有客运管理秩序带来负面影响,甚至存有安全隐患等问题,确需加强规范引导……当一种新生事物在满足社会需求、促进创新创业方面起到积极推动作用时,对其所带来的社会危害的评判不仅要遵从现行法律法规的规定,亦应充分考虑是否符合社会公众感受。本案被上诉人通过网络约车软件进行道路运输经营的行为社会危害性较小,符合一般社会认知。行政机关在依据现行法律法规对其进行处罚时,应当尽可能将对当事人的不利影响控制在最小范围和限度内,以达到实现行政管理目标和保护新生事物之间的平衡……原审法院认为处罚幅度和数额畸重,对被诉行政处罚决定予以撤销,符合法律规定。"[85]

(2)旅客的主要义务

根据《民法典》及其他相关法律、法规的规定,在客运合同中,旅客负有下

〔85〕 山东省济南市中级人民法院(2017)鲁01行终103号行政判决书。

列主要义务：

第一，支付票款和依约承运的义务。票款是承运人承运的代价，支付票款是旅客的基本义务。同时，针对近年来的旅客"霸座"和"补票"等问题，我国《民法典》第815条规定："旅客应当按照有效客票记载的时间、班次和座位号乘坐。旅客无票乘坐、超程乘坐、越级乘坐或者持不符合减价条件的优惠客票乘坐的，应当补交票款，承运人可以按照规定加收票款；旅客不支付票款的，承运人可以拒绝运输。实名制客运合同的旅客丢失客票的，可以请求承运人挂失补办，承运人不得再次收取票款和其他不合理费用。"

第二，按客票记载的时间乘运的义务。承运人有义务按照客票载明的时间进行运输，旅客也应当依客票载明的时间乘坐运输工具。需要指出的是，在承运人与旅客的关系中，承运人处于经济上的强者地位，而旅客则处于经济上的弱者地位。法律为了加强对旅客的保护，赋予旅客单方面变更、解除运输合同的权利。《民法典》第816条规定："旅客因自己的原因不能按照客票记载的时间乘坐的，应当在约定的期限内办理退票或者变更手续；逾期办理的，承运人可以不退票款，并不再承担运输义务。"也就是说，当旅客因自己的原因不能按客票记载的时间乘坐的，可以在约定的时间内办理退票或变更手续。但是，为兼顾承运人的合理利益，旅客在行使合同解除、变更权的时候，要受时间的限制，旅客必须在约定的时间内办理退票、变更手续。逾期办理的，承运人可以拒绝退票，不退票款，并且不再承担运输义务。另外，旅客在办理退票、变更手续时，一般须向承运人交纳一定数额的手续费，这在法律性质上可以视为约定的违约金。

第三，旅客有限量携带行李的义务。《民法典》第817条规定："旅客随身携带行李应当符合约定的限量和品类要求；超过限量或者违反品类要求携带行李的，应当办理托运手续。"根据此条规定，对于旅客携带的不超过限量的行李，承运人有免费运输的义务。但对于旅客携带的超出限量部分的行李，承运人没有免费运输的义务；承运人可以按照标准收取运输费用，旅客则有办理托运手续、支付运输费用的义务。"需要注意的是，对于旅客随身携带的行李和托运的行李，承运人所应承担的责任是有所区别的，本法第824条对此有明确规定：'在运输过程中旅客随身携带物品毁损、灭失，承运人有过错的，应当承担赔偿责任。旅客托运的行李毁损、灭失的，适用货物运输的有关规定。'"〔86〕

〔86〕黄薇主编：《中华人民共和国民法典合同法释义》，法律出版社2020年版，第716页。

第四,旅客负有不随身携带或者在行李中夹带违禁物品的义务。《民法典》第 818 条第 1 款规定:"旅客不得随身携带或者在行李中夹带易燃、易爆、有毒、有腐蚀性、有放射性以及可能危及运输工具上人身和财产安全的危险物品或者违禁物品。"这是为了保证运输安全,法律赋予旅客应遵守的特定义务。同时,法律、法规等也赋予承运人一定的管理权,使承运人有权根据旅客运输活动的具体特点进行必要的管理,这种管理包括治安、安全管理及乘车秩序的管理等。

旅客违反关于不得随身携带或者在行李中夹带违禁物品的规定的,应如何予以处置?《民法典》第 818 条第 2 款规定:"旅客违反前款规定的,承运人可以将危险物品或者违禁物品卸下、销毁或者送交有关部门。旅客坚持携带或者夹带危险物品或者违禁物品的,承运人应当拒绝运输。"另外,旅客随身携带或在行李中夹带违禁品的,还应承担相应行政责任,情节严重的,还需承担刑事责任。

(3)承运人的义务

第一,按照约定完成旅客的运送。在客运合同中,承运人应当在约定的时间、路线、地点完成旅客的运送任务。根据《民法典》的规定,承运人应按下列规定完成旅客的运送:其一,承运人必须在约定的期间或合理的期间内完成其运输合同所规定的义务。所谓"约定的期间",一般而言也就是合同上载明的确定的时间;而所谓"合理期间",则是指事先没有约定期间,只要承运人按照社会通常要求的方式,在通常的期间内完成运输行为,即为正确履行义务。承运人迟延运输的,应当履行告知和提醒义务,并根据旅客的要求安排改乘其他班次或者退票。由此给旅客造成损失的,承运人应当承担赔偿责任。《民法典》第 820 条作出了明确规定,但是,不可归责于承运人的除外。其二,承运人必须把旅客运送至约定地点,也就是旅客的目的地,这是旅客订立运输合同的主要目的。其三,承运人应当按照约定的运送条件提供运送服务。根据《民法典》第 821 条的规定,承运人擅自降低服务标准的行为,属于一种违约行为,因而旅客有权解除合同、要求退票,也可以要求减少票款,作为对方变更合同的对价。不过,在承运人擅自提高服务质量的情况下,承运人却不能以此为由加收票款。法律作此处理的原因在于,加收票款是一种对原合同的变更行为,非经旅客的同意,这种变更没有法律约束力。

第二,告知义务。《民法典》第 819 条规定,"承运人应当严格履行安全运输义务,及时告知旅客安全运输应当注意的事项"。由此可见,在旅客运输合同成立后,承运人的告知义务主要是指承运人应当向旅客告知"安全运输应当注意的事项”。

第三，救助义务。《民法典》第 822 条规定：“承运人在运输过程中，应当尽力救助患有急病、分娩、遇险的旅客。”根据这条规定，承运人对于特定的旅客有救助的义务。承运人的该种救助义务是道德义务，也是法定义务。当然，承运人的这种人道主义性质的义务也不是无限的，而只是针对特定旅客的，即只有患有急病、在运输中发生分娩以及遇险的三类旅客才享有救助的权利。值得注意的是，承运人对旅客加以救助而有支出时，他有权根据无因管理的规定要求旅客加以补偿。当然，如果旅客遇险是由于承运人的过错造成的，则承运人是不能要求补偿的。

四、商事仓储的特殊规则

（一）仓储营业概述

仓储营业是一种专为他人储藏、保管货物的商业营业活动。它发端于中世纪西方的一些沿海城市，随着国际和地区贸易的不断发展，仓储营业的作用日渐重要。

在现代，仓储营业已经成为社会化大生产和国际、国内商品流转中一个不可或缺的环节。寄托人借着与保管人成立仓储保管合同，可节省自行保管物品的经费与减少物品发生灭失的风险；并且可将保管人发行的仓单出库，以此取得资金；也可将仓单以背书转让的方式处分物品，减少实际交付物品时可能发生的费用与移动物品时产生的损失。仓储营业相对于运输营业，对当代商业交易提供了空间上的、动态的帮助，而仓储保管则有时间上的、静态的贡献。

关于仓储合同的立法，主要存在三种立法例：一是规定于商法中，如德国、日本等；二是制定有关单行法规，英美法系国家采用该种立法例；三是规定在民法典中，如瑞士、俄罗斯等。我国民事立法系采民商合一立法体例，因此在《民法典》中规定了仓储合同。

（二）仓单概述

1. 仓单的填发

保管人于收受仓储物后，应存货人的请求，应填发仓单。为避免空单的发生，法律明确规定保管人于接受仓储物后，才有填发仓单的义务。但是，并非仓储保管必须有仓单的发行，仓单的填发义务因存货人请求而发生，故又称为因求证券。

仓单的应记载事项是否如同票据为绝对的记载事项,即欠缺其是否使仓单无效? 本书认为,若仓单欠缺应记载事项则无效,应解释为保管人的签名或盖章及表示物品的同一性及交付场所的事项,为绝对的必要记载事项;其他则否,即欠缺其他记载事项,仓单仍然有效。否则,因欠缺其他应记载事项而使仓单无效,反而不利于交易安全。仓单仅仅是一份收物证明,不属于有价证券,它仅仅是指示债务证券,是一种证明其合法提物资格的文据材料。

2. 仓单的性质

我国《民法典》第 910 条规定:"仓单是提取仓储物的凭证。存货人或者仓单持有人在仓单上背书并经保管人签名或者盖章的,可以转让提取仓储物的权利。"依此规定,仓单具有以下性质:

(1)有价证券。有价证券上权利的行使或处分,须有证券的占有或移转。仓单,系表彰仓储合同的债权,关于仓储物的返还请求权,其权利的行使或移转与仓单不可分离。以仓单的占有或移转而请求交付仓储物也须交还仓单,故仓单为有价证券,具有受领仓储物和转移仓储物的效力。但是,从性质上看,仓单系一种不完全的有价证券。

(2)仓单是要式证券。仓单应有保管人签名或盖章及具备一定的必要记载事项,故为要式的证券。

(3)仓单为记名证券。仓单应记载存货人的名称或者姓名和住处,且为法定必要记载事项,若未记载则仓单无效,故仓单为记名证券。

(4)自付证券。仓单由保管人签发,且由其负给付责任,因此为自付证券。此点与汇票不同。

(5)仓单为物权的证券或交付证券。仓单持有人得对于保管人请求仓储合同上的债务的履行,并可以此请求交付仓储物,此为债权的效力。然而交付仓单于有受领物品权利的人时,其交付就物品所有权移转的关系与物品的交付具有同一效力。故仓单即代表所载物品,就此物权的效力而言,可称为物权的证券。因仓单的交付与单上所载物品的交付有同一效力,又称为交付证券。然而,《民法典》第 910 条规定:"仓单是提取仓储物的凭证。存货人或者仓单持有人在仓单上背书并经保管人签名或盖章的,可以转让提取仓储物的权利。"因此,转让仓单须经保管人签名才能产生货物所有权移转的效力,故仓单为不完全的物权证券。

(6)仓单为文义证券。证券上权利义务的范围依证券的文义而定,称为文义证券。纵然其记载与当事人的真意不符,也不得于文义外另为主张,更不得以之对抗善意受让人。我国《民法典》关于仓单的规定,未明确规定仓单为文义证券，但为强化仓单的公信力，以便于流通，通常认为仓单应为文义证券。仓单上的记载如有不实，保管人仍应依所记载的内容负履行责任。

(7)仓单为有因证券。仓单上的权利不因证券的发行行为而发生，而系因有有效成立的仓储合同而发生。因此，所谓的空单，也即保管人未收仓储物却填发的仓单，与仓储合同的法理相悖，应为无效。

(8)仓单为缴还证券。持单人(或仓单的所有人)请求保管人履行仓单上的义务时，须将仓单缴还于保管人，此为有价证券的基本原则，仓单应准用之。

(9)法定背书证券。依《民法典》第910条规定，存货人或者仓单持有人欲移转仓单所载货物的所有权，除须由存货人或者仓单持有人在仓单上背书外，并经保管人签名或者盖章，原因在于：为保护存货人的所有权，防止其他人以不法途径获得仓单，从而损害存货人的利益，也使保管人自己免予承担不应有的责任，存货人转让仓单的，除存货人应当在仓单上背书外，还应当由保管人在仓单上签名或者盖章，仓单转让的行为才发生效力。[87] 此二要件缺一不可，故仓单为法定背书证券。仓单背书仅发生权利移转的效力，仓单背书不使其背书人发生义务，与票据不同，对于前背书人不得行使追索权。

(三)仓单丧失后的补救

仓单丧失后，应如何救济？各国和地区的立法规定不同，我国《民法典》对此未作规定。仓单为有价证券，如有遗失、被盗或灭失的情形，当然可依我国现行《民事诉讼法》的规定，经公示催告的程序，由法院作出除权判决后，使原来的仓单发生失权的效果，再由原持有人主张仓单的权利，但因公示催告程序需耗时太久，为使持有人尽快提货，以免丧失时机，建议《民法典》应仿照《日本商法典》第60条的规定，增设"仓单遗失、被盗或灭失后，仓单持有人可以提供相当担保，请求补发新仓单"的规定。

(四)保管人的义务

1. 妥善保管仓储物

妥善保管仓储物为保管人的主要义务。

(1)保管人。保管人必须是具有仓库营业性质的人，即具有仓储设施、仓储设备、专事仓储保管业务的人。这是仓储合同主体上的重要特征。其主要是考虑到仓储往往涉及特种标的物的保管，例如，易燃易爆、具有腐蚀性或者

---

〔87〕 黄薇主编：《中华人民共和国民法典总则编释义》，法律出版社2020年版，第855页。

放射性的、需要进行冷藏或者冷冻保管的物等都对保管人的资质具有特殊的要求,一般的民事主体不能完成这种仓储工作。而保管合同的主体可以成为一般民事主体,法律对保管合同的保管人没有资质上的特别要求。[88] 因此,应参照《民法典》第 894 条之规定,除经寄存人同意,保管人应自己保管仓储物。保管人违反自己保管的义务,使第三人代为保管的,对于仓储物因此所遭受的损害,保管人应承担赔偿责任。

(2)保管方法。保管人于其营业范围内接受仓储,以有偿为原则。因此,应以善良管理人的注意对仓储物进行保管。其注意的内容应依各种情形具体决定。一般而言,为防止仓储物的毁损、灭失,除应讲究发生盗窃、水灾等灾害的措施外,还应注意仓库设备的通风、防潮、防虫等方法。仓储物是否应付保险,原则上除寄存人另有指示外,保管人不负此义务。我国《民法典》第 909 条规定保管人应当在仓单上签名或者盖章,而仓单包括的事项第 7 项为"仓储物已经办理保险的",即说明了原则上保管人无保险义务。

《民法典》第 917 条规定:"储存期内,因保管不善造成仓储物毁损、灭失的,保管人应当承担赔偿责任。因仓储物本身的自然性质、包装不符合约定或者超过有效储存期造成仓储物变质、损坏的,保管人不承担赔偿责任。"依此规定,凡在储存期间发生仓储物灭失、短少、变质、损坏的,只要保管人不能证明系因仓储物本身的自然性质、包装不符合约定或者超过有效储存期造成的,保管人就应承担保管不善的责任。这也说明了作为商人的保管人应承担谨慎义务。

(3)储存场所。储存场所为存货人决定是否成立仓储合同的重要因素之一。因此储存场所应以仓储合同所定,不得随意变更,且为仓单应记载事项之一。在保管合同中,当事人为了实现保管的目的,通常会就保管场所进行约定,除了出现紧急情况或者为了维护寄存人的利益之外,保管人不得擅自变更合同约定的保管场所。而且,即使是在紧急情况下或者为了维护寄存人之利益而改变保管场所的,也应当及时通知寄存人。[89]

(4)保管期间。仓储合同的目的在于将仓储物交由专营保管业务的保管人保管,以降低商人自行保管仓储物的成本,同时又可利用仓单的转让简化仓储物的交易。因此,仓储合同应继续一段时间才能达此目的。一时性地为他人保管物品,仅为一般的保管合同。以此法理,我国台湾地区"民法典"第 619

---

〔88〕 黄薇主编:《中华人民共和国民法典总则编释义》,法律出版社 2020 年版,第 845 页。
〔89〕 黄薇主编:《中华人民共和国民法典总则编释义》,法律出版社 2020 年版,第 823 页。

条规定："仓库营业人得随时请求移去寄托物，但应于一个月前通知。"

《民法典》第914条规定："当事人对储存期限没有约定或者约定不明确的，存货人或者仓单持有人可以随时提取仓储物，保管人也可以随时请求存货人或者仓单持有人提取仓储物，但是应当给予必要的准备时间。"所谓"给予必要的准备时间"，是指保管人预先通知提货，然后确定一个合理的期限，以给存货人或者仓单持有人留出必要的准备时间，在期限届至前提货即可，而并不是在通知的当时就必须提取仓储物。因为仓储物往往为大宗货物，存货人或者仓单持有人提取后需要相应的场所来进行存放，或者找买家将仓储物进行处分，这都需要一定的时间。[90]

2. 验收仓储物

《民法典》第907条规定："保管人应当按照约定对入库仓储物进行验收。保管人验收时发现入库仓储物与约定不符合的，应当及时通知存货人。保管人验收后，发生仓储物的品种、数量、质量不符合约定的，保管人应当承担赔偿责任。"该条规定了保管人应按照仓储合同的约定交存仓储物入库的义务，有利于其妥善保管仓储物，还具有保存证据的作用。

3. 填写和交付仓单的义务

《民法典》第908条规定："存货人交付仓储物的，保管人应当出具仓单、入库单等凭证。"保管人签发仓单，既是其接受存货人交付仓储物的必要手续，也是其向存货人履行的一项从合同义务。

4. 危险通知和紧急处置的义务

在储存物储存期间，如果该货物发生变化，这种变化使存货产生货物价值会因此而减少或失去的忧虑，此时保管人则应毫不迟疑地将货物变化的实情告诉存货人。同时，根据《民法典》第913条的规定，为了其他仓储物的安全和正常保管，保管人来不及通知存货人或者仓单持有人进行处置，或者存货人对保管人的通知置之不理的情况下，保管人可以对仓储物进行紧急处置，但是在事后应当将该情况及时通知存货人或者仓单持有人。

5. 同意存货人或仓单持有人检查仓储物或提取样品

堆藏于仓库中的物品仍为市场交易的对象，所有人以背书转让仓单的方法处分或出质仓储物时，为确认仓储物的现状，有检查仓储物或提取样品的必要，但此等行为非必须亲自进行，委托于第三人也可，交易之相对人随同来确认货物亦可。

---

〔90〕 黄薇主编：《中华人民共和国民法典总则编释义》，法律出版社2020年版，第860页。

对此,许多国家法律都有规定。例如,《日本商法典》第316条规定:“寄托人或寄存证券持有人在营业时间内,可以随时请求仓库营业人清点寄托物,取出货样或实行其他于保存有所必要的处分。”我国《民法典》第911条也规定:“保管人根据存货人或者仓单持有人的要求,应当同意其检查仓储物或者提取样品。”存货人或者仓单持有人检查仓储物或提取样品,不得妨碍保管人的正常营业。

6. 返还仓储物的义务

返还仓储物是保管人的一项基本义务。保管人应当按照合同约定的期间,将仓储物返还存货人或仓单持有人。但是,依仓储合同之法理,保管人于约定保管期间届满前,不得请求返还仓储物。

(五)保管人的权利

1. 保管费请求权

保管人系以接受报酬为他人保管物品,当然有报酬请求权,其报酬称为保管费。《民法典》第889条第1款规定:“寄存人应当按照约定向保管人支付保管费。”保管费的数额依当事人的约定。填发仓单时,应记载于仓单。报酬的支付方法及支付期限等应依仓储合同的约定。当事人之间如无特别约定时,依仓储合同的法理,采取后付原则。分期付报酬的,应于每期届满时给付。

2. 费用请求权

因保管所产生的必要费用通常已计入保管费中,故原则上不产生请求返还的问题。例如,保管场所的租金、保管的设备费用、仓库人员的工资等,均应包含于保管费内。但保管人为存货人额外垫付的其他非必要费用,如关税、修理费、保险费等费用,应由存货人自行负担,故可请求存货人偿还。

3. 提存权

仓储合同终止后,存货人或仓单持有人应及时提取仓储物,以免妨碍保管人的利益。根据《民法典》第916条的规定,若存货人或仓单持有人拒绝提取仓储物的,保管人可以催告其在合理期限内提取;逾期不提取的,保管人可以提存仓储物。于此情况下,为保护保管人的利益,各国民商法还规定了保管人的拍卖权(《日本商法典》第611条)。

4. 损害赔偿请求权

依《民法典》第893条的规定,保管人因仓储物的性质或瑕疵所受的损害,存货人应负赔偿责任。但是,存货人于仓储时非因过失而不知仓储物有发生危险的性质,或瑕疵已为保管人知道的,不在此限。

5. 留置权

依《民法典》第903条的规定,存货人不支付仓储费和其他费用的,除当事人另有约定外,保管人对仓储物享有留置权。但若仓储物为可分物时,保管人所留置的仓储物应相当于存货人债务的金额,而不能就全部仓储物行使留置权。

五、融资租赁的特殊规则

(一)融资租赁概述

融资租赁作为一种新型的交易方式,肇始于20世纪50年代初的美国。此后,这种通过融物达到融资目的的交易方式因融资租赁自身所独有的优势,在各国尤其是经济发达国家得到了迅速发展。就承租人而言,此种方式的筹资速度较快;租金在整个租期内分摊,可以减轻到期还本负担,而且由于租金可在所得税前扣除,又可起到节税的目的;同时运用此种方式还可以避免因购买带来的大量资金被占有而可能导致的资金周转的困难。对于出租人来说,既可获取丰厚的利润,又不至于承担过大的风险,其对租赁物享有的所有权也是为其提供了相当程度的担保。对出卖人来说通过出租人进行融资租赁交易,是一种营销方式,加强了产品的流通和货币的回笼,比自己开展分期付款要有利得多。

自1981年中国第一家融资租赁公司诞生以来,经过30多年的发展,我国融资租赁行业总体规模不断提升。行业内第三方机构最新统计数据显示,截至2020年6月底,全国在册运营的各类融资租赁公司达12151家。目前,调整融资租赁行业的法律规范主要涉及两大方面:其一,调整融资租赁交易层面的主要是《民法典》合同编(尤其是其中第十五章"融资租赁合同")和物权编(尤其是其中的物权变动规则);其二,调整融资租赁行业监管层面的主要是《融资租赁公司监督管理暂行办法》等部门规章或规范性文件,这些主要涉及融资租赁业的准入、监管指标、税收政策等。总体看来,目前调整融资租赁业的法律规范比较零散。此外,目前融资租赁业的行业监管部门是中国银行业监督管理委员会和商务部,这种多头监管的现象极易导致规则的不统一,造成同类市场主体的"游戏规则"之间的差异,影响市场竞争秩序。

(二)出租人的权利和义务

1. 出租人的权利

(1)在租赁期间保有租赁物的所有权。在融资租赁中,出租人通过与出卖人之间的买卖合同取得了租赁物的所有权,承租人仅享有占有、使用和收益的权利。在租赁期间,出租人对租赁物的所有权表现在:有权要求承租人保持租赁物的完整性;有权在不损害承租人使用权的前提下将租赁物抵押或者转让。正因为出租人仍保留了租赁物的所有权,故在承租人破产时,租赁物不属于破产财产;在出租人与承租人对租赁期间届满租赁物的归属没有约定或者约定不明且依法亦不能确定时,租赁物的所有权归出租人。

基于优化营商环境、消灭隐形担保的目标,我国《民法典》第745条规定了出租人未经登记不得对抗善意第三人,以保护交易安全。

(2)收取租金。收取租金是出租人最主要的权利之一,也是出租人收回成本、获取利润的手段。只要出租人已按承租人的指定购买了租赁物,则不管承租人是否继续使用或者是否因使用而获益,出租人均有权依约定收取租金。出租人和承租人应当约定租金金额,对此没有约定或者约定不明并且不能依习惯确定的,应当根据购买租赁物的成本以及出租人的合理利润确定。

(3)在租赁期间届满时,依合同约定或者法律规定收回租赁物。租赁期间届满时,如果合同约定采取退租的方式处理租赁物,则出租人有权收回租赁物。在合同对租赁期间届满租赁物的归属没有约定或者约定不明而承租人又未选择续租或者购买时,亦同。

(4)在符合约定或者法定条件时解除合同。尽管在融资租赁合同中,当事人单方解除合同的权利受到严格的限制,但在合同约定有单方解除条款时,出租人仍然可以行使解除权。在合同没有约定时,根据《民法典》第563、752、753、754条的规定,如果出现了以下情形,出租人也同样享有单方解除合同的权利:一是承租人的行为已构成预期违约,如在履行期限届满前明确表示或者以自己的行为表明不履行主要义务。二是承租人到期不支付租金且经催告后在合理期限内仍不支付。三是未经出租人许可,出卖租赁物或将租赁物抵押、转租。四是承租人迟延履行债务或者有其他违约行为致使合同目的无法实现。五是法律规定的其他情形。在出租人解除合同的场合,为公平起见,《民法典》第758条第1款规定:“当事人约定租赁期限届满租赁物归承租人所有,承租人已经支付大部分租金,但是无力支付剩余租金,出租人因此解除合同收回租赁物,收回的租赁物的价值超过承租人欠付的租金以及其他费用的,承租人可以请求相应返还。”

2. 出租人的义务

(1)与承租人选定的出卖人签订买卖合同。如前所述,一个融资租赁合同的订立过程通常是先由承租人与出卖人商定买卖的条件,然后由承租人与出租人经过协商签订融资租赁合同,即融资租赁合同签订在前,买卖合同签订在后。在此种情况下,与承租人选定的出卖人签订标的物为承租人选定的物件的买卖合同便是出租人的首要义务。当然,在买卖合同的签订先于融资租赁合同的场合,与承租人选定的出卖人签订买卖承租人选择的租赁物的合同,可以视为融资租赁合同中出租人的前合同义务。买卖合同签订后,未经承租人同意,出租人不得变更与承租人有关的合同内容。

(2)交付租赁物。交付租赁物是出租人的一项主要义务,但此种交付与买卖合同中出卖人及一般租赁中出租人的交付有所不同。融资租赁中的出租人的交付只是观念上的交付,租赁物实际上是由买卖合同中的供应商交付给承租人的,承租人在受领租赁物后应当将受领的事实通知出租人。如果因出租人的过错导致租赁物迟延交付的,承租人有权要求其交付并赔偿损失。

(3)对租赁物的瑕疵负担保义务。融资租赁合同与一般租赁合同的区别之一就是出租人对租赁物的瑕疵不负瑕疵担保义务,因为出租人是按照承租人对出卖人的指定和租赁物的选择签订的买卖合同,其购买租赁物的目的并不是自己使用,而在于向承租人提供融资,同时出租人往往也不具备对租赁物的相关知识、信息和判别能力,因此,在融资租赁合同中,通常都有一个出租人的"瑕疵担保免责特约"条款来免除出租人的瑕疵担保义务。但在下列情况下,出租人的瑕疵担保义务不能免除,即使当事人之间约定有"瑕疵担保免责特约"条款:一是出租人依赖出租人的技能确定租赁物或者出租人干预选择租赁物的;二是出租人明知租赁物有瑕疵而不告知或者因重大过失而不知有瑕疵的;三是出租人与出卖人有特定的关系,如母子公司的关系。

(4)保证承租人在租赁期间对租赁物的占有和使用。在租赁期间,出租人必须保证承租人能够对租赁物予以占有和使用,不会受到来自出租人或者第三人的干涉、妨碍。出租人如果将租赁物出卖或者抵押,必须保证承租人对租赁物的使用权,否则,出租人应当负损害赔偿的责任。

(三)承租人的权利和义务

1. 承租人的权利

(1)有权选择租赁物与出卖人。在融资租赁合同中,承租人不仅有权选择租赁物及其出卖人,而且有权与出卖人商定租赁物的条件,包括租赁物的规格、型号、性能、质量、数量、技术指标等,以确保租赁物合乎承租人的需要。这也是融资租赁合同与一般租赁合同的区别之一。

(2)在租赁期间享有对租赁物的占有、使用和收益的权利。承租人签订融资租赁合同的目的即在于取得租赁物的使用收益权。承租人的此项权利可以对抗出租人以及对租赁物享有他物权的第三人。因此,在出租人将租赁物抵押或转让的场合,融资租赁合同对抵押权人或租赁物的新所有人继续有效。

(3)依约定享有对出卖人的请求权。在融资租赁合同中,出租人承担的是租赁风险而不是买卖上的风险。因此,融资租赁合同通常约定由出租人将自己对于出卖人的基于买卖合同而产生的请求权转让给承租人,使承租人能够依买卖合同向出卖人行使请求权。关于此项请求权的理论根据,在学说和判例上有不同的观点,如两契约收缩构成说、债务人交替更改说、为第三人契约说、委托说、债权让渡说、损害担保契约说等。我们认为,债权让渡说更为妥当。因为绝大多数融资租赁合同的当事人仅指承租人与出租人,出卖人并非融资租赁合同的主体,承租人亦非买卖合同中的买受人。故出卖人对承租人并不承担买卖合同上的义务。承租人之所以能够取得对出卖人的请求权(主要是索赔权),是因为出租人将此项原本由自己享有的权利转让给了承租人。根据《民法典》第741条的规定,承租人直接向出卖人行使索赔权的,应当依出租人、承租人、出卖人三方的约定。对此条规定我们的理解是:在融资租赁合同是由出租人与承租人两方订立的情况下,出租人将自己在买卖合同中对出卖人的权利转让给承租人的,必须经过出卖人的同意;在融资租赁合同是三方共同签订的场合,承租人取得对出卖人的索赔权以该三方协商一致为条件。无论是哪种情况,承租人向出卖人行使索赔权时,出租人应予协助,索赔的费用和结果由承租人承受。

(4)解除合同的权利。尽管在融资租赁合同中,任何一方当事人的单方解约权均受到严格的限制,但在约定的解除条件出现时,仍允许当事人解除合同。同时,根据《民法典》第754条的有关规定,在下列情况出现时,承租人有权解除合同:一是出租人与出卖人订立的买卖合同解除、被确认无效或者被撤销,且未能重新订立买卖合同;二是租赁物因不可归责于当事人的原因毁损、灭失,且不能修复或者确定替代物;三是因出卖人的原因致使融资租赁合同的目的不能实现。

(5)租赁期间届满时,享有对租赁物处理方式的选择权。租赁期间届满时,除非当事人在合同中明确约定了租赁物的处理方式,承租人享有退租、续租、留购三种选择权。此种权利的性质应为形成权,因此,在承租人作出某种选择时,出租人一般不得拒绝。

2. 承租人的义务

(1)对租赁物予以接收和验收。承租人应当按照约定或者出租人通知的日期接受租赁物，延期接收的，应当承担出租人为此支付的保管、保养等费用。承租人无正当理由拒收租赁物的，出租人有权解除合同并按约定追究其违约责任。承租人接收租赁物后，应当及时验收，并将结果通知出租人。

（2）交付租金。在租赁期间，承租人应按约定向出租人支付租金，此乃承租人的基本义务。由于在融资租赁合同中，租金并不是承租人使用租赁物的代价，而是出租人向承租人提供融资的代价，故在承租人向出租人发出物件受领证后，即负有支付租金的义务，而无论承租人对租赁物是否为使用收益。在租赁物存在瑕疵时，承租人可以向出卖人请求其承担瑕疵担保义务，但不影响其向出租人支付租金。

（3）对租赁物负有保管、维修和保险义务。在租赁期间，承租人占有租赁物，对租赁物负有妥善保管和维修的义务，并承担因此支出的一切费用。承租人未尽此项义务或者因使用不当致使租赁物发生正常损耗以外的毁损灭失，承租人应当承担赔偿责任。鉴于租赁期间的保管维修义务由承租人负担，因此，在租赁期间，因租赁物的设置、保管、使用等致第三人损害的，如承租的设备倒塌致第三人损害、租赁的汽车因交通事故致人损害，均应由承租人承担责任。但因租赁物本身存在产品缺陷致他人损害的，根据《民法典》和《产品质量法》的规定，应当由产品的制造者和销售者承担责任，出租人和承租人均不承担责任，因为他们都不是制造者或者销售者。

（4）不得擅自处分租赁物。在租赁期间，租赁物的所有权由出租人保留。未经出租人同意，承租人不得将租赁物转让、转租、以租赁物投资或者在租赁物上设定担保。否则，出租人有权解除合同，收回租赁物并请求赔偿损失。[91]

第五节　我国的商事行为立法

一、我国商事行为立法之现状

我国商事行为的立法表现为民商合一及多种商事单行法的模式。到目前为止，我国还没有形式意义上的商法，因此没有法定的商事行为概念。但却通过一系列的单行立法建立起了具体商事行为法律制度，现行的具体商事行为

〔91〕　邓辉、许步国主编：《合同法学》，中国民主法制出版社2004年版，第318页。

立法主要有《证券法》《保险法》《票据法》《信托法》《商业银行法》《海商法》等。但是,《民法典》中民事法律行为、合同、民事责任等的一般性规定是适用商事行为的。就我国商事行为立法而言,由于长期以来民商合一理论占据主导地位,对商业实践和商法的研究关注不够,结果导致我国商事行为立法呈现下列缺陷:

1. 民事行为的过度商化。就我国民事立法而言,下列情形可以看作民事行为的过度商化的表现。例如,行纪人与第三人订立合同,于第三人不履行义务致委托人受到损害的,行纪人应当承担赔偿责任,但另有约定的除外,此乃所谓保付责任。从法理上讲,行纪人毕竟只是受托人,依《德国商法典》第 394 条、《瑞士债务法》第 430 条等,以契约中有承担约定,行纪人可以请求特别佣金惯例者,行纪人才负担保付责任,承担责任后,行纪人可以请求特别佣金。[92] 我国或许为使行纪人彰显最高信用,所以致使该条款过度商化。

2. 我国商事行为立法的商法不足。换言之,我国现行民商立法对商事交易未作出特别安排或为此预留空间,这样的情形更值得注意。例如,《民法典》第 686 条第 2 款规定:"当事人在保证合同中对保证方式没有约定或者约定不明确的,按照一般保证承担保证责任。"该条规定弱化了商事债权人的利益保护。《票据法》第 10 条第 1 款规定:"票据的签发、取得和转让,应当遵循诚实信用的原则,具有真实的交易关系和债权债务关系。"该条规定完全否认了票据的无因性,严重损害了票据的流通功能,阻碍了票据制度的推行。《民法典》未规定承租人的续租权,致使商铺租赁到期后,承租人由于迁移商业资产而遭受重大损失等。

3. 立法上"以民统商"或"以商统民",未作区分地一体规定民事行为与商事行为。大陆法系民法明确规定了胁迫行为的范围和类型,在适用主体上,胁迫规则仅仅限于自然人,而不适用于法人。[93] 即胁迫规则仅适用于民事法律行为,而不能适用于商事行为。《法国民法典》第 1112 条规定:"凡足以使有理智的人产生恐惧,使之担心人身或财产面临重大而紧迫之危害的言行,均构成胁迫。关于此问题,应当考虑有关的人的年龄、性别及条件。"《意大利民法典》第 1435 条规定:"胁迫应当具有使一个明智的人感到不安心并担心其人身或财产受到不法行为严重威胁的性质。胁迫涉及年龄、性别和个人的状况。"很显然,我国《民法典》中的民事法律行为瑕疵能否适用于商事行为,例

---

〔92〕 张谷:《商法:这只寄居蟹》,载《清华法治论衡》,清华大学出版社 2005 年版,第 27 页。

〔93〕 董安生、张保华:《缺失的合同效力规则》,载《法学家》2007 年第 3 期。

如商人可否主张欺诈、胁迫、重大误解等成为疑问;《民法典》第 620、621 条规定的"标的物的瑕疵检查和通知义务"未能区别民事买卖和商事买卖等。实践证明,不加甄别地将民事行为与商事行为混于一处,其缺陷是显而易见的,一方面,将严格的高标准义务强加于普通的民事主体有失公平;另一方面,致使本应承担谨慎责任的商主体,却人为地适用了比较温和的民事规则,必然会导致商主体疏于对商业风险的评估与防范,从而给商事交易的迅捷、安全和稳定带来重大伤害。

我国立法上民商合一,并不意味着现实经济关系中没有民事与商事的区分。虽然商人作为一个特殊阶层已经不复存在,但是熟悉商务规则、了解法律规定的专业人士和商事组织仍然客观存在。追求效率和交易安全的商事行为及追求公平正义、等价有偿的民事行为客观上也存在差别。[94] 因此,同等对待民事行为和商事行为是非常不合适的。

4. 在商事司法活动中,依然适用民事法律制度审理商事案件。我国商事行为的立法表现为民商合一及多种商事单行法的模式。尽管各个商事单行法能够实现对特定领域的商事关系的法律调整功能;但是,这些单行的商事行为法律是分别制定的,而且仅考虑了它所调整的具体的个别领域的需求,没有考虑具有营利性特征的商事关系的共性和一般性需求,因而缺少着眼于商事关系调整共性的一般性规则,即抽象商事行为制度。抽象商事行为制度的缺失使商法的调整范围仅限于法定领域,与灵活生动的商业实践不相符合。由于缺乏抽象商事行为制度,商业实践中出现的尚未有单行法调整的营利行为,只能求助于《民法典》中的民事法律行为制度。人民法院在审理商事案件时,由于立法存在空隙,因此审理难度较大,执法中亦出现不少盲点,导致法院或仲裁机构无奈地适用民法的基本制度甚至是传统的伦理道德观念来解决商事纠纷,严重地制约了商事交易的发展。

最后需要指出,对传统民法相关规则的适用性提出挑战,这一现象经常性地发生于商事交易领域。商事司法实践中,法官或者仲裁员经常面临这样的问题:在一个既有的法律体系中,在涉及商事交易或者商事主体的规则不充分的情况下,应该遵循怎样的法律适用顺序来解决?在此过程中,民事规范处于怎样的地位?另外,民法规则处理某些纠纷可能导致不当的情况下,商事规则可否通过扩张解释、类推等方式取代民事规范?这些追问,关系到商法法律适用的实践也直指民法与商法的关系这一理论问题的核心。这也从另一侧面反

〔94〕 朱凡:《人的担保基本制度研究》,中国检察出版社 2006 年版,第 240 页。

映出我国民商事立法中,由于“一般商事行为”规则的缺失,导致我国的商事司法陷入无奈或混乱。

二、我国商事行为立法模式之缺陷

本书认为,在进行商事行为的立法模式的选择过程中,必须注意两个问题:第一,为了我国将来能够顺利建构商事行为立法,我们应当加强对商事行为制度的研究。目前我国商法学界对于商法基础理论的研究,尚未形成商法特有的知识体系、理论体系和制度体系。第二,我们突破了传统西方国家以私权为核心的商法制度,构建了以公私法混合主体为基础,以行政监管和法律监管并重为保障,以公私并存的财产制度为特色的中国商法法律体系。

本书认为,我国《民法典》的缺陷在于民商合一仅仅是一种形式上的合一,这种简单地合并在立法技术上和法律适用上衍生了许多问题,它不但不能解决商事行为法律地位的独特性,反而给民事法律行为制度本身增添了许多难度。它不仅会牺牲民事法律行为制度的伦理道德价值,还会牺牲简易、迅捷、安全的商事行为制度价值。实践证明,采用法典意义上的民商合一制的国家为数极少,且鲜有成功者;[95]与追求个人利益的民事法律行为制度相比,商事行为更强调交易秩序的团体利益,完全适用民法中关于民事法律行为的一般规定解决商事问题,必然会得出貌似公平但实质不公平的结果,或者以牺牲整体的秩序和安全的价值来换取个体的公平。

我国《民法典》一体规定了民事关系与商事关系,兼顾商法、商事交易、商事关系等领域所存在的诸多特殊性,完全吁求我国现代商事交易的规则需求。

---

〔95〕 石少侠:《我国应实行实质商法主义的民商分立——兼论我国的商事立法模式》,载《法制与社会发展》2003 年第 5 期。

第七章　商事责任

第一节　商事责任的法理探析

一、我国学术界关于商事责任的研究现状

商事法律责任，是指商主体在商事活动中，违反商事义务应承受的不利法律后果。商事法律责任制度系从制裁违法行为人的角度出发，若从保护受害人利益的角度阐述，商事责任制度也可体现为商事救济制度。商事法律责任制度在整个商法体系中具有不可或缺的重要地位。商事法律责任制度一方面要通过其救济措施平衡各商主体间的利益，力图构建各主体间的利益共同体；[1]另一方面要通过相关商主体法律责任的确定，实现国家对商事经营活动的监督、管理，保证商事交易的安全和有序运转，以促进社会经济的发展。

就当前商法学界对于商事法律责任理论的研究，主要观点有：

1. 暗含商法不存在独立的法律责任，其法律责任仅仅是借用民事责任、行政责任和刑事责任而已。该种观点在我国占绝大多数，从我国目前出版的比较权威的商法教材来看，有关商事法律责任的理论均为空白。[2] 这种观点认为商法不存在自己独立的法律责任，只不过是对其他部门法律责任的全盘照抄。本书认为，这种观点过于强调商法与其他部门的内在联系，却忽视了商法自身所特有的调整功能，没有认识到独立的商事法律责任还具有不同于传统的责任形态，能够最大限度地发挥商法独特功能的一面。因此，这一观点破坏了商法体系的完整性。

---

〔1〕 赵万一主编：《商法学》，中国法制出版社2002年版，第459页。

〔2〕 赵中孚主编：《商法总论》（第3版），中国人民大学出版社2007年版；范健主编：《商法》（第3版），高等教育出版社、北京大学出版社2007年版；王保树：《商法总论》，清华大学出版社2007年版；覃有土主编：《商法》，中国政法大学出版社1999年版。

2. 明确提出商法不存在自己独立的责任。商事责任属民事责任的一类。“必须指出我国立法传统和现今立法实践以及未来立法取向，均是坚持民商合一之立法模式，在统一民法典(现为民法通则)率领下，可有一系列商事单行法。商事救济无疑应以这些基本立法和司法解释为指针。”〔3〕“民事责任制度的一般原则和主要民事责任制度的规定，都适用于商事责任，商事责任是一类特定的民事责任。”〔4〕“商法责任没有其独立的基本范畴，商法责任的归责原则、责任种类、构成要件、承担形式等内容与民事责任的相关内容一致，没有本质性差别。因此，民事责任中已经包括了商法责任。”〔5〕“‘商事责任’的承担方式并未超出民事责任的恢复原状、消除危险、停止侵害、返还原物、赔偿损失、赔礼道歉、消除影响、恢复名誉等方式。”〔6〕该种观点在我国具有一定的代表性，原因在于，我国大多民商法学者及现行立法均奉行“民商合一”的理念。本书认为，人类社会发展到21世纪，商法被赋予新的理念和价值，商法作为民法特别法的理念和法律体系日益滞后，越来越不适应现代商事交易的需要，立法成本和司法成本不断增加。商法作为一个独立的法律部门而不是民法的特别法成为现代商法的发展趋势。作为现代商法体系中重要组成部分的商事责任制度，也应当适应这一趋势。这正是重新审视传统理论，提倡建立专门的商事法律责任制度的基本出发点。

3. 认为商法存在自己独立的法律责任。此种观点目前在我国属于少数派，徐学鹿先生在其主编《商法学》第十七章及其专著《商法总论》第八章中、苗延波教授的著作《商法通则立法研究》第八章中、李新天教授主编的《商法总论》第十章中等分别阐述了商事法律责任制度。另外，吕来明先生的著作《商事法律责任》则系我国目前首部有关商事责任的著作。本书认为，数位学者均提出了商事责任的独立性，其开拓精神是非常可贵的。但是，从其内容上看，仍系传统民事责任的照搬，该观点仅从形式上提出了商事责任的独立性，但从实质上并未割裂与传统民事责任形态的内在联系，并未从抽象的商事法律关系中提炼出适应商事调整机制的、特殊的并区别于传统的民事责任的商事责任。因此，该种观点并未充分预料到随着商法的发展，客观上

---

〔3〕 赵万一主编：《商法学》，中国法制出版社2002年版，第456页。

〔4〕 寇志新：《商法学》，法律出版社1996年版，第82～83页。

〔5〕 麻锐：《经济犯罪法律责任的界定及其意义》，载《河南省政法管理干部学院学报》2008年第2期。

〔6〕 刘保玉、陈龙业：《析商事通则与民法一般规则的关系——商事通则立法的可行性悖议》，载《河南省政法管理干部学院学报》2005年第4期。

需要对商事责任进行制度创新的可能性。

商法的法律责任形式一直以来都是众多商法学者研究的空白,如提出新型责任(或称商事责任、商法责任)等,其目的往往是要创立一种不同于传统的民事责任、行政责任及刑事责任的新的责任形式,达到论证商事责任独立性的目的。我们认为,在此问题上同样需要一种开放性的研究和创新之路,因为法律责任与部门法并非是一一对应关系,各个不同的部门法只是对某类责任形式更为侧重,并不意味着要排除其他的责任类型,而且法律责任之间的交叉与重合也是现代法律发展的趋势之一,所以商法借用传统部门法所使用的法律责任并无不妥。但与此同时,我们也应该看到违反商法应承担的法律责任并不是传统民事责任、行政责任和刑事责任的简单相加,更重要的是还体现出对传统责任形式与内容的拓补、超越与创新,如资格降低、信用减损、产品召回、惩罚性赔偿等责任形式的不断出现,这也从另一方面反映了我国商法开放性的活力。客观存在的商法及商事责任制度,并非私法理论演绎和商法学者抽象思维的产物,至少不是上述活动的产物,而是商人活动的产物。商法及商事责任的独立性根源于其所调整的商事关系的独立性。

本书试图首先确认商法领域存在民事责任、行政责任和刑事责任不能包含的责任形态,对于这个问题应该有一个科学的态度:如果通过研究,能够发现区别于民事责任、行政责任和刑事责任的独立的具有商法性质的责任形态,并对其作出客观的概括和提炼,那么商事责任具有独立性便不证自明。下文将进一步论述这些类型法律责任的存在与商法理念之间的关系。

二、商事法律责任制度的特质

(一)商事责任的目的系维护"团体利益"

从法理上讲,民法规范的逻辑起点是个人主义,与此相反,商法则为整体主义。

商主体系由多数人和资本组成的营利性人合团体,以其作为主体而产生的具有交易性质的商事关系往往凝结着众多的内部和外部当事人,商法作为调整这种团体性组织的社会关系的法理无疑具有团体法的性质和特点。因此,与调整个人之间对等法理关系的民法不同,商法受团体法原理的支配。以商主体为当事人的商事关系发生纷争时,其救济机制的厘定不得不考虑团体法上的问题。换句话说,商事责任的宗旨以维护团体利益为价值取向。例如,多数国家的公司法均规定,公司经设立登记成立后,认股人不得以错误或者股份认购证欠缺要件为由而主张认购无效,或者以欺诈、胁迫为由撤销认购。[7] 为保证证券交易的安全、高效,投资者不得以错误、受欺诈等理由要求变更证券交易的结果。[8] 一般民法之规定不得适用于票据行为,尤其是有关意思表示瑕疵之民法规定,在票据行为适用上可以说全面被否定。[9] 因此,从上述规定可以推出,商法与民法的规则并不一致,商法对团体利益的保护优先于对个人的保护。

(二)商事责任的综合性

商事规范具有一定的公法性因素,除对当事人之间的法律关系进行调整之外,还表现为对商行为一定的行政性管制,体现了一定的社会本位。同时,基于商事经营活动的特殊性与商事义务的多样性,商事法律责任不像民事法律责任那样仅仅是以补偿性为主要目的的一种私法上的责任,而是一种以私法上的责任为主,既包括私法上的责任,又包括公法上的责任的综合性的法律责任,兼具补偿性和惩罚性双重目的。[10] 这种多层次的责任形式既可以有效地保护商人的商事权利,也可有效地保护市场交易顺利、可靠、安全地进行。商事责任的设置既要符合法律责任的一般规律,又要契合商事关系性质、特点和调整需要,体现商业社会的基本规律和价值观念。这显然也是对商事责任的立法提出了更高的要求。

(三)商事责任的特殊性

商法上的责任制度比起民法上的责任制度,较为特殊,既有加重责任的规定,也有减轻责任的规定。

首先,就加重责任而言,为充分维护和确保交易安全,许多国家的商法都实行严格责任原则。商法中的严格责任制度,主要源于罗马法中"受利益者便要负风险""利益大者,风险从之"的原则,而严格责任则是对这种风险的一种法律控制,以利于风险内在化,增加外在的交易安全。[11] 严格责任原则主要体现为三个方面:一是实行无过错原则,过错责任是传统民法的三项

---

〔7〕《法国商事公司法》第360条、《韩国商法典》第320条、《日本公司法典》第211条等。

〔8〕樊涛、王延川:《商法总论》,知识产权出版社2006年版,第256页。

〔9〕赵新华:《票据法问题研究》,法律出版社2002年版,第161页。

〔10〕吕来明、刘丹:《商事法律责任》,人民法院出版社1999年版,第3页。

〔11〕任先行、周林彬:《比较商法导论》,北京大学出版社2000年版,第94页。

原则之一,它强调行为人就其自身过错承担法律责任,与此相对应的是,基于商人对商事交易特点、性质及后果有超乎一般民事主体的职业敏感性和专业性,也具有更高的预测能力,要求商人承担更高的注意义务,要求商人承担无过错责任,以保证商人的交易相对方的利益,有助于维护稳定的交易秩序。二是负连带责任,主要在于加重责任。在民法里,连带关系不得推定。[12] 如果有多人共同负有一项义务,这一义务是他们的共同义务,但是在这些人相互之间,这一义务仍然是可分义务。民法强调个人责任而非连带责任,这与民事活动风险系数较低的状况有关,也与民法个人本位理念直接有关,更与民事责任主要是过错责任的传统理念有关。与之相对应,为追求对商事债权人给予特别的保障,在商法里,习惯规则是债务人之间连带关系,是一种推定的连带关系。因为推定的连带关系可以给债权人带来更多的保证。[13] 商法规定的这种严格制度与民法对"民事违约人违约金的减免"[14]"偿还债务时,应该给民事债务人保留一定的生活必需费"[15]等制度形成了鲜明的对照。三是惩罚性赔偿。基于公平原则,传统民事责任秉承等额赔偿,基于交易秩序的维护,商事责任奉行惩罚性赔偿。《民法典》第179条规定:"法律规定惩罚性赔偿的,依照其规定。"同时在侵权责任编具体规定了知识产权领域、[16]产品质量、[17]环境侵权[18]等惩罚性赔偿责任。

其次,就减轻责任而言,商法奉行"有限责任",即限定损害赔偿的范围和最高赔偿数额。依据民法一般原则,民法的赔偿原则是完全赔偿原则,侵权行为所导致的损害赔偿范围包括财产上所受损害及所失利益,在有法律特别规定时,被害人还可请求非财产(抚慰金)的金钱赔偿,并且无最高金额的限制,即实行无限责任原则。与之相反,商事责任的范围及额度原则上须实行限制原则。实行责任限制原则的理由主要是从经济上为责任义务人——商主体营运人考虑以及促进经济的发展。从事高风险的商主体在获

---

〔12〕《法国民法典》第1202条。

〔13〕[法]伊夫·居荣:《法国商法》,罗结珍、赵海峰译,法律出版社2004年版,第75页。

〔14〕《民法典》第585条、《德国民法典》第343条。

〔15〕《民事诉讼法》第243条。

〔16〕《民法典》第1185条规定:"故意侵害他人知识产权,情节严重的,被侵权人有权请求相应的惩罚性赔偿。"

〔17〕《民法典》第1207条规定:"明知产品存在缺陷仍然生产、销售,或者没有依据前条规定采取有效补救措施,造成他人死亡或者健康严重损害的,被侵权人有权请求相应的惩罚性赔偿。"

〔18〕《民法典》第1232条规定:"侵权人违反法律规定故意污染环境、破坏生态造成严重后果的,被侵权人有权请求相应的惩罚性赔偿。"

取高额利润的同时,也使国民从中受益,促进整个社会的进步。例如,《民法典》第833条规定:“货物的毁损、灭失的赔偿额,当事人有约定的,按照其约定;没有约定或者约定不明确,依据本法第五百一十条的规定仍不能确定的,按照交付或者应当交付时货物到达地的市场价格计算。法律、行政法规对赔偿额的计算方法和赔偿限额另有规定的,依照其规定。”

因此,为践行“企业维持”的商法理念,商法必须以法律的形式为商主体分散风险,商法风险分配机制的目的在于提高效率,“一个有效率的制度的最根本特征在于它能够提供一组有关权利、责任和义务的规则,能够为一切创造性和生产性活动提供最广大的空间”。[19] 国内外的商事实践证明,严格的商事责任制度过分地保护了交易安全,给商主体带来了沉重的债务负担,进而妨碍了整个社会经济的发展。

基于营商环境的优化,当下应当强调债权的相对保护,而非绝对保护。无论是股东的有限责任或者是破产制度,本质上均是以牺牲债权人利益为代价的。这就意味着债权人需要承担一部分投资风险,从而保证投资者的投资积极性得到最大限度的激发。在有限责任和破产制度的配合下,即使一个企业破产了,投资者还可以东山再起,再投资别的企业。财富由此繁衍,生生不息。为激发个人的创造力,2021年3月开始实施的《深圳经济特区个人破产条例》,允许诚信合法的自然人破产。反之,在无限责任制度的约束下,投资者势必瞻前顾后,尤其是对于高风险投资,必将无人问津。如若那样,社会的财富将不能增长。因此,奉行无限责任虽然可以增加信用,但却抑制投资;在有限责任的鼓励下,虽然债权人的风险增加了,但却刺激了投资。[20]

因此,不能让投资者承担一切赔偿责任,而应对其责任加以适当限制,由社会合理分担一部分风险责任。所以,为给商主体减轻责任负担,各国商法均创设了相关制度,如有限责任制度、商业判断原则、限定损害赔偿的范围和最高赔偿数额、责任保险制度、短期时效制度、商主体的破产救济制度、简易免责制度、风险分散制度等。

(四)商事责任的二元性

自近现代以来,就德国法系民法典的结构体系而言,存在民法总则与民

---

〔19〕 樊纲:《渐进之路》,中国社会科学出版社1993年版,第21页。

〔20〕 施天涛:《商事关系的重新发现与当今商法的使命》,载《清华法学》2018年第1期。

法分则之相互分野。在民法的总则中,民事法律行为的一般规定以及以民事法律行为为基础之代理制度,显然占有绝对重要的地位。在民法分则的各种权利制度中,又情形不等地包含着民事法律行为的内容,如物权制度中的物权行为、债权法制度中的债权行为、亲属制度及继承制度中的身份行为等。这便清楚表明,作为民法典结构体系赖以为凭的立法技术设计与安排,是以民事法律行为而为此一结构的形成基点,又以民事法律行为而为此一结构之形成主线。同时,在民法中,"能力是规则",〔21〕其意义是说,达到意思能力的任何人都自动地有资格享有自己的一切权利,并且有资格实施一切民事生活之行为。原因在于,既然一般民事主体进入市场进行交易的目的主要是满足自己生活的需要,法律便对此不加以准入限制,因为生存乃是第一要义。正因如此,民法制度的建构以"行为法"而为技术设计与选择,民法中不存在"主体法"。既然民事人格的获取是无条件的,因此,民事责任仅存在"行为责任",并无"主体责任"。

商法的规范对象可分为两部分,即商人人格关系与商事营业关系。一方面,商人的存在关乎社会整体之稳定与交易之安全,为了保障交易安全,商人不同于民事之自然人,它不能自然而然地产生,必须具备特别的条件,即商人的资格,其核心为营业能力,营业能力的主要内容是具有营业财产、有自己的企业名称、依法设置商业账簿,必须进行登记等。因此,有基于对商人人格之促成以及变化进行规范的必要,从而使商人人格法定原则成为整个商事实践以及商法制度的重要内容。另一方面,如果说商人人格是商人营利的基础的话,那么营业实施便是营利目标实现的最根本与直接的手段,保证营业自由始成为商法之根本,唯此方能促使交易之便捷,进而在使交易人获利的同时促进社会效益最大化。但是,营业是一把"双刃剑",它一方面可以为个人带来利益,为社会带来繁荣;另一方面,在市场不规范的情况下,又可能导致营业失范现象的衍生,给社会带来灾难。为防止此种现象之发生,客观上需要商法之规制。

就立法技术而言,民法是行为法,而商法则是商人组织法兼行为法。与此相适应,民事责任是一元的,仅存在行为责任;商事责任则系二元的,既存在主体责任,也存在行为责任。商事主体责任包括商事主体设立中的责任、商事主体违反各项管理制度(商主体违反商业账簿、商事登记、劳动法规等)的责任、商主体解散及清算中的法律责任及商事经营管理人员的法律责任

---

〔21〕［法］伊夫·居荣:《法国商法》,罗结珍、赵海峰译,法律出版社2004年版,第34页。

等;商行为责任包括商事违约责任、商事侵权责任等。

三、我国商事法律责任制度的评析

在大陆法系商法中,受商法是民法的特别法这一传统理论的深刻影响,各国均未形成专门的商事法律责任的概念与制度体系。大陆法系传统商法体系中有关商事法律责任的规定散见于商法典和各种单行商事法律中;在民商合一的国家,则在民法典中予以规定。我国目前也同多数大陆法系国家一样,在立法上,并未确立商事法律责任的专门制度体系,以民法中的民事责任制度来规范商事活动中的责任。在学理上,我国大多学者认为民事法律责任包括商事法律责任,商事法律责任是民事法律责任的特殊形态,商事法律责任的概念及相关制度并未得到系统的研究。理性地审视我国现行的商事责任制度,客观上存在下列缺陷:

1. 制度设计上,以国家制裁和维护社会经济秩序为目的,过于强调公法责任的作用,漠视私法责任制度的价值。受"贱商、轻商"等历史观念的制约,我国清末的商事立法《大清商律》,不仅未作为中国工商业主法律地位、人格待遇以及其应有权利的保障武器,反倒成了维护封建集权专制、维护"皇权"与"官权"以及继续推行封建国家全面控制的工具。基于"路径依赖"及"制度惯性"的效应,在我国,长期以来受"国家利益优位""国家本位主义"等价值观的影响,我国过去的商事制度带有强烈的强制色彩与制裁色彩,将"维护社会经济秩序"作为商事制度的终极目的,[22]于是,每部商事法律制度的末尾均设有作为罚则的"法律责任"编,以此作为法之实施的手段。[23]

商主体的营业行为本为其属私人性质的自治性事务,其权利争议的发生、贸易纠纷的处理、内部矛盾的化解、外部责任的划分,本应首先寻求当事人之间的协商、谈判、调解等自治方式或自力救济予以解决,只有在自治方式或自力救济不能解决的情况下,基于当事人的申请或诉求,包括行政权力

〔22〕《公司法》第1条规定:"为了规范公司的组织和行为,保护公司、股东和债权人的合法权益,维护社会经济秩序,促进社会主义市场经济的发展,制定本法。"《合伙企业法》第1条规定:"为了规范合伙企业的行为,保护合伙企业及其合伙人、债权人的合法权益,维护社会经济秩序,促进社会主义市场经济发展,制定本法。"《个人独资企业法》第1条规定:"为了规范个人独资企业的行为,保护个人独资企业投资人和债权人的合法权益,维护社会经济秩序,促进社会主义市场经济的发展,根据宪法,制定本法。"

〔23〕《公司法》第十二章、《合伙企业法》第五章、《个人独资企业法》第五章、《票据法》第六章等。

在内的国家公权力才能进行干预或作出对当事人有约束力的决定。但是，在我国，由于受“国家利益优位”价值观和“国家本位主义”利益观的影响，在商主体内部发生权益之争，如因合伙协议、公司章程发生争议，或者商主体之间发生营业纠纷，如合同纠纷、房屋买卖纠纷、银行借贷纠纷、证券交易纠纷，法律就预设了一系列营业行政处罚措施，在发生该类纠纷时，行政机关必然要依职权主动地对其予以干预和作出行政处罚。例如，公司在合并、分立、减少注册资本或者进行清算时的通知、公告、财产分配等行为，本为涉及当事人权利的私法行为，如其违反规定也只存在违约或侵权的问题，不涉及当事人对国家承担义务的问题，但《公司法》第204条却规定，公司在合并、分立、减少注册资本或者进行清算时，不依照本法规定通知或者公告债权人的，由公司登记机关责令改正，对公司处以1万元以上10万元以下的罚款。公司在进行清算时隐匿财产，对资产负债表或者财产清单作虚假记载或者在未清偿债务前分配公司财产的，由公司登记机关责令改正，对公司处以隐匿财产或者未清偿债务前分配公司财产金额5%以上10%以下的罚款；对直接负责的主管人员和其他直接责任人员处以1万元以上10万元以下的罚款。类似的纯粹涉及商主体当事人之间权益纠纷而设置的营业行政处罚措施，在《商业银行法》《保险法》等其他单行商事法律中也十分普遍。这样，不但当事人之间的矛盾和纠纷未能解决，又产生当事人一方与国家行政机关之间的矛盾和争议，如此不合理的营业行政监督反而使营业纠纷更加复杂化。同时，就商事交易的当事人来说，行政处罚的罚没收入为国库收入，受害人未在营业行政处罚中获任何实际利益的补偿。另外，过多无谓的行政处罚既侵犯了商主体的“营业自由”，又漠视了商事交易的现实需要，无端地引发众多无效法律关系，不利于交易安全。例如，“未经登记，不得经营”，[24]将营业自由的理念消弭于无形。同时，商事交易的客观需求表明，立法者试图用行政处罚的手段阻止未登记的商主体或已被吊销营业执照的商主体参与业务往来或者对此设置障碍是没有意义的、徒劳的。可见，以营业行政处罚替代民事救济，其结果既不能有效地惩戒非法或不当营业，也不能解决商事交易中的利益失衡和社会矛盾，其制度绩效是相当消极的；反而适得其反，导致行政处罚更频繁，不法营业和不正当交易就更猖獗。[25]

值得注意的是，基于维护市场交易秩序和交易安全的需要，同时为了更

---

〔24〕《企业法人登记管理条例》第3条、《合伙企业法》第11条、《个人独资企业法》第13条。

〔25〕肖海军：《营业权论》，法律出版社2007年版，第138～139页。

全面地保护市场主体的私人利益,我国《民法典》奉行民事责任优先。《民法典》第187条规定:“民事主体因同一行为应当承担民事责任、行政责任和刑事责任的,承担行政责任或者刑事责任不影响承担民事责任;民事主体的财产不足以支付的,优先用于承担民事责任。”

偏重于交易安全,牺牲了效率,相当程度上阻碍了我国经济的发展。在立法上,综观我国的商事制度,为确保交易安全,商事法律责任的严格化同时贯穿于商事组织法及商事行为法中,表现为:在商事组织法的立法中,独资、合伙公司及无限公司,均要承担连带无限责任;并且立法通过公司人格否认制度对公司有限责任加以限制,实际上也使之承担无限责任。同时,商主体在追求营利的同时,还要承担社会责任。在商事行为法的立法中,如票据、海商、保险、证券交易中,责任严格原则也在立法中处处加以体现。另外,严格责任体现在我国商事立法或司法实践中对交易习惯和免责条款的限制,过于保护消费者与劳动者的利益等。例如,《海商法》对承运人免责条款的限制、《民法典》中对免责条款必须提请对方注意的规定、《消费者权益保护法》关于经营者不得以格式合同、店堂告示等方式作出减轻或免除其损害消费者合法权益应当承担的责任的规定等。

追根溯源,我国商事立法者的意图在于,国家要积极介入商事领域的交易活动,为交易人承担风险庇护责任,确保交易安全。这种多方位保障交易人安全的目的的确较好,然而,任何法律价值都有两面性,当交易相对人的安全得到保障时,商人的营业自由就势必受到限制。我国的商事实践表明,与过错原则相比,过多的、扩大化的无过错原则及连带责任较大程度上限制了商人的营业自由。相比国外,我国在一味地强调弱势群体等相关利益者利益保护(商人的社会责任)的同时,忽略了对商人利益的保护,从而在相当程度上阻碍了我国经济的发展。

从法理上讲,法的价值在一般情形下是协调一致的,但是在很多情形下,他们又会发生冲突,大陆法系近代商法在“商法是一切法律中最为自由,同时又是最为严格的法律”[26]的传统理念下,“安全”与“效率”系商法的两大价值,二者的关系是辩证统一的,弘扬一个价值就将牺牲另一价值。另外,随着社会的发展,商法的价值观也会发生变化。如何平衡商法的价值冲突,本书认为,我们应当了解和理解价值冲突产生的社会背景,在社会发展的每个阶段和每个特定时期,总是有一种价值处于首要地位,如果脱离社会

〔26〕 张国健:《商事法论》,三民书局1980年版,第24页。

现实的具体条件，以效率或者安全为取向都是缺乏客观基础的。在建立社会主义市场经济初期，交易安全比效率重要。随着我国市场经济的发展，应当关注价值冲突的历史变迁，鼓励交易、交易效率比交易安全更为重要。我国的商事实践表明，限制"效率"的"安全"，这种规范、制度再"完善"，还是会被修改、废弃。只有保护"营利"，追求"效率"的"安全"才是有价值的，如果怠于追随当代商法价值的变迁而坚持落后现实商事交易的、所谓"安全"的价值观，其适用的法律只能错误地维护保守的社会意识而缺乏创新性与时代感，法律适用的结果必将无助于我国经济发展。因此，理论的变革要求我们必须对现行的商事责任制度进行改革，摒弃所谓的"交易安全"，转而追求交易的效率。唯有交易效率价值，才是体现商法根本特性的价值。

当下，为保护商事主体的发展，我国奉行"优化营商环境""债权的相对保护"，坚持保护消费者权益、劳动者权益与推进企业发展并重。

2. 立法技术上，"民事责任不当商法化"与"商事责任不当民法化"，导致法律规则的混乱。现代私法承认所有人的法律人格平等，有权依据自由意志安排私法关系，从而满足了"形式平等"的立法技术的需要。问题是近代以来的私法片面强调人格平等，没有认识其功能局限。虽然平等人格制度有效地确认了人格尊严，解决了所有人的法律上平等问题，但是，平等人格不能反映和矫正人与人之间现实存在的知识、社会及经济等诸方面的现实差异，不能独自实现对强者的约束、对弱者的救济。〔27〕现实生活中，强弱对应是市民社会的基本状态。民事主体的抽象模型最多只是一个享有完全民事行为能力，但没有任何职业经验、资质平平的普通人。基于这一点，各国民法均给弱势群体以应有的关怀，降低他们的注意义务，赋予其权利以充分的保护。〔28〕与此相反，商人被视为为了达到营利目的而进行最合理行动的人，因而是不需要依据法律来"监护"的。现代各国商法对商人的假设是"强有力的智者"。对于商人，各国的商法均对商人以更高的注意义务和职责，即商人应负谨慎义务。人类的多元化身份利益需要不同的制度框架予以满足，每一特定的身份群体均有特定的群体利益诉求，私法必须作出回应。因此，立法必须区别对待民事主体与商主体、必须区别对待民事责任与商事责任，如果漠视二者之间的差异，必将引起法律规则的混乱。现代社会对私法

〔27〕马俊驹、童列春：《私法中身份的再发现》，载《法学研究》2008 年第 5 期。

〔28〕《民法典》第 128 条规定："法律对未成年人、老年人、残疾人、妇女、消费者等的民事权利保护有特别规定的，依照其规定。"

身份有两种最基本的功能诉求:一是通过商法中的身份制度满足人们追求效率的需要,同时通过商事责任制度控制商人滥用其身份权力,达到抑制强者的目的;二是通过民法、经济法满足保护普通民事主体与弱者,以实现公平的需要。

我国民商立法采用民商合一体制,在主体上不区分民事主体和商主体,在行为上不区分民事行为和商行为。"混淆的立法"导致法律规则的混乱,导致"民事责任不当商法化"和"商事责任不当民法化"。例如,商人可否主张重大误解、显失公平、欺诈、胁迫成为疑问,未作区别立法的《民法典》第620、621条规定的"标的物的瑕疵检查和通知义务",《民法典》第686条规定的"一般保证责任推定",《民法典》第577条规定的"严格违约责任"等。商人和民事主体在处理某个事项时,适用同样的法律,这看似公平的规则,实际上是没有区分不同的主体,而导致形式上的不公平,或者至少是效率的降低。实践表明,由于规则的"整齐划一",不加甄别地将民事责任与商事责任混为一谈,其缺陷是显而易见的。一方面,将严格的高标准义务强加于普通的民事主体有失公平;另一方面,致使本应承担谨慎责任的商主体却人为地适用了民事规则,这必然会导致商主体疏于对商业风险的评估与防范,从而给商事交易的迅捷、安全和稳定带来重大伤害。

四、我国商事责任制度的重构

(一)重构我国商事责任制度应注意的问题

1. 商事关系的独特性吁求特有的商事责任。每一独立的法律部门都有特定的调整对象和特定的调整机制。由于调整对象的不同,违反不同的法律部门,行为人承担法律责任的种类也不同。毋庸置疑,完整的商法理论需要有自己的"责任理论",科学的商法制度也应当有自己的"责任制度"。现实表明,商事关系作为民事关系的特殊形态,其独特性从未泯灭,多数国家在施以民事普通法调整的同时,还重视对商事关系的特别调整,均形成了适合商事活动特性的商事责任制度。与此相反,简单地以传统民法的思维考虑商事纠纷案件,以民法中的责任制度来规范商事活动,或者违背商事立法的精神,裁判结果背离了法律的初衷,从而既不利于商事权利的保护,也不利于商事义务的实现;或者无法找到适当的解决方案,适用法律陷入困境。因此,传统的民事责任体系及划分方法在商事领域面临着普适性问题。为更准确地调整商事关系,我们需要在原有的民事责任制度的基础上,拓展和创新适应具有个性意义的商事责任制度。

2. 不可切断与民事责任的联系。商法是民法的特别法，因此，凡涉及商事活动的法律适用，首先考虑适用商法规则，如果商法未作规定，则依照民法规则补充适用的原则，适用民法规定。“商法自身永远无法对全部商事关系进行自足调整，将部分商事关系配置给民法调整是符合法律理性的。同时，商法学者也不要试图将所有商事关系都纳入商法调整范畴，人为地在商法、民法以及其他法律系统间制造一种难以相容的紧张关系。我们有必要认识到，制定商法典充其量只是系统化商事关系的法律调整，商法的法典化不可能解决所有商事关系的法律调控问题，商法的法典化也不意味着拒斥其他法律部门对商事关系的调整，更不是通过与民法的法典化过程作斗争来实现的。因此，我们在民法的法典化过程中完全有可能和有必要重视商事关系的调整问题。”〔29〕“商法规范在解决案例中——无论是教学、考试还是实务中都是如此——很少自己单独适用，而往往是和民法规范的所有原则相结合的。”〔30〕可以说，几乎任何一起商事案件，都可能涉及民法规定的适用。因此，我们在探讨、创设特有的商事责任制度时，绝不可忽视传统民事责任制度补充调整商事关系的应有地位，绝不可漠视传统民事责任形式有调整现代商事关系的可能性。例如，股权转让问题，运用民法规则解决当事人之间的协议效力，运用公司法规则解决股权取得的效力。

(二)商事责任制度的立法形式

我国《民法典》总则专章规定了“民事责任”一章，这一立法是值得肯定的。首先，从责任出发的角度契合了商事关系调整的实际需要，将商事责任规定为一章的做法吁求了商法以义务与责任作为其规范体系的逻辑基础。其次，商事责任作为国家干预市场的手段，保障了交易的迅捷与安全，符合商事立法技术的科学性要求。最后，基于“民商合一”的立法技术，我国《民法典》系统地规定了商事责任，包括：惩罚性赔偿、有限责任、连带责任、限额赔偿、社会责任等。

基于商事义务的特殊性与多样性，没有必要也很难实现在民事责任中规定抽象的、统一的商事责任。客观上，民商合一的国家对商事责任的规定

〔29〕 蒋大兴：《商事关系法律调整之研究——类型化路径与法体系化分工》，载《中国法学》2005 年第 3 期。

〔30〕 [德]C. W. 卡纳里斯：《德国商法》，杨继译，法律出版社 2006 年版，第 6 页。

均体现为民法典与商事单行法相结合的形式,各国均不在商法典(民法典)中规定商事责任,原因在于抽象的商事责任并不存在或者难以对商事责任作出抽象的规定,只能在相关的具体商法规范之后规定相应罚则或法律后果。

我国商事责任的立法形式表现为:一方面,我国在《民法典》中规定了民商事责任的一般规定,既体现了民商事责任的共性,又实现了立法的简约;另一方面,在商事单行法中规定了具体的商事责任,从而依据不同的商主体、不同的商行为"量体裁衣",使商事责任的设计更具针对性。

(三)商事责任具体制度的体现

1. 直接援用传统的民事责任。作为大陆法系的债事立法,通常都是以债的发生原因不同为之依据的。因此,自然地出现了因契约所生之债、因无因管理所生之债、因不当得利所生之债以及因侵权损害所生之债的四大类型的区分。但是,作为此四大类型之债与所谓的商事营业之间,有的存在有机意义的必然联系,如契约之债;而有的则根本不可能发生联系,如无因管理之债、不当得利之债。关于无因管理之债与不当得利之债同所谓的商事营业不发生必然联系的根本原因,既在于因无因管理的付出而要求补给和不当得利之请求返还,以及因自身的权益遭受损害而要求赔偿,是无从以所谓的"业""商业""营业"而论及的;又在于此两项债权的行使和实现,立法是绝对禁止其主体的任何获利企图的,否则,便会使立法自身的价值导向与理性追求存在严重的自相矛盾,或陷入严重的混乱。

2. 创设商法特有的商主体责任形式。为强化交易安全、强化对商事秩序的维护,各国商法或刑法均将商事能力制度设计为具有社会治理的功能,表现为立法者通过限制或剥夺其商事能力对失范行为人加以惩罚。例如,信用减等(黑名单、警告等)、资格减免(撤销证照、颁发禁制令、停摘牌等)及失权制度(立法禁止某些人在一定期限内从事一切商事活动或者某些商事活动)等。

具体到我国,自商事制度改革以来,我国不断放松事前管制,强化事中事后监管,正在构建以信用为基础、以信息为核心的新型市场监管体系。如我国《证券法》,制定中的《商事主体登记管理条例》以及未来的个人破产法等一系列法律法规中,都侧重于通过信用惩戒、信息披露来构建新型的民事责任制度。但是,我国《民法典》中的"民事责任"仅局限于"行为责任",未规定"主体责任"。为解决执行难,我国当下采取的"失信被执行人信用惩戒机制”系通过限制失信被执行人出行、投资和消费等方面督促其履行法律文书确定的义务的督促机制，推动完善跨部门系统监管和联合惩戒机制，巩固拓展综合治理执行难格局；建立信用惩戒分级管理和失信修复等机制，严格失信惩戒程序条件，精准实施信用惩戒。[31] 从性质上说，失信惩戒机制所追究的民事责任并非违约责任或者侵权责任，而是对该类特殊民商事主体从事某些民商事行为的限制，是对该类主体进入部分市场交易的主体资格的限制，应当将其规定为民商事主体责任。由此可见，传统“两分法”“行为责任”等保守的民事责任类型划分显然已经不能适应商事交易的发展，打破传统民事责任、构建新的商事责任体系显得尤为急迫。

对于信用惩戒，我国的商事及刑事立法未作系统的规定，仅以中共中央和国务院发布的有关政策、[32]司法解释、[33]某些部委规章[34]等非法律规范的形式存在，且为特定人群所遵守；或者不适当地规定在程序法中。[35] 因此，我国商事信用的惩戒责任呈现部门化、地方化和碎片化等不足，各部门、各地区各自为政，制度的内容和形式五花八门，突出的问题是立法层级较低、发布主体多样、标准不一、程序不明确、救济机制不完善，亟待统一立法。[36] 为了确保商人具有良好的商事道德，防止他们利用商自由的原则进行不正当的竞争甚至从事犯罪活动，我国应仿照法国的立法，在我国刑法中增设资格罚，即在刑法中规定商事能力的责任制度，在刑法中规定商法的罚则以保证实现私法程序为目的，在这一条件下，它具有私法法规的补充性机能。

3. 通过“但书”或“单行法”的立法技术，或者增设，或者变更民事责任的一般规则，从而形成商事责任制度。立足于我国的国情，总结我国立法和司法经验，并借鉴外国的有益经验，我国奉行民商合一的立法体制，我国不可

---

〔31〕 周强院长2020年5月25日在第十三届全国人民代表大会第三次会议上所作的《最高人民法院工作报告》。

〔32〕 《中共中央办公厅、国务院办公厅关于县以上党和国家机关退（离）休干部经商办企业问题的若干规定》。

〔33〕 《最高人民法院关于限制被执行人高消费以及有关消费的若干规定》。

〔34〕 《中国人民银行助学贷款管理办法》第5条规定，“高等学校在读学生申请贷款……逾期一年不还，又未提出展期，可由贷款人在就学的高等学校或相关媒体上公布其姓名、身份证号码”。

〔35〕 《民事诉讼法》第255条规定：“被执行人不履行法律文书确定的义务的，人民法院可以对其采取或者通知有关单位协助采取限制出境，在征信系统记录、通过媒体公布不履行义务信息以及法律规定的其他措施。”

〔36〕 目前，我国社会信用法立法作为第三类立法项目，已经被纳入十三届全国人大常委会立法规划。

能也没有必要在民法典之外制定商法典或商法通则。通过“但书”或“法律解释”创设商事责任的方法,既坚持了我国民商合一的立法传统,确立起民事责任制度作为基本法的地位,又能够满足对民事责任、商事责任进行分别调整的要求,真正做到了“民商合一,合而不同”;同时,也有利于减少司法实践中搜索法律规范的成本,便于司法。[37]

第二节　商事合同

一、商事合同的法理基础

既然要探讨商事合同的特殊规则,那么界定这一概念就成为首要工作。毫无疑问,商人之间从事营业活动所签订的合同都属于商事合同。相反地,合同双方均不属于商人而订立的合同不是商事合同,可谓纯粹民事合同。有争议的是,商人与非商人之间订立的合同是否属于商事合同,是否适用商法的一般规则?本书认为,非商人一方出于使用、消费的目的而订立的合同,原则上不应属于商事合同,而应作为民事合同或称为消费者合同,此种合同属于消费者权益保护法调整的领域;非商人一方出于投资获利的目的而订立的合同,例如,股票、债券交易合同等,应属于商事合同,对其权利的保护不应适用消费者权益保护法,而应适用公司法、证券法等商事单行法,补充适用商法有关商行为的一般规则;非商人一方为了获得工作而签订合同,此种合同属于劳动法调整的领域,不属于商事合同。

商法与民法在价值取向上确有不同,并在此基础上形成商法独特的理念、原则和规范体系。因此,客观上导致商事合同具有与民事合同区别的特质:

(一)注重交易效率与安全

商事合同中,双方当事人基本上均在经济力、谈判力量上属强者的商事经营者,为满足经济发展的实际需要,商事合同重视迅速、安全。相反地,民事合同双方均为民事主体(大多为自然人),合同双方均非以营利为目的,民

〔37〕《民法典》第179条第2款规定:“法律规定惩罚性赔偿的,依照其规定。”

法通常假设合同双方谈判力量与经济力量为均衡，民法典是不知晓农民、手工业者、制造业者、公司家、劳动者等之间的区别的。[38] 因此，单纯的民事合同则重在交易之公平与妥当。换句话说，民事合同强调以维护个案的公平而在一定程度上牺牲市场交易的秩序与效率，而商事合同却不惜牺牲个案的公正求得市场经济的秩序与效率。对于消费者合同，合同一方的消费者由于其与生产者、经营者等商主体间信息的不对称，也由于他们之间经济实力以及交易能力上的差别，消费者视为社会的弱势群体，为体现对弱者之保护、对强者之抑制，必须借助公法规范，此类制度最终导致各国消费者保护法律体系的形成。因此，受不同法律价值的指引，断然形成了截然不同的三种交易模型。

（二）缔约者负有高度的注意义务

理性地审视各国的民商立法，到处均体现着将人根据种种差异区别对待的倾向。民事主体的抽象模型最多只是一个享有完全民事行为能力，但没有任何职业经验、资质平平的普通人。基于这一点，各国民法均给民事主体以应有的关怀，降低他们的注意义务，赋予其权利以充分的保护。例如，民法上将有瑕疵的民事合同分为四种：无效、可撤销、效力待定、未生效。民事合同可撤销或效力待定，目的在于保护私人利益，从而把选择民事合同是否生效的权利赋予当事人和真正权利人，由当事人通过撤销、变更、追认或否认等权利的行使自行对有瑕疵的合同效力作出判断；为保护缺少经验或因一时草率、疏忽而匆忙签订合同的民事主体，大陆法系国家的民法典均规定，若当事人约定的违约金过高时，可以请求法院适当减少；大陆法系国家在民事合同领域一直坚持过错责任原则，违约人如尽通常注意仍无法避免损害后果的，即可免责。总之，民事合同是以个人自由和利益为价值取向，它过多地强调了意思自治而忽视了交易安全。

商法是为那些精于识别自己的利益并且毫无顾忌地追求自身利益的极端自私和聪明的人设计的。商场如战场，商人被视为为了达到其营利目的而进行最合理行动的人，因而是不需要依据法律来“监护”的“我行我素的人”。现代各国商法对商人的假设是“强有力的智者”。因此，对于商人，那些对权利保护性质的照顾已显得无足轻重。[39] 鉴于商人对交易的谙熟和经

---

〔38〕［日］星野英一：《私法中的人》，王闯译，中国法制出版社 2004 年版，第 35 页。

〔39〕［德］拉德布鲁赫：《法学导论》，米健等译，中国大百科全书出版社 2003 年版，第 73 页。

验,各国的商法均对商人增加更高的注意义务和职责,即商人应负谨慎责任。具体而言,商事合同瑕疵的分类中,不存在效力待定的商事合同,例如,如果股东基于欺诈、胁迫或重大误解而与他人成立公司,该股东不得以自己意思表示不真实而要求宣告公司无效或要求撤销合同;商法中不存在效力待定的合同,效力待定这种状态本身就是对商事合同安全性的伤害,从而与商法的价值目标相悖;各国的商法均规定,违约金债务人为商人时,不适用民法违约金酌减之规定,立法者认为商人本应充分评估违反违约金约定之严重性,且较民事主体更能保护自己;针对商人的违约责任,各国的商法大都实行严格责任;对于保证,各国的民法均以一般保证为原则,连带保证为特例,但商事保证则与此相反,各国商法大多规定商事保证人与主债务人负连带责任。

上述分析表明:近现代民法一直将民事主体视为"普通人",既非"智者",也非"弱者";商法均视商人为"智者""强者"。因此,立法必须区别对待民事主体与商主体,如果漠视二者之间的差异,必将引发法律规则的混乱。

(三)交易目的从对标的物的自我利用到转卖营利

民事合同的发生,主要是出于交换者对他种使用价值的追求。以物易物的交换最鲜明地表现了交换者对他种使用价值的需求,即使在有货币介入的交换中,也只不过是交换者获得货币以后,可以更方便地买到所需要的使用价值。而商事交易的发生主要是出于营利动机,追求的是交换价值的增值。商人看重的是商品的可交换性,而不是有用性。基于这一区别,民事合同与商事合同对违反合同的救济手段大不相同。民法对违反民事合同的基本救济手段是强制实际履行。唯其如此,才能达到当事人对标的物实际利用的目的。而商法对违反商事合同的基本救济手段是损害赔偿,即责令违约方支付适当的赔偿金。赔偿金的数额相当于合同得到履行,权利人所能实现的商业利益。对于商人来说,得到这一标准的赔偿金,就完全实现了合同目的,而且免去了转售才能取利的麻烦。以此为基础产生了民法与商法在责任制度上的种种差异。

(四)交易对价从等价到不等价

一般认为,等价交换是商品经济的规律。这是古典政治经济学通过对"价值"进行形而上的思辩得出的结论。这只能是一种观念上的存在,是无法用实证的方法检验的。对此我们也许更需要一种形而下的态度,即实证地考察价格的关系。我们对商事交易个案对价关系的考察就是建立在价格的基础上,而非价值。所以,等价交换非等值交换,进入市场的交换者、投资者,必须承担价值与价格背离的风险。不等价的追求往往是任何交换所固有的动机。设想一下买卖契约缔结的过程就不难发现:买方总是想以较低的价格买进,卖方总是想以较高的价格卖出。但是,由于民事交易的主要动机是追求使用价值,不求营利,所以,大多数情况下是能够按等价交换原则进行的;而对商人来说,只有“贱买贵卖”才能实现商业的目的——营利。所以,商事交易必须是价格不等的交易,因为等价交换则无从谈利。一般而言,一宗商品在商人间每转手一次都要加价,批发商为零售商让利也是常见的事。所以,商品在流通中显然必须提高价格,这就是通常所说的“商品增值”,商品增值是任何商品交换的必要动力,此理不言自明。基于商事的营利性,产生了保护投机交易、形式公平观、风险负担等一系列商法原理。

(五)交易链由短到长

追求使用价值的民事交易一般表现为“为买而卖”。例如,农民卖掉粮食购买家用电器。民事交易主体以获得使用价值为终极目的,一旦交易完成,商品立即进入消费。所以,一宗物品的交易一般只涉及买卖两方。商事交易中,商人买入商品,是为了售出营利,即“为卖而买”。商事交易中,最简单的商事交易关系表现为“生产者—商人—消费者”,而发达的商事交易已经是“生产者—商人……商人—消费者”。也就是一宗商品往往是几经倒卖才到消费者手中,涉及人数众多,交易链拉长。[40] 任何交易都不过是无数交易者所组成的买卖长链中的一环。无论哪一环节出现一次障碍,整个链条都会发生震荡。因此,面对这种影响极大的障碍,法律交往的安全性也就关系到交易成败。

二、我国商事合同制度的评析

我国《民法典》合同编以商事合同作为立法的原型,吁求了现代商事社会的实际需要,法律的适用得以简化,便于司法;但囿于“民商合一”的立法体例,其缺陷也是客观存在的:由于规则的“整齐划一”,一方面提高了非商

---

〔40〕 石少侠等:《实质商法主义的民商分立论》,载《中国商法年刊》(2004 年卷),黑龙江人民出版社 2005 年版,第 160 ~ 161 页。

人的义务，另一方面也降低了商人应承担的高度注意义务。

（一）民事合同的过度商化

就我国《民法典》而言，由于借鉴了统一私法协会的《国际商事合同通则》和《联合国国际货物销售合同公约》，同时又参考了我国台湾地区“民法”民商合一的“债编”的规定，[41]导致我国民事合同制度过度商化。或许下列情形可以看作民事合同过度商化的表现：例一，我国《民法典》第577条关于违约责任仍然采取严格责任，显然违背了传统民事责任的理论，更是对民事主体权利的漠视乃至侵害，依法理，对于违约责任，应区别民商事合同关系，民事合同以过错责任为主，对商事合同则采严格责任。例二，《民法典》第620条将买受人的检验义务扩张到所有的买卖合同，民事合同的买受人作为非商人，因欠缺足够之专业能力，无法苛求其收到标的物后立刻检查并通知。显然，我国的立法对于非商人之买受人过于苛刻。依国外商法的规定，及时检验义务仅买卖双方均为商行为时适用。例三，《民法典》第172条关于表见代理有如下规定：“行为人没有代理权、超越代理权或者代理权终止后，仍然实施代理行为，相对人有理由相信行为人有代理权的，代理行为有效。”我国《民法典》对于表见代理的适用不要求被代理人的过错，“在本条的立法过程中，对于是否要求以被代理人的过错作为表见代理的构成要件，有不同意见。一种意见认为，应当以被代理人的过错作为表见代理的要件，否则对被代理人不公平。另一种意见认为，表见代理最重要的特征就是相对人有正当理由相信行为人有代理权，而不问被代理人是否有过错。本法采纳了第二种意见。一般来说，表现代理的产生与被代理人的过错有关，比如，因为被代理人管理制度的混乱，导致其公章、介绍信等被他人借用或者冒用；被代理人在知道行为人以其名义与第三人实施民事法律行为而不作否认表示等。这些都表明被代理人是有过错的。但是，设立表见代理制度的目的是保护交易的安全性，不至于使没有过失的相对人不劳而获。因此，相对人只要证明自己和行为人实施民事民事法律行为时没有过失，至于被代理人在行为人实施民事民事法律行为时是否有过失，相对人很多情况下难以证明。故在本条的规定中，对于行为人没有代理权、超越代理权或者代理权终止后，仍然以被代理人的名义实施代理行为的情况下，只要相对人

---

〔41〕　张谷：《商法：这只寄居蟹》，载《清华法治论衡》，清华大学出版社2005年版，第25页。

有理由相信行为人有代理权的,代理行为就有效”。[42]

（二）商事合同的商法不足

我国现行民商立法对商事合同制度未作出特别安排或为此预留空间,这样的情形更值得注意。下列情形可视为我国商事合同制度的商化不足:

1. 依我国《民法典》第621条的规定,当事人没有约定检验期限的,买受人在合理期限内或自标的物收到之日起2年内未通知出卖人的,视为标的物的数量或者质量符合约定。也就是说,出卖人在这2年的长时间内随时都可能遭遇到解除合同等风险,使该交易的法律效力处于一种不确定的状态,不利于维护交易的安全。换句话说,该规定使卖主长时间处于不安定的地位。对此,《日本商法典》第526条规定:“在商人之间的买卖中,买受人受领标的物后应迅速检查,发现瑕疵或数量不足而不立即向出卖人发出通知时,不得因瑕疵或不足而请求解除契约,减少价金或赔偿损害。”该规定有效地保护了作为商人的卖主的利益,维护了交易安全。

2. 我国《民法典》第497条规定:“有下列情形之一的,该格式条款无效:（一）具有本法第一编第六章第三节和本法第五百零六条规定的无效情形;（二）提供格式条款一方不合理地免除或者减轻其责任、加重对方责任、限制对方主要权利;（三）提供格式条款一方排除对方主要权利。”实践中商人之间的格式条款,双方当事人均具有很强的风险防控意识和责任意识,基于保护营利与交易习惯的考量,虽然存在“免除或者减轻其责任、加重对方责任、限制对方主要权利”的内容,此种情况下就不宜认定格式条款无效,因此该条款未能考量商事交易的实际需要,宜作限缩解释,即该条款不适用于商主体之间的格式条款。

典型判决

“本院认为:原、被告双方所签订的商砼买卖合同系双方当事人真实意思表示,本院予以确认,双方均应按合同内容履行合同义务。本案中,原告按照合同约定对被告交付了商砼,被告亦应按照合同约定的时间、数额支付价款。被告科兴公司未按合同约定全部给付原告大亨公司商砼款系违约行为,依法应承担继续履行并支付违约金的责任。故对原告要求被告给付下欠货款本金

[42] 黄薇主编:《中华人民共和国民法典总则编释义》,法律出版社2020年版,第456页。

481538.53元的诉请本院予以支持。对原告要求被告按照合同约定的5‰日支付违约金的诉请,本院审查后认为明显过高,可按中国人民银行同期贷款基准利率的四倍计算违约金为宜……依照《中华人民共和国合同法》第六十条、第一百零七条、第一百一十四条、第一百五十九条、第一百六十一条之规定,判决如下:一、被告河南科兴建设有限公司于本判决生效后十五日内给付原告河南大亨商砼有限公司货款481538.53元;二、被告河南科兴建设有限公司以481538.53元为本金,自2011年9月22日起,按中国人民银行同期贷款基准利率的四倍计算,向原告河南大亨商砼有限公司支付违约金至该货款清偿完毕之日止……"〔43〕

3. 2020年8月20日起施行的最高人民法院《关于审理民间借贷案件适用法律若干问题的规定》第26条规定:"出借人请求借款人按照合同约定利率支付利息的,人民法院应予支持,但是双方约定的利率超过合同成立时一年期贷款市场报价利率四倍的除外。前款所称'一年期贷款市场报价利率',是指中国人民银行授权全国银行间同业拆借中心自2019年8月20日起每月发布的一年期贷款市场报价利率。"本书认为,在对民间借贷利率合法性进行审查时,应就当事人的主体性质与借贷行为予以区分对待:若借款人为公司或借款人借款用途为经营活动,为体现商事行为的"营利性""有偿性",应当充分尊重当事人之间基于私法自治的意思表示,尽可能确认商事借贷约定较高利率的法律效力;若借款人为自然人且其借款用途为解决生活需要时,为体现民法的"伦理性""互助互爱"等特点,对于民事借贷的利率应进行合理的司法干预,将民事借贷约定的利率限定于较低的法律效力。令人遗憾的是,我国民间借贷的法律规范未能区分民事借贷与商事借贷,一体适用统一的利率。

典型判决

"租赁合同履行期间届满后,承租人在同等条件下的优先承租权,现有《合同法》等民事法律并无相关规定,上诉人与许维强、刘桂英之间的租赁合同对此也无特别约定,当事人要求人民法院以裁判的形式对承租人的续租权做出认定明显无合同和法律依据。租赁合同到期后,出租人有权选择新的承

〔43〕 河南省兰考县人民法院(2013)兰民初字第880号民事判决书。

租人,原承租人并不必然享有继续占有、使用租赁物的权利,其基于物权法律规定负有返还租赁物的法定义务。"[44]

因此,就我国而言,"续租权"及"优先承租权"仅仅停留在部分地区的地方性法规层面,如《上海市房屋租赁条例》就规定,租赁期满后承租人在同等条件下享有优先承租权。从商事经营的角度出发,基于经营地点所建立起的商誉、客户群等是商主体重要的无形资产,房屋租赁合同续约是否存在障碍,对于商业性房屋承租人而言尤为重要。客观上说,商事租约能否续展的不确定性,将直接影响商户及其客户利益,在一定程度上抑制了商业的持续发展。

因此,能否给予商事承租人的续租权将直接关系到一国经济的发展。[45]值得注意的是,2012 年 8 月 13 日修改后的《韩国商铺建筑租赁保护法》明确规定了商事承租人的"续租权"及"优先承租权"。现实表明,漠视商事交易关系的特性,漠视既存商事活动对商事合同制度的诉求,固执地将仅适用于民事合同的制度强行适用于商事交易,必将会给商事交易的快捷、安全和稳定带来重大伤害,最终必将给我国的市场经济发展造成障碍。

上述分析表明,我国《民法典》实行民事合同与商事合同一体立法,目的就是避免适用法律的困难,尽量使法律体系简洁,这个出发点非常好。但是,我国《民法典》采"统一立法"的弊端也是存在的。我们指责《德国民法典》《德国商法典》如何复杂地规定非商人、商人的不同权利义务,如何重复规定商事合同与民事合同,适用法律时又必须在两部法典间相互参照,但有没有思考过他们这种烦琐背后追求的公正?[46]我国《民法典》将本属民事合同的规则适用于商事合同,或者相反,一定程度上不利于我国民商法治完善和社会主义市场经济的发展。

三、重构我国商事合同制度的路径选择

本书认为,我国在进行商事合同的立法模式的选择过程中,必须明确两个客观问题:第一,应承认商事合同与民事合同之间的客观差别以及法律对商事

---

〔44〕 河北省邢台市中级人民法院(2020)冀 05 民终 1213 号民事判决书。

〔45〕 汤峥鸣、焦明静、暨秉恒:《商业房屋租赁　利益博弈下的诉讼困境》,载《人民法院报》2014 年 7 月 7 日,第 6 版。

〔46〕 余能斌、程淑娟:《我国"民商合一"立法借鉴的新选择——由〈俄罗斯联邦民法典〉引出的思考》,载《当代法学》2006 年第 1 期。

合同予以特别规定的必要。漠视二者之间的差异,必将引起法律规则的混乱。第二,民法中的合同制度是民商事合同的一般规定,商法中的商事合同制度则是民事合同制度的特殊规定与补充规定,其适用必须以民法中的民事合同制度为前提,例如,商事合同是否有效成立、是否有意思表示瑕疵等问题,在民商分立之国家,亦甚少明文规定于商法典,而须回归民法之一般原则。换句话说,商事合同自身永远无法对全部商事交易进行自足调整,将部分商事合同制度配置给民法调整是符合法律理性的。民法典关于买卖合同、承揽合同、运输合同、委托合同等各种有名合同的规定对商事合同均有普遍性与适用性。[47]

我国民法典存在"抽象有余,具体不足"的弊端,大大影响了民法典规则和制度的应用范围和实践效果。因此,去一般化,强调特殊化、具体化和类型化应当是我国民法典法治现代化的首要任务。具体来说,基于民事合同与商事合同在主体理性程度、交易模型的假设、注意义务的程度、格式合同解释适用、合同效力的稳定性、违约金的调整、惩罚性赔偿责任等诸方面均存在较大的区别,我国合同立法应当区别民事合同与商事合同。[48]

重构我国商事合同制度的路径,有两种选择:一是制定"商法通则"。在"商法通则"中系统地规定商事合同的具体规则,使商事合同制度成为一个具有完备的规范与较强逻辑性的体系结构。关键在于,如何从理论上抽象出区别于民事合同之外的商事合同的一般规则。另外,不可否认的是,我国《民法典》客观上系一部商事合同法。因此,处理不好就会导致与现行《民法典》的规则重合,或者"商法通则"中的商事合同制度陷入空洞。司法实践中,法官则不得不面对两套差异巨大的概念和逻辑体系,其法律适用就很可能陷入混乱。二是法律的漏洞填补,主要通过法律解释和法官造法。针对我国民商事立法未区分民商关系的"同一立法""混淆立法"的缺陷,聪明的商事裁判者应当灵活地对待我国私法规范中的"同",通过"法律解释"来"创设"出异质的"私法规范"。这要求商事裁判者面对性质迥异的民商事纠纷,就同一私法规范,针对不同的私法纠纷(包括民事纠纷、家事纠纷、商事纠纷)作出不同的解释,从而达到案件处理结果上的"实质公平"。

---

〔47〕 刘保玉、陈龙业:《析商事通则与民法一般规则的关系——商事通则立法的可行性悖议》,载《河南省政法管理干部学院导报》2005年第4期。

〔48〕 高鸿钧主编:《英美法原论》(上),北京大学出版社2013年版,第742~743页。

第三节 商事侵权

一、商事侵权的概念与特点

商事侵权,是指在商事领域中,以故意或者过失的违法行为妨碍他人的正常经营活动,造成经营者利益损害的若干具体侵权行为的集合,它并不是一种独立的侵权行为类型。商事侵权目前仅为一个学理概念,我国《民法典》并未将商事侵权作为特殊侵权行为予以规定。

商事侵权主要包括商业诽谤、妨碍经营、盗用商业信息、侵害债权、违反竞业禁止等类型。〔49〕 商事侵权是现代侵权行为法中发展起来的特殊侵权行为,该种侵权行为已经成为商业往来中的一种严重的风险,为了维护交易安全,有效地预防和遏制此类侵权行为,应当制定相应的法律规范。与传统的民事侵权相比,商事侵权具有以下特点:

1. 行为人具有商人身份是认定商事侵权的重要条件之一,即只有商人所实施的损害竞争对手的行为才构成商事侵权行为,非商人实施的侮辱、诽谤、贬低的行为则以民事侵权论。

2. 由于工商业社会的到来,影响到人身与财产安全的危险来源从个人的非理性行为转变为以公司(商人)为中心的各种活动,侵权行为也由单个人之间的侵权逐步过渡到以公司(商人)为中心的侵权,因而促使现代侵权法形成了以公司(商人)责任为中心的商事侵权体系。

3. 明显的过错客观化。过错客观化是现代侵权责任法的重要发展,而这一特点和趋势在商事侵权法律规制方面表现得尤为突出:第一,合理注意义务的引入。商事主体在履行其职责时负有合理的注意义务,并且,较其他主体,商事主体通常负有更高的注意义务。例如,公司董事在履行其职责时必须表现出一般审慎者处于相似位置时在类似情况下所表现出的勤勉、注意和技能。注意义务目前已经引入了我国商事法律,在公司法、证券投资基金法、破产法均规定了商事主体的忠实义务和勤勉义务,其中勤勉义务即为英美法上的注意义务。第二,过错判断标准化。在商事侵权案件中,当事人

〔49〕 全国人大常委会法制工作委员会民法室编:《侵权责任法——立法背景与观点全集》,法律出版社2010年版,第1054页。

一般很难证明行为人具有侵权的主观故意。司法实践中,法院往往将行为人是否违反法律法规、商业规则或惯例、行业自律性规范或者公司章程等作为判断行为人是否具有过错的标准,从而降低了举证难度,可操作性更强。当然,对于如何认定商业规则、惯例等作为主观判断标准的效力,仍需进一步探讨。[50]

4. 过错推定和因果关系推定的广泛运用。由于商事侵权案件中的主体多为企业,当事人要进入在信息上占有优势地位的公司内部取证证明其存在过错十分困难。因此,在大量的公司类侵权和证券类侵权案件中,都需要借助过错推定和因果关系推定的方式才能更好地维护受害者的利益。法律通过突破传统举证责任分配方式,借助举证责任倒置,平衡不同主体之间的利益。例如,在证券虚假陈述纠纷中,证券承销商、证券上市推荐人、专业中介服务机构及其直接责任人的归责均采用过错推定的方式。[51] 随着法律制度的进一步细化,过错推定以及因果关系推定将在商事侵权案件中得到较为广泛的运用,发挥其特有的利益平衡作用。[52]

5. 民事侵权所保护的对象主要指绝对权,而商事侵权制度保护的是利益,而非权利。我国侵权责任法明确将股权作为侵权法保护对象。股权问题是公司法的核心问题,公司领域侵权法律规制将围绕对股权的保护展开。《民法典》明确列举了股权作为保护对象,是商事侵权法律规制的重要发展;《民法典》采用了"民事权益"的提法,为将来商事侵权保护范围的解释和发展留出了空间。有学者认为,债权也属于"民事权益"的范畴,应当受侵权法保护;明确侵权责任法保护的对象不仅限于权利,而且包括尚未上升为权利的财产利益,这将商业活动中涉及的各种财产利益也包括进来。为兼顾行为人(侵权人)的自由,必须对合法利益保护的范围给予必要的限制。从该角度讲,应当严格限制行为人的主观过错要件,只对由于故意造成他人利益的损失承担责任。

6. 限定损害赔偿的范围和最高赔偿数额。依据民法一般原则,侵权行

---

〔50〕 宋晓明、高燕竹:《商事侵权法律若干问题研究》,载《人民法院报》2011 年 3 月 2 日,第 7 版。

〔51〕 《证券法》第 85 条规定:"信息披露义务人未按照规定披露信息,或者公告的证券发行文件、定期报告、临时报告及其他信息披露资料存在虚假记载、误导性陈述或者重大遗漏,致使投资者在证券交易中遭受损失的,信息披露义务人应当承担赔偿责任;发行人的控股股东、实际控制人、董事、监事、高级管理人员和其他直接责任人员以及保荐人、承销的证券公司及其直接责任人员,应当与发行人承担连带赔偿责任,但是能够证明自己没有过错的除外。"

〔52〕 宋晓明、高燕竹:《商事侵权法律若干问题研究》,载《人民法院报》2011 年 3 月 2 日,第 7 版。

为所导致的损害赔偿范围包括财产上所受损害及所失利益，在有特别规定时，被害人还可请求非财产（慰抚金）性质的精神损失，并且无最高金额的限制，即实行无限责任原则。与之相反，商事侵权责任的范围及额度原则上有限制。[53] 实行责任限额的理由主要是商事侵权的活动是社会所必须的，法律允许这些活动的存在，但如果法律对这些领域发生的事故赔偿数额没有限制，就有可能过分加重行为人的负担，阻碍经济发展和企业壮大；且商事侵权往往与责任保险相连，责任保险可以确保商事侵权得以顺利实施，若赔偿额过高，保险人的负担过于沉重，就可能放弃责任保险，不利于商事侵权制度的顺利实施。所以，在商事侵权领域，对赔偿额度予以限制是十分必要的。[54]

7. 商事侵权责任的后果一般不包括精神损害的后果，否则将会增加商事主体的经营成本和风险，挫伤商事主体从事商行为的积极性，对经济发展不利。

相较于民事侵权，商事侵权归责原则存在一定的异质性。民法以个人权利为本位，维护个人权利和自由，商法以企业权利为本位，维护企业的营利性。侵权责任制度的核心为侵权人的行为自由与被害人民事权益之间的平衡，侵权行为的主体为一般主体。传统民事侵权以侵权人的主观过错作为侵权的基本原则。在商事领域，侵权的主体为商事主体、侵权的行为大多为商主体的合法经营行为。传统民事领域的主观过错归责原则产生了诸多的不适应，比如，侵权的主体多为组织是“理性的经济人”，由受害者证明过错，是不可能完成的。这也就要求商事领域的过错责任原则呈现新特征——组织过错，即企业经营者对企业的监管、安排，通常需要达到这样的程度：能够保证企业于井然有序的运行状态，如其监管、安排未达到这种程度和要求，就存在组织缺陷，企业经营者就需要为其过失监管行为所产生的损害承担责任。[55]

二、我国商事侵权制度的评析

我国《民法典》中的侵权责任编并未建立起系统的商事侵权制度。《民

---

〔53〕《民法典》第833条规定：“货物的毁损、灭失的赔偿额，当事人有约定的，按照其约定；没有约定或者约定不明确，依据本法第五百一十条的规定仍不能确定的，按照交付或者应当交付时货物到达地的市场价格计算。法律、行政法规对赔偿额的计算方法和赔偿限额另有规定的，依照其规定。”

〔54〕黄薇主编：《中华人民共和国民法典侵权责任编释义》，法律出版社2020年版，第12页。

〔55〕郑晓剑：《组织过错理论与受害人保护》，载《法制与社会发展》2013年第6期。

法典》虽试图建立起以自然人为主和以法人为主的两套不同制度体系,但在侵权责任编中仍以自然人为原型,未明确区分自然人过错与组织过错,并对组织过错问题采取了体系回避的态度,因而难以为遭受企业活动侵害的受害人提供充分的法律救济。

就民事侵权损害赔偿而言,其主要目的是通过补偿救济,使受害人受到的损害恢复到原有状态,采用填平原则,强调赔偿范围与实际遭受的损害相当。基于商事交易的本质,商事侵权特殊性离不开对市场生产资源效率化配置、商事主体成本收益分析以及实现侵权社会成本最小化的考量。其相较于民事侵权呈现一定的扩张性:除了保护直接损失、纯粹经济损失之外,对于因侵权行为产受到的利润损失以及商业机会的丧失等,亦属于商事侵权责任的赔偿范围。对于这类可得利益的保护,并非使守约方获得额外利益,而是对正常商业利润和利益的保护,是为了维护商业规律与秩序,遵循市场经济本质要求的体现。

三、我国商事侵权制度的重构

商事侵权与民事侵权虽同属于私法范畴,皆在于保护私主体权益免受损害,但商事侵权与民事侵权客观上存在诸多不同之处也不可忽视:其在侵权行为、归责原则、赔偿基本方式等方面均不同于民事侵权,应当且有必要重视商事侵权制度的构建。

关于商事侵权制度的立法模式,主要有两种观点:

一种观点认为,《民法典》作为基本法,应当在侵权责任编规定商事侵权制度的共性问题,如损失的计算、惩罚性赔偿等。[56] 另一种观点认为,侵权责任编不宜规定商事侵权制度,原因有二:一是侵权责任编主要保护人身权、物权等绝对权利,而商事侵权主要涉及商事利益,很少涉及具体的绝对权利,规定商事侵权责任与侵权责任编的体例不协调;二是商事侵权的形式多样,且较为复杂,侵权责任编作为调整侵权关系的基本规则仅能规定一些基本原则,许多内容还需要借助公司法、证券法等商事特别法。为有利于法律的统一适用,由公司法、证券法等商事特别法对商事侵权的相关问题作统一规定较好。[57]

---

〔56〕 全国人大常委会法制工作委员会民法室编:《侵权责任法——立法背景与观点全集》,法律出版社2010年版,第1052页。

〔57〕 全国人大常委会法制工作委员会民法室编:《侵权责任法——立法背景与观点全集》,法律出版社2010年版,第1074页。

民商事侵权责任规范都属于私法规范，具备共同的调整对象、价值取向以及基本原则，商事侵权责任并不能脱离民事责任的一般性规范，而是基于商事的经济性具备特殊的责任制度和具体规范；〔58〕民事责任的补偿功能与商事侵权责任更加强调的威慑功能并不冲突，其作为民事责任功能的重要补充，使民商合一的侵权责任体系更为完整，因此，重构我国的商事侵权制度，必须考虑民商合一体例的要求。在侵权责任法独立成编之后，其应当成为适用于商事侵权的一般法，具体来讲：一方面，侵权责任编普遍适用于所有私法领域，除非商事特别法另有规定，商事侵权的一般规则应适用民事侵权的基本规定，包括归责原则、构成要件等。传统的民事责任，如消除影响、恢复名誉、赔礼道歉等也可以作为商事权利，如公司名称权、商誉权、正当竞争权等救济手段。商事侵权的救济以财产损害赔偿为主要形式，但是基于商事权利（益）是包括人格因素和财产因素的复合利益，其人格因素决定了当商事人格权受到侵害时，可以适用民事人格权的救济方式，如停止侵害、赔礼道歉、消除影响等。另外，商事侵权的救济不包括精神损害赔偿，理由在于，精神损害赔偿的主体限定于自然人，非自然人不能请求精神损害赔偿。〔59〕另一方面，侵权责任编中应就商事领域的特殊侵权作出规定，如侵害营业、侵害商业秘密、商业诽谤等侵权责任。不过，我们也应当注重侵权责任编与商事特别法中关于商事侵权的特别规范的协调问题。侵权责任编的规定不能取代商事特别法的规定，例如，在公司法中，就可以针对董事违反忠诚义务的侵权责任作出特殊规定。此外，虽然商事特别法中对于特殊侵权的规定仍然是侵权责任编中一般原理的具体化，但它实际上是针对商事领域的特殊情事所作的规定，可以起到辅助侵权责任编的作用。〔60〕“我国已经建立了完善的侵权责任法律制度，形成了两个层次的侵权责任法律体系。第一个层次是侵权责任法，从基本法的角度对侵权责任作出规定，包括普遍适用的共同规则，典型侵权种类的基本规则和其他单行法不可能涉及的特殊规则。第二个层次是包括侵害物权责任、侵害知识产权责任、商事侵权责任等十个方面的四十多部单行法。其中，商事侵权责任的相关法律包括公司法、海商法、票据法、保险法、证券法、信托法。对于侵权责任法和其他法

---

〔58〕王利明：《论我国侵权责任法分则的体系及其完善》，载《清华法学》2016 年第 1 期。

〔59〕《民法典》第 1183 条规定：“侵害自然人人身权益造成严重精神损害的，被侵权人有权请求精神损害赔偿。因故意或者重大过失侵害自然人具有人身意义的特定物造成严重精神损害的，被侵权人有权请求精神损害赔偿。”

〔60〕王利明：《民法典体系研究》，中国人民大学出版社 2008 年版，第 289 页。

律的关系,在侵权责任法第 5 条中明确规定,“其他法律对侵权责任另有特别规定的,依照其规定”,即在法律适用上按照法律的效力范围,特别法优先于一般法,也就是原则上优先使用相关特别法。具体到本案,我国公司法及解释已经对公司经营中各种侵权行为作出明确具体规定,所以本案应该优先适用公司法相关规定,而非直接适用侵权责任法作为起诉的依据。”[61]

---

〔61〕 河北省邢台市中级人民法院(2019)冀 05 民终 1995 号民事判决书。

第八章 商事诉讼与商事审判

第一节 商事诉讼法理与我国的制度创新

现代社会,商业已经成为一个国家不可或缺的一部分。可以说,没有商业,一个国家也就失去了社会财富增长的源泉;没有商业,一个民族将很难融入现代国际社会,走向繁荣。为商业的繁荣和兴盛提供各种便利和保障,早已成为现代国家和社会的应有使命,法律当然也不例外。商业意味着各种资源的融通,意味着各种主体之间的利益交往。有交流就容易有纠纷,也就在客观上要求国家和社会建立相应的解纷机制来及时排除商事活动中的障碍,以恢复正常的商事秩序。商事纠纷的快速解决需要符合商事交易特性的商事诉讼与商事审判制度;商事审判的公正与效率,需要对交易动机、商业理性、风险预判和分配的深度理解。如果没有对复杂商业交易结构背后的商业理性和风险分配正义的了解和理解,而仍然停留在以买卖和借贷等最为基础的法律关系和交易结构上来理解、规范乃至审判,就可能导致刻舟求剑、削足适履的法律后果,抑制了正当的商业交易乃至整个社会经济的发展。因此,《优化营商环境条例》和最高人民法院、国家发展和改革委员会《关于为新时代加快完善社会主义市场经济体制提供司法服务和保障的意见》对于我国商事纠纷的诉讼解决,对于我国商业秩序的维持,社会商事活动的持续、快捷、安全,人民财富的增长,以及综合国力的增强都是大有裨益的。

一、商事诉讼与民事诉讼的区别

所谓商事诉讼,是指商主体将有争议的商事权利和义务事项,提交司法审判机构,由其按审判程序作出裁决的制度。[1] 我们不否认,商事诉讼和民

---

〔1〕 赵万一:《商法学》,中国法制出版社 2002 年版,第 456 页。

事诉讼客观上存在很多共性,甚至有些共性还带有根本性。但是,民法和商法是为了不同社会关系而形成的法律,无论是价值取向、调整方法及具体的制度设计上,民法与商法均有较大的区别。因此,民商实体法的这些显著差异必然要在二者所对应的诉讼程序的各个方面有所反映。

1. 两者的价值追求不尽相同。商事诉讼和民事诉讼作为程序法,具有共通的价值取向。例如,它们都追求人格尊严、自由、公正、效益等内在价值,也追求实体公正、秩序等外在价值。和民事诉讼相比,商事诉讼也有其独特的价值追求,基于商行为固有的竞争性与风险性,商主体更关注自身的收益、效率与经营权利,强调规则的遵守,故而在商事诉讼中,更加注重效率与商业机会的把握。在这方面,我们可以看到商事诉讼更加偏爱提高诉讼效率的制度:严格的举证责任;较短的诉讼期间;更多的行为保全;逾期失权;对上诉审严格限制;调解、简易程序的经常使用等。商人追求以最低的成本实现最大的收益以及风险可控,这是商法生成的原动力,也是商法茁壮成长的生命力。审判程序烦琐,不确定因素与风险自然会增多,审判的可预期性当然降低,所以,审判程序必须简便易行。同时,简便易行的程序将大大缩短审判的时间,降低商人的时间成本,有利于商人快速投入到新的经济活动。此外,就商人而言,时间具有更加特别的意义,时间常常意味着机会,谁能更有效和更充分地利用时间,谁就能更好地实现自己的营利目的,因此"要在经营的时间内,实现经营的利益",因为"行动迅速是财富的母亲"。[2]可见,时间对于营利目的的实现而言,也是一个充满不确定性的因素,对于时间的控制实质上指向实现营利的目标。

2. 商人参与解决商事纠纷的目的在于克服裁判中的不确定性,从而控制纠纷解决过程中有可能发生的风险。解决纠纷上的自治主要表现为,商人之间的纠纷由商人自己指定的人来解决。在早期商法中表现的所谓"商事法庭"、现代社会中的商事仲裁机构等是商人自治解决纠纷的基本形式。由于商人唯一关心的是营利,所以一旦发生商事纠纷,他们都希望能够自主地进行处理,即能够根据他们在长期的实践中逐渐形成的商事习惯、商事惯例来解决纠纷。这样的话,他们在商事实践中培养起来的合理预期就有可能延伸到司法裁判的过程中,从而减少因法律制度的差异和不同国家法官认识上的差别而产生的不确定性。所以,商人参与解决商事纠纷,是商法理

〔2〕 [意]欧金尼奥·加林主编:《文艺复兴时期的人》,李玉成译,读书·生活·新知三联书店2003年版,第213页。

念在商事纠纷解决机制中的体现，其目的在于控制裁判可能产生的营利风险，商事仲裁成为现代社会中国际商事活动解决纠纷主要方式的原因就在于此。需要特别指出的是，法国在商事纠纷解决的商人自治上做得更为彻底，在法国，商事案件由商业法院管辖，这种法院的特别之处在于，法官不是法律家，而是由该地区的商人从商人之中推选出来的。[3]

3. 商事法院（庭）实行宽容的审理程序。商事诉讼的特质还反映在审判程序的宽容上。“所有各种类型的商事法院的程序都具有迅速和非正式的特性……不仅专业法律家被排除于审理程序之外，而且专门的法律争论也引起反感……商事案件应该按照良心和公平原则去处理，在法律的细枝末节上争执是不适当的。这些程序上的特征使商法截然有别于城市法院和王室法院的形式主义程序，也使它截然不同于在普通案件中教会法的成文程序”，[4]但与教会法中的简易程序相联系。1306年，罗马帝国教皇的一项训令准许包括商事案件在内的特殊种类的案件适用简易程序。该训令要求，审理程序“应当简单明白，无须正式的争论和普通程序的正式规则”，法官在这样的案件中不必要求书面的诉状；也不应要求通常类型的答辩状；他甚至在闭庭期间也可以审理；他应当删除拖沓的各种例外；应当拒绝造成延误的不必要的上诉；拒绝辩护人、控告人、当事人和不必要的证人“喧嚷”。这项训令的内容在后来汇入了意大利有关设立各商事法院的法规中，也影响了德国、法国和英国的商事法院。

4. “柔性的审判”。商事诉讼的根本目的是解决纠纷，目的并不像民事诉讼那么复杂。随着市场经济的发展，普通民众的“权利”意识逐步得以增强，因此，司法实践中，经常会涌现出“秋菊打官司”的场景。与此相反，商事交易处处隐藏风险，商人会经常面临纠纷，如果不尽快了结纷争，显然不利于营业的开展。所以，对于理智的商人来说，和讼是一种成本低廉的选择。法律人的出发点是纠纷、落脚点是规范依据、连接点是法理；而商人的出发点是发现商业机会、落脚点是盈利、连接点是风险可控的交易安排。法律人当然可以按照法律的逻辑去认识和解决商事纠纷，但这并不一定是一个妥当的商事裁判思维，因为他可以背离基本的商业逻辑。

商事诉讼的这一特征决定了商事诉讼的程序中的对抗往往只是手段，

---

〔3〕王保树主编：《商事法论集》（第10卷），法律出版社2006年版，第444页。

〔4〕［美］哈罗德·伯尔曼：《法律与革命——西方法律传统的形成》，贺卫方等译，中国大百科全书出版社1993年版，第421页。

程序主体对实体结论的关注往往超过了普通民事诉讼中的情形。因此,双方商事纠纷主体可能采用更加柔和的对抗方式,通过商事诉讼当事人之间的多次博弈最终达到纠纷解决的目的。尤其在非关键性的诉讼中,双方往往会考虑到诉讼后双方合作的可能性,在双方合作的利益大于当前诉讼中可能得到的利益时,此点更为明显:一方往往在诉讼中与对方合作以换取对方继续合作,在这种情况下诉讼甚至成了一方表示诚意的机会,由此诉讼甚至具有了很强的合作性。当然,一般来讲,商事诉讼仍然具有一定的对抗性,但是从总体上来看,对抗性并非商事诉讼的一般特征。因此,商事诉讼总体上是私益性的,商事诉讼在本质上只是一种纠纷解决的渠道,其目的在于解决纠纷,而解决纠纷的目的又在于更好地进行商业合作。

5. 商事诉讼的社会性突出,职权主义色彩更加浓厚。民事关系表现为一对一的关系,一般较少涉及第三人的利益。与此相反,商事关系呈现的是一种网络化的状况,导致交易关系的复杂化。随着商事关系中隐含的投机性越来越大,利益损害呈现不特定性和广泛性。于是,传统的商人自治的私法机制受到了极大的挑战,客观上要求将国家公权力引入商事关系之中,通过干预来弥补私法自治的不足,导致商法的公法色彩逐渐增强。在商事诉讼领域,这种公法性因素便突出地表现出社会性。例如,公司诉讼中的中小股东利益的维护,破产诉讼中破产企业职工的安置,消费者保护类诉讼、证券诉讼、保险诉讼中这一点则更加突出。在这种情况下,商事诉讼不应成为当事方以公共利益为筹码的利益战场,国家应当积极参与,实行职权主义,以平衡多方利益。

二、商事诉讼制度的历史沿革

历史本身永远是智慧的教员,指导人们明智地理解人类生活及其命运的永恒本质和规律。回顾历史,也许能更清晰地理解商事诉讼制度的本质、现状和未来。现代商事诉讼制度最早起源于中世纪的商事法院及其处理商事纠纷的程序制度。商事诉讼程序是随着实体法领域的产生、发展而产生和发展的,实际上就是商事法院适用商法处理商人之间纠纷的程序。在诉讼上造成民、商分立并不是诉讼程序本身的要求,而是历史上商人特殊阶层的存在和实体法上民商分立的结果。众所周知,早期的商法源于商人在商事活动中形成的习惯,因而商事诉讼程序也就是商人处理自己事物的程序,是由于历史的特殊原因而实行商人自治的结果,商人自治是为了摆脱封建束缚。另外,早期的商事法院及商事诉讼程序除了对商人有某种特殊利益需要保护外，还因商事纠纷关乎当事人切身利益，需及时处理、迅速了解，而当时世俗的司法体系根本不能提供这种救济。商事法院的创设和商事诉讼程序的形成也正是为了维护商事活动的正常进行。

目前，世界各国审理商事纠纷的司法组织大体可归为四类：一是由普通法院、职业法官审理商事纠纷，不设专门审判组织和诉讼程序，如爱尔兰、西班牙、日本等。二是由普通法院内设的专门审判庭审理商事纠纷，法官均为职业法官，罗马尼亚、中国采取此制。三是由专门的商事法院来审理商事纠纷，但具体审案法官可能均为职业法官，如卢森堡；也可能均为从商人中选出来的非职业法官，如法国；还可能是由职业法官和来自商界的法官共同组成审理团队，如比利时、克罗地亚等。四是由仲裁法院审理商事纠纷，仲裁法院全由职业法官组成，如俄罗斯。以上诸种模式中，法国的商事法院是专门处理商人间纠纷的司法机构，它是基于快速、口头及不求形式等商业特殊需要而长期、缓慢发展的结果。如果回溯历史，商事法院可以追溯到古罗马帝国末期，当时各行会存在由商人选举出来的、专门解决他们之间纠纷的商事裁判官。商事裁判官后来成为商事法院的基础。像法国这样设立专门的商事法院，由从商人中选举出来的非职业法官处理商事纠纷的模式，在世界上是独一无二的。因此，学者对此评价极高，认为“在世界各国的司法制度中，法国的商业法院是一个别出心裁的机构”。[5]

需要指出的是，随着民族国家的诞生，在商法的国内化过程中，商事审判这种民间的纠纷化解模式也不断为国家权力所强化，商事审判方式甚至不断得以改造而纳入世俗审判体系。欧洲的大多数国家都有过商事法院，而今天，绝大多数国家都撤销了商事法院，例如，荷兰于 1827 年、意大利于 1888 年取消商事法院，具有商事诉讼传统的英国将商事法院划归高等法院下的王座法庭管辖，仅剩下法国仍保留商事法院。目前，在法国共有 200 家商事法院，在德国民事法院内设有商事法庭。

但是，商事审判的改革以及商事法院的取消并未导致商事审判的特殊性与独立性完全消失。实际上，无论是否保有独立的商事法院系统，作为商事纠纷解决机制的“商事诉讼”客观上仍以不同形式在各国得以彰显——要么是协商型的仲裁机制，要么是温和型的审判形式。

---

〔5〕 陈锦川、郑爱青：《改革中的法国商业法院》，载赵海峰主编：《欧洲法通讯》，法律出版社 2001 年版，第 178～179 页。

三、我国商事诉讼制度的现状

在国外,无论是否单独设有商事法院,民事审判与商事审判显然是被区别对待的,并且对商事审判适用不同于民事审判的诉讼规则。[6] 这些国家或地区显然意识到了民事活动与商事交易的差别,以及民事主体与商事主体之间存在不同诉求。

回顾我国商事审判的发展史可以发现,其裁判规则和裁判理念实际经历了一个多次的否定之否定的过程:改革开放时期,经济审判得以产生与发展,经济审判庭用《经济合同法》,民事审判庭用《民法通则》,对案件主体、案件类型、审判机构都有明确的界分;1999 年统一《合同法》的整合颁行与最高人民法院“大民事改革”的推行,经济审判更名为“民商事审判”,在内设机构、法律规范等方面与“民事审判”的区分大大弱化。尽管“商事审判”也已正式成为我国的官方语言,但是,商事审判仍未获得独立性。我国没有设置专门的商事法院或商事法庭,对于大部分商事纠纷的管辖仍然是大民事审判格局,法院在处理商事纠纷时,仍然受制于传统的民法思维,造成了司法裁判的困境,仅有少数重大涉外案件及海事、海商、破产案件成立专门的商事法院(法庭),并且对法院具有管辖权的要求也过于严格。这种体制忽略了商事审判的独立性与特殊性,导致在实践中容易混用民事法律规范来裁判商事案件。

在诉讼程序上,我国没有独立的、统一的商事诉讼程序。除了某些领域的商事诉讼,如海事(商)案件及破产案件,设有相对独立的诉讼程序外,绝大部分商事诉讼案件,如发生在公司法、票据法、证券法、期货交易等领域的商业纠纷,都是适用《民事诉讼法》规定的普通诉讼程序进行审理,2011 年 4 月 1 日修改后的《民事案件案由规定》,仍将与公司、证券、票据等有关的商事纠纷贯以民事纠纷的案由,并未适用商事纠纷的概念。

特别需要指出的是,我国现代意义的商法都是在 1992 年确立市场经济体制后颁布的。我国的民事诉讼程序主要不是为了解决商人间的商业纠纷,而是解决婚姻、一般民事侵权等传统民事纠纷,它以简单的经济关系和社会结构为基础,以保护个人权利为背景,以满足民事主体基本生存权利为

---

〔6〕《法国民事诉讼法典》专章规定“商事法院的诉讼程序”,《德国民事诉讼法典》及《日本民事诉讼法典》专章规定“票据诉讼”,我国《澳门民事诉讼法典》及《日本非讼案件程序法》均以专编的形式规定“商事非诉案件”等。当然,这种区别可能并不彻底,如在法国,民事审判与商事审判仍然必须共同适用民事诉讼法的总则,以及部分商事案件的终审仍须由上诉法院处理等。

主要价值取向,以解决简单的民事纠纷为基本功能,因此,可以将其定位于“民事型”主导的诉讼程序,[7]以至于无法完全满足商事诉讼的实际需求。

(一)我国商事诉讼程序的缺陷

理性地审视我国现行民事诉讼制度,客观上已成为现代商法实施的障碍,主要体现为:

1. 我国现行的民事证据制度,如果站在商人的立场评价,基本上是一种失败的立法。现有的证据制度强化了审判表演的对抗性,诸如举证责任、举证时限等诸多制度都在强化这种倾向,促使诉讼双方在庭审前后以及庭审中,挖空心思、竭尽全力开展一场寻找和藏匿证据的竞赛,当事人主义的改革使一度慵懒的审判表演变得更加好看,但无疑混淆了一般民事审判和商事审判的区别。这种人为引导、构筑的对抗,进一步破坏了商人之间已经受到伤害的交易关系,增加了“和谈息诉”的难度。[8] 商事诉讼具有简易、迅速、成本低及审理方式灵活等特点,“化干戈为玉帛”的可能性在商人之间更容易发生,因此商事诉讼中的证据规则相较于民事诉讼更加宽松。

2. 在“追求实质正义”及“社会主义法治理念”的精神指引下,我国《民事诉讼法》将再审事由增加为13项,当事人申请再审期限统一规定为6个月。本书认为,我国《民事诉讼法》的再审制度未区分民事案件与商事案件的一体运用,迎合了商事审判促使交易稳定的实际需要。但是,将民事当事人与商事当事人的申请再审期限统一规定为6个月,虽然符合商事纠纷解决所追求的高效便捷,但显然不利于民事审判吁求公正的需要。

3. 票据诉讼是指以票据请求金钱及与之附带的依据法定利率请求赔偿损失为目的的诉讼。虽然票据诉讼属于广义上的民事权利义务争议的诉讼,但这类诉讼因诉讼标的特殊性而要求在诉讼程序的设计上也应当具有特殊性,从而构成特殊的诉讼程序。但是,根据我国现行《民事诉讼法》的规定,票据诉讼案件主要是通过普通诉讼审理程序审理。而我国现行的普通诉讼程序的设置没有充分考虑票据和票据纠纷的复杂性和特殊性,其审理程序复杂,诉讼时间较长,因而难以及时、正确地调整票据关系,不利于发挥票据的流通、支付、信用、融资功能,不利于资金的周转,降低资金使用效率。所以,依据单一的普通程序调节票据纠纷关系是不够科学合理的,为此,有

---

[7] 江伟:《民事诉讼法专论》,中国人民大学出版社2005年版,第359页。

[8] 蒋大兴:《审判何须对抗——商事审判柔性的一面》,载《中国法学》2007年第4期。

必要增设票据诉讼特别程序,实行票据纠纷解决机制的多元化。[9]

(二)我国商事非诉程序的缺陷

一般来说,民商事司法救济可以分为诉讼程序与非讼程序,它们是民商事审判程序中既相互独立又彼此统一的两种基本程序。

由于非讼机制的主要目的不在于正确而慎重地解决当事人各方权利的争议,而是对无争议的法律事实予以确认,更多地反映了利害关系人之间的共同意愿,法院的裁判重要的是其本身直接运用法定职权,所以表现在程序过程中,具有简便、经济、合目的性与创设性的特点,因此非讼审判普遍采用一审终审,且其一审审理期限较诉讼机制也要短得多。商事活动与民事活动的重要区别之一就是商事活动更加强调行为的格式性、迅捷性和时效性,因此,扩大非讼程序运用范围在商事行为中的运用更有重要意义。在公司法中,公司股东的权利很多需要借助一定的法律事实才能得到实现,例如,对股东资格的确认、少数股东关于召集临时股东大会的实现、少数股东退出公司时公平股份价格的确定等,虽然它们并不确定受到公司、公司机关或其他股东对其权利的侵害,但都直接与提起非讼的股东的利益密切相关。所以,对此有必要予以司法救济。如果一味地追求诉讼程序,必然违背当事人意愿,导致低效率,将会导致"为程序而程序"的形式主义萌生。

市场经济不仅是法治经济,更是效率经济,在商事活动中,很多情形下需要对一些并不要求法院依实体法确定实体权利是否存在,但需要法院依法确认一些可能引起争议或带来损失的事实状态,通过法律途径予以"固化"或采用简易程序及时排除。这就是大陆法系国家不断扩展适用非讼程序的原因,它不仅能够避免带来社会资源的更大范围的损失,而且能够适应市场经济高效率的要求。遗憾的是,由于我国民事诉讼法治对市场经济认识不足,加上理论与实践的匮乏,有关商事非讼程序几乎没有涉及。正如江伟教授指出的那样,"当经济生活的发展推出新的纠纷形式时,就要求有相应的诉讼形式与之配套"。[10] 理论工作者的任务就是要具体研究纠纷形式,并运用法学原理来不断解决实践问题。秘鲁著名经济学家赫尔南多在《资本的秘密》一书中曾说过,发展中国家最缺少的不是资金,而是让资金变成资本的制度。然而,我国现行民事诉讼法关于非讼保护的范围非常狭窄,只

---

〔9〕 叶永禄:《理由与建议:关于设立票据诉讼特别程序的思考》,载《法学评论》2007 年第 3 期。

〔10〕 江伟:《市场经济与民事诉讼法学的使命》,载《现代法学》1996 年第 3 期。

限于该法第十五章以特别程序为题所列举规定的传统的非讼案件即选民资格案件,宣告失踪、宣告死亡案件,认定公民无民事行为能力、限制行为能力案件,认定财产无主案件,确认调解协议案件以及实现担保物权案件,还有民事诉讼法较以前新增设的督促程序案件、公示催告案件和公司法人破产案件。可见,我国关于商事非讼案件的范围极其有限。

在司法实践中,法院处理商事纠纷时,欠缺商法意识和商人精神,往往无视商法的基本理念,将商事纠纷视为民事纠纷,用民法的基本意识甚至是传统的伦理道德观念来解决商事问题。法官在处理商事案件中把道德和公平放在第一位,注重公平而非效率。这种看似体现社会公平的司法判断,实际上根本性地否定了商业预期,破坏了商业规律和程序,严重损害了商主体的合法权益,不利于市场经济的繁荣和发展。在缺少公正的、有效率的司法的情况下,那些互利的交易只能依赖原有的信誉,交易也只能在当事人彼此了解的情况下进行。缺少了司法的公正效率,不确定性妨碍了许多潜在的互利交易的开展——这些交易要在以前彼此不熟悉的团体或新兴公司间进行。因此,如果没有一个有效的司法体系来解释和实施法律,立法是毫无意义的。

四、商事诉讼模式的创新

随着我国经济的高速发展,商事关系也越来越复杂,所以在建立和完善商事实体的同时,有关的商事诉讼制度也应当予以建立和完善。在此,本书尝试着从理论层面上构建我国商事诉讼制度的路径:

1. 独立诉讼型,即制定专门的商事诉讼法典。主张独立商事诉讼的理由如下:诉讼制度产生的前提是大量实体规范的出现。现行法律规范中,商法规范已经有了相当的数量,制定我国的商事诉讼制度具备了实体法律规范基础。从实体法与程序法的对应关系来看,一个独立的法律部门往往有一个相应的诉讼制度与之对应,商法作为一个独立的法律部门,应设立自己的诉讼制度。商法客观上有自己特殊的调整对象和独立的调整方法,针对不同的对象和方法,也需要独立的诉讼制度。〔11〕 从社会冲突、社会纠纷的解决机制来看,大量具有独特性质的商事纠纷仅沿用现存的诉讼制度已无法解决。另外,实践中新产生的商事责任形式也超出了现行三大程序法的调整范围,因而建立独立的商事诉讼有其现实必要性。

---

〔11〕 石少侠、王福友、王有志:《实质商法主义的民商分立论》,载《中国商法年刊》(2004 年卷),第 165 页。

2. 大民事诉讼。所谓“大民事”,是对法的性质及其对社会关系的调整作大而化之的划分,凡是“刑”或“军”之外的法都是“民”,其调整的社会关系都属于民事范畴,而不区分“民事”的关系或“商事”的关系。这种观点在我国占绝对多数,“我国没有过商人自治的历史,从来不存在民商分立。因此也就没有必要人为地去建立一套分立的商事诉讼程序……总之,商事纠纷案件本身没有什么特殊性,我国历史和现今都没有把‘商事’视为特别。因此,无论今后实体法上走向如何,在诉讼法上都应建立统一的民事诉讼程序,反对民、商诉讼程序分立”。[12] 我国现行的民事诉讼制度立法则完全迎合了该学说的观点。这一模式的基本内涵是:商事纠纷的解决可以完全依靠既有的民事诉讼制度,没有必要谋求建立独立的商事诉讼制度。[13] 同时,该种模式也符合我国采取民商合一的实体法的立法现状。我国《民事诉讼法》仍继续沿用“大民事”诉讼制度。

3. 在单行商事实体法中,专门规定相应的商事诉讼程序规范。该种模式认为,实体问题和程序问题本来就是难以分开的,同时也需要相互协作和渗透。鉴于商事(民事)诉讼法只宜规定基本的诉讼制度,针对性较差,难以涵盖所有的特殊诉讼机制,且我国民事诉讼法的修改尚需时日,工程也甚为浩大。相比之下,在单行的商事实体法中规定具体类型案件的诉讼机制来得更加便利、及时和经济。另外,考察国外对商事诉讼机制的规定,也多在商法典或单行商事实体法中体现。[14] 将商事程序法与实体法规定在一部法典之中,一方面可以很好地应对商法的专业性,根据不同的实体技术规范内容,富有针对性地制定程序法规范,方便法官在司法过程中贯彻实体立法意图。另一方面也避免了制定一部商法导致诉讼可能出现过于泛化的缺点,同时也可以避免程序立法的杂芜。

以上几种观点有其合理的地方,但也有明显的不足:

就独立诉讼型模式而言,学者们关于制定商事诉讼法的构想和论证富有创意,也极有意义。该模式的最大特点和优点是充分考虑到了商事纠纷的特殊性,适应了商法的特性,因而有利于商法的实施和商法功能、任务的实现。此外,独立诉讼型模式为现在还无法适用现行诉讼途径的一些纠纷提供了解决方案。但本书认为,独立诉讼模式在理论上的依据并不充分,其

[12] 王强义:《民事诉讼特别程序研究》,中国政法大学出版社 1993 年版,第 71 页。

[13] 赵万一:《商法学》,中国法制出版社 2004 年版,第 456 页。

[14] 李颖:《论公司类型案件特殊诉讼机制的构建》,载《人民司法》2003 年第 9 期。

变为现实的可能性也较低。原因在于:其一,商法的独立部门法地位与独立的商事诉讼之间并无必然的联系。商法需要有相应的诉讼保障制度并不意味着商法一定要有一套独立的诉讼制度,商法可以利用既有的诉讼制度实现其可诉性。其二,独立商事诉讼模式无法有效地协调与现行民事诉讼制度的关系,可能引起实践中的混乱。客观地讲,商法与民法在诸多方面仍有一定交叉,故民事诉讼与商事诉讼之间有共性部分,若过于强调商事诉讼的特性,必将造成民商事诉讼实践的混乱。其三,独立的商事诉讼模式并未超越既有的民事诉讼制度和诉讼理论框架。〔15〕因此,独立商事诉讼的观点是一种比较理想化的思路,现实可行性不大。另外,如果要建立独立的商事诉讼,必然要重新立法并建立相应的司法机构,这样做既浪费司法资源,又增加立法成本,就法治现状而言,还属于一种奢侈的构想。大民事观点忽视了商法规范本身的特殊性。

大民事模式是建立在商法是民法的一个分支的认识基础上,这与法学界公认的商法是区别于民法、经济法的一个独立部门法的观念有很大差距,也难以被接受。商法与民法在价值取向、调整对象及调整立法等诸方面均存在根本性的差异,决定了民事诉讼制度无法成为商法的基本诉讼制度。另外,如果强行将商事纠纷纳入民事诉讼范围,〔16〕势必要对民事诉讼法作较大的修改。这会极大地颠覆现有民事诉讼法所确立的基本原则和已有框架,在实践中的可行性不大。在单行的商事实体法中规定商事诉讼制度的优点是节约立法资源,方便司法。但是,囿于立法任务的分工,商事单行实体法一般仅规定商事案件的内容及范围,而具体的程序则须由相关的程序法规定,以顺应商事单行法的实体规定。

五、特别制度型:我国商事诉讼模式的应然选择

根据上述分析,本书认为,前述几种关于商事诉讼制度的模式均存在一定不足。独立的商事诉讼模式虽然顾及了商法作为独立部门法的特性,但忽略了所谓的商事诉讼制度与既有的民事诉讼制度之间的联系和共性,该模式在理论上并无充足依据,在实践中也并不现实可行。而完全依附于现行的民事诉讼制度实现商事诉讼的模式则无法适应商法作为独立部门对诉

〔15〕 游钰:《论经济法的可诉性及其实现模式》,载《经济法论丛》(第7卷),中国方正出版社2003年版,第361~363页。

〔16〕 我国《民事案由规定》仍将商事纠纷视为民事纠纷。

讼制度的特殊要求。同时,在商事实体法中规定商事诉讼制度并不能提供充足的程序规则。因此,必须谋求建立一种既现实可行又能适应商法特性的商事诉讼制度。

本书认为,应当以既有的民事诉讼制度为基础,同时建立若干适应商法特性的特别诉讼制度来实现商法的功能,这一模式可以简称为特别制度型。特别制度型模式的基本内容可以概括为以下三个方面:第一,民事诉讼法总则属于民事诉讼与商事诉讼的"程序总则",对民事案件与商事案件的审理均具有统率性、普遍性。考察国外的民事诉讼法典,其总则部分均不约而同地规定了对民事案件及商事案件共同适用的诉讼程序总则,如《法国民事诉讼法典》《德国民事诉讼法典》《日本民事诉讼法典》等。因此,需要对我国现行的《民事诉讼法》的总则部分进行修改,修改的办法为:在我国的民事诉讼法中增设商事诉讼的规则。第二,在商事单行法中,规定公司诉讼、票据诉讼、证券诉讼等商事诉讼制度以满足商事案件的特殊要求。第三,关于审判组织的确定。考虑到破产案件在内容上和某些程序上的特殊性,我国设置了专门的破产法庭。

从我国目前的诉讼体制来看,建立一套审理"商事案件"的商事特别程序易于被我国立法机关所接受,也符合广大民众的诉讼习惯。换句话说,该种制度设计既能满足商事诉讼特殊要求,又能充分利用现有的司法资源。

(一)我国商事诉讼具体规则的构想

基于商事法律关系而产生的商事诉讼,相比普通的民事诉讼而言,其解决程序也具有特殊性。商事诉讼在诉讼主体资格、案件管辖、证据制度、举证责任的分配、审理程序等方面,均异于民事诉讼。

具体来说,我国商事诉讼制度的重构应包括以下具体制度:

1. 专属管辖制度。为追求公司经营的稳定,在公司组织诉讼中,因公司设立、确认股东资格、分配利润、解散等纠纷提起的诉讼,由公司住所地人民法院管辖。

2. 自由证据制度。商人之间商行为的证据是自由的,有关商行为的证据,可以通过任何方法提出,其中包括证人证言与推定。商法中证据自由意味着,无论行为所涉及的数额如何,证人证言均可接受,并且可以运用当事人之间交换的通信往来、持有的账目、复印件以及任何推定形式来提出证据。因此,关于商行为,除非法律有例外规定,并不一定要制作书面文书,公司法与运输法方面尤其如此(《法国民法典》第 1835 条与《法国消费法典》

第101条)。[17] 商事诉讼之所以采取自由的证据制度,是为了不阻碍商业活动高效运作的需要。民法则与此相反,按照民法的规定,凡是协议标的超过5000法郎,民事法律行为的证据原则上应当用书证方法提出,或者用其他的"法定证据"方法提出(《法国民法典》第1341条)。

3. 施行严格的财产保全措施。我国现行的财产保全制度在商事诉讼活动中给作为被申请人的商主体带来了极大的负面影响。众所周知,商主体的营业行为与其营业财产密切相关,商主体在被采取查封、扣押和冻结措施之后,其商业信用必然会下降,贷款融资的难度会大大增加,商主体的正常营业或许会陷入停滞。[18] 客观上说,严格的诉讼保全措施对于商主体营业的干扰多数情况下是不可逆的,甚至会导致商主体的解散与注销。职是之故,现行的财产保全制度应当根据商事活动的特点加以调整,主要包括审慎适用财产保全、严格诉讼保全的条件、奉行比例原则等,尽量不影响被申请人的正常营业。值得注意的是,2019年12月16日颁布的《最高人民法院关于在执行工作中进一步强化善意文明执行理念的意见》第5条:"灵活采取查封措施。对能'活封'的财产,尽量不进行'死封',使查封财产能够物尽其用,避免社会资源浪费。查封被执行企业厂房、机器设备等生产资料的,被执行人继续使用对该财产价值无重大影响的,可以允许其使用。"

4. 审理期限的缩短。"正义的第二种含义——也许是最普通的含义——效率。"[19] 由于商事诉讼具有较强的扩散性,往往牵一发而动全身,因此,商事诉讼迫切需要及时、快速、低成本地解决,相对其他诉讼而言更加追求诉讼的效率。商事诉讼程序很快,因为它不受审前准备程序的限制,期间通常很短。在紧急情况下,即使存在严重的争议,商事法院院长也可以作出紧急审理裁定(《法国民事诉讼法典》第872条与第873条)。在我国,当下大量的商事案件大都要经过一审、二审、再审,冗长的诉讼程序使商主体背负了巨大的时间压力和财产压力。因此,基于商主体对于时间有更急迫的需求,人民法院应当尽可能缩短审理商事案件的期限。

5. 商事诉讼推行"参与裁判制",审判组织的组成具有极强的民间性。以自由为基础的社会系由各种共同体组成,追求互惠交易的商人也构成一种"自治的社会共同体",推行"参与裁判制"的商事法院(庭)就是"共同体

---

〔17〕［法］伊夫·居荣:《法国商法》,赵海峰译,法律出版社2004年版,第71页。

〔18〕赵旭东等:《中国商事法律制度》,法律出版社2019年版,第349~350页。

〔19〕［美］理查德·A. 波斯纳:《法律的经济分析》,蒋兆康等译,中国大百科全书出版社1994年版,第31页。

自治”在纠纷解决形式上的表现。尽管各国关于商事审判的具体方式存在差异,但在没有商事法院(庭)的国家,我们可以看到来自商人群体的非职业性法官往往会自然进入商事审判的权力体系之中。法国、比利时、克罗地亚如此,德国也曾出现过这样的局面。[20] 商事法院(庭)的法官是由商人选举任职的法官,不是职业法官。商人之所以青睐这样的专门裁判机关,是因为商事争议的判决需要了解更多的行业习惯,而不是更多的法律规则,只有商人才了解这些习惯。

6. 商事诉讼宜实行“调(和)解型”审判模式:商人游走营生、见多识广,且商事交易处处隐藏风险,商人会经常面临纠纷,如果不尽快了结纷争,显然不利于其营业的开展。可见,对于精细计算的商人来说,和讼是一种成本低廉的选择。这恐怕是商人倾向于和平解决纠纷,主张退一步海阔天空的原因,也是商事审判可能“柔性化”的基础。[21] 既然商人有更强的和解纠纷的动力,在商事诉讼中,对立双方往往都是还要继续有商务往来的公司,因此,法官要更多地注意为它们之间的将来做准备,而不仅仅是对过去进行清算。我国最高人民法院、国家发展和改革委员会《关于为新时代加快完善社会主义市场经济体制提供司法服务和保障的意见》规定了以深化诉源治理推进社会治理融合互动,坚持把非诉讼纠纷解决机制挺在前面,充分发挥基层法院、人民法庭就地预防化解矛盾纠纷的功能作用和联系人民群众的桥梁纽带作用。

7.“外观主义”:商事裁判的准则。外观主义,也称作外观法理、外观责任,其基本的含义是指“以交易当事人行为之外观为准,而以定其行为所生之效果也”。[22] 外观主义作为一项重要的商事裁判准则将“衡平”的权利授予法官,在商事交易外观与事实不一致的情形之下,法官需要在“自由意志”与“信赖利益”之间进行权衡,如果能够证明“合理信赖”存在,则必须依照外观主义的原则进行裁判。因此,在上述情形之下,证据的使用和判决的论证都区别于民事审判中的“以事实为根据”的审判准则,交易主体的真实意思表示和事实真相并不是案件的审理关键。但是,在审判实务中要准确把握外观主义的适用边界,避免泛化和滥用。[23]

8. 限制反诉与上诉。在一般的民事诉讼中,为了保护当事人的利益,同

---

〔20〕［英］施米托夫:《国际贸易法文选》,郑秀文译,中国大百科全书出版社 1993 年版,第 58 页。

〔21〕蒋大兴:《审判何须对抗——商事审判“柔性”的一面》,载《中国法学》2007 年第 4 期。

〔22〕张国健:《商事法论》,三民书局 1981 年版,第 45 页。

〔23〕《九民纪要》。

时为了体现诉讼的公平公正性，当事人通常有上诉和反诉的权利。但商事诉讼的价值目标不同于民事诉讼，为了保证诉讼的效率，应该限制当事人反诉与上诉。[24] 例如，《法国商法典》第639条规定："商事法庭对标的额不超过13000法郎的诉讼请求作出终审判决。"《日本新民事诉讼法》第351条规定："关于票据诉讼，不得提起反诉。"

综上所述，对于商事主体而言，时间意味着更多的利润和财富，如果审判程序烦琐，不确定因素增多，商事审判的可预期性就会降低，这不会为从事交易的商主体所接受。从商事交易的角度讲，专属管辖、限制反诉与上诉、调节型审判模式、自由证据制度等都是西方发达国家商事审判中一直沿用至今的特别程序，这些商事特别程序能否一概适用于中国目前的民商事诉讼框架，我国在未来能否构建有中国特色的商事审判程序，是值得关注和期待的。但是，我国《民事诉讼法》仍未规定商事诉讼的内容，必将为我国商事纠纷的快速解决带来障碍。

（二）商事非讼制度的完善

我国在计划经济时期，由于社会经济成分单一，不仅民商事活动简单，而且非讼纠纷的类型和数量也较少，在这种经济形态的社会条件下，加以国家对于社会经济生活的全面干预，大量的非讼纠纷几乎都是由国家的行政管理部门采用行政管理的方式解决的。在当时的社会和经济形态条件下，如果说非讼案件的程序处理机制在立法体例上与通常的争讼案件还可以合一的话，那么在我国进入市场经济以后，随着社会经济成分的多样化和社会民商事活动的复杂化，这种立法体例以及程序设置的正确性、科学性就值得考虑了。这不仅是因为社会非讼纠纷的类型在不断增多、数量在不断扩大，还因为在当前经济形态以及社会条件下，市场经济的发展对于解决非讼纠纷的方式提出了不尽相同的内在要求。而且随着社会整体权利意识的增强，非讼纠纷的利害关系人对于国家解决非讼纠纷的机制和手段也提出了更高的要求，即需要国家尽可能地采用较通常行政管理手段更为公平、公正的司法手段来解决非讼纠纷。换言之，以司法的方式来解决纠纷，已成为市场经济条件下解决非讼纠纷的一种时代的客观需要。而在我国市场经济不

---

〔24〕《民事诉讼程序繁简分流改革试点实施办法》第5条第1款规定："基层人民法院审理的事实清楚、权利义务关系明确、争议不大的简单金钱给付类案件，标的额为人民币五万元以下的，适用小额诉讼程序，实行一审终审。"

断发展、国家行政管理权力不断弱化，以及需要大量采用司法的方式来解决非讼事件的社会条件下，现行《民事诉讼法》对非讼案件与争讼案件一并规定，且将解决非讼案件的程序附属于争讼程序的这种立法体例，已不能适应现实社会解决非讼纠纷的实际需要。[25]

根据前文分析，很显然，我国现行《民事诉讼法》规定的商事非讼案件已不能满足我国商事实践的需要，大量的商事非讼事件在立法中本应规定，但是可能由于立法者采取慎重态度而未规定。

完善我国商事非讼程序制度还涉及是否制定单独的商事非讼程序法的问题。在我国有无必要单独制定商事非讼案件程序法，涉及法院职能与政府职能的问题。进一步说，对于商事非讼事件，无论是一律采用最终司法解决的方式，还是部分采用司法解决的方式，即仍将部分商事非讼事件继续交由传统的行政方式解决，这关涉政府体制改革如何进行。就目前的情况而言，有的未作法院处理的商事非讼事件，如公司登记事件、股东出资的检查等，在我国是由行政机关处理；有的商事非讼事件则作为诉讼事件来处理，如共同海损事件、公司清算事件等。在这种情况下，当然没有必要制定单独的商事非讼案件程序法。如果对政府体制进行改革，将本属行政职能事件转由法院办理；同时，为追求效率而将现行的商事诉讼部分还原为商事非讼事件，必将导致现行民事诉讼法没有规定的商事非讼案件大量增加。这种情况下，有必要在条件成熟时制定一部单独的商事非讼案件程序法。

借鉴国外的立法经验，我国将来商事的非讼事件应当包括：(1)公司及商事拍卖事件；(2)公司债事件；(3)公司整顿事件；(4)公司清算事件；(5)委托商事登记事件；(6)海商事件；(7)票据事件；(8)信托事件。

六、结语

我国近年来在民商实体立法方面的成绩是巨大的，相比较而言，在司法体制的改革上却是滞缓的，在商法实施的司法保障方面甚至是退步的。国外在商事案件的审理及商事诉讼的立法方面的经验，对我国具有一定的借鉴意义。对于商事诉讼制度，我国在今后的司法改革和相关程序立法上应当予以高度重视和考虑。同时，我国是否应取消形式上所谓的“大民事”格局，是否应实事求是地承认商事案件的特殊性，并在机构设置和诉讼程序上体现出差异性，也需要理论界和实务界做进一步的反思。

---

〔25〕　廖中洪：《制定单行〈民事非诉讼程序法〉的建议与思考》，载《现代法学》2007年第3期。

第二节　我国的商事审判制度

民事活动与商事交易之间的差别，客观上导致民事主体与商事主体存在不同欲求。商人对商事交易效率的追求，表明迅速化解交易纠纷是对其最为有利的选择。因此，现代各国商事审判在诸多方面异于民事审判，并适用专门的诉讼程序，甚至设置专门的商事法院。商事审判制度具有简易、迅速、成本低及审理方式灵活等特点，商事审判制度具有效率及审理方式的灵活性，与商事纠纷主要为财产权益纠纷、以及时确定商事权利义务关系并维护瞬息万变的商事交易效率与安全为目的相联系。

一、我国商事审判制度的现状与缺陷

在司法实践中，法院处理商事纠纷时，欠缺商法意识和商人精神，往往无视商法的基本理念，将商事纠纷视为民事纠纷，用民法的基本意识甚至是传统的伦理道德观念来解决商事问题。例如，基于商事一般规则的缺失，受"贱商""轻商""重义轻利"等传统不利因素的制约，对于商主体的营业损失，法院往往以"未提供合法有效的证据"为由不予支持；为有效地保障交易安全，商法普遍认可惩罚性赔偿，但法院却以"公平""等价有偿"等传统民法的原则为由，判决不予支持；对于登记事项的对抗力，只要经过登记，原则上就可以对抗第三人，但从实务角度看，我国法官更倾向于运用表见代理判案，导致商事登记的规定失去了其应有的意义；擅自在商家门前摆设摊点的行为，对商家的经营权造成了侵犯，法院却以《民法典》第236条"妨害物权或者可能妨害物权的，权利人可以请求排除妨害或者消除危险"的规定判令侵权人从商家门前撤离，显属适用法律错误。实际上，在商家门前摆摊设点的行为并不是减损商家的有形财产价值，而是使其丧失交易机会。从法理上讲，《民法典》中的物权制度局限于对有体财产的实物载体和价值的静态保护，而对于商法中具有多元的、动态的经营权的调整则难以胜任。对于带有赔偿责任限额的格式条款，如果相对人是商人（公司），基于双方地位相对平等，为体现当事人对赔偿责任的自治精神，商事审判理应认可由商会及行会或商主体单方面制定的限额赔偿的有效性，尊重商事交易的契约性。但是，在我国，法院对格式条款怀着天然的抵触，往往在不加区分相对人的身

份(商人或者消费者)的前提下,执意以《民法典》第 497 条之规定否认该类限额赔偿的合法性等。法官经常以社会公平替代经济公平,这种看似体现社会公平的司法判断,实际上根本性地否定了商业预期,破坏了商业规律和程序,[26] 严重损害了商主体的合法权益,不利于市场经济的繁荣和发展。很显然,司法会直接影响到私人的投资行为,在缺少尊重商事交易、体现商事思维的司法的情况下,那些互利的交易只能依赖于原有的信誉,交易也只能在当事人彼此了解的情况下进行。过度强调公平正义的民事审判给商事实践带来的不确定性妨碍了许多潜在的互利交易的开展——这些交易要在以前彼此不熟悉的团体或新兴公司间进行。

二、大民事语境下我国商事审判制度的重构

(一)重构我国的商事审判制度应当注意的问题

1. 商事关系的独特性吁求特有的商事审判制度。商事审判的独立性根源于商事关系的独立性。商法作为一个客观的新兴法域,有其特定的调整对象、独有的调整方法,必然要求存在与其法律精神相适应的审判制度。法律制度史也表明,实体法部门的发展总是引起程序法及审判制度的相应进步。面对拥有不同属性和特质要求的不同类型的经济冲突,自然不能采取统一的纠纷解决机制来应对,这就为我们采用多元的应对措施和手段提供了最深刻、最根本的依据。商事审判之所以应该区别于普通的民事审判,既源于两者所依据的实体法在立法理念和立法技术上表现出明显的差异性,也在于两者在审判理念上的明显不同。就立法理念而言,民法实行的是公平优先,而商法采取的则是效益优先兼顾公平;民事审判侧重于静态利益和本人利益的保护,而商事审判更侧重于动态利益和第三人(尤其是善意第三人)利益的保护。因此,倘若我们继续维持长期以来对民商审判不加区分的错误做法,将本属于民事审判的规则适用于商事审判或者相反,势必不利于我国民商法治的完善和社会主义市场经济的发展。

商法调整的是商人以追求利润为目的而从事特定营业所形成的经营关系。因此,商事审判的对象是商事关系。如何界定商事关系? 法律往往从主体和行为的角度切入社会关系的调整——要么根据主体设定规范,要么根据行为设定规范,要么结合二者设定规范——任何社会领域的法典都无

---

〔26〕 叶林:《商法理念与商事审判》,载《法律适用》2007 年第 9 期。

法回避这种思维路径。[27] 就商事关系的界定而言,本书认为,唯有采取商行为的方法才能全面界定商事关系。单从商人的角度去理解商事关系,一方面,可能陷入对于一些行为难以划定其是属于民事行为抑或商行为的困境,势必会造成司法上的混乱,而影响法律适用的准确性;另一方面,认为商事关系是平等的商事主体之间基于营利动机,在持续的营业之中建立的社会经济关系,[28]显然将由非商人形成的商事关系排除在商事关系之外,缩小了商事关系的外延。同时,商人也具有多重身份,既是商法上的主体,也可能同时是民法上的主体、行政法上的主体,甚至是刑法上的主体。在此背景上,仍将商人的行为全部假定为商行为,只是理论上不顾事实的强行推定,显得过于笼统和粗糙。如公司捐赠行为,其最终目的也许是营利,但捐赠和营利距离如此遥远,以至于用商行为的规范来调整捐赠行为显得非常不合时宜。商法显然应适应这种变化,将商人行为分为营业行为和非营业行为分别进行规制,[29]对于商人的营业行为,适用商法;对于商人的非营业行为,则适用民法或其他部门法。

需要强调的是,我国民商事立法已经明确规定了商事主体、商事关系、商事活动等概念。在优化营商环境的背景下,我们更应当强化运用商事审判制度来解决商事纠纷。但是,受"民商合一""大民事"等概念的制约,我国《民事案由规定》仍未引入"商事纠纷"的概念,对于我国的商事裁判较为不利。

2. 不可切断与民事审判的联系。当然,如同任何制度需要化解社会矛盾和平衡利益冲突一样,商事审判在立法价值上仅考虑交易效率是不够的,还应当同时考虑社会公平的实现和商人社会责任的承担。从理论上讲,虽然任何交易都有风险,但是有必要把交易相对方所负担的风险限定在一个合理的范围之内,否则,不仅会危及单个交易,而且也会影响整个市场的交易秩序,其结果是最终影响到交易的效率。[30] 因此,平衡商事实践中各种主体的利益是现代商事审判的应有之意,商事审判必须关注不同的利益主体。商事审判调整的商事关系虽然具有营利性,但商事审判所关注的不只是商

〔27〕 蒋大兴:《商事关系法律调整之研究——类型化路径与法体系分工》,载《中国法学》2005年第3期。

〔28〕 王保树:《中国商事法》,人民法院出版社1996年版,第4页。

〔29〕 钟向春:《商法规范结构的新构造》,载王保树主编:《商事法论集》(第15卷),法律出版社2009年版,第24页。

〔30〕 赵万一、吴晓锋:《商事思维下的公司法实务研究》,中国法制出版社2009年版,第4~5页。

人的利益,而是使参加商事法律关系的各种主体的利益都在不违反强行法律规定的情况下得以实现,关注商人的社会责任,[31]因而现代意义的商事审判应是惠及所有参加商事法律关系者的审判制度。

商法是民法的特别法,因此,凡涉及商事活动的法律适用,首先考虑适用商法规则,如果商法未作规定,则依照民法规则补充适用的原则适用民法规定。商法自身永远无法对全部商事关系进行自足调整,将部分商事关系配置给民法调整是符合法律理性的。[32]“商法规范在解决案例中——无论是教学、考试还是实务中都是如此——很少自己单独适用,而往往是和民法规范的所有原则相结合的。”[33]可以说,几乎任何一起商事案件都可能涉及民法规定的适用。例如,我国公司法对有限责任公司的股权转让设专章规定,但公司法对股权转让合同的订立及效力未作明确规定,要解决这个问题,必须考虑适用民法典的相关规则。因此,要正确认定瑕疵股权转让合同的效力,就必须做好公司法和民法典的衔接适用工作,避免因有限责任公司股权转让与公司法存在高度关联,而盲目排斥民法典相关规则的适用。

客观上说,商事审判和民事审判所处理的都是平等主体之间的法律关系,且我国的商事审判也处在“大民事”格局中,因此,二者之间存在许多共同之处。就此而言,在商事审判中要注重对“大民事”审判格局中共同规则的适用,不能随意地标新立异乃至突破底线。[34]我们要倡导民事审判与商事审判之间的良性循环,以整合经济和社会效益,谋求整体效益的最大化。因此,我们在探讨、创设特有的商事审判制度时,绝不可忽视传统民事审判制度具有补充调整商事审判的应有地位,绝不可漠视传统民事审判仍有调整现代商事关系的可能性。同理,商事法官应将民法思维和商法思维辩证地统一起来,不能忽视商事审判还承担着促进交易公平的使命。[35]

(二)重构我国商事审判制度的举措

具体举措主要体现在:

---

〔31〕《民法典》第86条规定:“营利法人从事经营活动,应当遵守商业道德,维护交易安全,接受政府和社会的监督,承担社会责任。”

〔32〕蒋大兴:《商事关系法律调整之研究——类型化路径与法体系分工》,载《中国法学》2005年第3期。

〔33〕[德]C. W. 卡纳里斯:《德国商法》,杨继译,法律出版社2006年版,第6页。

〔34〕江必新:《商事审判与非商事民事审判之比较研究》,载《法律适用》2019年第15期。

〔35〕游伟、李盛:《认定瑕疵股权转让合同效力的原则与思路》,载《人民法院报》2008年9月25日,第6版。

1. 商法的价值。长期以来我国民商事立法过于保护交易,忽略了商事主体以及投资利益的保护。当下基于优化营商环境的考量,我们需要保护商事主体以及投资人的利益,即强化债权的相对保护。同时,对利害关系人的保护和对商事主体的保护要平衡,不能过于保护利害关系人的利益。

同时,在大民事格局背景下,民商事审判更多地强调实质公平公正,注重对静态财产安全的保护,忽视了商事制度中对于效率迅捷、动态财产追求的特质。当前法律规范中存在未区分民商事主体、对于债权人(第三人)利益的过度保护、对失信惩戒过重等问题,特别是新涌现的新类型商事交易如保理、非典型担保等法律关系的存在,就裁判者而言,遵循何种价值理念来进行审判是十分现实的问题。

2. 强化营利。商事关系的本质乃是资本的营利活动。在理论假设上,商主体是具备相应知识、经验、资质的理性"经济人",其以利润的最大化为行为的出发点和归宿。对于商事活动的逐利性,不应当怀有敌意。商事活动的逐利性在激励个体财富增长的同时,也增进了社会财富,是推动社会进步的源动力之一。商事审判应当旗帜鲜明地依法保护和鼓励商主体通过正当竞争手段和合法投资途径去获取经济利益。[36] 商事审判应依法鼓励和保护商事主体通过正当交易手段和合法投资途径去获取经济利益。要树立有偿性判断思维,充分注意到理性的商事主体通常不会从事不计成本的经营活动,商事合同当事人对有偿还是无偿没有约定的,一般应推定为有偿;要注意对守约方可得利益的保护,要充分认识到可得利益赔偿并非使守约方获得了额外的利益,而是对其正常商业利润和利益的保护。[37]

3. 司法谦抑。商事审判中法官对于当事人意思自治的介入要秉持审慎和克制态度。这主要是基于以下两方面考虑:一方面,法律对商主体的假设自然推定他们对于自身参与的商事行为有专业、成熟的判断能力,同时也应当有更高的风险预估和承受能力,商主体的决策可以视作是在衡量风险与收益的基础上作出的最优选择,司法权力应当减少出于"父爱主义"的关怀而作出不必要的干预。另一方面,商行为本身具有很强的专业性和规范性,不仅诸如保险、票据、公司股权、融资租赁等商事领域均存在较为详细的成文法规范,且不少商行为都有自己的"格式条款",就此而言,商主体发挥自

---

〔36〕 胡道才:《发挥商事审判的规制指引功能推进社会管理创新》,载《人民司法》2011 年第 1 期。

〔37〕《民法典》第 933 条规定:"委托人或者受托人可以随时解除委托合同。因解除合同造成对方损失的,除不可归责于该当事人的事由外,无偿委托合同的解除方应当赔偿因解除时间不当造成的直接损失,有偿委托合同的解除方应当赔偿对方的直接损失和合同履行后可以获得的利益。"

由意志的余地往往并不大,相应地,司法也就没有必要对其进行过多介入和干预。在确定商行为不违反法律强制性规定的情况下,商事审判应谨慎介入市场主体的自治领域,充分尊重当事人对合同的自由权利和公司的自治权利等,不轻率地以司法判断取代商业判断。[38]

4. 创造性司法。在审理各类商事案件特别是新类型商事案件时,人民法院要特别注重践行尊重交易实践、审慎包容创新的商事审判理念,在商事法律规范供给不足的情况下,及时通过科学合理的司法裁判为相应的商事实践提供规则指引,保护和促进新模式新业态的健康发展。[39]

5. 树立商法优先适用与尊重商事自治规则并重的理念。一方面,商事审判中应当更加注重坚持特别法优于普通法的法律适用原则,当商法规范与民法规范存在冲突时,应优先适用商法规范。另一方面,现代商事活动专业性日益增强,特别是随着科技进步和创新经济的发展,新型交易模式和规则不断翻新,这些在长期商事活动中形成的交易规则和惯例,成为商事团体的自治规范,成为商主体从事商业活动必须遵守的规则,维持着商事交易秩序的有序运转。故而,商主体从事商行为在接受商法规范调整的同时,还需遵守公司章程、交易所等社会中介组织的业务规则、商会规约以及交易惯例等商事自治规则。实际上,《民法典》第 10 条也明确了交易习惯的法源地位。因此,人民法院在审理商事案件时,在优先适用商法规范的基础上,还应当积极主动将各类商事自治规则作为案件审理的重要参考依据。[40]

6. 强调类型化审判思维的运用。通过对商事交易中交易结构与构成关系的梳理,进行"类型化"分析,便于对不同类型商事交易关系进行定性区分,进而逐步形成异质的裁判思路以解决商事纠纷。例如,公司法奉行"团体法、组织法"、票据法奉行"无因性"、证券法奉行"恒定有效"、破产法奉行"集体清偿"、保险法奉行"最大诚信"思维等。

三、前途未卜的商事纠纷解决机制制度

(一)在夹缝中艰难前行的"商事仲裁"制度

商业活动的目标在于追求商业利益,因此与非商业人士相比,商人们更

---

〔38〕 江必新:《商事审判与非商事民事审判之比较研究》,载《法律适用》2019 年第 15 期。
〔39〕 江必新:《商事审判与非商事民事审判之比较研究》,载《法律适用》2019 年第 15 期。
〔40〕 江必新:《商事审判与非商事民事审判之比较研究》,载《法律适用》2019 年第 15 期。

加注重纠纷解决的成本和效率，而不希望国家过多干预其商事纠纷的处理。所以，由商人们的自律组织商会裁决纠纷发展而来的仲裁制度处处体现着商人的理念和要求。例如，一裁终局、不公开审理，就是商人效率优先、保守商业秘密思想的体现；在仲裁程序中有权选择仲裁员、选择仲裁庭的组成形式、选择所适用法律和仲裁规则等，则体现出商人寻求自治的理念。此外，仲裁活动中更多地根据特定地域或行业的商事习惯、商人法或者公平观念作出裁决，折射出商人们的平等要求和商业道德意识。由于这种机制并不妨碍国家的政治统治，有利于经济发展，并且在一定程度上维护了交易秩序的稳定而被国家所认可。

但是，我国《民事诉讼法》第 237 条规定："对依法设立的仲裁机构的裁决，一方当事人不履行的，对方当事人可以向有管辖权的人民法院申请执行。受申请的人民法院应当执行。被申请人提出证据证明仲裁裁决有下列情形之一的，经人民法院组成合议庭审查核实，裁定不予执行：（一）当事人在合同中没有订有仲裁条款或者事后没有达成书面仲裁协议的；（二）裁决的事项不属于仲裁协议的范围或者仲裁机构无权仲裁的；（三）仲裁庭的组成或者仲裁的程序违反法定程序的；（四）裁决所根据的证据是伪造的；（五）对方当事人向仲裁机构隐瞒了足以影响公正裁决的证据的；（六）仲裁员在仲裁该案时有贪污受贿，徇私舞弊，枉法裁决行为的。人民法院认定执行该裁决违背社会公共利益的，裁定不予执行。裁定书应当送达双方当事人和仲裁机构。仲裁裁决被人民法院裁定不予执行的，当事人可以根据双方达成的书面仲裁协议重新申请仲裁，也可以向人民法院起诉。"最高人民法院《关于适用〈中华人民共和国民事诉讼法〉的解释》第 478 条规定："依照民事诉讼法第二百三十七条第二款、第三款规定，人民法院裁定不予执行仲裁裁决后，当事人对该裁定提出执行异议或者复议的，人民法院不予受理。当事人可以就该民事纠纷重新达成书面仲裁协议申请仲裁，也可以向人民法院起诉。"

对于国内仲裁裁决的司法复审是否应包括对裁决的实体内容进行审查，是理论上和实务中争议最大的问题。一种观点认为，司法复审不应涉及实体问题，主要理由是：第一，审查范围太广，费时费力，与裁结案迅速、程序简便的特点不符。第二，仲裁机构的特点及严格的仲裁员资格限制对保证公平仲裁产生重要作用。第三，许多国家的仲裁法都将司法复审的范围限定在程序公正的范围内。另一种观点则认为，司法复审应当包括实体问题，其理由是：第一，迅速简便的程序不应以牺牲公平为代价，与裁决的合法性、公正性相比,裁决的终局性当居第二位。第二,高素质的仲裁员所作的裁决需要监督。第三,另有许多国家的仲裁法规定司法复审应包括对实体问题的审查。很明显,我国《民事诉讼法》采取了对于仲裁裁决"实体审查"的立法模式。本书认为,该实体审查的模式使"商事仲裁"相比"普通诉讼"的优势完全丧失。

典型判决

"本案中,调解协议系双方自愿达成,协议内容不违反法律规定。人民法院对于仲裁司法监督实行的是有限监督原则,在法律未授权法院行使撤销仲裁调解书的权利的情况下,法院不得超越法律规定行使。故申请人向本院申请撤销仲裁调解书缺乏法律依据。另鑫宛公司在仲裁案件中已将涉案房屋查封情况向仲裁庭说明,董若松亦在仲裁庭审笔录上签字予以确认,且董若松在仲裁庭审前也收到了相关裁定书,因而仲裁时鑫宛公司并不存在隐瞒足以影响公正裁决的证据的情形。申请人董若松在明知鑫宛公司已在仲裁庭审时出示法院查封保全裁定书和协助执行通知书的情况下,以鑫宛公司隐瞒上诉证据为由提起撤销仲裁裁决申请,浪费司法资源,本院对申请人董若松予以训诫。"〔41〕

通过本案,我国可以看出,我国现行的仲裁司法监督制度严重不利于我国商事仲裁制度的推行。我国应当重构仲裁司法监督制度。根据其他国家对仲裁进行司法监督普遍采取宽容态度的发展趋势和从支持我国仲裁事业发展的思想出发,一是要改变现在实行双重司法监督的做法,取消不予执行仲裁裁决的制度,将其合理的内容吸收到撤销仲裁裁决的制度之中。二是要完善撤销仲裁裁决制度,仲裁裁决司法复审范围应当严格限制在对程序性问题复审,不得进行实体审查,即仅审查仲裁协议是否有效、仲裁员的裁决是否超出了当事人授权仲裁事项的范围、仲裁庭的组成是否符合仲裁协议的约定、仲裁庭是否将陈述意见的机会公平地给予双方当事人等。将撤销仲裁裁决的法定事由严格限制在违反仲裁程序和"违背社会公共利益"的范围之内,体现司法监督的有限性和形式性。同时,法院在作出撤销仲裁裁决之前必须听取原仲裁庭的意见。

---

〔41〕 河南省南阳市中级人民法院民事裁定书(2020)豫13民特9号。

值得注意的是，为正确审理仲裁司法审查案件，统一裁判尺度，依法保护当事人合法权益，保障仲裁发展，2018 年 1 月 1 日开始实施的最高人民法院《关于仲裁司法审查案件报核问题的有关规定》第 2 条第 2 款规定："各中级人民法院或者专门人民法院办理非涉外涉港澳台仲裁司法审查案件，经审查拟认定仲裁协议无效，不予执行或者撤销我国内地仲裁机构的仲裁裁决，应当向本辖区所属高级人民法院报核；待高级人民法院审核后，方可依高级人民法院的审核意见作出裁定。"第 7 条规定："在民事诉讼案件中，对于人民法院因涉及仲裁协议效力而作出的不予受理、驳回起诉、管辖权异议的裁定，当事人不服提起上诉，第二审人民法院经审查拟认定仲裁协议不成立、无效、失效、内容不明确无法执行的，须按照本规定第二条的规定逐级报核，待上级人民法院审核后，方可依上级人民法院的审核意见作出裁定。"这些规定最大限度地支持了我国商事仲裁制度。

（二）阻碍商事交易的"民事诉讼"制度

当今时代是重商的时代，社会上已形成了重商的氛围和重商的理论体系。特别是目前全球各国均处在金融危机及经济危机的阴影下，各国政府的政策均是围绕着商业的发展而进行，为商业的发展提供莫大的优惠，为贸易的进行提供最充分的自由。在众多的重商政策及制度中，也包括司法制度。随着各国市场改革的推进，对运作良好的争端解决机制和程序的需求变得越来越明显了。在此背景下，人们越来越明显地看到，对于健康的经济发展而言，司法与基础建设一样重要。通过司法制度，人们可以感受到法律制度对经济的影响。具体而言，司法制度对于增加公平性和可预见性，进而减少社会交往中的不确定性和降低市场的交易费用都是至关重要的。[42] 1991 年颁布的《民事诉讼法》仍局限于传统的民事诉讼，不利于商事纠纷的快速解决。

实践表明，当今各国间的经济竞争已不再取决于自然资源和人们是否勤劳，而体现为各国之间的制度竞争；最终决定国际商业竞争胜负的力量不是参与者个体的能力，而是参与者背后那些抑制或者激发财富创造的制度。

---

〔42〕［美］艾德加多·巴斯卡哥利亚：《发展中国家的法与经济学》，赵世勇等译，法律出版社 2006 年版，第 51 页。

第三节　商事审判中的裁判思维

一、商法思维的意义

商法思维,即商法法理,是指法律职业者或者法律人特定的从业思维方式,是法律职业者在从事商事职业的决策过程中按照商法的逻辑来思考、分析、解决问题的思维方式。[43] 商事裁判就是运用商事思维来裁判的一个过程。商法思维源自商法的价值、原则,是根据高度抽象的商法价值和原则所建立的针对商事法律关系进行认知的方式和逻辑。换句话说,商法思维是商法价值和原则的具体化,是将商法价值和原则内化并运用于商法的产物。例如,外观主义系商法上的学理概括,并非现行法律规定的原则,现行法律只是规定了体现外观主义的具体规则,如《民法典》第311条规定的善意取得,《民法典》第172条规定的表见代理,《民法典》第504条规定的越权代表,审判实务中应当依据有关具体法律规则进行判断,类推适用亦应当以法律规则设定的情形、条件为基础。[44]

我国奉行"民商合一"的立法体制。比较表明,各国的商事立法和理论的研究均是从实质意义上对待商法规范,而不管这些商法规范是在商法典抑或在其他法(公司法)中,甚至不顾及将来还有没有商法典。各国均是从实践需要的角度来把握商法规范(特别是商法总则),而不是在民商分立与民商合一的对立中认识商法规范。从比较法的角度来看,各国学者均肯定商法一般规则是商事实践的一种普遍需求,因此,在我国制定或不制定单独的商法典(或者商法通则)都是可以的,但是不能没有从商法这个专门领域来考虑问题的思维方式。

之所以要引进商法理念(实为国外的商法总则),确立商法意识,是因为商法作为民法的特别法,其在价值取向和制度设计上确有不同于民法之处,简单地以传统民法的思维考虑商事领域中的一些问题,有违商事立法精神,或者无法找到适当的解决方案。[45] 大民事审判体制有其合理性和进步性,其优点

---

〔43〕 王保树:《浅析公司法的商法精神》,载《法制日报》2014年4月16日,第12版。

〔44〕 《九民纪要》。

〔45〕 李后龙:《商法思维与商事审判》,载《南京社会科学》2004年第11期。

是方便司法，其弊端在于忽略了不同民事关系之间在调整要求上的不同，如家事纠纷与商事纠纷在审判上肯定有很大的区别。商事审判以商事交易关系为中心，民事审判则以调整人身财产权利为中心，两种截然不同的审判理念在大民事审判模式之下被糅合适用，不仅模糊了商事审判的理念与特色，而且可能更加剧"商法不足、商法过度"的民商不分的错误做法。国外很多国家都有商事法院和商事法庭，这就说明商事审判和一般的民事审判有很大的不同。[46]确定商事审判思维，有利于我们克服长期以来固执地把商事纠纷简单地等同于民事纠纷的错误做法，在具体商事案件的审理中强化商法意识，更好地体现商事立法的精神，保护市场交易的快捷安全，充分保护市场经济的健康发展。

二、商法的具体思维

（一）商事审判应当"强化商事营利性"

趋利避害不仅是人之本性，而且是社会发展进步的原始动力。客观上讲，个人在追求自身利润的同时，间接地促进了社会的繁荣。孟德斯鸠指出："当每个人自以为是奔向个人利益的时候，就是走向了公共的利益。"[47]"商法是基于个人主义的私法本质，为那些精于识别自己利益并且毫不顾忌地追求自身利益的极端自私和聪明的人而设计的。"[48]商法保护商主体的营利所得，即使该种营利所得可能会与伦理"相悖"。与民法不同的是，商法不仅保护商人的营利所得，还保护大量伦理上被视为"非法"的收益。

典型判决

"本院再审认为，刘晓舟、孙成如双方均具有完全的民事行为能力，法律地位平等。双方签订的合同，意思表示真实且不违背法律、行政法规的禁止性规定，不违背社会公德和第三人利益。双方合同已经成立并履行完毕。按照《中华人民共和国合同法》第四条、第六条、第八条的规定，应当认定双方合同有效并应受到法律保护。刘晓舟、孙成如在签订房屋租赁合同时，除约定租金每月 2700 元外，另行约定刘晓舟向孙成如给付转让金 20000 元，且该转让金归孙成如所有，概不退还。对此，刘晓舟在签订合同时是明知的，且没有证据

〔46〕 赵万一、吴晓锋：《商事思维下的公司法实务研究》，中国法制出版社 2009 年版，第 9 页。
〔47〕 ［法］孟德斯鸠：《论法的精神》，张雁深译，商务印书馆 1985 年版，第 25 页。
〔48〕 ［德］拉德布鲁赫：《法学导论》，米健等译，中国大百科全书出版社 1997 年版，第 72 页。

证明在合同的签订过程中,一方使用欺诈、胁迫的手段或乘人之危,使另一方在违背真实意思的情况下签订了合同。其次,双方合同已经履行完毕,刘晓舟在合同履行期间也没有行使撤销权。原审判决以'孙成如承租开封市中山路第四小学的房屋,其不是房屋所有人,无权转让该房屋,其将房屋转租给刘晓舟,向刘晓舟收取租金的同时无权再收取转让金,故该租赁协议中第3条关于转让金20000元的约定无效,孙成如收取刘晓舟的20000元转让金应予退还'为由认定双方该合同条款无效,没有法律依据。"[49]

本案中,承租人依据出租行业的惯例向次承租人收取转让费,系商事营利性的体现,依法应当予以尊重。可喜的是,本案的再审判决对于承租人收取转让费的做法予以支持,是正确的判决。

我国《民法典》奉行"民商合一",强化营利保护,主要体现在以下几个方面:(1)在总则编系统规定了商事主体,包括营利法人、合伙企业、个人独资企业、个体工商户等。(2)我国委托合同的解除,根据《民法典》第933条的规定,有偿委托合同的解除应当赔偿直接损失和可得利益。(3)物业服务合同中,根据《民法典》第944条的规定,物业服务人已经按照约定和有关规定提供服务的,业主不得以未接受或者无须接受相关物业服务为由拒绝支付物业费。据此,物业服务人享有法定的报酬请求权。(4)随着"分享经济"的到来,民事主体无须登记为商主体也可以从事营利活动,从而使各国的民事立法越来越"商法化",例如,"人格权的商品化利用"[50]"住改商"。[51]

(二)商主体的义务与责任

不同部门法具有不同的调整对象、调整任务、调整方法,因此,其主体也具有不同的法律性质,尽管这些主体仍然是同样的人。民法以维护私人利益为中心,所以在当事人之间建立关系的方式并不是以约束为中心,而是以设定权利为中心,"要使某个人负有的义务在私法上得到实现,最有效的手段就是赋

---

〔49〕 河南省开封市中级人民法院(2015)汴民再字第14号民事判决书。

〔50〕 《民法典》第1182条规定:"侵害他人人身权益造成财产损失的,按照被侵权人因此受到的损失或者侵权人因此获得的利益赔偿;被侵权人因此受到的损失以及侵权人因此获得的利益难以确定,被侵权人和侵权人就赔偿数额协商不一致,向人民法院提起诉讼的,由人民法院根据实际情况确定赔偿数额。"

〔51〕 《民法典》第279条规定:"业主不得违反法律、法规以及管理规约,将住宅改变为经营性用房。业主将住宅改变为经营性用房的,除遵守法律、法规以及管理规约外,应当经有利害关系的业主一致同意。"

予另一个人享有一项相应的请求权”。[52] 在民法中,权利具有至高无上的地位。

源于其强势地位或专业性、知识性而使商人的权利与利益不再值得法律的特别保护与照顾,就商人而言,那些权利保护性质的照顾就显得无足轻重。商法规范商人参与的商事关系,其主要解决两个问题:一是如何更好地促进商事交易的快捷与安全;二是如何更好地保护社会与普通民众的利益。无论是更好地促进商事交易的快捷与安全,还是更好地保护社会与普通民众的利益,就商人而言,权利都不是重要的,重要的是双方或多方关系的顺畅,即如何更快地达成交易并减少交易过程中不必要的风险。因此,对于双方均为商人的商事关系而言,对方明确的义务就是商事关系顺畅的基本保证,而自己的权利如何则显得并不重要。对于仅一方为商人,而另一方为非商人的商事关系来说,则商人一方的义务和责任更是相应的关系得以保障的根本。所以,就商人参与的法律关系而言,商人应当承担更多的义务与责任。在有关商事关系适用中,义务与责任常常成为解释涉及商人一方法律制度或做法的主要内容,权利与利益则往往退居其次甚至被忽略。商人一方的义务主要包括登记义务、依法设立商事账簿、纳税义务、信息披露义务等。商事责任类型包括民事责任、行政责任、刑事责任、社会责任;商事责任的形态包括有限责任、无限责任、连带责任、惩罚性赔偿、限额赔偿等。

令人遗憾的是,在我国,受“民商合一”的立法及“平等观念”的影响,我国商事立法对于作为商人的公司的义务和责任的规定仍然不足。我国过于强调私法的“平等理念”,过于将商人等同于民事人、将公司等同于普通人。受此影响,我国的商事司法中,法官大多简单地以所谓的平等原则来处理商主体与民事主体之间的交易行为,结果导致一系列不妥甚至是错误的判决或裁定。

典型判决

“本院认为,工行开封鼓楼支行向存款人高鸿飞发放银行卡,即对高鸿飞该银行卡账户,只接受其向高鸿飞发放的该特定银行卡进行的各项业务,其业务系统能识别银行卡的真伪,如识别不出,则其就未尽到保障存款人安全使用银行卡的义务。《中华人民共和国商业银行法》第六条规定,银行应当保障存款人的合法权益不受任何单位和个人的侵犯。《中国人民银行〈银行卡业务

〔52〕［德］迪特尔·梅迪库斯:《德国民法总论》,邵建东译,法律出版社2000年版,第65页。

管理办法〉》第十三条规定,商业银行开办银行卡业务必须具备的条件包括,具有安全、高效的计算机处理系统。由此,工行开封鼓楼支行对高鸿飞的银行卡信息有安全保障义务,即银行要对所发的银行卡本身的安全性予以保障,防止储户信息、密码等信息数据被轻易盗用,同时还应保证其服务场所、系统设备安全适用。高鸿飞银行卡被盗刷,表明工行开封鼓楼支行发放给高鸿飞的银行卡不具有完全防伪性、唯一的可识别性,证明银行卡系统存在一定的安全隐患,即银行卡信息易被复制。盗刷终端设备虽非工行开封鼓楼支行所有,但为工行开封鼓楼支行所加入的银联组织系统内的终端设备,应视为工行开封鼓楼支行提供的刷卡设备。工行开封鼓楼支行未对持卡人刷卡设置身份认证机制,其在银行卡刷卡安全使用方面存在管理漏洞,且工行开封鼓楼支行又掌控着高鸿飞的银行卡信息,不排除其内部泄露高鸿飞银行卡信息的可能性,工行开封鼓楼支行不能以使用密码办理的业务,均视为存款人所为,不能将应由银行承担的存款安全保障义务转移给高鸿飞。高鸿飞在银行卡被盗刷后,即向工行开封鼓楼支行挂失,同时向开封市公安机关报案并已立案。这说明高鸿飞银行卡被盗刷时,高鸿飞在开封,盗刷地在福建省晋江市,刷卡人非高鸿飞本人,是他人盗刷的高鸿飞银行卡。虽然,工行开封鼓楼支行提交的证据中,显示高鸿飞曾委托他人使用其银行卡取款,但该行为属代理行为,代理人在取款时,经银行核实身份后,银行为其办理了取款手续,证明工行开封鼓楼支行同意高鸿飞的该行为。高鸿飞的银行卡被盗刷之后,经公安机关侦查,原代理人未伪造也未外泄高鸿飞的银行卡信息,高鸿飞银行卡被盗刷案件还在侦查中,目前的证据不能证明高鸿飞没有妥善保管或者合理使用银行卡。由此,工行开封鼓楼支行未尽到对高鸿飞存款安全保障义务,应当承担违约责任。”[53]

本案的判决,强化了银行作为商人应当承担更多的义务与责任、银行储户作为金融消费者依法不应当承担责任,是正确的判决。

(三)慎重“否决”商事活动的效力

“当市场更为有效时,更为明智的做法是支撑市场的发展,而不是将其取而代之。”[54]商事司法应规范商事行为,引导、鼓励商事交易行为。在判断商

---

[53] 河南省开封市中级人民法院(2014)汴民终字第71号民事判决书。

[54] [美]罗伯塔·罗曼诺:《公司法律基础》(第2版),罗培新译,北京大学出版社2013年版,第766页。

事民事法律行为的效力过程中,应限制商事法官自由裁量权对商事活动的过多干涉,具体体现为:一是尊重商人自治。不轻易认定商事合同无效、商事行为无效;对于违约金超过一定比例的,也应以尊重当事人合意为基础,慎重调整;法律明确规定可以由章程约定、股东会及董事会决议的内容,不可由司法直接行使裁判权;对于法律规定必须首先穷尽内部救济方式的,司法不得直接受理,更不应由司法替代商业判断。例如,《九民纪要》第29条:"公司召开股东(大)会本质上属于公司内部治理范围。股东请求判令公司召开股东(大)会的,人民法院应当告知其按照《公司法》第40条或者第101条规定的程序自行召开。股东坚持起诉的,人民法院应当裁定不予受理;已经受理的,裁定驳回起诉。"二是法律规避有效。民法上法律规避应当是无效的,但是商法上的法律规避为保护商法的营利性和尊重商人的自治,一般是有效的。

典型判决

"我国现行法律、行政法规对其所谓'走单不走货'的交易方式并无明确强制性禁止规定。在双方当事人意思表示真实的情况下,原、被告签订的《购销合同》合法有效,双方之间建立了买卖关系。现原告已经付清货款、被告已经开具全额增值税专用发票,不能仅凭被告'未走货'为由,否定双方之间业已形成的买卖法律关系。"[55]

(四)外观主义在商法思维中的应用

外观主义的法律逻辑是,由于外观事实的存在,为了保护交易安全,必须保护第三人对由真正权利人或者行为人所造成的表见事实的信赖。而信赖应予保护的理由在于:"因为以自己之行为引发他人善意之信赖,倘因该信赖而有损害发生,引起信赖者,比信赖者较能防止该损害发生。"[56]无疑,外观主义不是商法独有的,民法上也有规定,例如我国《民法典》第172条规定的"表见代理"、第311条规定的"善意取得"等也体现了外观主义的思维。但可以肯定的是,外观主义思维在商法中适用的普遍性是民法所没有的。在民法中,主要在行为上适用外观主义,但在商法中,不仅仅在行为上适用外观主义,在身份上也广泛适用。[57]"根据商法上的公示公信和外观主义原则,第三人对公

---

〔55〕上海市杨浦区人民法院民事判决书(2017)沪0110民初27016号。

〔56〕黄茂荣:《法学方法与现代民法》,中国政法大学出版社2001年版,第496页。

〔57〕王保树主编:《中国商法年刊》(2013),法律出版社2013年版,第2页。

司登记信息的信赖利益应当受到保护。代持股关系属于代持股人与被代持股人之间的合同法律关系,不能以此对抗公司债权人。在公司的外部关系方面,经工商登记备案的代持股的名义股东属于法律意义上的公司股东,其是对外承担股东责任的直接主体,无论实际控制人是否承担相应的责任,只要未实际向债权人承担责任,代持股的名义股东就应当对外承担股东的责任。"〔58〕

但是,外观主义是为保护交易安全设置的例外规定,一般适用于因合理信赖权利外观或意思表示外观的交易行为。实际权利人与名义权利人的关系应注重财产的实质归属,而不单纯地取决于公示外观。总之,审判实务中要准确把握外观主义的适用边界,避免泛化和滥用。〔59〕在不涉及第三人或第三人非善意的情形下,应当注重查明当事人之间的真实意思和真实权利状态,保护真实的法律关系。另外,外观主义不适用于执行程序。"商事外观主义原则的适用范围不包括非股权交易第三人。在外观权利与实际权利不一致的情况下,根据权利外观理论,善意第三人基于对权利外观的信赖而与名义权利人进行民事法律行为的,该民事法律行为效力受法律的优先保护。但是,如果名义股东债权人申请执行的是其与名义股东因借款关系等而形成的一般债权,债权人并没有与名义股东从事涉及股权交易的民事法律行为,从权利外观原则来看,此时的债权人不是基于信赖权利外观而需要保护的民事法律行为之善意第三人,故其债权请求不能受到优先于实际权利人的保护。"〔60〕

(五)尊重商事领域的私法自治

商人总是在不断地为营利和节约成本而进行各种各样的创新,他们的智识、经验和精力等远远优于普通民众,其行为具有计算性、连续性、知识性与专业性。因此,商法给予了商人更多的自治,而不能像对待普通的民事主体那样还试图给予"家长式的保护"。基于此,现代商法扩大了私法自治的范围。商人从事营业,除法律、行政法规规定外不得限制。尊重商人的自治,就是要尊重商人自主决策、尊重商业判断。因此,在裁判规范的适用上,商事裁判者应当尊重商人的自治规则,如公司章程、交易所规则、格式合同等。上述商事自治规则在商事审判中均应得到尊重并应当优先于法律、行政法

〔58〕 最高人民法院(2015)民申字第2509号民事裁定书。

〔59〕《九民纪要》。

〔60〕《山东省高级人民法院民二庭关于审理公司纠纷案件若干问题的解答》。

规适用。

我国目前的商事立法大都要求商人的经营应当“守法、合法、依法”，[61]客观来讲，该种立法与我国《民法典》奉行的“法不禁止皆可为”的理念相悖。原因在于，商事交易种类繁多，内容复杂，不可能都由法律一一作出具体规定。因此，就尊重商事领域的私法自治而言，无法苛求每一笔商事交易均有法律依据或者法律授权。只要商人营业不违反法律、行政法规的规定，就可以自由地进行。市场经济条件下，商人以营利为目的，会不断地创新经营模式，衍生出各种各样的交易形式，这就要求我国的立法机关、行政机关和司法机关必须充分尊重商人的积极性和创造性，为商人开辟新的经营渠道、创新经营方式提供必要的法律空间。[62] 特别是新出现的交易类型，在没有具体法律规则的情况下，我国的商事立法与商事司法原则上应当尊重。[63]

值得注意的是，我国第一例针对“网约车的行政处罚”引发的行政诉讼，法院用“创造性司法”支持了“网约车”的创新性，值得肯定。“……网约车作为客运服务的新业态和分享经济的产物，有助于缓解客运服务的供需矛盾，满足公众多样化出行需求，符合社会发展趋势和创新需求，对其应当保持适度宽容。另外，这种新业态又给既有客运管理秩序带来负面影响，甚至存有安全隐患等问题，确需加强规范引导……当一种新生事物在满足社会需求、促进创新创业方面起到积极推动作用时，对其所带来的社会危害的评判不仅要遵从现行法律法规的规定，亦应充分考虑是否符合社会公众感受。本案被上诉人通过网络约车软件进行道路运输经营的行为，社会危害性较小符合一般社会认知。行政机关在依据现行法律法规对其进行处罚时，应当尽可能将对当事人的不利影响控制在最小范围和限度内，以达到实现行政管理目标和保护新生事物之间的平衡。……在上述事实并不明确以及该行为社会危害性较小的情况下，将该行为的后果全部归于被上诉人，并对其个人作出较重处罚，有违比例原则，构成明显不当。原审法院认为处罚幅度和数额畸重，对被诉行政处罚决定予以撤销，符合法律规定。上诉人……等主张均不能成立，本院不予支

---

〔61〕《优化营商环境条例》第9条：“市场主体应当遵守法律法规……”《公司法》第5条规定：“公司从事经营活动，必须遵守法律、行政法规……”《票据法》第3条规定：“票据活动应当遵守法律、行政法规……”《保险法》第4条规定：“从事保险活动必须遵守法律、行政法规……”《证券法》第5条规定：“证券的发行、交易活动，必须遵守法律、行政法规……”

〔62〕乔新生：《司法如何与经济发展并肩而行》，载《人民法院报》2017年1月5日，第2版。

〔63〕王保树：《为什么要讨论商法思维》，载王保树主编：《中国商法年刊》(2013)，法律出版社2013年版，第2页。

持。”[64] 对此,我国《优化营商环境条例》第55条:“政府及其有关部门应当按照鼓励创新的原则,对新技术、新产业、新业态、新模式等实行包容审慎监管,针对其性质、特点分类制定和实行相应的监管规则和标准,留足发展空间,同时确保质量和安全,不得简单化予以禁止或者不予监管。”明确了对于新产业、新业态、新模式等实行包容审慎监管。

(六)慎用“公平”“显失公平”等传统民法的原则

民法中显失公平的行为,是指由于传统民事主体基于信息不对称、地位不平等、意思表示受到限制等原因,导致民事行为的内容严重不对价,该不对价情形的出现严重违背了受损方的意志。与此相反,商人对于定价有充分的自我判断权,这是因为“一方面商人需要法律特别保护的程度较低,因为商法假设商人对交易熟练并且具有丰富的经验;另一方面对私法自治的限制也和商事交易对最大限度地减少形式束缚和其他限制的要求相抵触”。[65] 因此,只要商人意思表示真实、充分披露信息、没有受到欺诈,就应当接受其个别性的合同定价。而等价有偿及显失公平所反映的是比较典型的、静态的财产定价观,完全不能适应现代商事交易的发展和实际需要,假若裁判者执意、固执地将“公平”“等价有偿”“显失公平”等传统民法的原则运用到商事交易,必然会导致商事交易变得极不稳定。[66]

同时,商事交易大多发生在商主体之间,与传统的民事主体相比,在交易能力、交易信息的获取、交易风险的防范等方面均远远强于民事主体,属于典型的商行为。例如,在私募股权投资领域中的“对赌协议”、委托理财中的“保底条款”等,基于该类主体为商主体的特质,依据商事行为的“谨慎责任”“风险自担”等原则,如无其他导致意思表示瑕疵的因素,不能一概地认定为“显失公平”。

值得注意的是,对于投资领域的“刚性兑付”的效力存有争议,尽管《证券法》《信托法》等并未有禁止信托公司刚性兑付的明确规定,而禁止刚性兑付的政策文件效力层级普遍较低(大多体现为规章等),形式上也不足以直接作为从“违反法律、行政法规强行性规定”的角度来认定刚性兑付无效的依据。本书认为,信托公司、证券公司等作为金融机构,由其为投资者提供刚性兑付、

[64] 山东省济南市中级人民法院(2017)鲁01行终103号行政判决书。

[65] [德]C. W. 卡纳里斯:《德国商法》,杨继译,法律出版社2004年版,第6页。

[66] 蒋大兴:《论民法典(民法总则)对商行为之调整》,载《比较法研究》2015年第4期。

保底分红等，长期来看，可能引发一系列的连锁反应，导致整个金融行业出现系统性风险，扰乱金融行业的秩序，进而可能扰乱整个社会的公序良俗。根据《民法典》第 153 条第 2 款规定："违背公序良俗的民事法律行为无效。"因此，监管政策可认为是公序良俗与社会公共利益在某一行业的具体化表现，禁止刚性兑付这一监管原则，通过涵摄《民法典》的效力判断条款得以贯彻与实现，对此，《九民纪要》第 31 条规定："违反规章一般情况下不影响合同效力，但该规章的内容涉及金融安全、市场秩序、国家宏观政策等公序良俗的，应当认定合同无效。"第 92 条规定："信托公司、商业银行等金融机构作为资产管理产品的受托人与受益人订立的含有保证本息固定回报、保证本金不受损失等保底或者刚兑条款的合同，人民法院应当认定该条款无效。受益人请求受托人对其损失承担与其过错相适应的赔偿责任的，人民法院依法予以支持。实践中，保底或者刚兑条款通常不在资产管理产品合同中明确约定，而是以'抽屉协议'或者其他方式约定，不管形式如何，均应认定无效。"明确了"刚性兑付""保底条款"均无效。

主要参考文献

一、中文著作

1. 叶林:《商法学原理与案例教程》,中国人民大学出版社 2006 年版。
2. 叶林:《公司法研究》,中国人民大学出版社 2008 年版。
3. 叶林:《证券法学》,中国人民大学出版社 2013 年版。
4. 叶林:《公司法原理与案例教程》,中国人民大学出版社 2010 年版。
5. 李建伟:《公司法学》(第 4 版),中国人民大学出版社 2018 年版。
6. 高在敏:《商法的理念与理念的商法》,陕西人民出版社 2000 年版。
7. 董安生:《中国商法总论》,吉林人民出版社 1994 年版。
8. 黄薇主编:《中华人民共和国民法典释义》,法律出版社 2020 年版。
9. 朱锦清:《公司法学》(修订版),清华大学出版社 2019 年版。
10. 施天涛:《商法学》(第 6 版),法律出版社 2020 年版。
11. 周友苏:《证券法新论》,法律出版社 2020 年版。
12. 范建、王建文:《商法总论》(第 2 版),法律出版社 2019 年版。
13. 韩长印、许多奇:《公司经营风险的商法回应》,上海三联书店 2018 年版。
14. 王涌:《私权的分析与建构:民法的分析法学基础》,法律出版社 2020 年版。
15. 谢怀栻:《外国民商法精要》,法律出版社 2014 年版。
16. 王军:《中国公司法》(第 2 版),高等教育出版社 2017 年版。
17.《商法学》编写组:《商法学》,高等教育出版社 2019 年版。
18.《民法学》编写组:《民法学》,高等教育出版社 2019 年版。
19.《民事诉讼法学》编写组:《民事诉讼法》(第 2 版),高等教育出版社 2018 年版。
20.《知识产权法学》编写组:《知识产权法学》,高等教育出版社 2019 年版。
21.《经济法学》编写组:《经济法学》(第 2 版),高等教育出版社 2019 年版。
22. 赵旭东等:《中国商事法律制度》,法律出版社 2019 年版。
23. 范健:《德国商法:传统框架与新规则》,法律出版社 2003 年版。
24. 王利明:《民法典体系研究》,中国人民大学出版社 2008 年版。
25. 王保树主编:《商事法论集》(第 7 卷),法律出版社 2002 年版。
26. 韩世远:《合同法总论》,法律出版社 2018 年版。

27. 范健、王建文:《商法的价值、源流及本体》,中国人民大学出版社 2007 年版。
28. 张民安、龚赛红:《商法总则》,中山大学出版社 2004 年版。
29. 吴建斌:《现代日本商法研究》,人民出版社 2003 年版。
30. 赵万一:《商法基本问题研究》,法律出版社 2002 年版。
31. 赵中孚主编:《商法总论》,中国人民大学出版社 2007 年版。
32. 张建华、王伟主编:《中国企业信用建设报告(2017—2018)》,中国法制出版社 2018 年版。
33. 孙新强:《美国统一商法典及其正式评述》,中国人民大学出版社 2004 年版。
34. 张家镇等编纂:《中国商事习惯与商事立法理由书》,中国政法大学出版社 2003 年版。
35. 谢振民编著:《中华民国立法史》,中国政法大学出版社 2000 年版。
36. 蒋大兴:《公司法的展开与评判》,法律出版社 2001 年版。
37. 王军:《中国公司法》(第 2 版),高等教育出版社 2017 年版。
38. 杨紫煊主编:《经济法》,高等教育出版社、北京大学出版社 2000 年版。
39. 蔡耀忠主编:《中国房地产法研究》,法律出版社 2003 年版。
40. 江平主编:《中国公司法原理与实务》,科学普及出版社 1994 年版。
41. 王保树等:《公司法论》,工人出版社 1988 年版。
42. 郑立等主编:《公司法通论》,中国人民大学出版社 1993 年版。
43. 赵万一、吴晓锋:《商事思维下的公司法实务研究》,中国法制出版社 2009 年版。
44. 马俊驹主编:《现代公司法律制度研究》,法律出版社 2000 年版。
45. 全国人大财经委编:《合伙公司法、独资公司法热点问题研究》,人民法院出版社 1996 年版。
46. 周枏:《罗马法原论》(上册),商务印书馆 1994 年版。
47. 彭万林主编:《民法学》,中国政法大学出版社 2002 年版。
48. 张俊浩:《民法学原理》,中国政法大学出版社 1991 年版。
49. 蔡枢衡:《中国刑法史》,广西人民出版社 1983 年版。
50. 吴学昭:《吴宓与陈寅恪》,清华大学出版社 1996 年版。
51. 张东荪:《思想与社会》,辽宁教育出版社 1998 年版。
52. 费孝通:《乡土中国　生育制度》,北京大学出版社 1998 年版。
53. 李永军等:《破产法》,中国政法大学出版社 2017 年版。
54. 范健主编:《商法》,北京大学出版社、高等教育出版社 2007 年版。
55. 李新天:《商法总论》,东北财经大学出版社 2007 年版。
56. 樊涛、王延川:《商法总论》,知识产权出版社 2006 年版。
57. 叶林、黎建飞:《商法学原理与案例教程》,中国人民大学出版社 2006 年版。
58. 陈醇:《商行为程序研究》,中国法制出版社 2006 年版。
59. 任尔昕、石旭雯:《商法理论探索与制度创新》,法律出版社 2005 年版。
60. 高在敏、王延川、程淑娟编著:《商法》,法律出版社 2006 年版。

61. 张璎:《商法总论》,北京大学出版社 2009 年版。
62. 宁金成主编:《商法学》,郑州大学出版社 2009 年版。
63. 顾耕耘主编:《中国商法评论》,北京大学出版社 2010 年版。
64. 李惠阳:《商主体登记制度研究》,对外经济贸易大学出版社 2009 年版。
65. 张民安:《商法总则制度研究》,法律出版社 2007 年版。
66. 施天涛:《商法学》,法律出版社 2008 年版。
67. 苗延波:《中国商法体系研究》,法律出版社 2007 年版。
68. 王保树:《商法总论》,清华大学出版社 2007 年版。
69. 陈本寒:《商法新论》,武汉大学出版社 2009 年版。
70. 董安生:《关联交易法律控制问题研究》,中国政法大学出版社 2012 年版。
71. 王保树:《商法学》,人民法院出版社 2013 年版。
72. 王利明:《民法总则研究》,中国人民大学出版社 2017 年版。
73. 王泽鉴:《民法典》(修订版),北京大学出版社 2001 年版。
74. 苏永钦:《民事立法与公私法的接轨》,北京大学出版社 2005 年版。
75. 张红:《基本权利与私法》,法律出版社 2010 年版。
76. 王文杰:《嬗变中之中国大陆法制》(第 3 版),台湾交通大学出版社 2011 年版。
77. 王文宇:《公司法论》,台湾元照出版有限公司 2016 年版。
78. 朱景文:《法理学》,中国人民大学出版社 2009 年版。
79. 王保树主编:《中国商法年刊》(2013),法律出版社 2013 年版。
80. 黄茂荣:《法学方法与现代民法》,中国政法大学出版社 2001 年版。
81. 舒国滢:《法学方法论论丛》(第 1 卷),中国法制出版社 2012 年版。
82. 刘连煜:《现代公司法》,台北,新学林出版股份有限公司 2012 年版。
83. 梁宇贤:《票据法新论》,台北,三民书局 2003 年版。
84. 王志诚:《票据法》,台北,元照出版有限公司 2012 年版。
85. 江朝国:《保险法基础理论》,台北,瑞兴图书股份有限公司 2012 年版。
86. 梁慧星:《民法总论》,法律出版社 2001 年版。
87. 吴庆宝:《法律判断与裁判方法》,中国民主法制出版社 2009 年版。
88. 柯芳枝:《公司法论》,中国政法大学出版社 2004 年版。
89. 李建伟:《中国商事法制发展报告(2010—2011 年卷)》,人民法院出版社 2013 年版。
90. 王泽鉴:《民法典》,中国政法大学出版社 2008 年版。
91. 崔卓兰、于立深:《行政规章研究》,吉林人民出版社 2002 年版。
92. 乔晓阳:《立法法讲话》,中国民主法制出版社 2000 年版。
93. 张民安:《商法总则制度研究》,法律出版社 2007 年版。
94. 孔祥俊:《法律方法论》(第 1 卷),人民法院出版社 2006 年版。
95. 周旺生:《立法学》,法律出版社 2004 年版。
96. 章剑生:《现代行政法基本理论》,法律出版社 2008 年版。

97. 黄韬:《金融抑制与中国金融法治的逻辑》,法律出版社 2012 年版。
98. 谢怀栻:《票据法概论》(增订二版),法律出版社 2017 年版。
99. 王利明:《民法典体系研究》(第 2 版),中国人民大学出版社 2012 年版。
100. 赵旭东:《公司法学》(第 4 版),高等教育出版社 2016 年版。
101. 张维迎:《博弈与社会》,北京大学出版社 2013 年版。
102. 王泽鉴:《民法概要》(第 2 版),北京大学出版社 2011 年版。
103. 张文显:《思维学》,法律出版社 1997 年版。
104. 王泰铨、王志诚:《公司法新论》,台北,三民书局 2010 年版。
105. 孙国华:《法的形成与运作原理》,法律出版社 2003 年版。
106. 陈自强:《整合中之契约法》,北京大学出版社 2013 年版。
107. 北京大学法学百科全书编委会:《北京大学法学百科全书　民法学　商法学》,北京大学出版社 2004 年版。
108. 曾世雄:《民法总则之现代与未来》,中国政法大学出版社 2001 年版。
109. 钱熙:《慎之》,台湾世界书局 1935 年版。
110. 李永军:《民法总论》(第 2 版),中国政法大学出版社 2012 年版。
111. 高其才:《中国习惯法》,湖南出版社 1995 年版。
112. 高其才:《当代中国法律对习惯的认可研究》,法律出版社 2013 年版。
113. 樊涛:《商法总论》(第 2 版),知识产权出版社 2010 年版。
114. 徐强胜:《商法导论》,法律出版社 2013 年版。
115. 杨崇森:《信托法原理与实务》,台北,三民书局 2010 年版。
116. 王轶:《民法原理与民法学方法》,法律出版社 2009 年版。
117. 赖英照:《证券交易法解析》,赖英照自版 2011 年版。
118. 杨立新:《民法总论》,高等教育出版社 2007 年版。
119. 崔建远:《物权法》(第 4 版),中国人民大学出版社 2017 年版。
120. 张新宝:《侵权责任法》(第 3 版),中国人民大学出版社 2013 年版。
121. 姚辉:《民法教学参考书》,中国人民大学出版社 2005 年版。
122. 樊涛:《商事责任与追诉机制研究》,法律出版社 2008 年版。
123. 叶林:《商法学本科教案》,中国人民大学法学院(2011 ~ 2012 学年第二学期)。
124. 梁慧星主编:《民商法论丛》(第 59 卷),法律出版社 2015 年版。
125. 王保树主编:《中国商法年刊》(2014),法律出版社 2014 年版。
126. 王保树主编:《中国商法年刊》(2015),法律出版社 2015 年版。
127. 周林彬、官欣荣:《我国商法总则理论与实践的再思考——法律适用的角度》,法律出版社 2015 年版。
128. 王延川:《现代商法的生成:交易模型与价值结构》,法律出版社 2015 年版。
129. 李适时主编:《中华人民共和国民法总则释义》,法律出版社 2017 年版。
130. 王瑞贺主编:《中华人民共和国农民专业合作社法释义》,法律出版社 2018 年版。

131. 任先行、周林彬:《比较商法导论》,北京大学出版社 2000 年版。
132. 寇志新主编:《商法学》,法律出版社 1999 年版。
133. 李泽厚:《世纪新梦》,安徽文艺出版社 1998 年版。
134. 杨日然:《思维学》,台北,三民书局 2005 年版。
135. 沈达明:《法国商法引论》,对外经济贸易大学出版社 2001 年版。

二、中文译著

1. [德]罗伯特·霍恩等:《德国民商法导论》,楚建译,中国大百科全书出版社 1996 年版。
2. [日]松波仁一郎:《商法总则》,丙午社印行,光绪三十三年(公元 1907 年)。
3. [日]尤田节编:《商法略说》,谢次昌译,甘肃人民出版社 1983 年版。
4. [日]我妻荣编:《新法律学大辞典》,中国政法大学出版社 1991 年版。
5. [日]我妻荣:《中国民法债编总则论》,洪锡恒译,中国政法大学出版社 2003 年版。
6. [法]克洛德·商波:《商法》,刘庆余译,商务印书馆 1998 年版。
7. [美]伯尔曼:《法律与革命》,贺卫方、高鸿钧、张志铭、夏勇译,中国大百科全书出版社 1993 年版。
8. [英]施米托夫:《国际贸易法文选》,赵秀文译,中国大百科全书出版社 1993 年版。
9. [美]艾伦·沃森:《民法法系的演变及形成》,李静冰、姚新华译,中国政法大学出版社 1992 年版。
10. [苏]纳雷什金娜主编:《资本主义国家民商法》(上册),刘家辉等译,中国政法大学出版社 1989 年版。
11. [法]阿莱克西·雅克曼、居伊·施朗斯:《经济法》,宇泉译,商务印书馆 1887 年版。
12. [法]雅克·盖斯旦、吉勒·古博:《法国民法总论》,陈鹏等译,法律出版社 2004 年版。
13. [德]鲍尔、施蒂尔纳:《德国物权法》(上册),张双根译,法律出版社 2004 年版。
14. [奥]凯尔逊:《法与国家的一般理论》,沈宗灵译,中国大百科全书出版社 1996 年版。
15. [美]泰格、利维:《法律与资本主义的兴起》,纪琨译,学林出版社 1996 年版。
16. [英]洛克:《政府论》(下篇),叶启芳译,商务印书馆 1964 年版。
17. [德]拉德布鲁赫:《法学导论》,米健译,中国大百科全书出版社 1997 年版。
18. [德]拉伦茨:《德国民法通论》(上册),谢怀栻等译,法律出版社 2003 年版。
19. [美]孟罗·斯密:《欧陆法律发达史》,姚梅镇译,中国政法大学出版社 1999 年版。
20. [美]梅里曼:《大陆法系》,顾培东等译,知识出版社 1984 年版。
21. [美]腓特烈·G. 坎平:《盎格鲁—美利坚法律史》(影印本),屈文生译,法律出版社 2001 年版。
22. [捷]维克托·纳普主编:《国际比较法百科全书》(第一卷:各国法律制度概论),高昌生、夏登峻等译,法律出版社 2001 年版。
23. [美]罗斯科·庞德:《法理学》(第 1 卷),邓正来译,中国政法大学出版社 2004 年版。
24. [美]博登海默:《法理学——法哲学及其方法》,邓正来等译,华夏出版社 1987 年版。

25. [德]黑格尔:《法哲学原理》,范扬、张企泰译,商务印书馆 1996 年版。
26. [英]坎南编:《亚当・斯密关于法律、警察、岁入及军备的演讲》,陈福生、陈振骅译,商务印书馆 1962 年版。
27. [澳]维拉曼特:《法律导引》,张志仁、周伟文译,上海人民出版社 2003 年版。
28. [美]昂格尔:《现代社会中的法律》,吴玉章、周汉华译,译林出版社 2001 年版。
29. [美]詹姆斯・W. 汤普逊:《中世纪晚期欧洲经济社会史》,徐家玲译,商务印书馆 1992 年版。
30. [美]小罗伯特・B. 埃克伦德、罗伯特・F. 赫伯特:《经济理论和方法史》,张凤林译,中国人民大学出版社 2001 年版。
31. [美]曼昆:《经济学原理》(第 2 版),梁小民译,北京大学出版社 2001 年版。
32. [英]大卫・休谟:《休谟经济论文选》,陈玮译,商务印书馆 1984 年版。
33. [德]科斯洛夫斯基:《资本主义伦理学》,王彤译,中国社会科学出版社 1996 年版。
34. [美]道格拉斯・诺斯、罗伯斯・托马斯:《西方世界的兴起》,厉以平、蔡磊译,华夏出版社 1999 年版。
35. [美]道格拉斯・诺斯:《经济史上的结构和变革》,商务印书馆 1992 年版。
36. [美]约翰・N. 德勒巴克、约翰・V. C. 奈编:《新制度经济学前沿》,张宇燕译,经济出版社 2003 年版。
37. [美]约翰・希克斯:《经济史理论》,厉以平译,商务印书馆 1987 年版。
38. [比]亨利・皮朗:《中世纪欧洲经济社会史》,乐文译,上海人民出版社 2001 年版。
39. [比]亨利・皮朗:《中世纪的城市》,陈国梁译,商务印书馆 1985 年版。
40. [德]马克斯・韦伯:《经济・社会・宗教》,郑乐平译,上海社会科学出版社 1997 年版。
41. [德]马克斯・韦伯:《文明的历史脚步》,上海三联书店 1997 年版。
42. [日]大塚久雄:《股份公司发展史论》,胡企林、胡欣欣、江瑞平、韩朝华译,中国人民大学出版社 2002 年版。
43. [英]罗素:《西方哲学史》(上册),马元德译,商务印书馆 1976 年版。
44. [美]马里乔・凯利:《资本的权利是神圣的吗?》,黄佳、庞锦译,中信出版社、辽宁教育出版社 2003 年版。
45. [印]阿马蒂亚・森:《伦理学与经济学》,王宇、王文玉译,商务印书馆 2000 年版。
46. [奥]哈耶克:《个人主义与经济秩序》,贾湛等译,北京经济学院出版社 1991 年版。
47. [美]弗兰西斯・福山:《信任——社会道德与繁荣的创造》,李宛蓉译,远方出版社 1998 年版。
48. [美]詹姆斯・科尔曼:《社会理论的基础》(上),邓方译,社会科学文献出版社 1999 年版。
49. [美]贾恩弗兰科・波齐:《近代国家的发展》,沈汉译,商务印书馆 1997 年版。
50. [瑞]拉尔斯・马格努松:《重商主义经济学》,王根蓓、陈雷译,上海财经大学出版社 2001 年版。

51. [美]W. 阿瑟·刘易斯:《经济增长理论》,梁小民译,上海三联书店、上海人民出版社 1994 年版。
52. [英]亚当·弗格森:《道德哲学原理》,孙飞宇、田耕译,上海人民出版社 2003 年版。
53. [英]马林诺夫斯基:《文化论》,费孝通译,中国民间文艺出版社 1987 年版。
54. [美]托马斯·哈定等:《文化与进化》,韩建军译,浙江人民出版社 1987 年版。
55. [德]斯蒂芬·格伦德曼:《欧盟公司法》,周万里译,法律出版社 2018 年版。
56. [意]F. 卡尔卡诺:《商法史》,贾婉婷译,商务印书馆 2017 年版。
57. [日]加藤雅信:《日本民法典修正案Ⅰ》,朱晔、张挺译,北京大学出版社 2017 年版。
58. [葡]乔治·曼努埃尔·高迪纽德·阿布莱乌:《商法教程》(第 1 卷),王薇译,法律出版社 2017 年版。

三、外文文献

1. Jae Yeol Kwon,"Is the UCC dead, or Alive and Well International Perspectives: An Isolation in Systems of Law: Differences Between the Commercial Codes of the United States and Korea", *Loyola of Los Angeles Law Review*, April, 1996.
2. Peter De Cruz, *A modern Approach to Comparative Law*, Deventer Boston Kluwer Law and Taxation Publishers, 1993.
3. *Roy Goode the Codification of Commercial Law*, Ross Cranston Commercial Law Dartmouth, 1992.
4. L. S. Sealy, *Company Law and Commercial Reality*, London Sweet & Maxwell, 1984.
5. David Jonhston, *Roman Law in Context*, New York Cambridge University Press, 1999.
6. Roscoe Pound, "Common Law and Legislation", (1907) 25 *Harv. Law Review*.
7. Leon E. Trakman, *The Law Merchant: The Evolution of Commercial Law*, Colorado, Fred B. Rothman & Co. Littleton, 1983.
8. Penguin Book, *Commerical Law*, 3rd Edition, London.
9. Mahoney, "The common Law and Economic Growth: Hayek Might Be Right", 30 *Journal of Legal Studies* 503.
10. Black B. Kraakman, "A Self – Enforcing Model of Corporation Law", 109 *Harvard Law, Review*, 1911.
11. Merryman, *The Civil Law Tradition: An Introduction to Legal Systerns of Western Europe and Latin America*, 2nd eds, Stanford CA, Stanford University Press.
12. Jessica Ericksom, "Corporate Gorernance in the Courtroom ", *William and Mary Law Review*, 2010(51).
13. Bernard Black and Reinierkraakman, "A Self – Enforcing Model of Corporate Law", 109 *Havrard Law Review*, 1911(1996).

14. Henry Campbell Black M. A. ,*Black's Law Dictionary*,West Publishing Co. 1979,Fifth Edition.

四、中文论文

1. 叶林:《股东会决议无效的公司法解释》,载《法学研究》2020 年第 3 期。
2. 叶林:《股份有限公司回购股份的规则评析》,载《法律适用》2019 年第 1 期。
3. 李志刚、张巍、邹宇、姜强、叶林等:《民事合同与商事合同:学理、实务与立法期待》,载《人民司法》2020 年第 1 期。
4. 叶林:《公司的商法意义及公司进入商法的新趋势》,载《中国法学》2012 年第 4 期。
5. 叶林:《商法理念与商事审判》,载《法律适用》2007 年第 9 期。
6. 王利明:《独立保证的相关问题探讨》,载《当代法学》2020 年第 2 期。
7. 王利明:《违约中信赖利益的赔偿》,载《法律科学》(西北政法大学学报)2019 年第 6 期。
8. 王轶:《民法典编纂与国家治理现代化》,载《中国人民大学学报》2020 年第 4 期。
9. 刘俊海:《公司法与民法典的互动关系》,载《检察日报》2020 年 6 月 10 日,第 7 版。
10. 赵旭东:《公司治理中的控股股东及其法律规制》,载《法学研究》2020 年第 4 期。
11. 赵旭东:《公司法修订中的公司治理制度革新》,载《中国法律评论》2020 年第 3 期。
12. 赵旭东:《商事信用的界定与制度构成》,载《浙江工商大学学报》2019 年第 5 期。
13. 赵旭东、赵怡琳:《企业社会责任评价制度的构建》,载《经贸法律评论》2019 年第 5 期。
14. 赵旭东、裴任:《企业社会责任行政执法研究》,载《社会科学研究》2020 年第 1 期。
15. 李建伟:《公司决议的外部效力研究——〈民法典〉第 85 条法教义学分析》,载《法学评论》2020 年第 4 期。
16. 李建伟:《行政规章影响商事合同的司法进路》,载《法学》2019 年第 9 期。
17. 李建伟、帅雅文:《民法典合同编分则“二审稿”民商事规范的区分设置检讨》,载《法律适用》2019 年第 21 期。
18. 李建伟、李晓明:《刑事诉讼中的企业家民商事权利保护》,载《人民司法》2019 年第 19 期。
19. 李欢、范健:《“民营企业”法律主体地位辨析》,载《扬州大学学报》(人文社会科学版)2019 年第 5 期。
20. 范健:《当代中国商法的理论渊源、制度特色与前景展望》,载《法治与社会发展》2018 年第 5 期。
21. 范健:《中国商法语境下的“营业”概念考量》,载《国家检察官学院学报》2018 年第 5 期。
22. 蒋大兴:《论股东出资义务之“加速到期”——认可“非破产加速”之功能价值》,载《社会科学》2019 年第 2 期。
23. 蒋大兴:《重思公司共同决议行为之功能》,载《环球法律评论》2019 年第 6 期。
24. 刘凯湘:《商事行为理论在商法中的意义与规则建构》,载《法治研究》2020 年第 3 期。

25. 雷兴虎、刘浩然:《代理商佣金利益保护制度的证立与展开》,载《中南大学学报》(社会科学版)2020年第2期。
26. 张淞纶:《关于"交易安全理论":评判、反思与扬弃》,载《法学评论》2014年第4期。
27. 张力:《民法转型的法源缺陷:形式化、制定法优位及其校正》,载《法学研究》2014年第2期。
28. 蒋大兴:《论民法典(民法总则)对商行为之调整——透视法观念、法技术与商行为之特殊性》,载《比较法研究》2015年第4期。
29. 李友根:《论公司名称的竞争法保护——最高人民法院第29号指导案例研究》,载《中国法学》2015年第4期。
30. 王文宇:《简政繁权——评中国大陆注册资本认缴制》,载《财经法学》2015年第1期。
31. 蒋大兴:《"三证合一"是简政放权的"升级版"——论商事国家、法治政府与营业自由》,载《中国工商报》2015年7月14日,第3版。
32. 张世明:《公司法律形态理论研究管见》,载《法治研究》2015年第3期。
33. 李有星、冯泽良:《对赌协议的中国制度环境思考》,载《浙江大学学报》2014年第1期。
34. 方流芳:《中西公司法律地位历史考察》,载《中国社会科学》1992年第4期。
35. 钱玉林:《商法的价值、功能及其定位》,载《中国法学》2001年第5期。
36. 江平:《给公司更大的自由空间》,载《法制日报》2004年9月14日。
37. 李军:《论商主体及其立法》,载《延安大学学报》2003年第2期。
38. 赵旭东:《商法的困惑与思考》,载《政法论坛》2002年第1期。
39. 赵旭东:《公司法修订的基本目标与价值取向》,载《法学论坛》2004年第6期。
40. 鄢一美:《析俄联邦新民法典对"公司"范畴的界定》,载《中外法学》1998年第4期。
41. 刘继峰等:《公司社会责任内涵的扩展与协调》,载《法学评论》2004年第5期。
42. 徐国栋:《民法典草案的基本结构》,载《法学研究》2000年第1期。
43. 沙莲香:《"己"的结构位置——对"己"的一种释义》,载《社会学研究》2000年第3期。
44. 李伟民、梁玉成:《特殊信任与普遍信任:中国人信任的结构与特征》,载《社会学研究》2002年第3期。
45. 王保树:《商法通则:超越民商合一与民商分立》,载《法学研究》2005年第1期。
46. 张翔:《伦理、理性与自由——论自然人的民事能力在经营中的基础地位》,载《河北法学》2009年第5期。
47. 李后龙:《商法思维与商事审判》,载《南京社会科学》2004年第11期。
48. 马俊驹、童列春:《私法中身份的再发现》,载《法学研究》2008年第5期。
49. 李永军:《民法上的人及其理性基础》,载《法学研究》2005年第5期。
50. 李建伟:《对我国商个人立法的分析与反思》,载《政法论坛》2009年第5期。
51. 吕来明:《论我国商事主体范围的界定》,载《北方法学》2008年第4期。
52. 樊涛:《我国民商立法与司法中的交易习惯研究》,载《法律适用》2014年第2期。
53. 王军:《评"公司债务随公司财产变动原则"》,载《法学》2007年第12期。

54. 董学立:《浮动抵押的财产变动与效力限制》,载《法学研究》2010 年第 1 期。
55. 张翔:《商事登记与营业自由》,载《政治与法律》2008 年第 2 期。
56. 张舫:《虚拟商人的工商登记与制度选择》,中国法学会商法学研究会 2010 年年会论文。
57. 章剑生:《行政许可审查标准:形式抑或实质》,载《法商研究》2009 年第 1 期。
58. 刘昕杰:《商事人格权独立理论反拨》,载《重庆社会科学》2006 年第 4 期。
59. 孙海龙、姚建军:《公司名称权的法律保护》,载《电子知识产权》2010 年第 1 期。
60. 祝建军:《人格标识商业化利用的法律规制》,载《法律适用》2009 年第 6 期。
61. 张愈希:《商事人格权的界定》,载《人民法院报》2006 年 11 月 22 日,第 5 版。
62. 蒋大兴:《商事关系的法律调整》,载《中国法学》2005 年第 3 期。
63. 游伟、李盛:《认定瑕疵股权转让合同效力的原则与思路》,载《人民法院报》2008 年 9 月 25 日,第 6 版。
64. 王建文:《中国司法实践中的商法应用:困境与出路》,中国法学会商法学研究会 2010 年年会论文。
65. 汪渊智:《侵权法的现代发展与我国侵权法的制定》,载《社会科学》2008 年第 12 期。
66. 刘保玉、陈龙业:《析商事通则与民法一般规则的关系——商事通则立法的可行性悖议》,载《河南省政法管理干部学院学报》2005 年第 4 期。
67. 李勇:《商事审判理念与方法若干问题研究》,载《人民法院报》2010 年 5 月 5 日,第 7 版。
68. 江伟:《市场经济与民事诉讼法学的使命》,载《现代法学》1996 年第 3 期。
69. 余能斌、程淑娟:《我国"民商合一"立法借鉴的新选择——由〈俄罗斯联邦民法典〉引出的思考》,载《当代法学》2006 年第 1 期。
70. 叶林、石旭雯:《外观主义的商法意义》,载《河南大学学报》2008 年第 3 期。
71. 廖中洪:《制定单行〈民事非讼程序法〉的建议与思考》,载《现代法学》2007 年第 3 期。
72. 罗培新:《填补合约缝隙　推动金融创新》,载《人民法院报》2013 年 12 月 12 日,第 5 版。
73. 黄阳寿:《中国大陆民法总则立法若干问题之建议》,载冷传莉主编:《法治知性》(第 1 辑),人民法院出版社 2011 年版。
74. 师安宁:《案例裁判规则解析(三)》,载《人民法院报》2013 年 12 月 9 日,第 7 版。
75. 王文宇:《民法典分编、合同解释及商法——商事合同的视角》,中国民法学研究会 2013 年年会论文。
76. 韩博天、裴宜理:《中国如何处理不确定性》,载吴敬琏主编:《比较》(第 63 卷),中信出版社 2012 年版。
77. 陈甦:《司法解释的建构理念分析——以商事司法解释为例》,载《法学研究》2012 年第 2 期。
78. 苏永钦:《民法第一条的规范意义——从比较法、立法史与方法论角度解析》,载杨与龄主编:《民法总则争议问题研究》,清华大学出版社 2004 年版。
79. 吴从周:《试论判例作为民法第 1 条之习惯法——为我国判例制度而辩护》,载《台大法学论丛》2010 年第 6 期。
80. 石旭雯:《外观主义在商事裁判中的适用》,载王保树主编:《中国商法年刊》(2013),法律出版社 2013 年版。
81. 郭富青:《商法外观主义与商事裁判思维》,载王保树主编:《中国商法年刊》(2013),法律出版社 2013 年版。
82. 冉克平:《论产品责任的责任主体》,中国民法学研究会 2013 年年会论文。
83. 冯果、袁康:《商法思维与商事法律解释》,载王保树主编:《中国商法年刊》(2013),法律出版社 2013 年版。
84. 金振豹:《法律适用模式的比较考察:以德国和美国为例》,载舒国滢主编:《法学方法论论丛》(第 1 卷),中国法制出版社 2012 年版。
85. 范健:《法治社会中的商事审判独立探讨——兼论中国法院创设商事审判庭的意义》,载《审判研究》2012 年第 5 辑。
86. 徐强胜:《现代商法的基本思维》,载陈洁主编:《商法规范的解释与适用》,社会科学文献出版社 2013 年版。
87. 张恩蓉:《刍议商事侵权案件中的惩罚性赔偿问题》,载《人民法院报》2013 年 12 月 18 日,第 7 版。
88. 张红松、李平:《论商人法的体系域体例——兼论是否需要制定〈商事通则〉问题》,中国商法学研究会 2007 年年会论文。
89. 朱岩:《社会基础变迁与民法双重体系建构》,载《中国社会科学》2010 年第 6 期。
90. 王艳华:《非商法思维的入侵以及商法的回应》,载王保树主编:《中国商法年刊》(2013),法律出版社 2013 年版。
91. 赵旭东:《商事登记的制度价值与法律功能》,载《中国工商管理研究》2013 年第 6 期。
92. 张翔:《商事登记与营业自由——商事登记的功能、技术及其价值基础分析》,载《政治与法律》2008 年第 2 期。
93. 李晓龙:《农村私有房屋买卖合同效力认定的例外》,载北京市高级人民法院主编:《审判前沿》(第 27 集),法律出版社 2010 年版。
94. 樊涛:《我国商事责任制度的缺陷及重构》,载《法商研究》2009 年第 4 期。
95. 蒋大兴:《商行为的法律适用》,载《扬州大学学报》2011 年第 2 期。
96. 柳经纬:《当代中国私法进程中的民事司法解释》,载《法学家》2012 年第 2 期。
97. 崔建远:《合同解除的疑问与释答》,载《法学》2005 年第 9 期。
98. 李志刚、张颖:《从经济审判到商事审判——名称、制度及理念之变》,载《法律适用》2010 年第 11 期。
99. 王保树:《尊重商法的特殊思维》,载《扬州大学学报》2011 年第 2 期。
100. 刘宗荣:《采用民商合一制度或民商分立制度》,载《月旦法学杂志》2010 年第 9 期。

101. 曾品杰:《债法特别法之发展——从民商合一到消费关系》,载《台湾法学》2011 年第 4 期。
102. 郑重:《个人运营专车宜定性为客运合同》,载《人民法院报》2015 年 8 月 27 日,第 7 版。
103. 樊涛:《我国商事审判制度的反思与重构》,载《河北法学》2010 年第 2 期。
104. 樊涛:《商事关系的特质与法律规制》,载《甘肃政法学院学报》2009 年第 6 期。
105. 樊涛:《我国商事诉讼制度的解析与重构》,载《当代法学》2008 年第 6 期。
106. 樊涛:《商事能力制度初探》,载《法学杂志》2010 年第 4 期。
107. 樊涛:《商法通则:中国商事立法的应然选择》,载《河南大学学报》2008 年第 3 期。
108. 樊涛:《我国营业权制度的评析与重构》,载《甘肃社会科学》2008 年第 4 期。
109. 樊涛:《我国商行为制度的解析与重构》,载《河南师范大学学报》2008 年第 5 期。
110. 樊涛:《交易习惯的意义——商法的视角》,载王保树主编:《中国商法年刊》(2013),法律出版社 2013 年版。
111. 樊涛:《关于我国公司法修改的若干问题》,载《新疆社科论坛》2014 年第 1 期。
112. 樊涛:《论有限公司股权对外转让合同的效力》,载《公司法评论》2012 年第 1 辑。
113. 樊涛:《我国民法典的制定与商事规范的创设》,载《法学杂志》2016 年第 11 期。
114. 王利明:《民商合一体例下我国民法典总则的制定》,载《法商研究》2015 年第 4 期。
115. 王利明:《民法总则的制定应体现民商合一体制》,载《法制日报》2015 年 5 月 27 日,第 9 版。
116. 施天涛:《商事关系的重新发现与当今商法的使命》,载《清华法学》2017 年第 6 期。
117. 范健、丁凤玲:《中国商人制度与民事主体立法——写在〈民法总则〉创立时的思考》,载《南京大学学报》2017 年第 3 期。
118. 赵旭东:《民法典的编纂与商事立法》,载《中国法学》2016 年第 4 期。
119. [美]但尼斯・特伦:《商法与经济法》,载史际春主编:《经济法总论(教学参考书)》,法律出版社 2000 年版。
120. [美]约翰・戈蒂德:《统一商法典的方法论:现实主义地看待〈商法典〉》,载吴汉东主编:《私法研究》,中国政法大学出版社 2002 年版。
121. [德]托马斯赖赛尔:《公司和法人》,赵亮译,载易继明主编:《私法》(第一辑第一卷),北京大学出版社 2001 年版。
122. [日]久保欣哉:《公司法学之理念》,载《台大法学论丛》第 22 卷第 2 期。
123. [日]中山龙一:《二十世纪法理学的范式转换》,载《外国法译评》第 22 卷第 3 期。
124. [美]钱颖一:《市场与法治》,载《经济社会体制比较》2000 年第 3 期。
125. [美]道格拉斯・诺思:《理解经济变迁的过程》,载《经济社会体制比较》2004 年第 1 期。
126. [美]罗威廉:《晚清帝国的"市民社会"问题》,载邓正来、[英]亚历山大主编:《国家与市民社会》,中央编译出版社 1999 年版。

图书在版编目(CIP)数据

中国商法总论 / 樊涛著. -- 3 版. -- 北京：法律出版社，2021
ISBN 978-7-5197-5417-4

Ⅰ. ①中… Ⅱ. ①樊… Ⅲ. ①商法－中国－教材 Ⅳ. ①D923.99

中国版本图书馆 CIP 数据核字(2021)第041361号

中国商法总论(第三版)
ZHONGGUO SHANGFA ZONGLUN(DI-SAN BAN)

樊 涛 著

责任编辑 陈 慧
装帧设计 凌点工作室

出版 法律出版社
总发行 中国法律图书有限公司
经销 新华书店
印刷 三河市龙大印装有限公司
责任校对 周合芝
责任印制 胡晓雅

编辑统筹 法律教育出版分社
开本 720 毫米×960 毫米 1/16
印张 21.5
字数 360 千
版本 2021 年 4 月第 3 版
印次 2021 年 4 月第 1 次印刷

法律出版社/北京市丰台区莲花池西里7号(100073)
网址/www.lawpress.com.cn
投稿邮箱/info@lawpress.com.cn
举报维权邮箱/jbwq@lawpress.com.cn
销售热线/400-660-8393
咨询电话/010-63939796

中国法律图书有限公司/北京市丰台区莲花池西里7号(100073)
全国各地中法图分、子公司销售电话：
统一销售客服/400-660-8393/6393
第一法律书店/010-83938432/8433
西安分公司/029-85330678
重庆分公司/023-67453036
上海分公司/021-62071639/1636
深圳分公司/0755-83072995

书号:ISBN 978-7-5197-5417-4
定价:48.00 元